U0944481

“十四五”时期国家重点出版物出版专项规划项目

转型时代的中国财经战略论丛

山东省社科理论重点研究基地——对外开放与自贸区建设研究基地成果

“一带一路”倡议下中国OFDI与产业升级研究

Research on China’s OFDI and Industrial Upgrading under the Belt and Road Initiative

方 慧 著

中国财经出版传媒集团

经济科学出版社
Economic Science Press

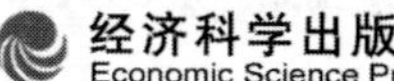

·北京·

图书在版编目（CIP）数据

“一带一路”倡议下中国OFDI与产业升级研究/方慧著．--北京：经济科学出版社，2023.9
（转型时代的中国财经战略论丛）
ISBN 978-7-5218-5186-1

Ⅰ.①一… Ⅱ.①方… Ⅲ.①对外投资-直接投资-研究-中国 Ⅳ.①F832.6

中国国家版本馆CIP数据核字（2023）第186925号

责任编辑：李一心
责任校对：杨 海
责任印制：范 艳

“一带一路”倡议下中国OFDI与产业升级研究

方 慧 著

经济科学出版社出版、发行 新华书店经销

社址：北京市海淀区阜成路甲28号 邮编：100142

总编部电话：010-88191217 发行部电话：010-88191522

网址：www.esp.com.cn

电子邮箱：esp@esp.com.cn

天猫网店：经济科学出版社旗舰店

网址：http://jjkxcbs.tmall.com

北京季蜂印刷有限公司印装

710×1000 16开 22.5印张 358000字

2023年9月第1版 2023年9月第1次印刷

ISBN 978-7-5218-5186-1 定价：90.00元

（图书出现印装问题，本社负责调换。电话：010-88191545）

（版权所有 侵权必究 打击盗版 举报热线：010-88191661

QQ：2242791300 营销中心电话：010-88191537

电子邮箱：dbts@esp.com.cn）

总　序

“转型时代的中国财经战略论丛”是山东财经大学与经济科学出版社在“十三五”系列学术著作的基础上，在“十四五”期间继续合作推出的系列学术著作，属于“‘十四五’时期国家重点出版物出版专项规划项目”。

自2016年起，山东财经大学就开始资助该系列学术著作的出版，至今已走过6个春秋，期间共资助出版了122部学术著作。这些著作的选题绝大部分隶属于经济学和管理学范畴，同时也涉及法学、艺术学、文学、教育学和理学等领域，有力地推动了我校经济学、管理学和其他学科门类的发展，促进了我校科学研究事业的进一步繁荣发展。

山东财经大学是财政部、教育部和山东省人民政府共同建设的高校，2011年由原山东经济学院和原山东财政学院合并筹建，2012年正式揭牌成立。学校现有专任教师1690人，其中教授261人、副教授625人。专任教师中具有博士学位的982人，其中入选青年长江学者3人、国家“万人计划”等国家级人才11人、全国五一劳动奖章获得者1人，“泰山学者”工程等省级人才28人，入选教育部教学指导委员会委员8人、全国优秀教师16人、省级教学名师20人。近年来，学校紧紧围绕建设全国一流财经特色名校的战略目标，以稳规模、优结构、提质量、强特色为主线，不断深化改革创新，整体学科实力跻身全国财经高校前列，经管类学科竞争力居省属高校首位。学校现拥有一级学科博士点4个，一级学科硕士点11个，硕士专业学位类别20个，博士后科研流动站1个。在全国第四轮学科评估中，应用经济学、工商管理获B+，管理科学与工程、公共管理获B-，B+以上学科数位居省属高校前三甲，学科实力进入全国财经高校前十。2016年以来，学校聚焦内涵式发展，全面实施了科研强校战略，取得了可喜成绩。获批国家级课题项目 241 项，教育部及其他省部级课题项目 390 项，承担各级各类横向课题 445 项；教师共发表高水平学术论文 3700 余篇，出版著作 323 部。同时，新增了山东省重点实验室、山东省重点新型智库、山东省社科理论重点研究基地、山东省协同创新中心、山东省工程技术研究中心、山东省两化融合促进中心等科研平台。学校的发展为教师从事科学研究提供了广阔的平台，创造了更加良好的学术生态。

“十四五”时期是我国由全面建成小康社会向基本实现社会主义现代化迈进的关键时期，也是我校合校以来第二个十年的跃升发展期。今年党的二十大的胜利召开为学校高质量发展指明了新的方向，建校 70 周年暨合并建校 10 周年校庆也为学校内涵式发展注入了新的活力。作为“十四五”时期国家重点出版物出版专项规划项目，“转型时代的中国财经战略论丛”将继续坚持以马克思列宁主义、毛泽东思想、邓小平理论、“三个代表”重要思想、科学发展观、习近平新时代中国特色社会主义思想为指导，结合《中共中央关于制定国民经济和社会发展第十四个五年规划和二〇三五年远景目标的建议》以及党的二十大精神，将国家“十四五”期间重大财经战略作为重点选题，积极开展基础研究和应用研究。

“十四五”时期的“转型时代的中国财经战略论丛”将进一步体现鲜明的时代特征、问题导向和创新意识，着力推出反映我校学术前沿水平、体现相关领域高水准的创新性成果，更好地服务我校一流学科和高水平大学建设，展现我校财经特色名校工程建设成效。通过向广大教师提供进一步的出版资助，鼓励我校广大教师潜心治学，扎实研究，在基础研究上密切跟踪国内外学术发展和学科建设的前沿与动态，着力推进学科体系、学术体系和话语体系建设与创新；在应用研究上立足党和国家事业发展需要，聚焦经济社会发展中的全局性、战略性和前瞻性的重大理论与实践问题，力求提出一些具有现实性、针对性和较强参考价值的思路和对策。

山东财经大学校长

2022 年 10 月 28 日

前　言

2013年，习近平总书记在出访哈萨克斯坦和印度尼西亚时先后提出共建“丝绸之路经济带”和“21世纪海上丝绸之路”的重大倡议。2023年“一带一路”建设迎来10周年，共建“一带一路”从理念化为行动，从愿景变成现实，从谋篇布局的“大写意”到精谨细腻的“工笔画”，离不开中国及各个国家的共同努力。10年来，我国与“一带一路”共建国家（地区）贸易合作快速增长、投资合作稳步发展。2013年中国企业对“一带一路”共建国家和地区非金融类直接投资115亿美元。2015年中国对外直接投资创下1456.7亿美元的历史新高，首次位列世界第二，实现了双向直接投资项下的资本净输出，其中，中国对“一带一路”共建国家投资额占当年流量总额的13%，达189.3亿美元，同比增长38.6%，是全球投资增幅的2倍。2022年中国对“一带一路”共建国家投资扎实推进，在“一带一路”共建国家非金融类直接投资209.7亿美元，增长3.3%，占同期总额的17.9%，对外投资迈向新台阶。2023年，党的二十大报告指出：共建“一带一路”成为深受欢迎的国际公共产品和国际合作平台。中国推动共建“一带一路”高质量发展的实践表明，中国始终是世界和平的建设者、全球发展的贡献者、国际秩序的维护者、公共产品的提供者。因此，积极推进“一带一路”建设对促进我国对外直接投资、产业升级及加快经济发展起到重要作用。

近年来，我国经济进入新常态，由高速增长阶段转向高质量发展阶段，正处在转方式、调结构、转换增长动力的攻关期。与此同时，随着经济全球化的深入发展，我国的产业结构也经历了显著变化，并逐渐演变为影响中国经济可持续发展的关键因素之一。因此，研究“一带一路”倡议下中国对外直接投资（OFDI）与产业升级具有重要的现实意义。基于此，本书立足于我国国情，分别从“一带一路”概况、中国OFDI特征性事实和产业升级现状、中国对外直接投资影响因素、区位选择、模式选择、风险分析以及产业升级与中国对“一带一路”共建国家直接投资的关系和中国对“一带一路”共建国家直接投资策略等方面展开研究，并最终得出具有建设意义和应用价值的结论。本书力图为推动中国企业走出去、通过OFDI促进中国产业升级提出切合实际的政策建议。

本研究开始时间为2017年10月，历时4年。成果出版前作者对研究中的数据尽可能做了更新，但需要说明的是书中第三章、第五章及第六章所涉及的相关统计数据和部分实证数据，来源于中华人民共和国商务部官网历年公布的《中国对外直接投资统计公报》，样本研究年度截止于2019年，究其原因：一方面，《2020年度中国对外直接投资统计公报》于2021年9月29日公布、《2021年度中国对外直接投资统计公报》于2022年11月7日公布，均晚于本研究成果完成节点和整理成册的时间；另一方面，2019年度新冠肺炎疫情暴发，2020年1月，世界卫生组织将其认定为“国际关注的突发公共卫生事件”（PHEIC）。由于“一带一路”共建国家间的经济发展水平、医疗卫生条件差距较大，疫情使防疫体系与信息系统出现失灵，国内与国际物流通道硬管控、生产要素跨国流动受阻、供应链多节点陷入停顿等，对中国乃至世界的对外直接投资产生了剧烈冲击。因此，2019～2020年度的OFDI数据受外部形势不确定性影响，难以真实反映中国OFDI与产业升级的关系。

著作出版之时正值“一带一路”建设10周年之际，谨以此书献给为高质量共建“一带一路”做出贡献的社会各界人士！

目　录

第一章 导　论

一、研究背景

改革开放以来，中国对外直接投资始终保持增长态势，2015 年中国对外直接投资（outward foreign direct investment，OFDI）实现历史性突破，投资流量首次位列全球第二位，首次实现双向直接投资项下的资本净输出。随着对外开放程度的不断加深，中国 OFDI 从 2002 年的 27 亿美元飞速上升至 2016 年的峰值 1961.5 亿美元，尽管 2019 年下降至 1369.1 亿美元，但仍列全球第二位，占当年全球对外直接投资份额的 10.4%，这一比重创历史新高。截止到 2021 年末，中国对外直接投资存量 2.79 万亿美元，连续 5 年排名全球前三，成为世界上最重要的 FDI 来源国家之一。① 随着全球化的深化发展，我国的产业结构也经历了显著变化，并逐渐演变为影响中国经济可持续发展的关键因素之一。因此，研究 OFDI 与产业升级具有重要的现实意义。同时，我国经济进入新常态，由高速增长阶段转向高质量发展阶段，正处在转方式、调结构、转换增长动力的攻关期。而我国经济形势异常严峻，以制造业为主的产能过剩、国内自然资源匮乏、劳动力成本提升以及在全球价值链分工中仍以低端制造业为主等问题严重阻碍着我国经济发展。作为中国在世界市场主动优化资源配置的重要方式，对外直接投资在有效带动国内稀缺资源的累积、过剩生产力的转移和先进技术的获取，并在最终带动和促进产业升级中发挥了举足轻重的作用，因此研究对外直接投资对于

① 资料来源：《2021 年度中国对外直接投资统计公报》。

我国经济在新常态下的平稳运行具有重要的意义。20 世纪 80 年代，我国已充分借助 FDI 的助推，在拉动经济增长的同时促进了产业结构的优化升级；值得关注的是，步入新时代，我国能否抓住 OFDI 发展的机遇期，在打造经济增长新动能的同时驱动产业结构升级。

近年来，投资保护主义与逆全球化趋势依旧暗流涌动，中美贸易摩擦不断升级，使我国对外直接投资面临的不确定性大幅增加。2020 年初，新冠肺炎疫情的爆发使全球经济与国际秩序遭受重创，也为我国 OFDI 带来更为严峻的挑战。国际货币基金组织（IMF）2020 年 4 月发布《世界经济展望报告》预测：2020 年全球将面临自 20 世纪 30 年代大萧条以来最为严重的经济衰退，全球经济将萎缩 3%，经济损失高达 9 万亿美元。世界经济形势严峻，无疑使全球 FDI 面临严重的总需求冲击。联合国贸易和发展会议（UNCTAD）预测：2020 年，全球国际直接投资流量将下降 30% ~40%，全球前 5000 家跨国公司的收入将下降 30%。为控制疫情，多国陆续采取了严格的限制性措施，阻碍了跨境投资企业的正常生产经营，使其面临计划延期、订单违约、盈利下滑、资金链断裂等风险。同时，为保障国内医疗卫生资源的有效供给，保护本土战略性资产、技术及关键行业，各国进一步收紧外资审查政策，致使全球投资保护主义进一步升温。另外，在疫情冲击下，以美国为首的西方国家内部矛盾日益激化，政府出于推卸责任、转嫁危机的目的，竭力将矛头对准中国，以中美战略博弈为代表的大国对抗愈演愈烈，为国际秩序与全球治理体系带来更为严峻的挑战。受国内外局势动荡、全球经济衰退、对外投资萎缩、跨国公司绩效水平下降等影响，我国 OFDI 明显下滑。在这一背景下，共建"一带一路"对于稳住我国外贸基本盘的重要性进一步凸显。

"一带一路"倡议是由我国国家主席习近平于 2013 年访问中亚和东南亚国家期间提出的，"一带一路"共建国家始终遵循共商共建共享原则，秉持和平合作、开放包容、互学互鉴、互利共赢的"丝路精神"，以政策沟通、设施联通、贸易畅通、资金融通、民心相通为重点，挖掘了全球经济增长新动力、新空间，搭建了对外贸易和跨境投资新平台，实践了全球经济治理新模式，为加快构建人类命运共同体贡献了特色鲜明的中国方案。经过近几年的发展，"一带一路"倡议逐步成为我国发展对外经济与贸易、加强区域经济合作的重要战略部署，因此其对促进我国对外直接投资从而加快经济发展步伐起到重要作用。2015 年 12 月 25 日，亚洲基础设施投资银行正式成立，截止到 2021 年，亚投行成员数量增至 104 个，[①] 这是国际社会对建设“一带一路”积极意义的认同。中国从 2003 年开始大规模进行对外投资，在对外投资的方向上，主要集中在周边的亚洲国家。“一带一路”倡议提出以来，我国对共建国家的对外直接投资流量自 2013 年的 126.3 亿美元波动上升至 2018 年的 178.9 亿美元，年均增幅达到 8.3%，超过同期全国 OFDI 年均增幅 1.8 个百分点，占全国 OFDI 的比重由 2013 年的 11.71% 上升至 12.51%。[②] 2019 年，我国与“一带一路”共建国家保持密切的经贸往来，进出口增势向好，对“一带一路”共建国家合计进出口增长 10.8%，高出全国货物进出口总额增速 7.4 个百分点。2013～2019 年，中国与共建国家货物贸易累计总额高达 8 万亿美元，对共建国家直接投资超过 1100 亿美元，新签承包工程合同额近 8000 亿美元。[③]

随着新冠肺炎疫情在全球范围内蔓延，其对“一带一路”共商共建的影响逐渐成为全球瞩目的问题之一。疫情发生以来，中国与“一带一路”共建国家彼此援助，展现出团结协作、同舟共济的精神。2020 年 5 月，时任国务院总理李克强在《政府工作报告》中指出，要高质量共建“一带一路”，引导对外投资健康发展。商务部多次印发稳外贸外资通知，强调减轻疫情对国内外商务发展的冲击效应。中国也将审时度势，加快完善对外投资的政策与服务体系、优化提升对外援助综合效应，助推“走出去”高质量发展，以切合实际、灵活创新的方式为 2020 年高质量共建“一带一路”提供保障，为我国在“一带一路”协同发展背景下的 OFDI 发展与产业升级保驾护航。新冠肺炎疫情全球蔓延在短期内不可避免波及“一带一路”建设，但也应认识到，“一带一路”倡议是一项长期、复杂而艰巨的“世纪工程”，其推进实施必然面临着诸多难以预见的波折与挑战，我国需要与建立战略伙伴关系的国家及国际组织守望相助、共克时艰。机遇与挑战并存，随着“一带一路”建设的推进，如何更好地促进对“一带一路”共建国家的投资建设，为“一带一路”共建国家和人民提供福祉，加强与“一带一路”共建

① 数据来源：亚洲基础设施投资银行官网（https：//www.aiib.org）。

② 数据来源：《2018 年度中国对外直接投资公报》。

③ 数据来源：中国一带一路网（https：//www.yidaiyilu.gov.cn/jcsjpc.htm）。

国家的团结合作具有重要意义，这不仅关系中国的经济发展，更与中国的国家安全息息相关。

2020 年 4 月 10 日，在中央财经委员会第七次会议上，习近平强调要“构建以国内国际双循环相互促进的新发展格局”。5 月下旬两会期间，习近平总书记再次强调要“逐步形成以国内大循环为主体、国内国际双循环相互促进的新发展格局”。这是基于当时国际形势变革和新冠肺炎疫情的波及，对中国经济优势和供需结构的再思考与再定位。7 月，中共中央政治局召开会议指出“当前经济形势仍然复杂严峻，不稳定性不确定性较大，我们遇到的很多问题是中长期的，必须从持久战的角度加以认识”。[①] 特别是疫情的蔓延全面冲击了全球产业链，同时影响着供给侧与需求侧，不能只关注短期和局部，需要做好长时间应对外部环境变化的准备。因此，为实现中国经济的良性循环发展，畅通国内国际两个循环是大势所趋。一方面要畅通国内产业链，加快打造高级化的产业基础与现代化的产业链；另一方面要巩固与强化国际协作，保障全球产业链与供应链的安全稳定。由此可见，新发展格局绝不是封闭的国内循环，而是开放的国内国际双循环。在此背景下，推进高质量共建“一带一路”对于各国尤其是新兴市场和发展中国家缓解疫情冲击、恢复跨境投资、促进产业升级具有重要意义，“一带一路”所搭建的交流协作平台及其彰显的开放、合作精神，是应对当前国际局势变革及疫情冲击所需要的重要力量。

二、研 究 意 义

当前，中国经济正处于关键的“转型”期，转换经济增长的原动力、促进产业结构的优化升级是保证经济稳中向好发展态势的重中之重。在国际分工向全球布局不断深化的 21 世纪，OFDI 对国民经济发展的影响愈加显著。因此，随着我国深化落实“一带一路”倡议，重视与“一带一路”共建国家的长期战略合作关系，聚焦对 OFDI 的全方位研究，具有与时俱进的现实意义。现阶段，国际垂直专业化分工迅猛发

① 《人民日报》2020 年 8 月 2 日，第 2 版。

展，而众多新兴市场及发展中国家处于全球价值链的低端环节，承载着发达国家的“边际产业”转移，自身的产业结构升级受制于技术劣势。作为最大的发展中国家，我国在“一带一路”倡议背景下凭借自身积累的“后发优势”开展 OFDI，加快技术积累以实现技术进步，从而向全球价值链高端攀升，最终实现国内产业结构的优化和升级，具有重要意义。

（一）理论意义

经济全球化的时代背景下，随着各国经贸往来、投资合作交流的增强，OFDI 的相关理论逐渐成为学术界关注的焦点，垄断优势理论、内部化理论等站在发达国家视角的投资决策，以及小规模技术理论、技术创新与产业升级等站在发展中国家视角的投资决策理论得以不断完善。中国企业对“一带一路”共建国家开展 OFDI，是在国家特定优势的推动下进行的，这对于发展中国家来说，具有鲜明的独特性与创新性。本书立足于我国国情，研究“一带一路”背景下的中国对外直接投资，分别从“一带一路”概况、中国 OFDI 特征性事实和产业升级现状、中国对外直接投资影响因素、区位选择、模式选择、风险分析以及产业升级与中国对“一带一路”共建国家直接投资的关系和中国对共建国家直接投资策略等方面展开研究，并最终得出具有建设意义和应用价值的结论与成果。研究丰富了国际直接投资、国际经济学的相关理论，为我国企业对共建国家开展 OFDI 提供了理论依据，更对其在“一带一路”背景下选择合适策略与正确方法进行对外直接投资具有重要的理论指导意义。

（二）应用价值

“一带一路”倡议加快了中国企业“走出去”的节奏，为我国与共建国家搭建共商共建平台、推进经贸战略合作、实现互利共赢提供了新的机遇。近年来，投资保护主义与逆全球化趋势依旧暗流涌动，中美贸易摩擦不断升级，使我国 OFDI 及产业结构升级面临的不确定性增加。在机遇与挑战并存的现实下，“一带一路”倡议对我国及共建国家所产生的宏观经济效应已受到了广泛关注，但对企业这一微观经济主体如何积极响应“一带一路”倡议、借助OFDI的契机促进其转型升级还缺乏深入研究。本书聚焦中国对“一带一路”共建国家OFDI与国内产业结构升级关系，运用理论和实证相结合的方法研究中国对“一带一路”共建国家的直接投资模式、影响因素、区位选择、风险分析以及其与产业升级的关系，顺应了中国经济改革大潮和经济全球化大趋势。同时，本书可以为中国企业对共建国家开展跨境投资优化方向，为国内产业结构升级服务，对稳步落实“一带一路”倡议，同时对打破企业升级路径依赖，更好地响应“一带一路”倡议以促进企业转型升级、实现高质量发展具有重要现实意义。另外，本书为我国政府制定合理的战略策略从而指导企业进行对外直接投资具有重要的实践意义和较高的应用价值。

三、文献综述

（一）“一带一路”背景下的对外直接投资

自“一带一路”倡议提出与实施以来，国内许多专家学者从各方面对中国在“一带一路”共建国家的直接投资进行了大量研究。基于中国经济的现状，与“新丝绸之路”国家优势互补的产业结构为我国与这些国家进行产业合作提供了可能性（刘育红等，2012）。向全球价值链高端攀升的目标和“引进来”对“走出去”的推动作用决定了我国要开展双向直接投资（李磊等，2018；王义源，2017），既要以获取先进的技术手段和运营经验为目的向发达国家开展“学习型”OFDI，争取逆向技术溢出（郭凌威等，2018），发挥OFDI在促进国内产业转型升级和结构优化中的关键作用（赵云鹏和叶娇，2018），又要面向经济发展水平不及中国的国家开展OFDI，发挥产业比较优势，进而优化境内产业布局，实现经济效应（Wang et al.，2016）。方旖旎（2016）分析了中国企业在“一带一路”沿线国家的现有投资规模和产业偏好，推测了中国企业未来的投资热点与东道国风险；王永中和李曦晨（2015）从区域分布行业结构和企业类型等角度分析了中国对“一带一路”沿线国家的投资特点，并评估相关国家投资风险；郭烨和徐陈生（2016）考察了双边高层会晤对中国在“一带一路”沿线国家的对外直接投资影响作用；孟庆强（2016）利用2003～2013年中国对“一带一路”沿线42个国家的直接投资数据实证考察了中国对“一带一路”沿线国家直接投资的动机；许小平、陆靖和李江（2016）以“一带一路”倡议为研究背景，探讨签订双边投资协定与我国对外直接投资之间的关系。虽然我国企业对“一带一路”沿线国家投资的潜力巨大，但沿线地区多为欠发达国家和新兴经济体，中资企业面临着层出不穷的风险与挑战。因此，对于“一带一路”相关地区的投资，应当基于分散化和差异化的准则，加强对投资环境的全方位评估，有效规避与化解投资风险（张述存，2017；李笑影和李玲芳，2018）。

以上文献皆是从整体上论述中国企业对“一带一路”沿线国家直接投资的影响因素以及可行性分析。周五七（2014）认为，中国应扩大对中东欧地区的直接投资，增强“一带一路”倡议对世界的影响力和辐射力。郑蕾和刘志高（2015）从自然资源、市场要素等方面分析了中国对“一带一路”沿线国家投资的空间格局，提出了空间差异化投资引导战略。杨英和刘彩霞（2015）运用VAR模型研究发现对“一带一路”沿线国家的直接投资并未显著影响中国产业升级，中国产业结构调整会反过来加速企业“走出去”，推动“一带一路”沿线国家的投资。马述忠和刘梦恒（2016）运用空间计量法研究发现中国在“一带一路”沿线国家的OFDI存在显著的第三国效应，具体表现为挤出效应。陈伟光和郭晴（2016）运用扩展的引力模型研究了中国对“一带一路”沿线国家直接投资的影响因素以及对各国的投资潜力。吴哲等（2015）将共建“一带一路”的发达国家和发展中国家共同放入模型，测算结果表明我国OFDI对全要素生产率和产业结构有正向影响，但要经历先援助后获益的演化过程。李闻芝（2015）认为，“一带一路”倡议为高度依赖进口的国内油气产业发展带来了新的机遇，有助于中国石油企业海外战略升级。孟祺（2016）计算了“一带一路”分区域的制造业竞争力，发现中国通过参与“一带一路”建设有助于提升全球价值链地位，促进贸易平衡，推动共同发展。虽然有诸多学者实证考察了“一带一路”倡议对出口增长和OFDI风险的影响等（孙楚仁等，2017；孙焱林和覃飞，2018），但是聚焦微观企业投资事件进而研究“一带一路"倡议这种政策效应对于 OFDI 影响的文章相对较少。基于此，张冬雪（2020）借助新发展的双重差分倾向得分匹配法，实证检验发现"一带一路"倡议的实施显著地推动了中国企业对沿线国家的 OFDI，政策具有一定的动态效应。

（二）"一带一路"倡议和产业结构升级

1. "一带一路"倡议的经济效应

"一带一路"倡议彰显着中国远大的全球经济发展愿景，旨在继续其强劲的经济增长（Yiping Huang，2016）。目前，国内外学者大多从进出口贸易、跨境投资、全球价值链、产业结构优化、企业创新等视角对"一带一路"的经济效应进行研究。"一带一路"倡议是中国开展对外经济和贸易的重要平台，因此其经济效应应该首先表现在促进出口贸易和对外直接投资中。诸多学者探讨研究了中国对"一带一路"沿线国家 OFDI 的贸易效应（徐奔，2018；马怡佳，2018；王煌，2018；谢娜，2020）。顾雪松等（2016）围绕母国与东道国的产业结构差异，研究其如何影响 OFDI 对出口的作用，并证实了中国的 OFDI 对出口具有创造效应，而两国的产业结构差异负向作用于出口。牛华（2020）从微观层面考察了中国企业 OFDI 对"一带一路"沿线国家包容性增长的正面影响。随着"一带一路"倡议的不断发展，沿线国家间的贸易关系日趋增强，贸易网络密度也在不断增加，但贸易互补性仍然大于竞争性（李敬等，2017），这也构成了中国对"一带一路"沿线国家出口数量逐渐增加的重要条件，而且中国从事对外经贸实务人员勤劳勇敢的企业家精神和"和平共处、互不干涉内政"的外交政策也构成了与"一带一路"沿线国家双边贸易的新比较优势（李兵和颜晓晨，2018），进一步促进了中国与沿线国家的贸易往来。在对外直接投资方面，现有文献主要从东道国制度和环境（贺亚萍和徐康宁，2018）、企业自身竞争优势（张静等，2018），以及东道国和母国的国家距离（方慧和赵甜，2017）等决定因素研究中国对"一带一路"沿线国家直接投资问题，也有文献从政策沟通、设施联通、贸易畅通、资金融通和民心相通的角度研究"一带一路"倡议的投资促进效应（吕越等，2019），这些研究对于化解中国企业进入沿线国家开展投资与合作出现的问题和风险，提高政府政策实施的针对性和有效性具有重要作用。此外，“一带一路”倡议对于贸易和投资之间的相互作用也具有一定的影响，李晓钟（2018）探讨了我国对“一带一路”沿线国家对外直接投资的贸易效应，发现二者存在创造和替代效应。中国对沿线国家的直接投资能够显著促进互补贸易关系形成，而在非“一带一路”沿线国家没有这种促进作用（毛海欧和刘海云，2019），这对于提高中国与沿线国家贸易互补程度、深化区域经济合作具有重要意义。随着生产要素的全球化流动和国际贸易格局的逐渐演变，以中间产品贸易为主导的全球价值链成为各国参与国际分工的主要形式，中国可以与沿线国家进行产业、产能合作，实现自身产业结构优化调整（黄先海和余骁，2017），而且“一带一路”沿线国家具备与中国进行产业合作的区位条件，可以借助国际产业转移促进国内产业结构升级（张理娟等，2016），同时通过研究中国与沿线国家的国际分工地位和产业关联性与互补性也可以发现中国具备主导“一带一路”区域价值链的能力（王恕立，2018），通过参与“一带一路”建设可以促进中国与沿线国家价值链地位的提升和国际分工效率的提高。除此之外，从全要素生产率视角检验对“一带一路”沿线国家 OFDI 的逆向技术溢出效应（吴哲，2018）成为当前研究热点，并发现其与中国区域创新的关系呈现倒“U”型（韩先锋，2019）。此外，还有学者将“一带一路”倡议作为外生冲击事件进一步考察其对企业创新的影响，并证实其切实推进了本土企业的内部结构调整（王桂军等，2019），而产业结构的优化升级将促进我国保持对沿线国家 OFDI 的继续扩张趋势（龚静和尹忠明 2018）；李延喜（2020）则研究发现，对“一带一路”沿线国家直接投资可以通过多种逆向创新溢出渠道促进中国企业创新。纵观已有研究可以发现“一带一路”倡议的实施可以促进中国对外贸易和直接投资，并可以通过国际分工进一步构建中国主导的区域价值链，通过国际产业、产能合作与经济合作提高本国技术与效率，促进中资企业创新进而实现产业结构升级，这是高质量建设“一带一路”的重要体现。

2. 产业结构升级的促进因素

产业结构关系到经济发展的各要素比例和外部环境状态，因此影响产业结构升级的因素也较多，但总体来说可以分为三个方面：国家政策、对外经济与内部环境。第一，在国家政策方面，“一带一路”倡议作为中国开展国际贸易、推进区域经济一体化的重要政策实践，其对中国经济发展的影响已经有许多文献进行研究与证明，但少有涉及“一带一路”倡议对产业结构升级的影响，有学者从企业层面证明“一带一路”倡议可以通过研发创新促进企业升级，而企业升级也是产业结构升级的重要组成部分，因此这也间接证明了“一带一路”倡议可以影响产业结构升级。产业政策是地方政府出台的促进产业结构调整与升级的重要措施，韩永辉等（2019）通过研究发现，产业政策对产业结构升级的推动作用依赖于地方市场化程度，还取决于地方政府能力；国家高新区已成为中国发展新型高技术产业、推动创新驱动发展的重要载体，但袁航和朱乘亮（2018）的研究发现，国家高新区显著促进了产业结构高度化的量，未促进产业结构高度化的质和产业结构合理化，即未推动产业结构转型升级，因此需要进一步激发国家高新区对高科技发展的引领和带动作用，提高对产业结构升级的促进效应；此外，地方政府土地出让行为对产业结构升级也具有一定的影响，土地价格竞争与产业结构升级存在倒“U”型关系，土地财政依赖促进了产业结构升级，而土地出让结构却具有抑制作用（陈淑云和曾龙，2017），这进一步说明要素的合理配置对产业结构升级的重要作用。第二，在对外经济方面，主要集中在进出口贸易和对外直接投资对产业结构升级的影响，有学者发现进口和外商直接投资都能通过投资能力促进非洲产业结构升级（Amighini，2014），章志华和唐礼智（2019）利用省际面板数据研究发现对外直接投资不仅能促进本地区产业结构升级，对邻近地区也有促进作用。第三，在内部环境的影响因素方面，可以通过扩大总需求，使实际增长率不过多偏离潜在增长率，保持经济运行在合理区间，进而实现产业结构调整升级（郭克莎，2019）；金融业的发展可以通过促进资源合理配置和产业结构变动而实现产业结构升级（Sasidharan，2015），而数字普惠金融可以提高金融服务的覆盖广度进而优化资金在产业间的配置促进产业结构升级（Bruhn and Love，2014）。纵观既有研究，围绕“一带一路”倡议对产业升级影响的相关文献较多，但研究大多聚焦于理论分析及政策建议方面，往往忽略了“一带一路”倡议对企业微观层面转型升级这一关键视角。总体来说，产业结构升级和经济发展是相辅相成、相互促进的关系，适应经济发展的产业结构可以提高经济发展效率和质量，而高质量的经济发展又反过来调整与优化产业结构水平，因此在中国经济新常态形势下，通过高质量建设“一带一路”推动城市产业结构升级具有重要意义。

（三）对外直接投资与产业升级

1. 对外产业转移与产业升级

对外产业转移的研究最早来自布卢斯通（Bluestone，1982）和哈里森（Harrison，1982），他们认为，对外产业转移是一国的基础生产能力广泛而系统性的撤退，当某些产业在发达国家的经济体系中的重要性下降时，需要将不再重要的产业转移到其他国家，以发展新的产业。对外产业转移与对外直接投资无法等同，存在生产场所变更等典型特征，因此若杉隆平（2009）将对外产业转移定义为一国生产地点转移到国外的直接投资，大多数学者采用了这一定义。在全球价值链联系越来越紧密的背景下，现在对外产业转移的定义又增加了外包的内容（Lipsey，1995）。

2. 对外直接投资与产业升级

学术界关于OFDI与母国产业升级关系的理论研究颇为丰富，早期的研究多以发达国家为研究客体。弗农（Vernon，1966）提出的产品生命周期理论，从始创阶段、成熟阶段、标准化阶段分别论述了国内产业转型升级与对外投资的关系。巴克利和卡森（Buckley & Casson，1976）从中间产品角度、小岛清（Kojima，1978）从边际产业角度提出OFDI能推动制造业产业升级，从而为产业升级提供空间。

20世纪80年代，发展中国家的对外投资蓬勃发展，基于发达国家跨国公司的投资理论，是否适用于发展中国家值得讨论。威尔斯（Wells，1977）提出的“小规模技术理论”认为，发展中国家跨国企业因拥有小规模生产技术、低价的营销战略等优势，会进行对外扩张。邓宁（Dunning，1981）的投资发展周期理论认为，发展中国家的对外投资倾向取决于经济发展阶段以及该国的所有权优势、内部化优势和区位优势。坎特维尔和托伦蒂诺（Cantwell & Tolentino，1990）提出的技术创新升级理论认为，发展中国家的内生技术创新能力，能促使本国技术升级。对外投资顺序首先是周边国家，之后是发达国家。小泽（Ozawa，1992）提出的增长阶段模式理论将对外投资和经济增长、经济发展结合在一起，用经济一体化解释发展中国家的对外投资。马修斯（Mathews，2006）从资源观的角度研究了发展中国家的对外投资与母国产业升级的关系。

关于 OFDI 对产业结构影响的研究中，也有学者表示出了担忧。日本学者关下稔提出的产业空心化指出，OFDI 可能导致母国产业投资不足进而逐渐衰败。考林（Cowling，2001）和汤姆林森（Tomlinson，2001）研究日本企业 1981 ~ 1995 年的 OFDI 发现大规模对外投资从负面影响了日本工业部门的发展。

尽管 OFDI 已经成为国际制造业升级的重要手段和方式，但是德拜尔等（Debaere et al.，2010）的研究表明，投资的投向很重要，如果投向欠发达国家的话，将会降低企业的就业增长率，而转向更发达国家的对外直接投资并不会对企业的就业增长率产生显著影响。柯斯达德和韦格（Kolstad & Wiig，2012）研究了 2003 ~ 2006 年中国对外直接投资目标区域选择，发现中国趋向于投向拥有更大市场的 OECD 国家以及拥有大量自然资源和制度较落后的非 OECD 国家。这说明中国对外直接投资要么能学习先进技术，要么能获得稳定的商品供应来源，反映出中国的对外直接投资并不在于扩大海外生产而是为了增强国内产业竞争力。林达冯毅和 Chyau Tuan 公司（Linda Fung – Yee NG & Chyau Tuan，1997），马里安斯维特里、马蒂亚罗杰克和安德烈亚特雷尼克（Marjan Svetlii，Matija Rojec & Andreja Trtnik，2000），萨尔瓦多巴里斯奥、霍尔格哥尔格和埃里克斯特罗波（Salvador Barrios，Holger Gorg & Eric Strob，2005）分别调查了中国香港、斯洛文尼亚以及东亚国家的 OFDI 情况。

国内学者对 OFDI 与产业结构升级效应的研究主要基于我国加入世贸组织以后跨境经贸往来不断深化及 OFDI 突飞猛进的背景。在理论研究方面，国内学者分别从 OFDI 与东道国制度质量的互动效应、产业结构调整效应及其传导机制、产业选择基准等方面展开研究，并得出 OFDI 能够有效促进境内产业升级的一致结论（汪琦，2004；赵乃康，2005；罗良文，2007；赵云鹏，2018；王纪鹏，2018；纪祥裕，2019；林晶，2020）。同时也不乏学者立足于东道国国家视角，考察中国 OFDI 对沿线东道国产业升级的异质性影响及对其产业竞争力的影响效应（贾妮莎，2019；马赛，2020；任红和张长征，2020）。马子红（2020）对我国 OFDI 与产业结构升级之间的互动关系进行了检验，研究发现两者在短期内具备相互促进的发展态势，长期内则存在稳定的均衡关系。同时，诸多研究表明东道国产业结构对诱发直接投资流入存在影响（卢进勇和宋琳，2017；王运良和李富有，2018；胡志强等，2018）。

在实证研究方面，国内学者主要立足于国家层面与宏观角度，借助大量样本时间序列和面板数据，运用固定效应模型、相关性分析、灰色关联分析与趋势预测、VAR 模型、标准贸易模型、中介效应模型及柯布—道格拉斯生产函数等方法进行分析，结果一致认为 OFDI 能够有效推动我国产业结构的优化升级（俞佳根，2014；刘利，2014；王丽，2016；王运良，2018；吴详勋，2018；赵云鹏，2018；陈昊，2018；郭云，2019）。但也有学者研究发现中国通过对“一带一路”沿线国家开展 OFDI 进而对产业结构升级产生的影响不显著，而中国的产业结构调整会推动企业对沿线东道国的直接投资水平（杨英和刘彩霞，2015）。此外，李鑫伟和牛雄鹰（2017）研究发现，中小企业的对外投资经验及国际竞争力欠缺，所面临的一系列不确定性风险会对自身发展造成不利影响；刘海云和聂飞（2017）实证检验发现我国 OFDI 的快速扩张必然造成一定程度上的资本外流，进而使制造业陷入“空心化”危机。基于此，周伟与江宏飞（2020）强调了面向“一带一路”OFDI 的风险识别及规避。

3. 对外直接投资影响因素

国外最早研究对外直接投资影响因素的是海默（Hymer，1960），他提出的垄断优势理论表明跨国公司凭借技术、资本、规模经济以及营销管理能力等垄断优势进行对外直接投资；邓宁（Dunning，1997）在垄断优势理论的基础上提出了国际生产折中理论，认为企业依靠所有权优势、内部化优势和区位优势进行对外直接投资；美国经济学家威尔斯（Wells，1993）提出的小规模技术理论认为发展中国家可以依靠现有技术和自身发展特点形成独特的比较优势进行对外直接投资；库尔米勒（Kuemmerle，1997）提出技术开发与技术增长理论，企业进行对外直接投资主要通过自身所拥有的高科技来占据技术不发达国家或地区的市场，同时通过向发达国家进行对外直接投资来获取新的核心技术。后来的专家学者又在这些传统的对外直接投资理论基础上研究具体的对外直接投资的影响因素，库伦（Culem，1988）通过研究六个工业化国家对外直接投资流入与流出的相互关系后，得出投资国的市场规模、平均工资水平、对外贸易的流动率是影响一国对外直接投资的主要因素；安德烈夫（Andreff，2002）通过研究得出影响中国、俄罗斯等转型国家对外直接投资的因素是投资国 GDP、市场规模；莫克和杨智思（Morck & Yeung，2008）研究发现中国的对外直接投资偏向避税港及东南亚国家，而且大多是政府控制的垄断企业；维拉莫斯基和丁克尔（Wilamoski & Tinkler，1999）研究东道国与投资国之间是否存在贸易协定与外资流动的关系，实证研究表明两者之间具有正相关关系；普拉丹（Pradhan，2011）通过比较中国和印度进行海外投资的特点，发现地理位置及东道国的资源禀赋是我国企业进行对外直接投资的主要影响因素。

国内关于对外直接投资影响因素的研究起步较晚，"一带一路"倡议提出以来，沿线国家的投资潜力一直是热门研究课题，研究主要集中在贸易与对外直接投资之间的关系（项本武，2007；许小龙，2008；朴杉杉，2012；刘晓光，2016；许小平等，2016；戴利研和李震，2018），人民币汇率变动与对外直接投资的关系（亓科元，2012；郭坤，2013），以及东道国的经济发展水平与制度环境（张新乐、王文明和王聪，2007；陈后祥，2016；刘爱兰，2018；李俊久、丘俭裕和何彬，2020）、自然资源禀赋水平（胡博和李凌，2008）、金融发展水平（詹玲，2016；姜慧，2017）、投资风险（张栋、许燕和张舒媛，2019）及贸易便利化（汪洁和全毅，2015）对我国对外直接投资的影响。而随着全球化的日益深入，由国家异质产生的各类国家距离因素对 OFDI 的作用机制愈发受到学者的关注，其中，制度距离、文化距离及技术所产生的投资效用尤其受到重视（冀相豹，2014；黄卫冬，2016；许家云，2017；吉生保、李书慧和马淑娟，2018；Shuyan and Fabus，2019；吴瑞兵，2019；Hong，2019；李俊久，2020；王腾和邓学霖，2020）。具体来看，在双边因素方面，张亚斌（2016）发现除了 GDP 和劳动力规模外，双边贸易投资协定能够有效带动企业对沿线东道国开展跨境投资的积极性，而距离和税负水平等又会在一定程度上抵消这种积极性。郭烨和许陈生（2016）运用面板数据检验发现国家领导人参与双边会晤能够有效推动面向"一带一路"的 OFDI，其中出访作用效果最为显著。廖红伟和杨良平（2018）则揭示了"一带一路"沿线国家 OFDI、产业结构升级与经济增长的互动机理与中国表现。张为付运用内部张力、外部引力和环境支撑力范式分析影响对外直接投资的各作用力，得出我国经济规模、贸易额、人民币汇率等对我国对外直接投资的影响。国内学者在东道国因素方面研究的范围最广，裴长洪和樊瑛（2010）通过分析“企业特定优势”理论，提出了“国家特定优势理论”，并得出影响企业对外直接投资的因素为东道国 GDP 和行业发展水平等；谢杰和刘任余（2011）基于新经济地理学空间视角，运用空间计量经济学方法对影响我国对外直接投资的各种因素，以及投资对贸易的作用机制进行了实证考察，研究中发现我国与东道国的投资和贸易活动受“第三方效应”影响；俞根梅（2017）强调了国有企业的“特定所有权优势”，并围绕国家制度进一步考察发现我国对“一带一路”沿线国家的 OFDI 与东道国的政治制度显著相关。刘银双等（2020）研究发现中国与沿线东道国的 GDP，以及沿线国家对我国产品的接受度正向影响中国的 OFDI，而两国间距离和东道国人均 GDP 与中国 OFDI 呈负相关。

4. 中国 OFDI 区位选择

随着中国 OFDI 的增加，跨国企业对海外投资的区位选择愈加重视，国内外众多学者对中国 OFDI 的区位选择影响因素进行了探究。国外学者巴克利等（Buckley et al.，2007）认为中国的 OFDI 具有显著的市场和资源寻求动机，但战略资产的寻求动机并不明显；研究发现中国的 OFDI 与沿线国家的政治制度呈负相关关系，这与发达国家的 OFDI 相比恰恰相反。克尔等（Quer et al.，2012）则强调了政治与文化因素对本土企业走出去的重要作用。而国内研究除了关注传统经济影响因素外，逐渐开始侧重于双边关系、东道国自身禀赋、制度及距离因素的研究等。程慧芳和阮翔（2004）利用投资引力模型研究了中国对 32 个国家直接投资的截面数据发现，中国与东道国市场规模、人均收入及双边贸易正相关。巴克利等（Buckley et al.，2007）利用 1984～2001 年中国对 49 个国家的投资数据研究发现，中国有市场寻求动机，双边贸易、文化接近度、东道国通货膨胀与中国正相关，东道国制度质量与中国负相关，而汇率、距离因素以及东道国战略资产对中国影响不显著。项本武（2009）利用 2001～2007 年中国 OFDI 数据，基于动态面板数据模型，发现中国对东道国的投资缺乏连续性，同时他还发现中国 OFDI 与东道国市场规模负相关，与双边贸易和汇率正相关，而工资水平对 OFDI 影响不显著。蒋冠宏和蒋殿春（2012）利用 2003～2009 年中国对 95 个国家的 OFDI 数据，基于投资引力模型考察了中国 OFDI 的区位选择，发现中国 OFDI 有市场、资源和战略资产寻求动机，距离对中国有负面影响，东道国制度对中国资源寻求型有显著影响。王永钦等（2014）以中国 2002～2011 年在全球范围内进行的 842 笔对外直接投资作为样本，研究发现中国企业的 OFDI 不太关心对方国家（或地区）的政治制度（话语权与问责制）和政治稳定度，而更关心政府效率、监管质量和腐败控制，并倾向于避开法律体系严格的国家；同时，中国存在明显的避税和获取资源的动机；东道国的制度质量与避税功能之间存在替代关系。崔焕生（2017）通过对 68 个国家的 2000 余家制造业跨国公司实证检验发现，相较于发展中国家，企业在发达国家的国际化收益更具效率和规模。王金波（2018）借助大样本实证研究发现，我国的 OFDI 国别选择因目标国的制度差异和质量优劣会产生"异质性"的特点。程衍生（2019）提出腐败控制能够在一定程度上推动投资，政治稳定反而抑制了 OFDI。苏馨（2017）强调对"一带一路"沿线国家开展直接投资的风险是影响中国进行区位选择的重要因素。周鑫（2017）利用 2004～2015 年"一带一路"沿线 61 个国家面板数据，依次检验了经济、政治、成本、科技等因素对我国对"一带一路"沿线国家 OFDI 的作用程度，发现政治因素对其有显著影响。袁艺倩（2018）则进一步考察了空间效应对我国"一带一路"沿线国家 OFDI 区位选择的影响路径。潘素昆和杨雅琳（2020）站在经济发展水平差距及地理位置差异视角，对"一带一路"沿线国家基础设施对中国 OFDI 区位选择的影响进行实证分析。陶佩和鲍春燕（2020）从经济、制度、地理距离、经济体、区域性等多角度借用引力模型进行实证分析，探讨了影响中国 OFDI 区位选择的主要因素。

5. 对外直接投资模式

关于企业对外直接投资模式的选择，国外现有理论文献主要是从企业和东道国两方面影响因素进行分析和研究的。从企业自身因素来看，在生产要素投入方面，伊兰戈（Elango，2005）认为主要投资于物质资本的企业倾向于绿地投资，而主要投资于人力资本的企业通常选择跨国并购；在能力资源方面，安德森和斯文森（Andersson & Svensson，1994）认为管理能力越强的企业，越倾向于选择跨国并购，企业技术能力越强，选择绿地投资的可能性越大；对于外部环境方面，东道国的产业结构特征对国际投资模式的选择也有重要的影响和制约作用，拉里莫

(Larimo, 1987) 认为在东道国市场潜力较大的产业，绿地投资可以获得更多利润，而在市场饱和的产业，跨国并购的企业更具有成本优势；德米尔伯格等（Demirbag et al.，2008）发现东道国的市场潜力和投资风险会影响企业对外直接投资方式的选择。

国内关于对外直接投资方式的研究大多建立在国外的理论研究基础上。王丽华（2009）通过实证分析，认为东道国经济水平在很大程度上影响着中国企业在绿地投资与跨国并购之间的选择；丁婉玲（2011）采用多分类 Logistic 回归分析方法研究投资动机、环境差异和投资经验对进入模式的影响作用，并得出这三者是影响企业选择不同对外直接投资模式的重要因素；阎大颖（2008）通过一系列假设和 Logistic 逻辑模型研究了我国企业对外直接投资模式的影响因素；刘兴亚（2009）通过实证研究认为文化差异对海外投资模式的选择具有重要影响，并且企业在选择对外直接投资模式时，往往更倾向于成本相对更低的方式。华欣和盛红艳（2016）研究发现跨国企业的绿地投资建立在东道国的资源和市场等方面的比较优势上，而跨国并购则出于学习东道国先进技术与管理经验的目的。蒋冠宏（2015）及俞佳佳（2019）从企业异质性视角出发，深入探究企业异质性如何影响我国 OFDI 尤其是对沿线国家投资的策略选择问题。朱洁西（2019）则在分析中国对外直接投资面临的困境和风险基础上，为中国对外直接投资的战略选择出谋划策。总的来说，国内外的相关研究，大都是建立在对外直接投资理论基础之上，并通过分析具体的投资环境和经济形势，对各种影响因素加以理论分析和实证检验得出相关结论。

6. 评述

上述内容主要围绕中国对“一带一路”沿线国家直接投资、对外直接投资与产业升级的关系、对外直接投资影响因素、中国对外直接投资区位选择与模式选择等文献进行梳理。现有文献从理论和实证等方面做出了大量分析，对于我们的研究具有很大的参考和借鉴作用，但“一带一路”倡议作为我国发展对外经济与贸易的重要措施是近几年才提出与实施的，因此相关的研究并不多，且有关我国对“一带一路”沿线国家的区位选择、模式选择和我国对“一带一路”沿线国家直接投资的影响因素以及其与产业升级的关系的文献更少。而这些研究对于“一带一路”倡议下我国企业“走出去”及我国企业战略方针的制定、投资活动的顺利进行具有重要的战略意义和指导价值。

四、总体研究框架

本书主要研究了中国对“一带一路”共建国家直接投资和产业升级的关系。第一章和第二章主要针对“一带一路”倡议的状况进行总结和概述，阐述了“一带一路”的历史背景以及“一带一路”共建国家的发展状况；第三章介绍了中国对外直接投资尤其是对“一带一路”共建国家直接投资状况以及中国产业升级的状况和问题，详细论述了各产业和对不同地区的投资状况，从总量分析、区域分布、行业分布等方面分析中国对“一带一路”共建国家的投资状况，阐述了中国产业结构的概况、发展历程、状况以及存在的产能过剩和产业升级阻力等问题；第四章通过对古典区位理论、新经济地理理论以及战后兴起的一系列国际投资理论进行梳理，了解这些理论在解释对外直接投资和产业升级关系时的作用，并从对外投资的对象选择、区位选择和驱动因素进行分析，进一步总结中国对“一带一路”共建国家 OFDI 对产业升级的作用机制和路径；第五章首先在理论分析的基础上运用双重差分法研究“一带一路”倡议对城市产业结构升级的影响，然后针对中国对“一带一路”共建国家 OFDI 情况进行了多组实证检验，最后通过 VAR 模型研究中国对“一带一路”共建国家直接投资对产业升级的影响并进行案例分析；第六章在对“一带一路”共建国家直接投资风险测度的基础上通过匹配已发生的投资与东道国风险测度数据来揭示中国对“一带一路”共建国家直接投资的风险流向并进行原因分析；第七章探讨了 OFDI 与产业升级的国际经验和中国对“一带一路”共建国家 OFDI 促进中国产业升级策略，从中国对“一带一路”共建国家的途径策略、支持策略、企业策略、智库支撑体系、注意问题以及风险防范六个方面提出通过对“一带一路”共建国家直接投资促进产业升级的政策建议（见图 1－1）。

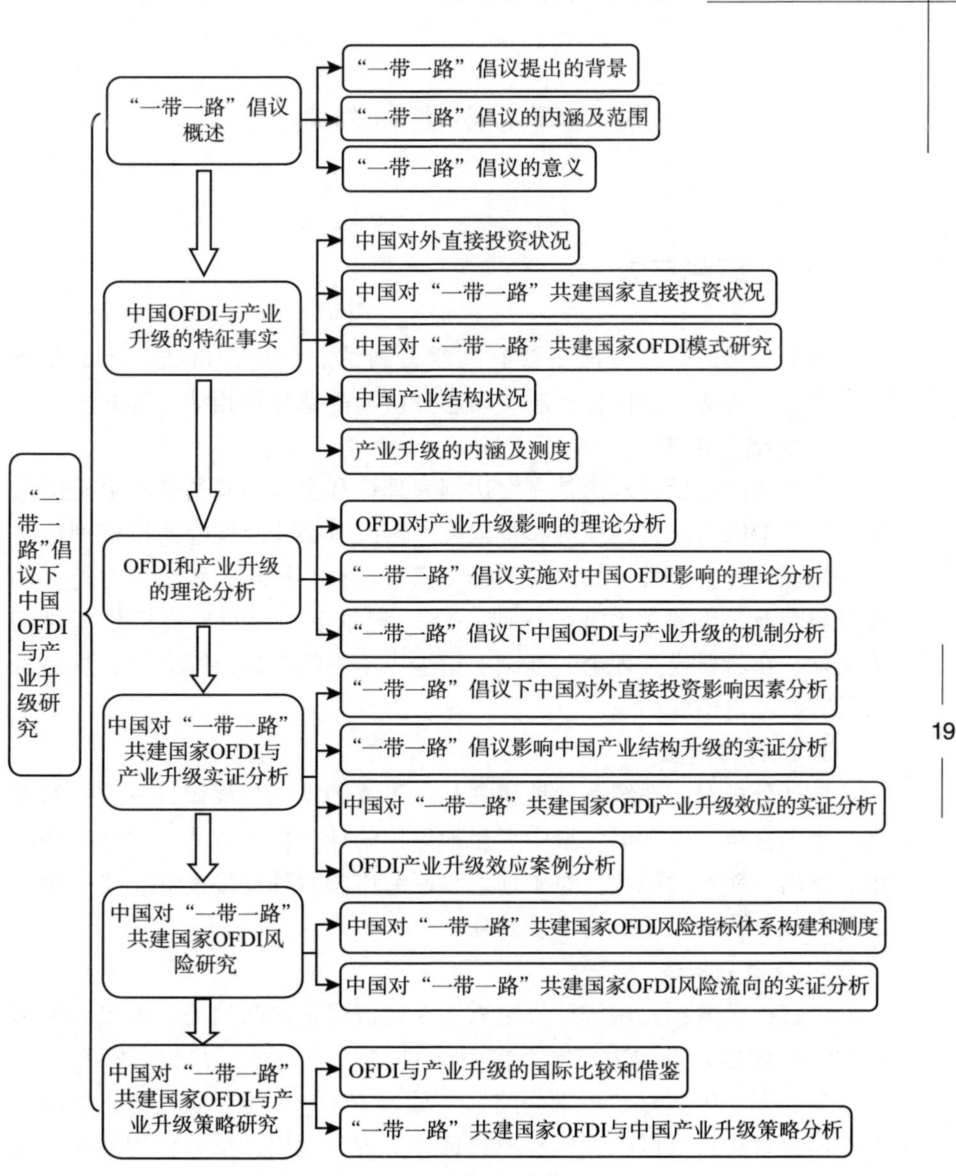
"一带一路"倡议下中国OFDI与产业升级研究
"一带一路"倡议概述
"一带一路"倡议提出的背景
"一带一路"倡议的内涵及范围
"一带一路"倡议的意义
中国OFDI与产业升级的特征事实
中国对外直接投资状况
中国对"一带一路"共建国家直接投资状况
中国对"一带一路"共建国家OFDI模式研究
中国产业结构状况
产业升级的内涵及测度
OFDI和产业升级的理论分析
OFDI对产业升级影响的理论分析
"一带一路"倡议实施对中国OFDI影响的理论分析
"一带一路"倡议下中国OFDI与产业升级的机制分析
中国对"一带一路"共建国家OFDI与产业升级实证分析
"一带一路"倡议下中国对外直接投资影响因素分析
"一带一路"倡议影响中国产业结构升级的实证分析
中国对"一带一路"共建国家OFDI产业升级效应的实证分析
OFDI产业升级效应案例分析
中国对"一带一路"共建国家OFDI风险研究
中国对"一带一路"共建国家OFDI风险指标体系构建和测度
中国对"一带一路"共建国家OFDI风险流向的实证分析
中国对"一带一路"共建国家OFDI与产业升级策略研究
OFDI与产业升级的国际比较和借鉴
"一带一路"共建国家OFDI与中国产业升级策略分析

图 1-1 本书研究框架

五、研究方法和创新点

（一）研究方法

本书运用的研究方法主要有文献分析法、统计分析法、计量分析法、比较分析法、案例分析法、动态分析与静态分析相结合等方法。

1. 文献分析法

现有的国际投资理论是在发达国家理论和实践经验的基础上提出来的，由于中国对外直接投资起步较晚，因此有必要研读经典投资理论文献，整理对外直接投资的区位选择、模式选择、影响因素以及对外直接投资与产业升级的关系和“一带一路”背景下中国对外直接投资等相关文献，在经典投资理论的基础上衍生出本书的众多研究方法，最终得出具有参考价值的结论。

2. 统计分析法

统计分析对于系统直观地研究某一事物的特征与规律具有重要的意义，本书在第二章和第三章中大量地运用统计分析的方法，在事实特征中总结出一般性的规律，对于理解和研究中国对外直接投资和“一带一路”倡议之间的关系具有重要作用。

3. 计量分析法

经济计量分析是用统计推论方法对经济变量之间的关系做出数值估计的一种数量分析方法。本书在中国对“一带一路”共建国家直接投资影响因素、中国对“一带一路”共建国家 OFDI 与产业升级、中国对共建国家直接投资区位选择与模式选择等方面运用计量分析的方法，定量地研究中国对“一带一路”共建国家直接投资相关问题。

4. 比较分析法

比较分析法即对比分析法，是通过实际数与基数的对比来揭示两者之间的差异，借以了解经济活动的成绩和问题的一种分析方法。本书在研究中国对“一带一路”共建国家直接投资时多次运用比较分析法，通过对比中国对不同区域的直接投资数据，得出对不同区域的国家采取不同投资策略的结论。

5. 案例分析法

本书分别采用中国国内知名企业的对外直接投资案例以及欧美、日韩等发达国家和地区的对外直接投资经典案例，进而揭示中国对“一带一路”共建国家直接投资与产业升级的关系。

6. 动态分析与静态分析相结合

动态分析与静态分析是经济学常用的分析方法，在中国对外直接投资历程、中国产业升级过程时运用到动态分析，而在描述“一带一路”概况和中国对外直接投资与产业升级现状时用到静态分析的方法。

（二）创新点

本书主要针对“一带一路”背景下 OFDI 影响产业升级的理论机制、中国对“一带一路”共建国家 OFDI 与产业升级的实证研究、中国对“一带一路”共建国家 OFDI 风险流向的实证检验以及利用对“一带一路”共建国家 OFDI 促进中国产业升级的策略等方面展开研究，与已有文献相比，本书的创新之处主要体现在以下几个方面。

第一，从传统对外直接投资理论出发分析对外直接投资与产业升级的关系。从宏观方面，中国对“一带一路”共建国家直接投资可以通过产业转移效应、产业关联效应和产业内竞争效应作用于产业结构升级；从微观方面，中国对“一带一路”共建国家 OFDI 可以通过获取资源、市场、技术等方式作用于产业结构升级。此外，对外直接投资会通过影响企业所面临的竞争环境、需求结构等途径间接影响产业链水平，进而促进我国产业结构升级。本研究是对传统 OFDI 理论的发展与应用，可以为有关 OFDI 和产业升级的相关研究提供参考。

第二，利用中国 285 个城市 2008～2017 年的面板数据采用双重差分法实证研究“一带一路”倡议对中国产业结构升级的影响，并对其进行分区域、分参与方式、分海上丝绸之路和陆上丝绸之路进行异质性检验，实证研究“一带一路”倡议对中国 OFDI 的促进作用，通过建立 VAR 模型，从中国对“一带一路”共建国家的整体 OFDI、分动机 OFDI 的角度检验了 OFDI 与中国整体产业升级和东中西部不同区域升级的关系，此外还选取华为公司和联想公司对外直接投资的行为进行分析，这对于填补当前有关中国对"一带一路"共建国家 OFDI 与产业升级关系的相关实证研究和案例分析具有重要作用，也为以后的研究提供了方法。

第三，采用因子分析法对 2013 ~2017 年 43 个"一带一路"样本国家的直接投资综合风险及政治军事风险、经济金融风险、社会文化风险进行了测度，并采用 Ward 聚类法验证了测度的有效性；在风险测度的基础上，通过匹配已发生投资与东道国风险测度数据揭示了中国对"一带一路"共建国家直接投资的风险特征，采用系统 GMM 动态面板模型进一步验证了中国对"一带一路"共建国家直接投资的风险流向并进行原因分析。本研究对于中国对"一带一路"共建国家的风险测度和实证分析具有一定的补充作用，可以为中国企业的 OFDI 提供理论指导。

第四，分别从发达国家、新兴经济体以及金砖国家选取典型代表进行经验分析，从投资国的对外直接投资行业特征、地区特征、投资主体和政府的政策支持四个方面阐释对外直接投资对本国产业升级的作用，在此基础上结合中国国情和对外直接投资的经验，从途径策略、支持策略、主体策略、智库支撑体系、投资注意问题等几个方面进行策略分析，这在当前有关策略的研究中具有一定的创新性和实践性。

本章小结

本章首先介绍了研究背景和研究意义。"一带一路"倡议是我国开展对外经济与贸易的重要平台，对于我国与共建国家的经贸合作具有重要意义，研究中国对"一带一路"共建国家 OFDI 与产业升级的关系也具有一定的理论和应用价值。然后从"一带一路"背景下的对外直接投资、"一带一路"倡议和产业结构升级、对外直接投资与产业升级等几个方面进行文献综述，并在此基础上进行评述，详细介绍了当前有关内容的研究进展以及与本书研究的相互关系，随后阐述了本书的总体研究框架，最后说明了本书的研究方法和创新点。本章主要从总体规划与部署方面阐明本书的研究思路、研究方法与研究意义，对于总体把握本书的研究内容与方向具有重要作用。

第二章 “一带一路”倡议概述

“一带一路”是经济全球化新格局下根据著名的“丝绸之路”提出的洲际区域经济带建设举措。“一带一路”建设跨越不同地域、不同发展阶段、不同文明，是一个开放包容的合作平台，是各方共同打造的全球公共产品。它以亚欧大陆为重点，向所有志同道合的朋友开放，不排除、也不针对任何一方。共建“一带一路”倡议将为各国实现合作共赢搭建起新的平台，为落实2030年可持续发展议程创造新的机遇。

一、“一带一路”倡议提出的背景

当今的全球经济格局、中国的经济发展状况与古丝路时期已完全不同，但是“丝路精神”仍然可以给“一带一路”建设带来启发。“一带一路”倡议是在中国经济增长、对外开放、产业结构出现新变化的国内背景和全球经济增长格局、国际经贸合作转变的国际背景下提出的。

（一）历史背景

1. 古代丝绸之路

第一，古代丝绸之路的历史意义。①

公元前6世纪中叶，波斯（古代伊朗）崛起，成为横跨亚欧非的庞大帝国，为三大洲道路连接提供了条件。公元前4世纪，随着亚历山大东征，贯穿东西的交通线得以连通，由欧洲、中亚进入我国中原的交

① 李国强：《古代丝绸之路的历史价值及对共建“一带一路”的启示》，载于《求是》2019年第1期。

通线也畅通起来。公元前 138 年，汉武帝派遣张骞出使西域，正式贯通了中原至西域的通道。公元 73 年，班超前往西域，之后甘英奉命出使大秦（罗马帝国），由此打通了由西域至条支（在今伊朗一带）和安息（西亚古国，另有伊朗高原及两河流域），并抵达波斯湾沿岸的道路。与此同时，海上丝绸之路也开始出现。西汉中叶，汉武帝遣使远航，到达锡兰（今斯里兰卡），成为海上丝绸之路的发端。

有人把古代陆上丝绸之路的主线划分为西北丝绸之路、北方草原丝绸之路、南方丝绸之路和东北亚丝绸之路，把古代海上丝绸之路的主线划分为东洋航线、南洋航线和西洋航线，但事实上，古代陆地和海上通道远比这些要多。众多的通道使得人畅其行、物畅其流，东西方使节、商队、僧侣、学者、工匠川流不息、络绎不绝，沿线国家商贸与人文交流的半径由此被大大扩展，贸易市场半径由此被大大拓宽。唐朝宰相贾耽记载了唐与大食（阿拉伯帝国）之间的“安西入西域道”和“广州通海夷道”，同一时期的阿拉伯地理名著《道里邦国志》记载了连接阿拉伯世界与我国的“呼罗珊大道”。中外文献对丝绸之路相向而行的记载彼此呼应，表明丝绸之路不仅通衢广陌，并且是最具活力的国际贸易走廊。道路的互联互通，既是古代丝绸之路持续发展最基本的前提，也是古代丝绸之路最突出的标志。

古代丝绸之路极大地促进了商品大流通，率先实现了东西方商贸互通和经济往来。丝绸之路是古代东西方商贸往来的生命线，通过丝绸之路，我国的丝绸、茶叶、瓷器、漆器等商品源源不断输出到沿线国家；来自中亚、西亚以及欧洲的珠宝、药材、香料以及葡萄、胡麻、胡桃、胡萝卜、胡瓜等各类农作物络绎不绝进入我国。

古代丝绸之路推动了科学技术的交互传播，广泛而又深刻地推动了沿线国家生产进步乃至社会变革。丝绸之路是我国与沿线各国科学技术交流的重要平台。在欧洲近代工业革命之前，我国古代的四大发明以及炼铁术等技术，通过丝绸之路相继传入西方，成为推动资本主义生产方式变革的重要因素。

古代丝绸之路助推了多样性文化交流，是东西方不同国家、不同种族、不同文明相互浸染、相互包容的重要纽带。古代丝绸之路和海上丝绸之路是不同民族和不同文化相互交流、彼此融合的文明之路，丝绸之路横跨亚欧非数十国，把中华、印度、埃及、波斯、阿拉伯及希腊、罗马等各古老文明联结了起来、交融了起来。

文化的交流、交融和互动，与古代丝绸之路的发展相伴始终，丝绸之路在把多种文化、多种文明紧紧连接起来的同时，形成了别具一格的丝路文化和文明，对世界文明的发展和人类的进步做出了不朽贡献。

第二，古代“丝绸之路”对“一带一路”建设的启示。

古老的丝绸之路是通向和平的道路，也是通往合作的道路。习近平主席在哈萨克斯坦首都阿斯塔纳的纳扎尔巴耶夫大学演讲中提到，几千年来，在这条古老的丝绸之路上，各国人民都写下了古代的友好篇章。两千多年的交往历史证明，只要我们坚持团结、互信、平等互利、宽容、相互学习、合作共赢，不同种族、不同信仰和不同文化背景的国家可以分享和平、共同发展。虽然当代世界格局和经济技术水平都与古丝路时期不同，但是“古丝路精神”对今天我国的“一带一路”建设仍有重要的启示作用。

首先，古丝绸之路的繁荣处于社会稳定和强大国力的时期。作为“一带一路”重要的参与方，中国要有稳定的国内外环境、强大的经济力量与强有力的军事保障。其次，古丝路的发展虽然是在政府的推动下，但是保持其持久繁荣的力量则是由民间经济发展的需求提供的。同样，在新时期，要注意国家力量的定位，并注重充分发挥市场的作用，在努力促进跨国经济合作、贸易交往规范化和法治化的同时，给予各参与企业充分的自由。最后，虽然中国是古代陆上丝绸之路与海上丝绸之路的起点，但是中国并不是影响丝路发展的唯一因素，各共建国家和地区的配合也是非常重要的。因此，中国作为“一带一路”的发起者和推动者，必须高度重视与共建国家的共同努力与合作。相信在国与国之间距离变小、经济一体化的今天，各个参与方都将扮演十分重要的角色。

2. “一带一路”提出的过程

在“一带一路”正式提出之前，世界上有许多复兴丝绸之路的计划。1998 年，国际道路联合会提出了“复兴丝绸之路”并举办了三次“国际丝绸之路会议”。2005 年，联合国启动了“丝绸之路区域合作计划”。2008 年 2 月 19 日，来自包括俄罗斯、伊朗、土耳其和中国在内的 19 国交通部长和高级官员在瑞士日内瓦签署了意向书。决定在未来几年投资 430 亿美元，以激活古丝绸之路和其他古欧亚大陆的通道，即为“丝绸之路复兴计划”。

2013 年 9 月 7 日，习近平在哈萨克斯坦纳扎尔巴耶夫大学发表演讲：为了使我们的欧亚各国经济联系更加紧密，相互合作更加深入、发展空间更加广阔，我们可以利用创新的合作模式共同建设“丝绸之路经济带”。这是一项造福沿途各国人民的大事业。从加强政策沟通、加强道路联通、加强贸易畅通、加强货币流通、民心相通等方面，逐步形成区域大合作。

2013 年 10 月 3 日，习近平在印度尼西亚议会发表题为《携手建设中国—东盟命运共同体》的重要讲话：中国愿同东盟国家加强海上合作，使用好中国政府设立的中国—东盟海上合作基金，发展好海洋合作伙伴关系，共同建设 21 世纪“海上丝绸之路”。

2014 年 5 月 21 日，习近平在亚信峰会上发表主题演讲，题为《积极树立亚洲安全观　共创安全合作新局面》。中国将同各国一道，加快推进丝绸之路经济带和 21 世纪海上丝绸之路建设。尽早启动亚洲基础设施投资银行，更加深入参与区域合作进程，推动亚洲发展与安全相互促进、相得益彰。

2014 年 11 月 8 日在北京举行的“加强互联互通伙伴关系”合作伙伴对话会议上，习近平发表了题为“联通引领发展，伙伴聚焦合作”的演讲，并强调了互联互通的重要性，提出了加强互联互通、深化“一带一路”合作的一系列建议：第一，在亚洲国家中起带头作用，率先实现亚洲互联互通；第二，依靠经济走廊建立亚洲互联互通的基本框架；第三，以交通基础设施为突破口，实现亚洲连通性的早日收获；第四，以建设融资平台为出发点，打破亚洲互联互通的瓶颈；第五，我们将人文交流作为巩固亚洲连通性社会基础的纽带。

2015 年 3 月 28 日，国家发展和改革委员会、外交部和商务部联合发布了《推动共建丝绸之路经济带和 21 世纪海上丝绸之路的愿景和行动》。此文件是关于“一带一路”倡议具体内容和概念的最全面、最系统的文件。这使得各国对于“一带一路”的认识更加清晰：“一带一路”不是一个实体和机制，而是一个合作发展的理念和倡议。它借助现有有效的区域合作平台，借鉴古代“丝绸之路”的历史象征，高举和平发展的旗帜，积极发展与共建国家的经济伙伴关系，共同建立一个利益共同体和一个政治互信、经济一体化和文化包容的责任共同体。“一带一路”的建设不会与上海合作组织、欧亚经济联盟和中国—东盟等现有合作机制重叠或竞争，还会为这些机制注入新的内涵和活力。

2017 年 5 月 14 日，习近平主席在北京出席“一带一路”国际合作高峰论坛开幕式，并发表题为《携手推进“一带一路”建设》的主旨演讲。习近平主席指出，我们要乘势而上、顺势而为，推动“一带一路”建设行稳致远，要将“一带一路”建成和平之路、繁荣之路、开放之路、创新之路和文明之路，从而迈向更加美好的未来。当前，中国发展正站在新的起点上。我们将深入贯彻创新、协调、绿色、开放、共享的发展理念，不断适应、把握、引领经济发展新常态，积极推进供给侧结构性改革，实现持续发展，为“一带一路”注入强大动力，为世界发展带来新的机遇。

2019 年 4 月 27 日，习近平主席在第二届“一带一路”国际合作高峰论坛开幕式上发表题为《齐心开创共建“一带一路”美好未来》的主旨演讲。习近平主席指出，我们要秉持共商共建共享原则，倡导多边主义，大家的事大家商量着办，推动各方各施所长、各尽所能，通过双边合作、三方合作、多边合作等各种形式，把大家的优势和潜能充分发挥出来，聚沙成塔、积水成渊。我们要坚持开放、绿色、廉洁理念，不搞封闭排他的小圈子，把绿色作为底色，推动绿色基础设施建设、绿色投资、绿色金融，保护好我们赖以生存的共同家园，坚持一切合作都在阳光下运作，共同以零容忍态度打击腐败。我们发起了《廉洁丝绸之路北京倡议》，愿同各方共建风清气正的丝绸之路。要坚持以人民为中心的发展思想，聚焦消除贫困、增加就业、改善民生，让共建“一带一路”成果更好惠及全体人民，为当地经济社会发展做出实实在在的贡献，同时确保商业和财政上的可持续性，做到善始善终、善作善成。

2021 年 11 月 19 日，习近平在第三次“一带一路”建设座谈会上强调以高标准可持续惠民生为目标继续推动共建“一带一路”高质量发展。习近平指出，要正确认识和把握共建“一带一路”面临的新形势；要夯实发展根基；要稳步拓展合作新领域；要更好服务构建新发展格局；要全面强化风险防控；要强化统筹协调。

2023 年 5 月 24 日，国家主席习近平应邀以视频方式出席欧亚经济联盟第二届欧亚经济论坛全会开幕式并致辞。习近平说，今年是我提出共建“一带一路”倡议十周年。这个倡议的根本出发点和落脚点，就是探索远亲近邻共同发展的新办法，开拓造福各国、惠及世界的“幸福路”。中方真诚希望，共建“一带一路”同欧亚经济联盟建设对接合作走深走实，各国团结协作、勠力同心，携手开创亚欧合作新局面。

（二）国际背景

1. 全球经济增长格局演变的客观要求

21世纪初，中国与其他新兴经济体都保持经济的高速增长，从2002年开始，发展中国家和新兴经济体对全球国内生产总值（GDP）的贡献大于发达国家（购买力平价），2005～2009年，其贡献率几乎超过2/3。

2008年，美国次贷危机引发全球金融危机，导致世界经济特别是发达国家陷入“二战”以来最严重的衰退，加速了全球经济增长方式的转变。在21世纪初，全球GDP增长的构成中发达国家和新兴发展中国家分别贡献了80%和20%；2013年以来，发展中国家对世界经济增长的贡献率发生了历史性转变，2017年世界经济增长的74%由发展中国家贡献。世界银行公布的报告显示，中国从2013年到2021年对世界经济增长的平均贡献率为38.6%，中国已成世界经济发展最大贡献者①。

“一带一路”倡议是在国际经济增长方式大转变的背景下提出的。作为一个巨大的经济体，中国在影响全球化的世界中占据举足轻重的地位，而“一带一路”已成为一种新的发展理念和合作理念。

2. 国际经贸合作与经贸机制转变的需要

第一，自21世纪初以来，以贸易全球化为主要内容的经济全球化得到了深入发展。发达国家通过区域贸易合作和控制多边贸易体制主导国际贸易秩序，在国际贸易中获得了大部分贸易利益。虽然以发达国家为中心的贸易模式保持不变，但是随着区域经济合作势头高涨、国际分工范围和领域的不断扩大、跨国公司的迅速发展、信息科技日新月异的进步等，国际经济贸易合作和经济贸易机制发生了新的变化。

第二，多哈回合谈判陷入僵局后，世贸组织面临巨大挑战。美国贸易代表弗罗曼于2015年12月在英国《金融时报》（FT）撰文，公开呼

① 数据来源：联合国统计司（https://unstats.un.org/UNSDWebsite/）。

吁放弃多哈回合谈判。随后，出口快速增长的英国、巴西、印度和韩国等国家逐渐脱离多哈回合多边贸易谈判。在多哈回合陷入僵局的大背景下，以交易成本低、范围小为特点的区域性协定开始进入快速发展阶段，与多边贸易谈判机制不同，区域贸易协定使成员国更容易达成一致，在节约时间、成本的前提下，获得更加优惠的经济贸易和投资条件。自 1995 年世贸组织成立至 2014 年 1 月 31 日，世贸组织收到了 583 份关于区域贸易协定的通知。1948 ~ 1994 年，关贸总协定共收到 124 份与货物贸易有关的区域贸易协定通知。由于区域经济和贸易协定对该区域以外国家的排他性，各国加快了谈判区域经济和贸易协定的步伐。因此，区域经贸合作已成为各国竞争的重要手段，中国的“一带一路”倡议符合这一趋势。

第三，国际分工继续深化，国际价值链主导的新型贸易格局逐步形成。全球化背景下，国际分工的范围和领域不断扩大，产业间的分工逐步发展为产业内部分工，从而形成了“全球价值链分工体系”。在“全球价值链分工体系”下，一个国家在对外贸易中的竞争优势不仅体现在一个行业或一个产品上，它也反映在同一行业的价值链以及同一产品价值链的所有环节或流程中。面对新的国际贸易格局和国内传统比较优势的挑战，中国必须努力提升产业结构，进入全球价值链的上游。积极推动从产品输出向资金、技术和服务输出的转变，在新的竞争环境中赢得有利地位。

第四，跨国公司的快速发展和贸易与投资一体化的趋势是显而易见的。贸发会议 2015 年世界投资报告中的数据显示：全球跨国企业的生产活动继续扩大，利润处于历史高位。截至 2014 年底，全球最大的 5000 家跨国公司持有 4.4 万亿美元现金，比 2008 ~ 2009 年危机时期平均水平高出 40%。[①] 在经济全球化的推动下，资本和其他生产要素在全球范围内更加自由地流动。这使得跨国公司能够在全球范围内建立生产和营销网络，从而使贸易投资日益一体化。跨国公司在全球资源配置中有着重要作用，因此一国拥有的可以在全球范围内整合资源的跨国公司数量，决定了该国将其他国家的资源整合到国际分工中的能力。“一带一路”的实施为中国跨国公司的发展提供了良好的外部环境，有利于中

① 数据来源：联合国贸发组织（https://unctad.org/）。

国企业加快“走出去”。

第五，服务贸易和技术贸易发展迅速，国际贸易结构先进。全球服务贸易发展迅速，世界贸易组织的报告显示：2014年，世界服务贸易出口额为4.86万亿美元，同比增长4%；服务贸易进口额为4.74万亿美元，同比增长5%。2014年，世界货物出口贸易额为18.4万亿美元，同比增长1%；进口18.6万亿美元，增长1%，[①] 服务贸易增长率明显高于商品贸易增长率。在产业结构方面，服务贸易越来越倾向于金融、保险、电信、信息和咨询等新兴服务业。其中，中国在互联网金融领域具有明显的优势。支付清算工具的重要性逐步增强；在移动支付领域，中国的移动支付市场近年来经历了爆炸式增长，并将继续保持高速增长。因此，在实施“一带一路”的过程中，应充分利用中国在互联网上的优势，使各方在交易、物流、贸易环节更加方便快捷，打造“网上一带一路”。

3. 亚投行的成立

亚洲基础设施投资银行（AIIB）是亚洲地区的政府间多边发展机构。重点支持基础设施建设，确立促进亚洲地区互联互通和经济一体化进程的目的，并且加强中国及其他亚洲国家和地区的合作。其总部位于北京，其法定资本为1000亿美元。

2013年10月2日，习近平主席提议成立亚投行；2014年10月24日，包括中国、印度、新加坡等21个首批意向发起成员国的财长和授权代表在北京签署《筹建亚投行备忘录》，联合决定成立亚洲基础设施投资银行。2015年4月15日，中国财政部宣布，亚投行意向创始成员国有57个，包括该地区的37个国家和该地区以外的20个国家。2015年6月29日，《亚洲基础设施投资银行协定》签字仪式在北京举行。2015年12月25日，亚洲基础设施投资银行正式成立，全球迎来首个由中国倡议设立的多边金融机构。

（三）中国背景

1. 中国经济快速发展的客观要求

自1978年中国经济改革开放以来，中国经济从计划经济转型到市

① 数据来源：联合国统计司（https：//unstats. un. org/UNSDWebsite/）。

场经济取得了显著成效。在此期间，中国国内生产总值（GDP）平均每年增长9.7%（由1979年与2015年的GDP数值计算得到），对外贸易更是增长了46.4%。2009年，中国的出口总额超过德国，成为世界上最大的出口国；2010年，中国的国内生产总值超过日本，成为仅次于美国的世界第二大经济体；2013年，中国的贸易总额（即进出口）超过美国，成为世界上最大的贸易国。中国经济的快速发展得益于传统廉价劳动力的成本优势，使中国成为全球制造大国。根据德勤和美国竞争力委员会发布的2010年全球制造业竞争力指数，2010年，中国制造业竞争力指数在评估的26个国家中排名第一；根据世界银行的数据，中国的制造业增加值占世界总量的20.8%①；据国家统计局统计，2013年中国工业增加值达到21.07万亿元，规模以上工业企业增加值增长9.7%。

随着中国经济的快速发展，近年来经济已进入新常态，新常态下经济面临新的挑战和新的机遇。习近平总书记2014年5月在河南考察时指出：“‘新’就是‘有异于旧质’；‘常态’就是时常发生的状态。新常态就是不同以往的、相对稳定的状态。这是一种趋势性、不可逆的发展状态，意味着中国经济已进入一个与过去30多年高速增长期不同的新阶段。”② 简言之，在新常态下我国经济仍然可以实现健康、稳定增长。

然而，随着中国经济持续快速增长，近年来出现了一些新问题：中国劳动力价格的上涨削弱了中国传统的比较优势。

在中国劳动密集型加工业和其他低端产业逐渐失去比较优势的情况下，“一带一路”倡议带动的基础设施投资已成为重要的经济增长动力之一。此外，“一带一路”有助于我们从全球的角度出发进行资源和市场的配置。如在“一带一路”倡议下建设的跨国工业园区实现了中国劳动密集型产业的部分转移；而我们在发电能力、装备制造能力、钢铁、水泥、玻璃等要转移的传统产业技术对非洲而言是先进的技术。

2. 我国对外开放区域结构转型的需要

中国在之前的开放战略中，一直以出口导向为主，凭借廉价的劳动力吸引了大量来自发达国家的直接投资，它承担了其他国家劳动密集型

---

① 数据来源：世界银行（https：//data. worldbank. org/）。

② 《人民日报》2014年8月4日，第017版。

产业主导的转移产业，并迅速发展成为一个重要的全球生产和出口基地。中国制造享誉全球，世界上最大的跨国公司都被中国的低成本所吸引，而产品的生产和加工都放在中国，中国生产的大部分产品都出口到发达国家市场。这不仅为中国带来了巨额外汇储备，也为中国创造了许多就业机会。但是 2008 年金融危机以后，大部分发达国家经济低迷，市场需求量减小，给中国经济贸易的发展带来了挑战。“一带一路”倡议的提出和实施，有利于中国探索共建国家巨大的市场潜力，弥补发达国家需求不足的负面影响。“一带一路”共建国家人口众多，但大多数国家经济发展水平较低，这为中国开辟廉价优质商品市场提供了机会。

近年来，在高储蓄率的推动下，中国的对外投资发展非常迅速。中国对外直接投资净额从2007 年的265.0 亿美元到2014 年的1231.2 亿美元，再到2019 年的1369.1 亿美元（见图 2－1)。外商投资合作是中国与世界其他国家建立互利共赢的桥梁。中国的发展将使整个世界受益，而“一带一路”正是这一观点的实践。“一带一路”共建国家自然资源丰富，但资金短缺，采矿技术水平不高，资源开发利用率低。而在处于工业化快速发展阶段的中国，对能源等原材料的需求巨大。中国可以利用资本、技术和市场优势，帮助“一带一路”共建国家开发资源，推动当地经济发展，同时保障中国的能源和原材料供应。因此，中国与“一带一路”共建新兴经济体和广大发展中国家的经贸合作有利于促进中国对外投资的均衡和可持续发展。

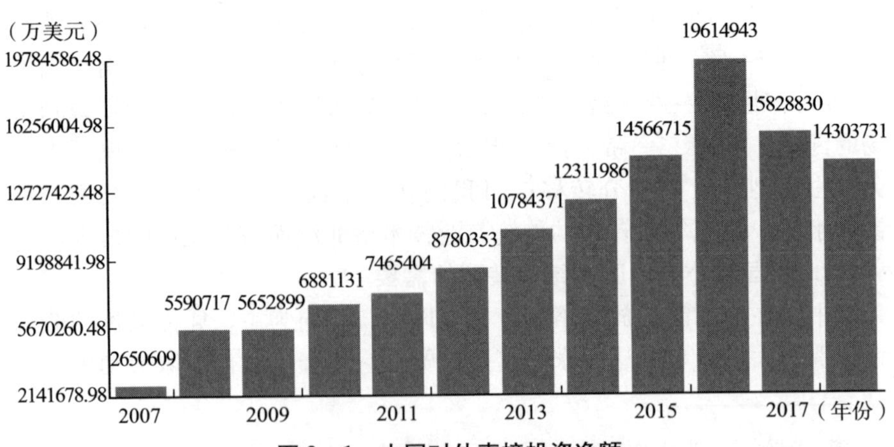

图 2－1　中国对外直接投资净额

资料来源：国家统计局官网，http：//data. stats. gov. cn/easyquery. htm? cn = C01。

此外，中国国内的开放以东部沿海地区为主，且都是以单一区域为突破口，西部大开发战略实施以来西部开发速度明显提高，但受地理位置、资源禀赋和经济基础的影响，与东部地区仍然存在较大的差距。“一带一路”的实施将加快向西的开发步伐，积极推进内陆沿边地区的对外开放，将改变之前点状、块状的发展格局：横向看，它贯穿中国的东中西部，垂直连接主要港口城市，并继续延伸到中亚和东盟。这有利于西部地区国际国内市场和资源的整体利用，形成横穿东中西部、连接南北的对外经济走廊；有利于中国各省份之间的互联互通，产业转移和承接；有利于进一步发展、开放和创新。

3. 中国要素流动转型和国际产业转移的需要

从 1979～2012 年，中国共引进外资项目 763278 个，实际利用外资达 1276.108 亿美元。在改革开放的前三十年，中国经济发展水平低下，急需大量的资本、先进的技术和科学的管理模式。因此在改革开放初期，我国主要采取各种措施引进外资、引进国外先进的生产技术和科学的企业管理模式。不可否认的是，这些外资企业和外资在促进中国经济发展、技术进步和管理现代化方面发挥了重要作用。

但是，流入中国的外资主要是基于纯粹的出口贸易和加工贸易，加剧了中国的贸易顺差；此外，在国际原产地认定规则上，欧美等发达国家将中间商在转口过程中的增值部分计入一国的出口，导致中国对外贸易量被高估，并成为与其他国家贸易摩擦加剧的根本原因之一。

虽然中国的国内发展仍然离不开大规模的有效投资和技术改造升级，但我们已经拥有了要素产出的能力。因此，通过对外投资，可以充分利用外部资源，避免贸易摩擦，改变中国利用外资的现状。

此外，产能过剩是中国经济面临的重要问题之一。一般健康和有利可图的行业产能利用率应高于 85%，2008～2011 年，中国的产能利用率高于美国，但随着中国产能利用率的下降和美国这一指标的上升，至 2012 年美国已高于中国（见图 2－2）。根据国际货币基金组织测算的数据，2011 年中国各行业的利用率不超过 65%。2014 年央行公布的 5000 户企业调查数据显示，设备能力利用水平从 2013 年末的 41.2% 进一步下降至 40.6%，距危机前 45% 左右的水平仍有较大缺口。PPI（生产价格指数）已经连续 32 个月负增长，超过了 20 世纪 90 年代末的 31 个月。2014 年发电设备的平均利用小时约为 4300 小时，远低于 2013 年和历史正常水平。

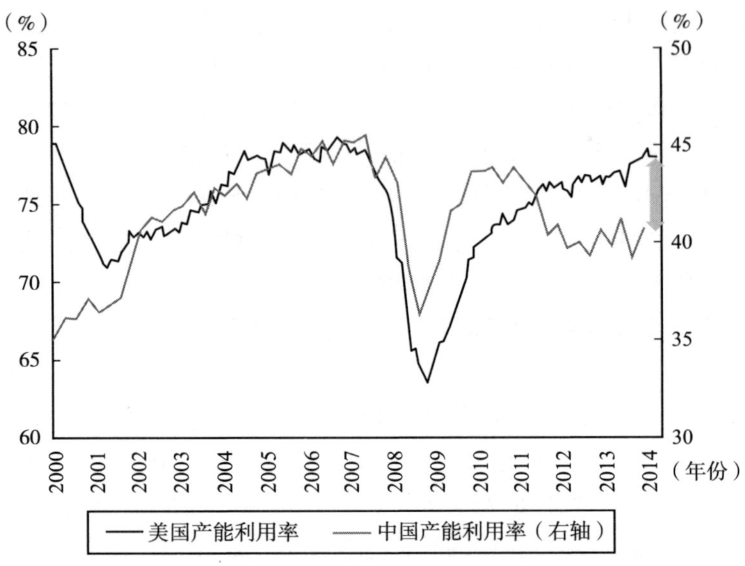

图 2－2　中国与美国产能利用率情况

资料来源：Wind 数据库、民生证券研究院。

“一带一路”的建设正好适应了中国要素流动的新趋势。在国内消费难以加速的情况下，通过“一带一路”倡议，推动贸易发展，开辟新的出口市场是重要途径。“一带一路”倡议通过政策沟通、道路联通、贸易畅通、货币流通、民心相通这“五通”，将中国的生产要素，尤其是优质的产能输送出去，同时让沿“带”沿“路”的发展中国家和地区共享中国发展的成果。

4. 中国政府与周边国家以及国际组织的长期合作与努力

“一带一路”倡议是中国政府与周边国家和相关领域国际组织长期合作的结果。早在 1994 年 4 月，时任总理李鹏访问中亚四国时，就提出了建议“共建现代丝绸之路，扩大亚欧经济文化交流”的主张。20 年后，2014 年 5 月，乌兹别克斯坦总统卡里莫夫在会见习近平主席时说，乌方愿意积极参与丝绸之路经济带的建设，促进经贸往来和互联互通，更加紧密地把乌兹别克斯坦的发展与中国的繁荣联系起来。

“一带一路”的建设并不意味着中国将开始新的区域合作，它是通过现有有效的区域合作平台实现的。例如，经过中国与上海合作组织成员国多年的合作，形成了一个坚实的合作基础，这提高了丝绸之路经济带国家间合作的效率，增强了相互信任。

“一带一路”倡议将加强多边合作机制，成为上海合作组织（欧亚经济联盟）、中国—东盟（10+1）、中日韩自由贸易区等国际合作组织的整合和升级。这将有助于加强与有关国家的沟通，使更多的国家和地区能够参与“一带一路”建设，帮助中国发挥地缘政治优势，促进多边跨境贸易，为“一带一路”共建国家创造一个平等互利、双赢、共赢的“利益共同体”和“命运共同体”，促进共建国家参与建设欧亚海陆三维大通道和泛东西能源网络系统，连接南北，实现“五通”。

二、“一带一路”倡议的内涵及范围

“一带一路”倡议是中国提出的国际区域经济合作新模式，包含了与以往经济全球化不同的理念，即“和平合作、开放包容、互学互鉴、互利共赢”，这正是丝绸之路文化内涵的体现。

（一）“一带一路”倡议的内涵

推进丝绸之路经济带和21世纪海上丝绸之路建设，是党中央、国务院根据世界经济形势深刻变化、统筹国内国际两个大局做出的重大战略决策，对于开创全方位对外开放格局、提升我国话语权和影响力、实现中华民族伟大复兴的中国梦具有重大而深远的意义。

2015年3月28日，中国国家发展和改革委员会、外交部和商务部联合发布了《推动共建丝绸之路经济带和21世纪海上丝绸之路的愿景与行动》（以下简称《愿景与行动》）。《愿景与行动》的公布全面阐释了“一带一路”倡议的愿景理念和目标任务。“一带一路”倡议以弘扬“和平合作、开放包容、互学互鉴、互利共赢”的丝路精神为基础，积极倡导开放包容、和平发展、互利共赢的新理念。

“一带一路”倡议是由中国首先提出，并惠及各个参与国经济社会发展的共建项目，既涉及相关国家之间的双边合作，更关乎区域协调与全球治理。这突出彰显了“一带一路”“开放、包容、互利和共赢”的核心内涵：

第一，开放。“一带一路”这一核心理念是对古丝绸之路基本精神的继承与延续，是新形势下中国对外开放的重要战略布局。我国目前的对外开放格局呈现东部与西部、沿海与内陆不平衡的特点，而提出“一带一路”倡议，是进一步释放内陆开放潜力、构建高水平开放型经济体制以及形成全方位开放新格局的战略需要。同时我国在“一带一路”倡议的实践中积极推动各参与方努力提高投资与贸易便利化水平，降低贸易和投资成本，在相互开放中培育可持续增长的市场。开放是面向世界上所有国家或经济体、国际组织、区域合作机制和民间机构的。在贸易自由化、投资便利化、信息数据化的今天，中外各地区只要把握机会、扬长避短，都可以搭乘便车，顺势而为，享受“一带一路”红利。

第二，包容。“一带一路”倡议是包容性经济全球化新模式的一次有益探索，这是区别于其他合作组织或机制的典型特征。一方面，它意味着“一带一路”对参与方的包容性及参与方的多元化。“一带一路”倡议体量庞大、涉及国家和地区众多，对有意愿加入的国家或地区均表示欢迎；不搞封闭性集团，任何国家或地区都可以成为“一带一路”倡议的参与者、建设者和受益者。另一方面，它意味着对各种合作方式的包容性及合作方式的多样化。“一带一路”倡议对其成员没有规定严格的参与规则，因此各参与方围绕加速扩大经贸合作、促进共同发展的需要，可采用多样化、多领域、多层次的合作方式，如双边或多边、本区域或跨区域、金融或贸易等。这种多样化具体到各个项目建设中表现为：“一带一路”倡议为参与国家或地区的企业提供了与发达国家企业以及相关国际机构合作的途径，有利于多方利益共同体的形成。此外，“一带一路”倡议具有的包容性使其不会主动挑战现有的区域合作机制，相反可以利用其自身兼容并蓄的优势，实现与各类机制的良好对接。

第三，互利。2014 年 6 月 5 日，习近平在中阿合作论坛第六届部长级会议开幕式上的讲话指出：“‘一带一路’是互利共赢之路，将带动各国经济更加紧密结合起来，推动各国基础设施建设和体制机制创新，创造新的经济和就业增长点，增强各国经济内生动力和抗风险能力。”在全球化的时代，互利是一切合作取得成功并延续的动力，也是推进“一带一路”建设的根本动力。因此“一带一路”着眼于各参与方之间的优势互补，以基础设施的互联互通作为优先领域，为“一带一路”共建国家提供基础公共产品，带动“一带一路”共建国家货物贸易、服务贸易和投资的增长。“一带一路”共建国家以自身的共同发展促进世界的发展，反过来又在世界的发展中受益，积极促进各方实现利益共享、共同发展。

第四，共赢。这是对古丝绸之路蕴含的共同建设、共同受益的传承，同样也是“一带一路”持续发展、长久不衰的基本要求。历史上的古丝绸之路虽然是由官方使者张骞开拓的，其延续和发展却与不同国家之间的普通商人与百姓的积极参与密不可分。新时期的“一带一路”倡议虽然由中国提出并积极推进实施，但需要各个参与国共同商议、共同建设、共同进步与共同发展。“一带一路”建设应在政策沟通、设施联通、贸易畅通、资金融通与民心相通等各方面紧紧围绕“共赢”的深刻内涵，在各阶段都要共同商议、共同参与、共同营建、共同受益，使“一带一路”共建国家及地区真正成为“一带一路”“共建共享”的利益共同体与发展共同体。

（二）“一带一路”共建国家的涵盖范围

“一带一路”是一个开放的国际区域经济合作网络，截至 2023 年 1 月 6 日，中国已经同 151 个国家和 32 个国际组织签署 200 余份共建“一带一路”合作文件。其中包括亚洲 40 个国家、欧洲 27 个国家、大洋洲 11 个国家、南美洲 9 个国家、北美洲 12 个国家以及非洲 52 个国家（见表 2 – 1）。此外，“一带一路”涵盖范围内的国家与经济体普遍处于经济发展的上升期，随着“一带一路”带来的加速发展，不可避免地对区域外的经济体产生吸引。

表 2 – 1　　“一带一路”共建国家

地区	国家
亚洲	韩国、蒙古国、新加坡、东帝汶、马来西亚、缅甸、柬埔寨、越南、老挝、文莱、巴基斯坦、斯里兰卡、孟加拉国、尼泊尔、马尔代夫、阿联酋、科威特、土耳其、卡塔尔、阿曼、黎巴嫩、沙特阿拉伯、巴林、伊朗、伊拉克、阿富汗、阿塞拜疆、格鲁吉亚、亚美尼亚、哈萨克斯坦、吉尔吉斯斯坦、塔吉克斯坦、乌兹别克斯坦、泰国、印度尼西亚、菲律宾、也门、叙利亚、巴勒斯坦、土库曼斯坦

续表

地区	国家
欧洲	塞浦路斯、俄罗斯、奥地利、希腊、波兰、塞尔维亚、捷克、保加利亚、斯洛伐克、阿尔巴尼亚、克罗地亚、波黑、黑山、爱沙尼亚、立陶宛、斯洛文尼亚、匈牙利、北马其顿（原马其顿）、罗马尼亚、拉脱维亚、乌克兰、白俄罗斯、摩尔多瓦、马耳他、葡萄牙、意大利、卢森堡
大洋洲	新西兰、巴布亚新几内亚、萨摩亚、纽埃、斐济、密克罗尼西亚联邦、库克群岛、汤加、瓦努阿图、所罗门群岛、基里巴斯
南美洲	智利、圭亚那、玻利维亚、乌拉圭、委内瑞拉、苏里南、厄瓜多尔、秘鲁、阿根廷
北美洲	哥斯达黎加、巴拿马、萨尔瓦多、多米尼加、特立尼达和多巴哥、安提瓜和巴布达、多米尼克、格林纳达、巴巴多斯、古巴、牙买加、尼加拉瓜
非洲	苏丹、南非、塞内加尔、塞拉利昂、科特迪瓦、索马里、喀麦隆、南苏丹、塞舌尔、几内亚、加纳、赞比亚、莫桑比克、加蓬、纳米比亚、毛里塔尼亚、安哥拉、吉布提、埃塞俄比亚、肯尼亚、尼日利亚、乍得、刚果布、津巴布韦、阿尔及利亚、坦桑尼亚、布隆迪、佛得角、乌干达、冈比亚、多哥、卢旺达、摩洛哥、马达加斯加、突尼斯、利比亚、埃及、赤道几内亚、利比里亚、莱索托、科摩罗、贝宁、马里、尼日尔、刚果（金）、博茨瓦纳、中非、几内亚比绍、厄立特里亚、布基纳法索、圣多美和普林西比、马拉维
总计	151

资料来源：中国一带一路网（https：//www. yidaiyilu. gov. cn）。

（三）“一带一路”部分共建国家介绍

1. 陆上丝绸之路的桥梁——俄罗斯、蒙古国

古代丝绸之路经济带以中国为起点，俄罗斯和中亚为桥梁，欧洲为落脚点，北非为延长线。作为古丝绸之路桥梁的俄罗斯和蒙古国，现在仍然是中国“一带一路”倡议的重要伙伴。2016 年 6 月 23 日，在中国、蒙古国、俄罗斯三国元首的共同见证下，三国有关政府部门在乌兹别克斯坦首都塔什干签署了《建设中蒙俄经济走廊规划纲要》，这是“一带一路”建设早期的重要收获，标志着“一带一路”首个多边经济合作走廊正式实施，具有重要意义，同时也进一步证明了俄蒙在“一带一路”建设中的作用。

俄蒙地区有着共同的特点：地广人稀，经济总量不大，且经济空间分布极不平衡。从出口对各省份 GDP 增长的贡献率来看，我国对俄蒙

的出口对大部分省份 GDP 增长的贡献较低。东部沿海地区具有的海运优势，而黑龙江、新疆与蒙俄具有的地缘接壤优势，使得出口到俄罗斯和蒙古国对 GDP 增长的贡献程度较大的省份主要集中在黑龙江省及东部沿海地区。其中，黑龙江出口蒙俄对 GDP 增长的贡献最大，达到 2.62%；其次是浙江，达到 1.29%；广东、上海、河北、新疆对蒙俄的出口对 GDP 增长的贡献也都超过了 0.5%[①]。

俄罗斯作为“一带一路”重要的合作伙伴之一，可以借助“一带一路”给自身发展带来新的机遇。中国驻俄罗斯大使李辉在 2016 年 2 月的一次演讲中说：“中俄之间的一些合作项目，例如，中俄油气管道、经过俄罗斯的‘渝新欧’铁路、途经俄罗斯的中国西部—欧洲西部公路、中方参与俄远东和东西伯利亚开发、中俄跨界河桥梁建设和跨界河水资源利用等，都可以跟‘一带一路’建设结合起来，不仅可实现自身发展，又可加强两国经济融合，促进经济结构调整，增强经济发展后劲，为双边务实合作增添新的亮点。从长远看，双方还可借助共建‘一带一路’，进一步加强在上海合作组织、金砖国家合作机制及欧亚经济联盟等框架内的多边合作，最终实现自身发展与成员国的共同发展与繁荣。”[②] 此外，“丝绸之路经济带”建设将带动中国与俄罗斯两国在原油和天然气、输油管道、合资炼油厂、交通等资源能源和基础设施建设领域的大项目合作，而“海上丝绸之路”则可以为俄罗斯丰富的资源和产品提供更为广阔的路径。作为平衡全球力量的两个重要大国，中国和俄罗斯要加强在联合国、20 国集团、上海合作组织、亚太经合组织、金砖国家、东亚峰会、亚信峰会等框架内的合作，积极推动国际经济秩序向着更加公正合理的方向发展。中俄在合作中要积极寻找欧亚经济联盟和“一带一路”之间可行的契合点，努力推进双方在电力、油气、高铁、航空、通信、金融等领域合作，加强全方位基础设施与互联互通建设。

2. 海上丝绸之路的战略基点——东南亚、南亚地区

东南亚是亚洲的一个区域，共有 11 个国家：印度尼西亚、泰国、马来西亚、越南、新加坡、菲律宾、缅甸、柬埔寨、老挝、文莱、东帝

① 邹嘉龄：《中国与“一带一路”沿线国家贸易格局及其经济贡献》，载于《地理科学进展》2015 年第 5 期。

② 资料来源：国家统计局（http://data.stats.gov.cn/easyquery.htm?cn=C01）。

汶。据世界银行数据，截止到 2014 年，东南亚 11 个国家的总面积超过 500 万平方公里，人口已经超过 6 亿，GDP 总量也超过 2 万亿美元，是世界上相当重要的一个地区。

（1）东南亚、南亚的经济发展情况。

东南亚经济发展相当不平衡。可划分为三个层次：第一层次是目前经济较发达的新加坡，人口只有 547 万，但是 2014 年人均 GDP 为 5.6 万美元，GDP 总量为 3078 亿美元；第二层次是经济上发展较快的国家，如印度尼西亚（人均 GDP 3491.9 美元）、马来西亚（人均 GDP 11307.1 美元）、泰国（人均 GDP 5977.4 美元）、菲律宾（人均 GDP 2872.5 美元）等老东盟国家；第三层次是越南（人均 GDP 2052.3 美元）、老挝（人均 GDP 1793.5 美元）、缅甸（人均 GDP 1203.8 美元）、柬埔寨（人均 GDP 1094.6 美元）[①]，这些国家的农业在国内生产总值中占相当的份额，农业人口占总人口的一半以上。

东南亚的经济具有多样性。新加坡以现代服务业为主，它的服务业已经占了国内生产总值的 60% 以上；泰国、印度尼西亚、马来西亚、菲律宾都有一定的经济基础，但是工业经济还是以劳动密集型和部分资本密集型、技术密集型产业为主，同时这些国家农业生产规模相当大，热带产品在世界市场上有相当的地位，是世界橡胶主要产地，还有棕榈油、咖啡、热带水果、香料等，农业经济仍然占有比较重要的地位；印度尼西亚、老挝、南亚等主要从事制鞋、制衣、非金属、金属矿石、食品加工、纺织、玻璃制品、木材加工、烟草等初级制造业；缅甸以食品、粮食、水果加工为主；文莱以出口石油、天然气为主。

南亚一直备受世界关注。包括 8 个国家：印度、巴基斯坦、孟加拉国、斯里兰卡、阿富汗、尼泊尔、不丹、马尔代夫。近年来，全球经济增长受到金融危机的严重冲击，经济增长率一直较低。2013 年和 2014 年全球经济增长率分别为 2.5% 和 2.6%，而南亚经济增长率却比较高（见表 2－2）。

① 数据来源：世界银行（https：//data. worldbank. org/）。

表 2-2　　2013~2019 年南亚各国经济增长率　　单位：%

国家	2013 年	2014 年	2015 年	2016 年	2017 年	2018 年	2019 年
印度	6.89	7.28	7.25	8.26	7.04	6.12	5.02
阿富汗	3.93	1.28	2.04	2.26	2.67	1.03	2.9
孟加拉国	6.03	6.29	6.51	7.11	7.28	7.86	8.15
不丹	4.91	6.41	7.66	8.13	4.65	2.29	—
尼泊尔	4.13	5.38	3.36	0.59	8.22	6.7	6.99
巴基斯坦	3.65	4.03	4.24	5.53	5.55	5.84	0.99
马尔代夫	4.77	6.14	2.91	6.34	6.8	6.89	5.22
斯里兰卡	7.3	7.4	6.5	4.49	3.58	3.31	2.28

资料来源：国际货币基金组织官网（https://www.imf.org/）。

孟加拉国近年来进出口贸易发展较快，主要得益于纺织、服装、皮革等轻工业产品的发展。不丹经济以农业为主，近年来第二、三产业发展较快，但出口产品不多，主要是进口。其水电资源丰富并向印度出口水电，相关建筑业已成为拉动经济增长的主要因素。2015 年尼泊尔连续遭受强烈地震，其经济遭受严重损失。特别是交通基础设施的损毁，使其农产品、地毯、服装等产品外销困难，出口遭受重大打击。巴基斯坦是南亚第二大经济体，近年来经济增长缓慢，贸易增长受到较大制约，主要出口商品为石油及其制品、珠宝、交通设备、机械和仪器、药品及精细化学品、金属制品、成衣、电子产品等，主要进口商品为原油及其制品、黄金、电子产品、机械、珠宝、金属矿砂及产品、交通设备等。2015 年阿富汗进出口贸易额继续负增长，其主要出口产品为农产品及其加工产品，例如，干果、地毯、药用植物、水果等。

（2）云南——中国对东南亚、南亚的重要辐射点。

云南位于亚洲地理、地域的中心位置，地处"三亚"（东亚、东南亚、南亚）和"两洋"（太平洋、印度洋）的接合部，是我国连接东南亚、南亚的重要陆路桥梁，是孟加拉湾国家进入中国的最佳通道，具有连接中国、东南亚、南亚三大经济圈和沟通太平洋、印度洋的地缘区位优势。与我国西部的其他省份相比较而言，云南通过陆路、水路经缅甸、老挝、越南非常便捷地通向泰国、柬埔寨、印度、孟加拉国和斯里兰卡等邻近国家。在"一带一路"建设中，云南北上可连接丝绸之路经济带，南下可连接21世纪海上丝绸之路，向东通过长江经济带可与“长三角”“珠三角”经济圈相连，向西通过孟中印缅经济走廊连接印度洋沿岸国家。

云南省是中国拥有机场数量较多、等级较高、航空资源丰富、市场需求旺盛的省份。截止到2016年，全省共有机场13个，开通航线387条，是中国开通南亚、东南亚国家航线航班最多的省份之一，每周往返南亚、东南亚航班达132个，覆盖南亚5国6个城市、东盟8国22个城市①。云南与南亚、东南亚和东盟各国在产业结构上虽然具有一定的相似性，但在现代发展进程上却具有极强的互补性。云南与这些国家和地区在科技、能源、文化和信息等产业上各具特色，尤其是在资源构成、产业结构分布和工农业产品等方面具有很强的互补性。南亚、东南亚和东盟各国在石油、天然气、金属矿砂、木材、橡胶制品、初级化工产品、农产品、热带植物等方面具有优势，而云南省在化工产品、有色金属、机电产品、金属制品、烟草和农副业产品、能源产品、纺织品及服装等方面具有优势。云南还具备一定的工业基础，除了资源型工业之外，云南在制造业领域有着比周边邻国更雄厚的产业基础，无论是在矿产资源的深加工还是其他制造业领域，周边国家都有可能成为云南企业的市场。近年来，伴随着双边贸易的增长，云南省从上述国家进口的农产品、金属砂矿、橡胶及制品、木材及木质品等都大幅上升。与此同时，云南具有比较优势的产品出口也逐年增多，机电产品特别是高新技术产品的比重明显增大，贸易结构进一步优化，双方的互补性进一步增强。

尽管存在着一些问题和摩擦，但贸易往来是中国与东南亚发展的主要方面。第四届诺贝尔奖经济学家中国峰会数据显示，2015年云南与南亚国家的贸易额达到了11亿美元，比2014年增长了40.4%，云南与东盟国家的贸易额达到了130亿美元，首次超过云南对外贸易总额的50%。② 另外，云南还充分发挥科技创新优势，与老挝、斯里兰卡共建国家联合实验室，合作建立了农业科技示范园区。

---

① 王文举：《“一带一路”与南亚东南亚合作展望：区域间强烈互补》，中国网，2016年6月27日。

② 数据来源：第四届诺贝尔奖经济学家中国峰会，http://finance.china.com.cn/industry/special/nuojiang/。

《“一带一路”大数据报告（2016）》显示，中国与东南亚国家都属于“深度合作型”和“快速推进型”。因此，云南应抓住机遇，趁势而上，进一步深化云南与南亚、东南亚国家双边合作，打造中国—东盟自贸区“升级版”。

3. “一带一路”的交汇之地——西亚、北非

西亚、北非，就是我们常说的中东地区。包括沙特阿拉伯、阿联酋、阿曼、伊朗、土耳其、以色列、埃及、科威特、伊拉克、卡塔尔、约旦、黎巴嫩、巴林、也门、叙利亚、巴基斯坦。这一地区既是陆上“丝绸之路经济带”的重要组成部分，也有着许多“海上丝绸之路”的沿线港口，正好是“路”和“带”的接合部，战略位置十分重要。

该地区是世界石油产量和输出量最多的地区，石油的探明储量约占世界总探明储量的一半以上，石油产量占世界总产量的1/4。作为全球最为重要的油气资源产地，地处西亚、北非的伊拉克、阿联酋、科威特、沙特阿拉伯、伊朗石油净出口量排名世界前十。而中国石油进口需求快速上升，目前已超越美国成为世界第一大原油进口国，中国从西亚、北非地区进口的石油量已超过总进口量的52%。此外，中国与西亚、北非产油国在石油贸易、石油开采和炼化投资等多领域进行合作，在伊朗、沙特、伊拉克等国投资了大量的油田和石油炼化厂。

以埃及为例。埃及地跨非洲与亚洲，是欧亚非三大洲的交汇之地，是陆上“一带”与海上“一路”的交会处，是“一带一路”通向欧洲与非洲的重要枢纽和支点。埃及人口众多、人口素质和现代化程度较高、人民群众较为友好、综合实力强、经济规模较大。2013 年底埃及总统塞西访华时，双方进行了深入的经贸合作探讨，并进行产能合作。两国建交以来，双方的经济贸易增幅近百倍（见表2－3、表2－4）。从2013 年开始中国与埃及贸易额超过美国，成为埃及第一大贸易伙伴。

表2－3　中国和埃及贸易统计（1950～1999年）　单位：万美元

年份	总量	出口	进口
1950	313	100	213
1959	5783	2128	3655
1969	2646	1547	1099

续表

年份	总量	出口	进口
1979	11362	5660	5702
1989	5816	5087	712
1999	75022	71586	3436

资料来源：1950 年以来的中埃贸易量（中国网阿文版），http：//arabic. China. org. cn/arabic/239629. htm，2015. 8. 18.

表 2-4　　中国和埃及进出口总额（2003～2018 年）　　单位：万美元

年份	总量	出口	进口
2003	108958	93676	15282
2004	157637	138844	18794
2005	214518	193404	21114
2006	319227	297550	21677
2007	467253	443280	23973
2008	630320	587426	42894
2009	584502	510776	73725
2010	695890	604097	91793
2011	954473	822399	132074
2012	954473	822399	132074
2013	1021428	836268	185161
2014	1162003	1046051	115952
2015	1287642	1195858	91784
2016	1099049	1043728	55321
2017	1082758	948564	134193
2018	1382973	1198721	184252

资料来源：《中国统计年鉴》（2004～2019 年）；国家统计局官网，http：//www. stats. gov. cn/tjsj/ndsj/2014/indexch. htm。

科威特准备用 1300 亿美元在北部沿海索非亚地区建立一个新城，到 2035 年建成后将成为连接中国与欧洲的新丝绸之路的重要战略枢纽。丝绸城的倡导人纳什尔·穆罕默德·萨巴赫很早就有"丝绸之路"情节，现在他负责丝绸城的建设，力图通过重点发展丝绸城，进而建立一个金融与休闲的海上港口联系亚欧，尽管科威特在资金上极为充裕，但还是需要一个强有力的合作伙伴。所以，当中国提出“一带一路”倡议构想后，得到科威特较为积极的响应。

阿曼对于“一带一路”的回应是建立杜库姆经济特区，该经济特区面朝印度洋，是连接东亚、南亚、中非和欧洲远航线路的关键位置，是阿曼东北沿海的中心点，当前的常住人口不足5000人，区位优势独特，从该处通航风险较小。该经济特区涵盖港务、工业、物流、渔业、商业、休闲、旅游、教育八大区块，可以说是一个很雄伟的规划。阿曼人口少（截至2014年12月为409.2万[①]），特别需要国际的合作，和中国合作的意向也非常明确，希望中方能够参与建设。

卡塔尔在经贸领域重点建设多哈新港区。目前的多哈港口容量有限，必须将之扩大。港口虽本有铁路和外界相通，但卡塔尔又提出了一个使海合会六国铁路相连的规划。因此多哈新港除了港口扩建之外，道路连通方面也有一套设想。卡塔尔国家虽小，但其天然气储备丰富，资金也很充足，“一带一路”框架下卡方提出希望中国企业参与，加强中国与中东国家的战略对接合作。2014年11月，中国与卡塔尔签署“一带一路”合作文件，将扩大双方在基础设施建设、高科技领域特别是交通、路桥、铁路、电信等方面的互利合作。

黎巴嫩则代表了另一类型的中东国家。这些国家属于发展中国家，经济实力不是太强，受战争及叙利亚危机的影响，长期处于动荡与混乱中，寄希望于别国的援助尤其是经济上的援助以求得稳定和发展。所以，黎巴嫩政府最关注的是“一带一路”和亚投行、“丝路基金”的建立能否给该国带来经济上的援助。当前黎巴嫩处于百废待兴的状态，黎巴嫩外交部部长曾讲到该国的外交部大楼已成危楼，希望中国能够援建一幢新办公楼，并亟待中国在基建方面的援助。而中国与黎巴嫩的友谊源远流长，早在古代丝绸之路就已把两国人民紧密相连。且黎巴嫩是地中海周边很重要的一个国家，金融业较为稳定、旅游业有良好的发展前景，中国也要探讨同该国的合作，在必要时，中方要对其进行主动的援助，这样有利于解决中国产能过剩和资源分配不合理的问题。

---

① 数据来源：“一带一路”大数据综合服务门户，http：//www.bigdataobor.com。

《“一带一路”大数据报告（2016）》显示，西亚、北非从得分上看多数属于有待加强型，仅部分国家属于逐步拓展型。这些国家在推进国家发展的政策和措施方面同“一带一路”倡议是非常契合的。因此，有了客观条件的契合点，又在战略方面有契合点，两个契合点叠加在一起，中国同阿拉伯国家、同埃及友好合作关系的发展将在“一带一路”和“产能合作”的大趋势下取得大的发展和突破。

4. “一带一路”的区域支点——中东欧

在亚欧经济带中，中东欧位于连通最发达的欧盟一体化市场和最主要的能源产地间的接合部，其东联西通的地缘优势明显，是欧盟市场的重要接入口。对于西欧市场而言，中东欧地区有着成本低和新兴经济体增速快的明显优势；而同俄罗斯和中亚地区相比，它有更发达的经济、更成熟的市场、竞争力更强的产品等相对优势。作为亚欧大陆经济带的重要组成部分，中东欧地区具有的产业及区位优势决定了其可在“一带一路”倡议中发挥重要的区域性支点作用。

中国和中东欧有着共同的特点：一是都处在经济转型期，二是都是新兴经济体。从经济转型角度看，两者存在一致性，即在其经济发展模式中都存在为适应和融入经济全球化而建立的市场经济体系。两者也存在不同点：中东欧国家相对中国进入转型早、转型进展快；在市场机制下，现已建立的生产要素配置体系较为完善。中东欧国家受益于欧洲产业升级及资本转移，在新旧生产关系转换释放生产力发展空间的同时，成为欧洲具有活力的新兴经济体，多年来平均经济增速高于西欧地区2～3倍。同样作为全球重要新兴市场的中国处于工业化和城市化快速发展阶段，消费和产业结构升级步伐加快，市场潜力巨大。双方充分利用相互的政策先机和发展机遇，强化双方经贸合作契合各自发展需要和利益，有助于实现优势互补和共享发展机遇。

捷克是中国在中东欧地区的主要经贸合作伙伴之一。据中国海关统计，2015 年双边贸易额逾 110 亿美元，较 2005 年增长逾 5 倍，占到了中东欧 16 国对华贸易总额的近 20%。作为中东欧地区传统工业强国，在 1918 年建国前，捷克地区工业生产已占到奥匈帝国工业产值的 70% 以上，跻身世界主要工业国之列。自 20 世纪 90 年代经济转型以来，其宏观经济稳定度优于其他转型国家，借助自身产经优势，受益于欧洲产业转移和资本流动，多年来其经济保持较高增速，特别是汽车、电子加工、高科技研发等产业的竞争力日益增强，与波兰、匈牙利等国一起成为欧洲地区引人注目的新兴经济体。世界银行数据显示，2015 年，捷克经济增长率达到4%，是2007 年欧债危机以来增长最快的一年，经济增速在欧盟国家中居前列。值得一提的是，目前制造业对捷克经济增长的贡献率大于绝大多数欧盟国家，从而使其成为欧洲地区工业立国的典范国家之一。

捷克地处“欧洲心脏”，地缘优势决定了其在欧亚大陆桥中占据着重要的战略通道地位，目前多条欧亚铁路经过或直达捷克。经济及地缘的多重因素决定了捷克可以在“一带一路”倡议中发挥推动中国和中东欧经贸合作的重要抓手作用。

中捷企业在电力、化工、机床等领域的合作具有传统，捷方的工业成套设备在中国市场享有口碑。双方企业间产业和技术合作的结构性特征明显，即合作集中在双方企业具有相对竞争力的优势产业领域，如2005 年四川长虹通过在捷克投资建厂进入欧盟家电市场。而捷克企业拥有不少高精尖技术或产品，如纳米、发动机、船用曲轴、环保、民用航空、医疗和纺织机械等技术和产品在世界市场具有竞争力。近年，由于政府不断加大对新兴产业的扶植力度，捷克国内的生物、电子、软件研发等产业发展迅速，进一步拓展了两国企业合作的新空间，捷克成为中东欧 16 国中对华贸易及投资增长最快的国家之一。

5. 陆上丝绸之路的商业“咽喉”——中亚

中亚包括哈萨克斯坦、吉尔吉斯斯坦、塔吉克斯坦、乌兹别克斯坦和土库曼斯坦，均是中国的邻国或近邻。中亚地区地形广阔、人口稀少、资源丰富，是连接中东、东亚、南亚、俄罗斯、高加索地区和欧洲的“心脏地带”，发挥着中国与俄罗斯之间战略缓冲的功能。新疆与中亚五国毗邻，且与哈萨克斯坦、吉尔吉斯斯坦、塔吉克斯坦接壤，相互之间经贸往来频繁，新疆是中国对中亚五国开放的“窗口”。在中东混乱不息、第一欧亚大陆桥被俄罗斯掌控的背景下，中国必须经过中亚打开广阔的欧洲市场，这就使中亚成为新丝绸之路的“咽喉”——核心商业地带。

世界银行数据显示，上述五国 2019 年国内生产总值（GDP）3450. 94 亿美元，占全世界总量的 0. 84%；人口共计 7380 万人，占世界总人口的 0. 97%；人均 GDP26053 万美元。该区域是世界上能源资源最为丰富的地区之一，依靠能源和原料输出，矿产开采等大型项目的开发，2014 年该区域经济增长率保持在 4.3% ~10.3%，我国与该区域国家优势产业有很强的互补性，主要进口油气、矿产资源等，并出口机电、交通设备及轻工产品。近年来，随着我国与中亚五国的合作不断深化，相互之间的贸易量、投资额及投资企业数量都有明显增长。中国已成为土库曼斯坦的最大贸易伙伴，哈萨克斯坦、吉尔吉斯斯坦的第二大贸易伙伴和塔吉克斯坦的第三大贸易伙伴，中国在上述国家设立投资企业已达 2655 家①。

中亚五国金融深化程度相对较低，银行业资产占 GDP 比重较小，不过总体而言，其银行业稳定性和营利性较好。在银行业与监管合作方面，哈萨克斯坦与中国互相设有银行一级机构。中国银监会已先后与吉尔吉斯斯坦、哈萨克斯坦央行签署了谅解备忘录（Memorandum of Understanding，MOU），并签署了跨境危机管理合作协议。此外，我国与哈萨克斯坦和乌兹别克斯坦已分别签署了本外币互换协议。

从长远来看，中国应当对中亚五国保持耐心，发展或培养起对方对我国的信任，采取循序渐进的经济手段。而从短期来看，我国应采取积极的经济措施，在中亚五国投资建厂，援助建设学校、医院等公共基础设施。此外，要利用好新疆地理位置的优越性加强中国其他省份与中亚五国的沟通，促进青少年间的学习交流和双方人民的互动，增加信任感。

哈萨克斯坦和塔吉克斯坦是中国对中亚五国实施的战略能否成功的关键因素。据世界银行统计，哈萨克斯坦 2014 年人均 GDP 为 12807 美元，人口为 1728 万人，面积占据中亚五国的 68%，为中亚五国人口最多和面积最大的国家，可以看出该国在中亚地区起到的举足轻重的作用。2014 年 11 月，哈萨克斯坦总统纳扎尔巴耶夫提出实施“光明大道”新经济计划，其核心内容是实施基础设施，尤其是交通基础设施的大规模建设。根据这个计划，哈萨克斯坦将实施 17 项大型基础设施建设项目，其中 12 项为公路建设项目，5 项涉及铁路、港口及机场建设项目，最终形成以首都阿斯塔纳为中心，向全国辐射的公路、铁路、电力输送网络，并将建设大量的学校、医院等基础设施。“光明大道计

① 资料来源：《中国对外直接投资统计公报》。

划”预计将提供50万个就业机会。相关人士认为，“光明大道”计划可以与中国的“一带一路”倡议形成良好呼应和对接。

塔吉克斯坦人均GDP为1725美元，国土面积为14.31万平方公里，[①] 可以看出，塔吉克斯坦面积较小、经济发展相对落后，但它是中亚地区唯一非突厥语国家，与中国历史结怨较少，且中国新疆与塔吉克斯坦接壤，相互之间在资源条件、文化习俗、生活习惯上有很大的相通性。因此新疆相较其他省份而言占有区位、资源、产业及文化认同优势，新疆是对中亚五国开放的窗口。

三、“一带一路”倡议的意义

中国的“一带一路”倡议，对推动中国和世界的发展发挥着重要的作用。对于中国来说，“一带一路”倡议可以被看作是将中国经济建设成“新常态”的一大举措，这意味着中国未来的经济发展模式从引进投资，建设生产能力，转为向国外投资，输出产出能力，实现产业升级，这将深刻改变中国的经济生态；将惠及和中国共建“一带一路”的所有国家，将打造国内、区域和全球新的经济增长点，它将改变现有的国际政治和经济地理格局，改善全球治理结构，促进21世纪经济全球化水平的提高，促进全球化新时代的到来。

（一）对中国的意义

1. 培育新的经济增长点

（1）“新常态”。

中国历年的GDP数据（见表2－5）显示，中国两位数增长速度的时代已经结束。过去，中国政府预测8%是经济增长的底线，但新的情况是未来中国的经济增长将持续低于8%。

① 数据来源：世界银行（https：//data. worldbank. org/）。

表 2-5　　中国 GDP 增长速度（2004~2019 年）　　单位：%

年份	中国 GDP 增长速度	年份	中国 GDP 增长速度
2004	10.11	2012	7.86
2005	11.39	2013	7.77
2006	12.72	2014	7.43
2007	14.23	2015	7.04
2008	9.65	2016	6.85
2009	9.4	2017	6.95
2010	10.64	2018	6.75
2011	9.55	2019	6.11

资料来源：中经网统计数据库。

回顾世界现代经济发展的进程，在现代欧洲崛起的过程中，工业化导致一个国家经济的迅速发展需要经历三个阶段：快速期、中速生长期和长期停滞期。观察 1957~2009 年日本国内生产总值的上升轨迹，可以发现 1957 年至 1974 年国内生产总值的平均增长率为 8.89%；从 1974 年到 1992 年，平均增长率约为 4.29%，增长趋势在 1990 年结束。当前日本经济的平均增长率大幅下降，只有约 0.85%。1996 年，日本过剩产能约为 32% 至 33%，之后发生经济危机①。同样，韩国的过剩产能率也达到 31% 至 32%，1996 年以后，发生了危机②。随着国内外市场需求变化，中国面临严重产能过剩的问题，表明中国经济处于长期下行阶段。

中国经济正面临着"新常态"的形势，中国提出"一带一路"倡议，适当增加相关国内和行业投资，努力提高农业、制造业、服务业等行业发展水平，支持新技术、新模型、新格式、新产业发展。同时，为了推动我国区域经济发展，中国政府过去曾提出"西部大开发战略""东北老工业基地振兴战略"等。目前，面对中国经济"新常态"的局

① 战后 70 年日本经济的发展轨迹，https：//world.huanqiu.com/article/9CaKrnJROr9. 环球网。

② 韩国在增速换挡期面临的挑战、应对与启示（上），http：//finance.sina.com.cn/zl/2018-02-23/zl-ifyrvaxe9218316.shtml。

面，结合对外开放战略，中国政府提出了“单向战略”的概念，在中国国内区域发展战略中，“一带一路”“京津冀协同发展”“长江经济带“等区域经济区协调发展，是适应经济新常态、带动新常态的战略举措；是促进实现中国新经济增长的历程，推动中国经济持续增长的力量之源。

（2）促进西部大开发。

改革开放以来，中国的对外开放取得了显著的成就，但整体开放呈现出东部发展快、西部发展慢和海强陆弱的格局。东西部发展的不平衡给中国经济带来了许多问题。而“一带一路”对于提高向东开放水平、加快向西开放步伐具有重要作用。

中国西部地区有很长的边境，靠近许多国家，战略地理位置有优势，可以开发的自然资源众多。但是，存在交通堵塞、运输货物必须通过沿海地区才能进入国际市场、经济技术发展落后、在邻国缺乏合作等劣势。“一带一路”将开放西部通道、东西部物流渠道并保护东部和南部资源供应战略资源渠道，可以促进西部地区及周边地区贸易，降低东西部商品运输成本，发挥西部地区的战略优势，以加快贸易往来。

加速西部开放脚步，将内陆沿边地域的开放边缘推向前列。中国将开发西部地区的最大潜力，拓宽开放西部经济的广度和深度，以增强中国西部的对外贸易往来。

西部地区的未来发展促进了中国西部与中亚、南亚和西亚之间的贸易和经济合作。“丝绸之路”是中国全方位开放的重要内容，是实现东西部的平衡协调发展的关键性环节。

2. 实现从“引进来”到“引进来，走出去”并重的重大政策转变

（1）中国已成为资本净输出国。

中国在20世纪80年代资本极其短缺，实际对外投资比利用外资规模小得多。到目前为止，中国已成为资本净输出国。在全球范围内，中国对外直接投资起步虽晚，但发展迅速，规模不断扩大，2010～2019年中国对外直接投资流量全球位次稳步提升，由世界第五上升至仅次于日本的世界第二大对外投资国。2014年10月22日，时任商务部部长助理张向晨在解读新修订版《境外投资管理办法》并答记者问中提到，中国的对外投资处于一个发展的快轨道，与此相对照，中国吸引外资的步伐处于一个比较稳定的状态，一方面积极支持企业“走出去”，积极扩大中国的对外投资，另一方面，无论是对外投资的存量还是质量，我们和一些发达国家还有一定的差距，因此，我们还有很漫长的路要走。①

（2）"一带一路"促使中国企业"走出去"。

对外贸易政策从原来单纯地以"引进来"为主到"引进来，走出去"并重的重大改变，使中国在对外贸易中居于主要地位。

"一带一路"倡议的推进，使得这些合作国家和地区日益变成中国对外直接投资的重要对象。从 2008 年起中国对"一带一路"共建国家投资处于快速增加阶段，截至 2014 年，中国对"一带一路"共建国家直接投资存量（OFDIC）达 924 亿美元，而在 2003 年对这些国家直接投资存量仅为 13.17 亿美元，增长了近 70 倍，中国对"一带一路"共建国家直接投资存量占中国对外直接投资总存量的比值由 2003 年的 3.96% 提高至 2014 年的 10.5%。流量方面，2014 年对"一带一路"共建国家直接投资流量（OFDIL）达 136.55 亿美元，2003～2014 年中国对这些国家直接投资流量年均增长率达 53%，高于同期对其他国家投资增长，这一趋势在 2008 年后尤为明显，2019 年对"一带一路"共建国家直接投资流量高达 186.9 亿美元。（见图 2-3、图 2-4）。

"2015 年中国同"一带一路"共建国家的进出口贸易总额近 1 万亿美元，在沿线 65 个国家中投资 49 个国家，投资达 150 亿美元，比上年

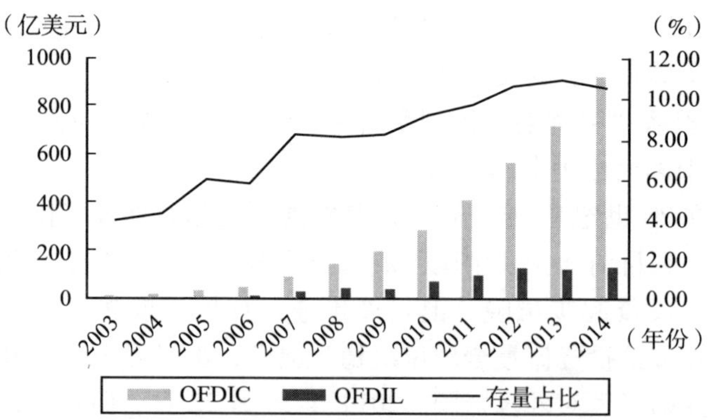

图 2-3　中国对"一带一路"共建国家直接投资变化（2003～2014 年）

资料来源：《中国对外直接投资统计公报》。

① 资料来源：中国政府网（www.gov.cn）。

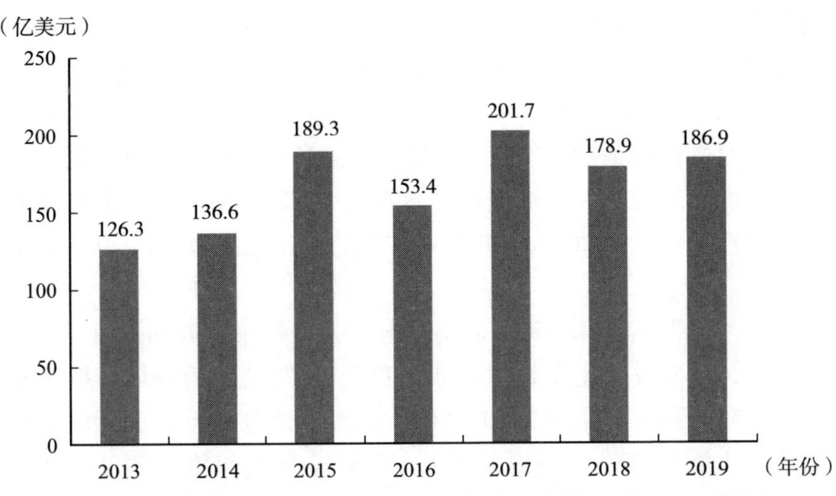

图 2-4 中国对“一带一路”共建国家投资流量（2013～2019 年）

资料来源：《中国对外直接投资统计公报》。

增长了 18%，应该看到‘一带一路’建设任重道远。”中国国际经济交流中心常务副理事长张晓强这样说道。①

从图 2-5 可以看出，中国对“一带一路”共建地区的直接投资存

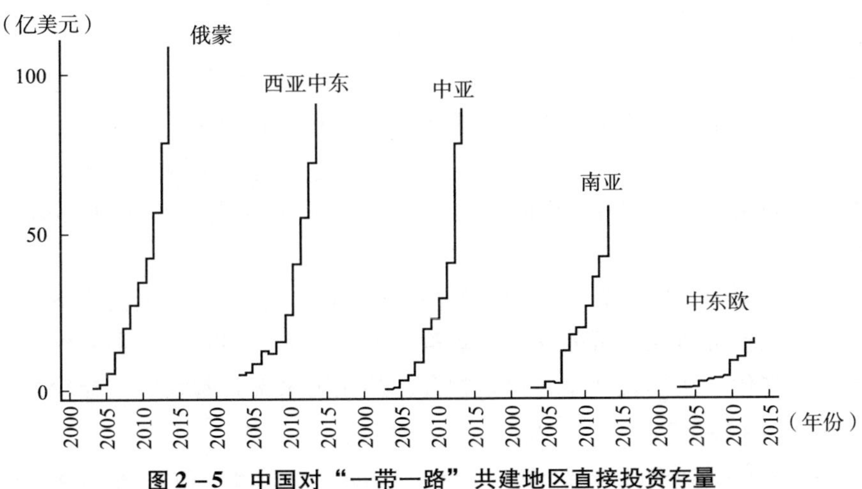

图 2-5 中国对“一带一路”共建地区直接投资存量

资料来源：《中国对外直接投资统计公报》。

---

① 资料来源：2016 全球治理高层论坛。

量的规模呈逐级递增的趋势。中国对西亚、中东和南亚的直接投资个别年份波动性较大，对西亚的直接投资主要集中在伊朗、沙特阿拉伯和阿联酋，对南亚的直接投资主要集中在巴基斯坦和印度。中国对中东欧地区的直接投资保持了稳定增长，但增长速度较慢。中国对俄蒙的直接投资增长速度显示"V"字形变化，这些年增长速度出现快速向上的趋势，直接投资存量由 2010 年末的 42.23 亿美元快速增长到 2013 年末的 109.36 亿美元。

（3）"一带一路"给我国企业"走出去"带来机遇和挑战。

首先，基础设施建设是"一带一路"最先发展的领域，据亚洲开发银行研究所测算，亚洲 2010～2020 年需要超过 8 万亿美元的基础设施投资，才能保障经济持续发展[①]。而据经合组织报告预测，2013～2030 年全球基础设施投资达到 55 万亿美元，才能满足全球经济发展的需要[②]。在"一带一路"倡议背景下，我国加强了与相关国家和地区交通基础设施建设和技术的交流，提升道路的通达水平。总之，"一带一路"倡议给我国企业"走出去"开展基础设施领域的互利合作带来巨大机遇和发展空间。

其次，我国企业与海外市场投资与贸易方面的合作加强。从贸易方面看，2004～2014 年，我国与"一带一路"共建国家的贸易额年均增长 19%；从投资方面看，2004～2014 年，我国企业对"海上丝绸之路"共建国家的直接投资额从 2.4 亿美元扩大到 92.7 亿美元，年均增长 44%。[③] 今后，我国将相应实施利于"走出去"的措施，如消除关税和非关税壁垒。可以肯定的是，"一带一路"将会给共建国家带来更多的投资与贸易合作、更广阔的市场、给共建国家的人民带来更多就业机会。

与此同时，"一带一路"倡议下我国企业"走出去"也面临不小的风险。如投资所在国可能存在的政策和政局变动；同时，个别共建国家经济、文化、法律发展差异很难融合，共建国家聚集着收入差异较大的

---

① 福蒙蒙：《十年间亚洲基础设施投资需 8 万亿美元"亚太梦"下的中国机遇》，载于《华夏时报》2014 年 11 月 15 日。

② 博思数据研究中心：2014～2019 年中国对外工程承包市场监测及投资前景研究报告，2014 年。

③ 资料来源：《中国对外直接投资统计公报》。

发展中国家和发达国家，我国企业“走出去”之前针对对象国很少有具体、针对性的研究，这样很难在文化、制度、风俗等方面充分融合。

3. 深度融入经济全球化

（1）推动人民币国际化。

“一带一路”建设进程中，人民币国际化可能是最自然而然的“成果”。现有的全球金融秩序形成之初，中国作为一个世界大国并没有机会和能力参与构建。自改革开放以来，中国开始推进工业化，正逢制造业全球范围大转移，这与经济全球化巧妙地结合。中国通过全面参与国际经济组织（国际货币基金组织、世界银行、关贸总协定以及世界贸易组织）极大拓宽了世界市场，成为继续维护和推动经济全球化的参与者。

伴随中国经济在全球经济体系中地位的提升，最顺其自然的结果是在世界贸易中人民币的使用逐步增加。作为“一带一路”建设的配套融资机构，无论是亚洲基础设施投资银行还是“丝路基金”，在开始使用美元作为结算货币。但是机构运行成熟之后，将会逐渐鼓励使用人民币结算。这样就会推动人民币的计价结算，促进人民币的使用和流通。例如，在“一带一路”倡议中，中国将变为主要出资国、主要技术输出国、主要工程设施施工国以及主要劳动力输出国。在这个过程中，涉及的资金用人民币进行结算。

人民币国际化指数①也表明，人民币“走出去”的步子愈加扎实。参加“一带一路”建设的国家货币国际化水平普遍较低，金砖国家中的印度在2010年达到最高（0.05），东南亚主要国家以贸易为主的经济经常受到经济环境的影响，近10年的货币国际化水平仅平均上升了0.03。以石油作为主要贸易商品的沙特阿拉伯，其货币国际化水平也未见提升。货币国际化水平能够统计且较高的“一带一路”共建国家有俄罗斯、新加坡、土耳其和韩国。韩国作为亚洲经济实力较强的国家，依靠资本优势，韩元国际化水平从2001年的0.14到2010年的0.27，一直高于人民币，但是2011年以后开始落后于中国。从“一带一路”范围内来看，随着人民币国际化进程的加快，2011年后人民币国际化水平（0.35）就已超过卢布（0.27）、新加坡元（0.34）和韩元

① INDEX（人民币国际化指标）$= \sum \lambda_{it} \times X_{it} \times 100$。

(0.25)，成为“一带一路”区域内国际化水平最高的货币。[①] 而近年来随着人民币在中国周边国家被普遍接受，“一带一路”区域内国家将会越来越多地选择人民币作为结算货币。因此，“一带一路”将成为加快人民币国际化进程的重要平台。在 2014 年 9 月，英国发行了 30 亿元人民币债券，[②] 这显示出英国这一老牌发达国家对人民币的信任，人民币间接成为英国储备货币，这证明人民币在国外的储备地位大大提升。有理由相信，“一带一路”是增强人民币实力的窗口，政策推动、企业加速“走出去”都将推进人民币国际化。

（2）提升中国在全球化经济中的角色。

改革开放后的 30 年间，中国一直居于世界经济产业链的低端，在产品制造业的国际化分工中，饰演了承接发达国家劳动密集型产业、向发达国家输出廉价加工品的角色。经过改革开放的几十年，中国已经成功变为“中等收入水平国家”，中国经济的发展面临着结构性提升和产业升级换代的问题。

经济学人智库（EIU）发布的一份最新报告称，中国制造业劳动力成本还将逐年攀升，估计从 2013～2020 年，中国全国的劳动者年收入平均增速将保持在 12%。尽管收入增速明显，但中国的劳动生产率也将同时保持相对较快的增长，未来几年内仍将保持制造业劳动成本竞争优势。这份报告预测，在 2013～2020 年，中国制造业劳动力成本仍将低于其他一些存在着竞争的经济体。

但相对于印度、印度尼西亚及越南等新兴的劳动密集型制造业国家，中国的劳动力优势将不再那么明显。据统计，中国制造业劳动力成本在 2019 年分别达到越南的 177% 及印度的 218%，而这一对比数据在 2012 年分别是 147% 及 138%。上述的新兴国家因劳动力丰富，薪酬增长一直保持在低速水平。

此外，上一轮由美国及西方发达国家主导的全球化进程，极大地促进了“二战”后世界经济的复苏和几十年的持续增长，改革开放后的中国也是最大的受益者之一。在全球化背景下，中国经济发展迅速。另外，中国外汇储备接近 4 万亿美元，约占世界外汇储备的 1/3。

但在这种全球化的经济结构中，在生产的全球化分工上，基本上形

① 数据来源：国际货币基金组织官网. https：//www. imf. org/。

② 人民网，http：//politics. people. com. cn/n/2014/1017/c70731－25851528. html。

成了美国的设计、日韩的元器件、中国的装配、各资源国的原材料和能源，销往全球（包括中国但不首发）的分工；在投资方面是发达国家产能 FDI（直接投资），新兴市场国家的美元外汇储备往往只有通过购买美国国债来作为投资保增值的方式。

中国将在保持原来的大循环，即传统的三个世界——资源国、消费国、生产国的局面基本不变的情况下，全力布局小循环，即以中国为核心—周边资源国（包括非洲）—科技国（美国）—品牌国（欧洲）的新动力格局，打破以中国制造、美国消费为主的圈子，从输出廉价的中国制造，升级到输出工程、服务、产能、投资和资本，以至最终的货币，即人民币国际化。

未来，中国一方面与发达国家仍有很大的合作空间；另一方面，中国与世界新兴经济体及广大发展中国家经济合作的重要性也会明显提升。共建“一带一路”，是中国深度融入经济全球化的重大战略。

4. 充分利用外汇储备资本，开展国际产能合作

（1）“一带一路”带来新的发展空间。

以铁路建设为例，中亚及东南亚多数国家的铁路里程与国土面积之比在 1% 以下，相比之下，美国的这个比例为 2.5%，而欧盟和日本等发达国家这个比例普遍在 5% 以上。

中国恰恰积累了铁路基建的大量经验以及雄厚的资金。与发达国家比较，中国高速铁路发展起步虽晚，但发展最快。截至 2014 年底，中国的铁路营业里程已达 11.2 万公里，其中高速铁路总里程为 1.6 万公里，截至 2015 年底，中国高速铁路总营业里程达到 1.9 万公里。“一带一路”沿线国家的铁路基建设施和相关技术相对落伍，在“一带一路”顺利实施的前提下，中国的铁路基建事业将有望扩大“走出去”的规模。

因此，中国过剩产能一部分是可以协商利用的。但是需要关注的是，“一带一路”更多项目应以相关国家的实际需求为准，将中国的优势资源与有关国家的优势互补利用，将各方优势和潜力开发出来。

（2）更有效地利用外汇储备。

作为世界第二大经济体，中国对全球经济和世界市场的影响发生了根本性的转变，同时积累了大量的外汇储备和资本。目前我国拥有大量的外汇储备，但是外汇收益甚少，通货膨胀的压力也一直存在，缺乏有效的投资途径是根本性原因。我国大量的外汇储备主要投资于发达国家的国债。这些国债虽然安全性极高，但较低的收益率和较高的通货膨胀率使得整体收益很少。虽然目前外汇储备持续增长，但资金配置不合理、收益极低的问题仍然存在。

因此，当务之急是扩宽渠道，保证大量的外汇储备保值增值，达到稳定货币的金融目的。“一带一路”倡议为中国大量的外汇储备“走出去”提供了机会和有效途径，同时共建国家可以得到大量的资金，从投资中受益。“一带一路”合作国家中有很大一部分是发展中国家、转型国家，各地区经济水平不高是这些国家面临的最大问题。

《中国对外直接投资统计公报》显示，2019 年，我国对外非金融类直接投资流量 1169. 6 亿美元。此外，我国对外投资地域也在不断扩大。中国对亚洲投资增长了 48. 9%，对东盟投资增长了 27. 6%，对非洲投资增长了将近 22%，对我国香港地区投资增长了 50. 8%，对俄罗斯投资增长了 35%。截至 2019 年底，境外企业资产总额 7. 2 万亿美元。对外直接投资累计净额达 21988. 8 亿美元，其中，股权投资 12096. 7 亿美元，占 55%；收益再投资 6866. 4 亿美元，占 31. 2%；债务工具投资 3025. 7 亿美元，占 13. 8%。

2019 年末，对外金融类直接投资存量 2545. 3 亿美元，其中，对外货币金融服务类直接投资 1439. 4 亿美元，占 56. 6%；保险业 71. 3 亿美元，占 2. 8%；资本市场服务（原证券业）153. 5 亿美元，占 6%；其他金融业 881. 1 亿美元，占 34. 6%。

数据显示，2020 年中国跨境电商的市场交易规模达到 12. 5 万亿元。从 2019 年中国跨境电商进出口总额占比情况来看，出口总额占比 50. 7%，进口总额占比 49. 3%，略低于出口总额的比重。相比 2015 年我国的跨境电商进出口总额，增长均速 49. 5%。[①] 跨境电商规模的逐渐扩大，有利于沿线国家加强合作，实现亚太经济的共同繁荣。

“一带一路”建设致力于推动中国与广大共建国家的经济合作，从而拓宽中国以非外汇储备形式持有外部股权债权的空间，有利于提高中国储蓄在国外的配置效率，也有助于改善中国对外资产负债结构。

① 数据来源：中华人民共和国海关总署（http://www.customs.gov.cn/）。

（二）对全球的意义

1. 助推全球化进入4.0时代

（1）全球化3.0时代。

从近现代的历史来看，全球化的历程经历了三波浪潮，分别可以称为全球化1.0时代，即大航海时代；全球化2.0时代，即英国和英镑时代；全球化3.0时代，即美国和美元时代。结合中国提出的“一带一路”倡议，经济日益壮大的中国正在推动升级版的全球化4.0时代。

“二战”后，欧亚两大洲的经济发展遭到战争的重创，新兴国家虽然纷纷获得政治上的独立，但经济上几乎一穷二白。战后初期的美国实施了对西欧的大范围援助计划——“马歇尔计划”，不仅消化了美国的产能，修复了欧洲和日本两个产业转移中心，还推动世界经济迎来了长达20年的资本主义“黄金时代”，一举奠定了市场经济的演进路径，也正式开启了全球化3.0时代。

（2）“一带一路”开启全球化4.0时代。

为什么中国要推出“一带一路”倡议、亚欧大陆又需要“一带一路”经济带建设这样的倡议出台呢？因为原有的全球化模式出现了重大问题。

尽管上一轮全球化进程很大程度上推动了世界经济的增长，中国也是其中最大的受益者之一，但美国和美元主导的全球化3.0模式具有先天瑕疵。在全球化3.0的经济结构中，在货币方面，美国向多方向投放美元，它是美国的货币，但是一旦美元出了问题，就牵扯到其他所有国家。最显著的例子就是2008年的金融危机、后来的欧债危机和可能爆发的新兴市场危机。

2008年的美国金融危机引发了世界范围内自“1929～1933年经济大萧条”以来最为严重的全球性金融危机。在这次危机中，随着虚拟经济的灾难向实体经济扩散，欧洲、日本等世界经济发达地区以及世界新兴经济体的经济增速放缓，失业率暴增，一些国家出现严重的经济衰退，有些国家至今没能从危机中恢复过来。其对全球经济连锁反应式的影响至今还存在。

美国通过雅尔塔体系确立了自己在金融市场的龙头地位和头号经济

强国的定位，美国的危机就是世界的危机，美国更可以借着自己在金融界的地位通过其他国家来转嫁自己的危机，所以 2008 年金融危机对全球包括中国都造成了严重的影响。危机爆发的次年前四个月，中国进出口总值同比大幅下降了 24.3%[①]，企业在美国股市上的市值大跌。而且，中国的美元资产承受着巨大的风险。

根据 IMF 的计算，全球经济仍然没能走出危机。按照以往的经验，下跌之后一般都有一个强烈反弹然后逐渐回归的曲线，而这次危机的例外是下跌之后再没有恢复，由此全球丢失了 1.5% 的潜在增长水平和能力。贸易方面也是如此，危机前世界贸易增速是 GDP 提高的 1 倍，GDP 提高 4% ~5%，贸易就会达到 7% ~8%，而贸易正是经济增长的火车头[②]。

2. 助力全球经济复苏，实现全球经济再平衡

"一带一路"对发达国家与广大发展中国家共同开放，并在大量务实合作领域表现出对沿线发展中国家更为优先的形势，仅 2015 年，中国与合作国家进出口贸易总额就达到了 9950 亿美元，同比增长 25%。[③]

从本质上说，"一带一路"是一种典型的"联动"和"再平衡"发展模式。"共商、共享、共建"本质上体现了对等与均衡导向的发展思想。"一带一路"倡议的实施体现了世界经济体之间发展联动格局，是后危机时代全球经济新一轮发展互动的关键。"一带一路"倡议通过增强世界经济产业和价值链条联结、推动产业布局重构进而实现要素配置优化，实现全球经济均衡和可持续增长。中国的政策实践旨在帮助"一带一路"共建国家建设和完善基础工业化能力，使得"一带一路"共建国家成为全球价值链中公平的参与者。例如，中亚和南亚地区基础设施缺乏，融入全球产业链的成本较高，中国通过帮助其修建铁路和公路等基础设施，可为其进入全球生产体系提供便利，有助于其更好地参与世界分工。

"一带一路"倡议重点面向中亚、西亚，在提高"向东"开放水平的同时加快"向西"开放步伐，将中西部内陆、边疆地区密切地维系在一起，创造新的增长点。创造市场需求和就业机会，符合中国和国际

① 数据来源：人民网（http：//www. people. com. cn/）。
② 邵宇：《"一带一路"开启全球化 4.0 时代》，载于《上海证券报》2015 年第 4 期。
③ 数据来源：中国一带一路网（https：//www. yidaiyilu. gov. cn/）。

社会的根本利益，有助于促进全球再平衡。

3. 带来国际合作新理念，开创地区新型合作

（1）以中国和中东欧地区为例。

中欧班列连通欧亚。中国和中亚、南亚国家，俄罗斯，欧盟国家共同建设“一带一路”，形成亚欧区域经济一体化发展大格局。随着“一带一路”倡议的推广，中欧班列也已经成为地方对接国家战略、抢占国际市场以及“稳增长”的主要手段之一，这为“丝绸之路经济带”逐步奠定了交通基础。

中国与中东欧国家将会在高铁、电站、公路等基础设施建设方面合作，而中国的企业也将通过投资设厂的途径为中东欧带来其所需要的能源设备、电子产品等制造业发展机会。自 2011 年欧元区债务危机发生以来，中国企业在葡萄牙的投资额超过 100 亿欧元，2021 年中国对葡萄牙直接投资为 2.51 亿欧元。① 中方参建的塞尔维亚 E763 高速公路、马其顿两段高速公路、波黑斯坦纳里火电站等项目都已经施工并进展顺利，同时，黑山的南北高速公路项目也已开始建设。目前，一些中国企业正在积极探讨参与中东欧有关国家的核电、火电、高速公路等项目的投资与建设。据海关统计，中国与中东欧国家的双边贸易额已从 2012 年的 521 亿美元，增加到了 2014 年的 602 亿美元，在两年间就增长了 15.6%。其中，中方出口由 388 亿美元上升到 437 亿美元，进口则由 133 亿美元上升到 165 亿美元，二者分别增长 12.6% 和 24.6%。而在 2003 年，中国与中东欧的贸易额还只有 87 亿美元。据不完全统计，目前中国企业在中东欧国家的投资还只有 87 亿美元。② 专家认为，中东欧是“一带一路”的重要组成部分，在许多方面都与中国有着共同利益和共赢空间。

（2）以中国、俄罗斯、印度为例。

中俄印三国中，俄罗斯是世界级的能源输出国，中国和印度作为经济发展强劲的国家，对能源的需求巨大，因此三个国家具有很强的能源互补性，随着金砖国家框架的运行和不断的互动往来，中俄印三国的能源合作正在迈向新的阶段。

①中俄印的能源形势决定了彼此在能源合作上有很好的补充与合

① 数据来源：中华人民共和国商务部。
② 数据来源：中华人民共和国海关总署。

作。俄罗斯能源丰富，其石油和天然气储量均为世界前列，是能源净出口国家，拥有 147.6 亿吨的石油储量（2020 年底），在世界能源供应体系中占有非常重要的地位，同样，天然气储量也极为丰富，世界 1/3 的天然气集中在俄罗斯。

中国能源储藏丰富（见表 2－6），占到世界总储量的 3.9%，其中三大化石燃料的总采集量约为 1392 亿吨标准煤。中国的能源资源虽然丰富，但是人均资源非常低，仍然属于能源稀缺国家。中国对国外石油资源的依赖程度较高，而且多以进口中东原油为主，其中 90% 要经过马六甲海峡，这个地区对中国来说，安全威胁很大，进而促成了中俄双方的能源合作。近几年，中俄不断加强能源合作，从东北的石油运输管道到天然气协议，俄罗斯计划出口中国 4600 万吨石油和 4000 亿美元的天然气，双方在能源开采和基础设施投资方面也有着很多合作。

表 2－6　　中国一次能源资源储量及结构

项目	能源总量（千亿吨标准煤）	原煤（千亿吨）	原油（千亿吨）	天然气（千亿立方米）	水能（千亿千瓦时）
中国能源总量	40.5	50.6	1	381.4	59.2
中国能源结构（%）	100	89.30	3.50	1.30	5.90
世界能源总量	1048.8	1195.7	51.2	79331	413.1
中国剩余可采量	1.4	1.1	0.03	13.7	12.6
结构（%）	100	58.80	3.40	1.30	36.50
保证年限（年）	129.7	114.5	20.1	49.3	—

资料来源：《2009 年中国统计年鉴》《世界石油工业》。

印度也是能源需求旺盛的国家（见表 2－7），其煤炭资源丰富，已探明的煤炭储量有 606 亿吨，但是石油极其缺乏，储量仅有 45 亿桶，只有世界的 0.3%，每年绝大多数的石油都要靠国外进口；天然气资源也非常缺乏，产出只有世界的 1.4%。其与俄罗斯的联系也日益密切，尤其在能源合作方面，如俄罗斯帮助印度修建核反应堆，发展印度核电事业。同时，印度和俄罗斯在石油的开采和运输等方面也开展了一系列合作，印度与中国的能源合作也不少，主要是在推动能源安全和能源多元化发展方面。

表 2－7　　2011 年印度主要能源生产与消费情况

能源	生产与消费情况	
石油	储量（万桶）	450000
	产量（万桶/天）	85. 8
	消费量（万桶/天）	347. 3
天然气	储量（万亿立方米）	1. 2
	产出（亿立方米）	461
	消费量（亿立方米）	611
煤炭	储量（万吨）	6060000
	产量（万吨油当量）	22240
	消费量（万吨油当量）	29560
水电	消费量（万吨油当量）	2980
核能	消费量（万吨油当量）	730

资料来源：赵夏乙：《印度能源安全战略评析》，南京大学硕士学位论文，2013 年。

2016 年 1 月，由中国倡导、印度和俄罗斯积极响应的亚洲基础设施投资银行（亚投行）建成运行，通过给中俄印的能源基础设施提供支持，极大地推动了俄罗斯老旧油田与气田的整体改进以及俄印、中俄管道设施和电力设施的建设。同时金砖国家新开发银行也将为整体能源的风险和未来收益提供考量，为三方合作提供金融支持，推动三国能源经济的可持续发展。

②“一带一路”倡议给中俄印贸易发展带来了机遇与挑战。

首先，随着能源贸易合作的深化，中俄印能源贸易的量和质有很大提升，新丝绸之路经济带建设，能源贸易是重点，由于俄罗斯和中亚国家能源储量丰富，与中国、南非、印度等能源需求大的国家有着紧密联系，可以实现中俄印能源供求平衡，缓解目前世界上存在的能源供求不足的局面。“一带一路”背景下，中俄两国加强了石油和天然气能源的合作，同时积极寻找能源合作新模式。

其次，贸易便利化会促使中俄印基础设施得到快速发展。目前，中俄印各个能源公司正在寻求合作，共同开发能源资源，争取增加能源市场占比，如中国能源企业正和俄罗斯能源企业商讨在俄罗斯建立油气公司，扩大俄罗斯石油开采能力，俄罗斯也同中国合作在中国建立炼油工厂。贸易的发展使基础设施建设得到发展，基础设施的扩展增加了贸易合作的内容，在短期内效果可能不显著，但是，任何事物都要经过长期的、循序渐进的过程才能奏效。

（三）“一带一路”的机遇和挑战

1. “一带一路”给中国带来的挑战

（1）设施联通对制造业国际合作提出挑战。

设施联通的发展对我国制造业的国际合作提出了挑战。基础设施建设多以项目的形式开展，我国制造企业除了提供产品、原材料、制造外，更需要具备项目管理、产品服务、人员培训、项目维护等能力，这对生产性服务业的发展提出了新要求。同时，以国际标准开展的项目合作，对我国企业的自主创新能力也提出了更高的要求。增强高端装备制造能力、加强工业化与信息化的进一步融合、提升制造业整体的国际化程度、提高企业的全球化经营能力，都是我国制造业所面临的挑战。

（2）对中国内政、外交工作的挑战。

在外交工作上，“一带一路”的开拓应该妥善回应来自“一带一路”共建国家及社会上各方面可以预想或难以预想到的质疑和批判，向这些国家和地区的领导人、广大人民群众做出有效的解释，争取获得对方的信任。

在内政上，随着“一带一路”建设的行动规划的公布，如何统筹协调各层次、各领域、各部门参与“一带一路”建设，有秩序地推进“一带一路”的建设成为我国当下一项艰巨任务。

2. “一带一路”给中国带来的机遇

首先，处于“一带一路”倡议节点地域的上市公司将直接受益。例如，边陲地区的新疆、云南、广西、西藏，以及四大自贸区（上海、广东、福建、天津）等。其次，从行业属性看，“一带一路”共建国家中有较多为发展中国家，基础设施较为落后、城镇化水平较低，基建方面的需求最为明显。从这个角度来看，“一带一路”倡议将会使这些国家首先受益于基础建设行业（建筑施工、工程机械、电力设备、钢铁建材）。同时，“一带一路”倡议的推进离不开金融支持，基础货物的进出口离不开港口铁路交通运输，后期实现互联互通后的工业制造输出也将成为经常性需求。

目前可以预见的有以下几个领域的行业：

一是基础设施建设行业。“一带一路”将促使中国积极投资海外的基础设施，以及随之带来的公路、铁路、机场、港口、电信这些基建工程以及工程技术行业。

根据《全球建筑2020》报告，全球建筑市场以年均4.9%的速度增长，到2020年的12.7万亿美元，占全球总产出的14.6%。数据表明，2014年，中国对外承包工程新签合同额1918亿美元，完成营业额1424亿美元，业务遍及190多个国家和地区。中国在铁路、电力、通信、建材、工程机械等行业具有比较优势，可灵活采取投资、工程建设和技术合作等多种方式，与“一带一路”共建国家和地区展开互惠互利的合作。

美丽山电站特高压输电项目的正式奠基成为基础设施领域合作最大的亮点，该项目是中国海外中标的首个特高压直流输电项目。而连接巴西和秘鲁的两洋铁路也取得了进展，中国—巴西—秘鲁三方工作组已启动了两洋铁路的可行性基础研究工作，这对中巴开展铁路领域工作及在南美建设一体化的基础设施网络打下了基础。

二是金融业。“一带一路”给中国金融业带来的发展机会包括中资银行机构的海外设点，利用“一带一路”带来的信贷机会开拓海外市场，成长为具有世界影响力的金融机构；融资租赁行业也因参与“一带一路”建设企业的实际需求而快速发展；另外，保险行业因为负债端出口信用保险需求的增加，业绩有所提升。

工商银行数据显示，工行已经营造了与“一带一路”倡议所涉国家和地区高度重合的境内外经营网络布局，在多个国家设立了分支机构，金融服务辐射范围基本覆盖“一带一路”规划区域，截至2014年末已为73个“一带一路”境外项目提供了109亿美元的融资支持。除此之外，农行、建行、交行等国有银行也已开始在“一带一路”共建国家或地区设立分支机构。

2014年，国内保险行业总资产突破10万亿元，[①]“一带一路”建设为保险基金的运用提供了机会。人财保险董事长吴焰建议将保险作为制

① 资料来源：2015年全国保险监管工作会议。

度性安排纳入“一带一路”顶层设计，对保险公司的国际化业务给予适当的税收减免优惠，对国有保险公司“走出去”相关业务的考核放宽短期盈利要求等。例如，中国信保对“一带一路”倡议进行了多次部署。2014 年，该公司长期出口信用保险承保金额达到 272.5 亿美元，海外投资保险承保金额达到 358.4 亿美元①，为埃塞俄比亚首都至吉布提铁路、肯尼亚首都至蒙巴萨铁路等重大项目提供了融资保险。

三是文化与旅游业。“路上丝绸之路”与“海上丝绸之路”都具有重要的历史文化内涵，推进“一带一路”倡议会使得沿线的旅游人数不断扩大，形成一批具有“一带一路”特色的旅游路线和产品，对于文化产业的建设，包括“丝绸之路”沿线旅游业以及相关服务业的发展都有积极作用。

首先，基础设施的改进极大地改善了交通条件，显著提升了周边国家与中国边境省份之间的边境旅游热度；其次，“一带一路”还将使得出入境旅游人员签证手续简易化，极大地改变近年来停滞不前的出入境旅游的状况；最后，随着签证、通关手续的简易化，“海上丝绸之路”将推动邮轮旅游、海上旅游提升到一个新的热度。但是，由于中亚各国与中国的国情迥异、文化差异及风俗习惯等差异较大、交流较少，且边境有较多的不安全因素，从短期看，沿线旅游产品可能会面临价高人少的局面，因此需要我国与其他国家协调合作、长期投入、耐心经营。

四是石化产业。中亚及俄罗斯地区油气储备丰富，“一带一路”倡议将改善中国石油企业的投资环境，给中国油气和石化开采带来广阔的投资机会。

据国家统计局统计，截至 2013 年底，中国在“一带一路”相关地区油气项目的总投资达 687 亿美元，约占海外总投资的 45%；在油气生产方面，2014 年中国石化企业在该区域内油气产量约 4200 万吨，占海外总产量的 35%；油气贸易方面，2013 年中国从“一带一路”进口原油 5800 万吨，占进口总量的 19%，进口天然气 309 万亿立方米，占进口总量的 58%。同时，伴随“一带一路”倡议的实施，中国政府还将出台一系列的财税政策，加大对“走出去”企业的支持，也将对沿线重大投资项目提供金融支持。但是，值得注意的是，“一带一路”涉及

① 资料来源：2015 年全国保险监管工作会议。

的能源丰富的地区，如中亚、中东和北非地区，政治动荡不安、局势混乱，存在安全风险，此外，“一带一路”主要资源国的石油开采越来越困难，大多主力油田均已进入采掘后期，这是中国在投资过程中需要着重考虑的。

除此之外，“丝绸之路”还将推动海洋经济的发展，开发海洋产品，推进海水养殖业、水产品加工、海水淡化、海洋生物制药等发展；推动中国粮食“走出去”，为中国农业“走出去”带来极大的市场；推动小语种教育的发展，在与中国建交的175个国家中，通用的语种约95种，因此，一些高校可以针对性地开设新的外语教育课程。

本章小结

本章主要介绍“一带一路”的概况，在了解“一带一路”悠久的历史背景、复杂的国际背景和中国背景之后，将截止到2023年1月6日同中国签订共建“一带一路”合作文件的151个国家依据地理位置进行划分，其中亚洲包含40个国家、欧洲包含27个国家、北美包含12个国家、南美洲包含9个国家、大洋洲包含11个国家、非洲包含52个国家。此外，对以下六个“一带一路”相关区域及其地域特点进行了介绍：俄罗斯和蒙古国、东南亚11国、南亚8国、西亚北非19国、中东欧19国、中亚5国。“一带一路”对中国的经济发展与对外开放都有着举足轻重的意义，本章就“一带一路”对中国及全球的意义进行了说明。最后，本章介绍了“一带一路”给中国带来的机遇与挑战。

第三章　中国 OFDI 与产业升级的特征性事实

经过几十年的改革开放与经济发展，我国的产业结构特征与对外直接投资状况得到不断改善与发展，产业结构的调整对我国经济结构的改变与经济发展的带动具有至关重要的作用，而当前我国正处于产业升级的关键时期，因此如何做好产业发展的规划与引导，直接关系到我国未来的经济走向与增长态势。此外，对外直接投资也是我国对外经济与贸易的重要组成部分，在历年的经济发展中，对外直接投资对我国经济增长与国民收入的提高做出了重要的贡献。本章将首先介绍中国的 OFDI 发展状况，具体主要从总量角度分析、地区分布和行业分布三个方面展开，此外还针对中国对“一带一路”共建国家的 OFDI 现状与模式展开了细化讨论。随后梳理了中国产业结构的发展历程与发展状况，并且明确了产业升级的内涵及其测度方法。

一、中国 OFDI 状况

随着经济全球化与世界一体化的不断发展与推进，全球范围内的对外直接投资在推进世界经济发展、带动产业结构调整、提高各国竞争力方面发挥着巨大的作用。中国作为经济快速发展的重要发展中国家，在“走出去”战略的推动下，大力发展对外直接投资，积极鼓励并正确引导中国企业进行境外投资活动，对中国经济发展与技术进步做出了巨大的贡献。

虽然经过多年的历练，中国对外直接投资已经日渐成熟，但问题依然存在，在当前的经济发展形势之下，我国的对外直接投资仍然处于初级阶段，对外直接投资规模与中国整体经济发展实力并不对称，逐渐暴露出的投资主体为国企、央企等大型企业，投资区域与产业过于集中，配套服务体系建设严重滞后以及相关法律法规的不完善等问题，对我国的经济发展以及产业结构调整产生严重的阻碍。

本章中对外直接投资相关数据均来自历年《中国对外直接投资统计公报》。

（一）中国 OFDI 总量分析

1. 中国 OFDI 演进与发展历程

我国企业对外直接投资起始于 1978 年改革开放之后，1979 年国务院提出了“出国办企业”的号召，标志着对外投资已经成为我国经济发展的重大政策之一，此后的几十年时间里，随着我国经济快速发展，国内企业纷纷开展对外直接投资，在不断地积累与学习后，我国的对外直接投资规模不断壮大，理论不断成熟，也为我国的经济发展带来了重大的机遇与挑战。

下面将我国对外直接投资分为四个阶段来介绍（见图 3－1）。

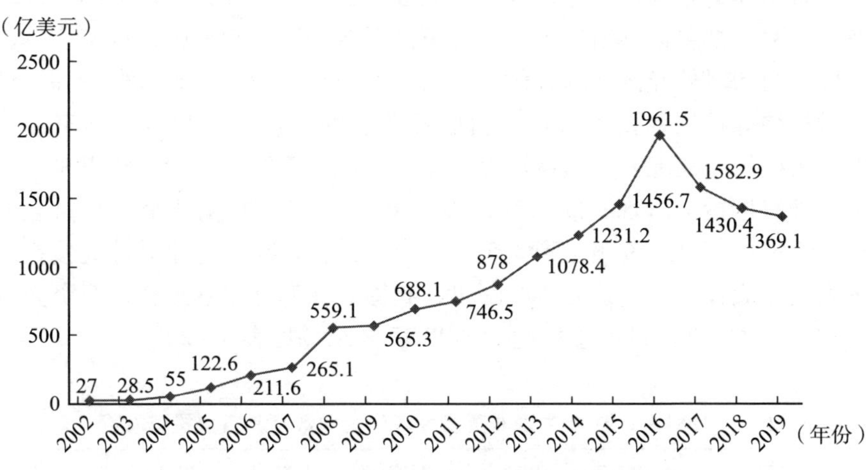

图 3－1　2002～2019 年中国对外直接投资流量

资料来源：《2019 年度中国对外直接投资统计公报》。

第一阶段：探索阶段（1979～1986 年）。

这一阶段我国刚刚进行改革开放，国内资本严重缺乏，因此政府的政策导向更多地向吸引外资方面倾斜，而本国的对外直接投资数量较少，主要集中在一些长期从事进出口贸易的公司，1979～1986 年，中方企业对外直接投资累计总额为 25275 万美元，年平均对外直接投资 3159.38 万美元，共兴办境外合资独资企业 277 个（见表 3－1）。由于缺乏经验，对东道国当地的情况不熟悉，因此国内企业普遍采取与国外企业设立合资企业的方式进行投资，在投资模式上，国内企业也大多通过规模有限的绿地投资的方式进行。

表 3－1　　1979～1986 年中国非贸易性境外企业数与直接投资总额

项目	1979 年	1980 年	1981 年	1982 年	1983 年	1984 年	1985 年	1986 年	总计
境外企业数（个）	4	13	13	13	18	47	77	92	277
投资额（亿美元）	0.0053	0.3090	0.0256	0.0318	0.087	0.809	0.505	0.776	2.528

资料来源：《中国对外经济贸易年鉴》，中国对外经济贸易出版社 2003 年版。

第二阶段：起步阶段（1987～1991 年）。

随着改革开放的进一步发展，国内资本不断积累，政府逐步放宽对外投资主体的限制，并进行合理的规范与引导，对外直接投资的数额以及企业数量都在逐步增加，并扩展至世界多个国家和地区，投资主体由外贸公司和对外经济技术合作类公司向大中型企业、科研机构、综合性金融机构等扩展，投资行业也由服务业、餐饮业等少数行业向资源开发、机械加工装配、交通运输等 20 多个行业延伸。自 1987 年以来，我国对外直接投资出现大的跃升，1987 年当年兴办的境外企业数目上升至 124 家，直接投资额达到 3.5 亿美元，标志着我国企业对外直接投资进入迅速成长阶段，这五年时间里，我国共在海外建立独资、合资企业 776 家，对外直接投资总额达 11.747 亿美元（见表 3－2）。

表 3－2　　1987～1991 年中国非贸易性境外企业数及其直接投资总额

项目	1987 年	1988 年	1989 年	1990 年	1991 年	总计
境外企业数（个）	124	169	119	157	207	776
投资额（亿美元）	3.5	1.53	2.3	0.747	3.67	11.747

资料来源：《中国对外经济贸易年鉴》，中国对外经济贸易出版社 2003 年版。

第三阶段：快速发展阶段（1992～2003 年）。

1992 年邓小平发表南方谈话，进一步鼓励了我国企业“走出去”进行对外直接投资，同时党中央也确立了社会主义市场经济体制改革的目标，政府鼓励和支持国内企业跨国经营，在国外开发能源、开展加工贸易、开拓海外市场，以便更好地利用国外、国内两大市场，合理配置资源，实现经济又好又快发展。这时期，大中型国有企业迅速壮大，是中国对外投资的主力军，民营企业也开始活跃起来，在对外投资中扮演着重要角色。1997 年，受东南亚金融危机的影响，我国出口贸易高速发展的局面被打破，企业出口面临困境，这时，我国企业抓住人民币坚挺的优势扩大对外直接投资，并且在政府的宏观调控以及企业国际竞争力提升和跨国经营意识提高的情形下，我国对外直接投资得到迅速发展，在这一时期累计兴办境外企业 2956 家，对外投资额 61.72 亿美元（见表 3－3）。

表 3－3　1992～2003 年中国非贸易性境外企业数及其直接投资总额

项目	1992年	1993年	1994年	1995年	1996年	1997年	1998年	1999年	2000年	2001年	2002年	2003年
境外企业数（个）	355	294	106	119	103	158	158	266	220	243	350	510
投资额（亿美元）	1.95	0.96	0.71	1.06	2.94	1.96	1.96	2.59	5.90	5.51	9.83	20.87

资料来源：《中国对外经济贸易年鉴》，中国对外经济贸易出版社 2003 年版。

第四阶段：高速发展阶段（2004～2019 年）。

在“十五”规划纲要中，我国政府正式提出支持企业利用自身比较优势进行境外投资，支持有实力的企业跨国经营及合作开发资源。2002 年党中央再次重申要加快我国企业“走出去”战略的实施，同时陆续放宽了国家对境外投资的管制，不断完善和加强对外投资政策及服务体制。因此，2004 年以后，我国对外直接投资便进入全速发展阶段，对外直接投资流量呈指数型上升的趋势，年均流量为 290.56 亿美元，年均增长率高达 59.37%。2009 年，我国对外直接投资流量总额上升至世界第五位，跃居发展中国家榜首。2014 年，中国对外直接投资净额为 1231.2 亿美元，截止到年底，共有 1.85 万家境内投资者在国外共设立企业 2.97 万家，分布在全球 186 个国家和地区，2014 年中国对外直接投资分别占全球当年流量、存量的 9.1% 和 3.4%，流量连续三年位列全球国家（地区）排名的第 3 位，这一方面得益于我国市场经济的迅猛发展，以及企业自身实力的不断增强，企业所有权优势和内部化优势的逐渐凸显；另一方面则说明，政府出台的相关政策对于企业对外直接投资活动的逐步增长起到了极大的推动作用，我国政府"走出去"战略初见成效。2019 年，世界经济增速 2.9%，为 2008 年金融危机以来最低增长率，货物贸易则由上年的 3.8% 降至 0.9%。在全球外国直接投资连续 3 年下滑后，2019 年流出流量高达 1.31 万亿美元，同比增长 33.2%，其中，发达经济体对外投资增长 71.1%，发展中经济体下降 10%。2019 年，中国对外直接投资 1369.1 亿美元，同比下降 4.3%，流量规模低于日本（2266.5 亿美元），全球排名继续列第二位，占全球份额的 10.4%。从双向投资流量看，中国对外直接投资规模低于吸引外资（1412.3 亿美元）3.1 个百分点。2002～2019 年，中国对外投资的年均增长速度高达 26%，2013～2019 年累计流量达 10110.3 亿美元，占对外直接投资存量规模的 46%。2019 年投资流量是 2002 年的 51 倍，占全球比重连续 4 年超过一成，中国对外投资在全球外国直接投资中的影响力不断扩大（见表 3－4）。

表 3－4　中国建立《对外直接投资统计制度》以来各年份的统计结果

年份	流量		存量	
	金额（亿美元）	全球位次	金额（亿美元）	全球位次
2002	27	26	299	25
2003	28.5	21	332	25
2004	55	20	448	27
2005	122.6	17	572	24
2006	211.6	13	906.3	23
2007	265.1	17	1179.1	22
2008	559.1	12	1839.7	18
2009	565.3	5	2457.5	16

续表

年份	流量		存量	
	金额（亿美元）	全球位次	金额（亿美元）	全球位次
2010	688.1	5	3172.1	17
2011	746.5	6	4247.8	13
2012	878	3	5319.4	13
2013	1078.4	3	6604.8	11
2014	1231.2	3	8826.4	8
2015	1456.7	2	10978.6	8
2016	1961.5	2	13573.9	6
2017	1582.9	3	18090.4	2
2018	1430.4	2	19822.7	3
2019	1369.1	2	21988.8	3

资料来源：《2019 年度中国对外直接投资统计公报》。

2. 中国对外直接投资状况与特征

（1）中国对外直接投资总体概况。

改革开放后特别是中国加入世贸组织以来，国内企业便开始大量走出国门，进行对外直接投资，走上跨国经营的道路，企业对外直接投资呈现快速增长的趋势。受 2008 年金融危机的影响，全球经济陷入低迷期，但中国企业在国家政策的鼓励与引导下，坚持推进国际投资与合作，对外直接投资战略仍取得了骄人的成绩。2002 ~ 2019 年中国对外直接投资流量年平均增长速度高达 28.2%，具体年度流量金额如图 3 – 2 所示。中国 2015 年中国对外直接投资首次超过中国引进外资的规模，2018 年中国对外直接投资流量达 1430.4 亿美元，占全球对外直接投资流量的 14.1%，位列全球第二。这一系列数字证明中国对外直接投资正快速发展且规模巨大，中国已经成为投资大国，正向国际投资强国迈进（卢进勇等，2019），如图 3 – 2 所示。2019 年，中国对外直接投资净额（流量）为 1369.1 亿美元，同比下降 4.3%。其中，新增股权投资 483.5 亿美元，占 35.3%；当期收益再投资 606.2 亿美元，占 44.3%；债务工具投资 279.4 亿美元，占 20.4%。

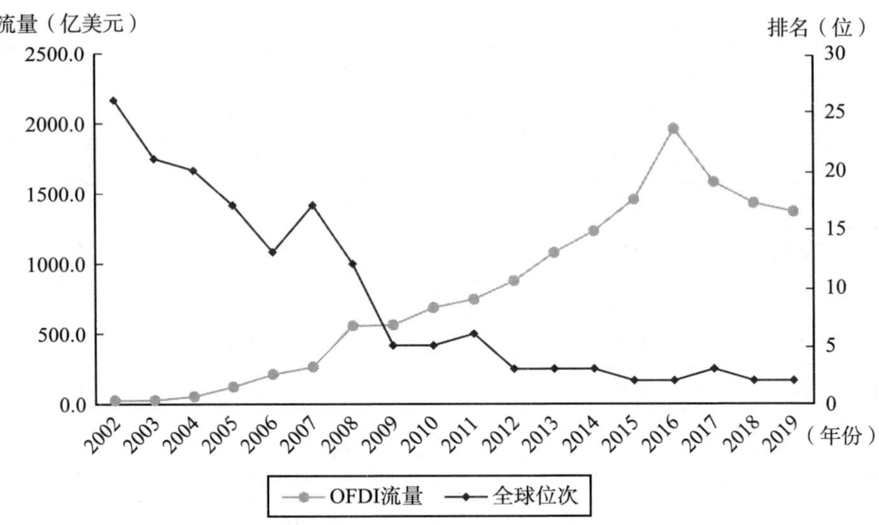

图 3-2　中国对外直接投资流量及全球排名

资料来源：《2019 年度中国对外直接投资统计公报》。

微观企业层面，随着中国"走出去"战略的不断深化，中国对外直接投资企业数量和资产也形成一定规模。根据《2019 年度中国对外直接投资统计公报》数据，截至 2019 年底，中国 2.75 万家境内投资者在国（境）外共设立对外直接投资企业（境外企业）4.4 万家，分布在全球 188 个国家（地区），年末境外企业资产总额 7.2 万亿美元。对外直接投资累计净额（存量）达 21988.8 亿美元，其中，股权投资 12096.7 亿美元，占 55%；收益再投资 6866.4 亿美元，占 31.2%；债务工具投资 3025.7 亿美元，占 13.8%。2007～2019 年，中国对外直接投资的境内企业数量、境外企业数量及境外企业资产总额不断攀升，如图 3-3 所示。

联合国贸发会议（UNCTAD）《2020 世界投资报告》显示，2019 年，全球外国直接投资流出流量 1.31 万亿美元，年末存量 34.57 万亿美元。以此为基数计算，2019 年中国对外直接投资分别占全球当年流量、存量的 10.4% 和 6.4%，流量位列按全球国家（地区）排名的第 2 位，存量列第 3 位。2019 年中国与全球主要国家（地区）对外直接投资流量和存量对比如图 3-4、图 3-5 所示。

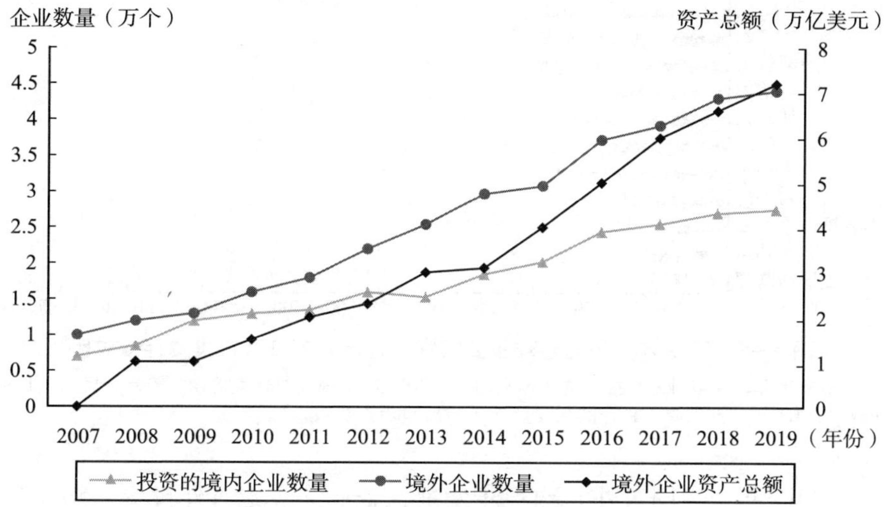

图 3－3 中国对外直接投资企业情况

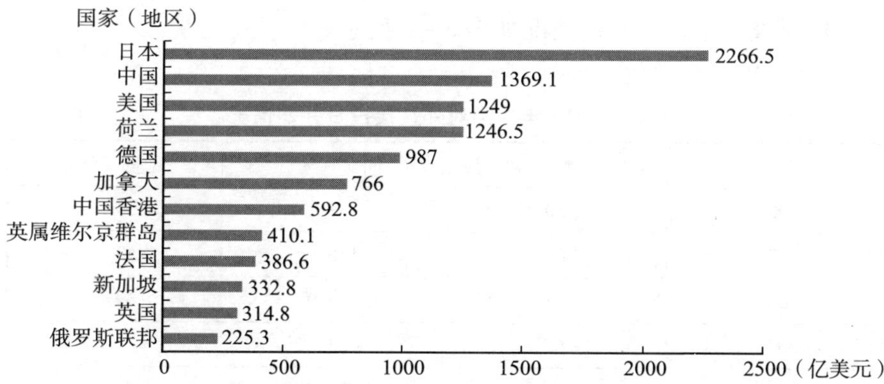

图 3－4 2019 年中国与全球主要国家（地区）对外直接投资流量对比

资料来源：中国对外直接投资数据来源于《2019 年度中国对外直接投资统计公报》，其他国家（地区）数据来源于联合国贸发会议《2020 世界投资报告》。

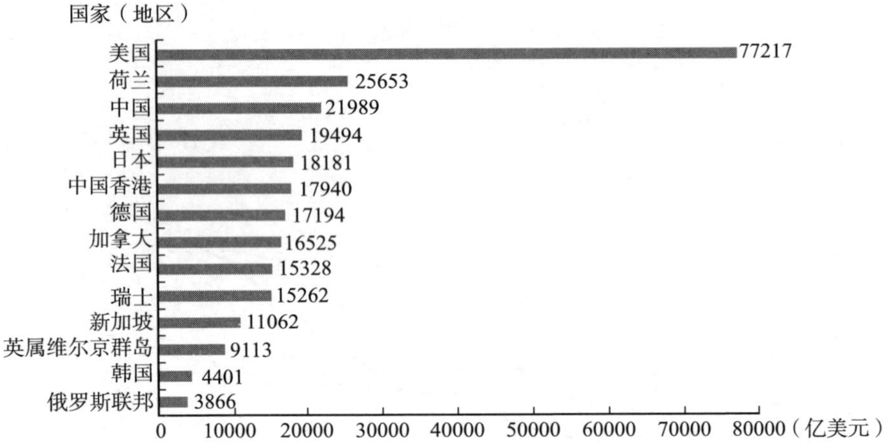

国家（地区）
美国 77217
荷兰 25653
中国 21989
英国 19494
日本 18181
中国香港 17940
德国 17194
加拿大 16525
法国 15328
瑞士 15262
新加坡 11062
英属维尔京群岛 9113
韩国 4401
俄罗斯联邦 3866
0 10000 20000 30000 40000 50000 60000 70000 80000（亿美元）

图 3－5　2019 年中国与全球主要国家（地区）对外直接投资存量对比

资料来源：中国对外直接投资数据来源于《2019 年度中国对外直接投资统计公报》，其他国家（地区）数据来源于联合国贸发会议《2020 世界投资报告》。

2019 年，中国对外并购稳步发展，企业共实施对外投资并购项目 467 起（较上年增加 34 起），涉及 68 个国家和地区（较上年增加 5 个），实际交易总额 342.8 亿美元，同比下降 53.8%。其中，直接投资 172.2 亿美元，占并购总额的 50.2%，占当年中国对外直接投资总额的 12.6%；境外融资 170.6 亿美元，占并购金额的 49.8%。2004～2019 年中国对外直接投资并购情况如表 3－5 所示。

表 3－5　　2004～2019 年中国对外直接投资并购情况

年份	并购金额（亿美元）	同比（%）	比重（%）
2004	30	—	54.5
2005	65	116.7	53
2006	82.5	26.9	39
2007	63	－23.6	23.8
2008	302	379.4	54
2009	192	－36.4	34
2010	297	54.7	43.2
2011	272	－8.4	36.4

续表

年份	并购金额（亿美元）	同比（%）	比重（%）
2012	434	59.6	31.4
2013	529	21.9	31.3
2014	569	7.6	26.4
2015	544.4	-4.3	25.6
2016	1353.3	148.6	44.1
2017	1196.2	-11.6	21.1
2018	742.3	-37.9	21.7
2019	342.8	-53.8	12.6

资料来源：《2019 年度中国对外直接投资统计公报》。

从对外直接投资流量构成上看，2019 年，新增股权投资 483.5 亿美元，同比下降 31.3%，占流量总额的 35.3%；债务工具投资（仅涉及对外非金融类企业）为 279.4 亿美元，占 20.4%；2019 年，中国境外企业的经营情况良好，超七成企业盈利或持平，当年收益再投资（即新增留存收益）606.2 亿美元，占同期中国对外直接投资流量的 44.3%，投资占比创历史最高值（见表 3-6）。

表 3-6　　2006~2019 年中国对外直接投资流量构成

年份	流量	新增股权		当期收益再投资		债务工具投资	
		金额（亿美元）	比重（%）	金额（亿美元）	比重（%）	金额（亿美元）	比重（%）
2006	211.6	51.7	24.4	66.5	31.4	93.4	44.2
2007	265.1	86.9	32.8	97.9	36.9	80.3	30.3
2008	559.1	283.6	50.7	98.9	17.7	176.6	31.6
2009	565.3	172.5	30.5	161.3	28.5	231.5	41.0
2010	688.1	206.4	30.0	240.1	34.9	241.6	35.1
2011	746.5	313.8	42.0	244.6	32.8	188.1	25.2
2012	878.0	311.4	35.5	224.7	25.6	341.9	38.9
2013	1078.4	307.3	28.5	383.2	35.5	387.9	36.0

续表

年份	流量	新增股权		当期收益再投资		债务工具投资	
		金额（亿美元）	比重（%）	金额（亿美元）	比重（%）	金额（亿美元）	比重（%）
2014	1231.2	557.3	45.3	444.0	36.1	229.9	18.6
2015	1456.7	967.1	66.4	379.1	26.0	110.5	7.6
2016	1961.5	1141.3	58.2	306.6	15.6	513.6	26.2
2017	1582.9	679.9	42.9	696.4	44.0	206.6	13.1
2018	1430.4	704.0	49.2	425.3	29.7	301.1	21.1
2019	1369.1	483.5	35.3	606.2	44.3	279.4	20.4

资料来源：《2019 年度中国对外直接投资统计公报》。

（2）中国对外直接投资总体特点。

①起步晚、增速快。

中国企业开展对外直接投资是从 1979 年开始的，仅有 40 余年的历史，与西方发达国家 100 多年的历史相比，确实有些短暂，但 40 多年来中国的对外直接投资的增长速度却是举世瞩目的。自 2003 年中国有关权威部门发布年度数据以来，中国对外直接投资流量已实现 10 年增长，海外企业数量和对外直接投资额的年平均增长率都达到 50%，远远超过了亚洲新兴工业化国家以及苏联和东欧国家最初的对外直接投资增长速度。在 2012 年欧债危机不断蔓延、全球外国直接投资流出流量下降的背景下，中国对外直接投资依然创下历史最高值。到 2019 年，中国对外直接投资存量 21988.8 亿美元，较上年末增加 2166.1 亿美元，对外直接投资流量占全球份额增加至 10.4%，在全球分国家（地区）的对外直接投资存量排名中居第 3 位。

②范围广、不平衡。

2014 年，中国对外直接投资涵盖了国民经济的 18 个行业大类，按三次产业划分，投资流量占比分别为 1.3%、25.3% 和 73.4%；2014 年底三次产业投资存量占比分别为 1%、24% 和 75%。2019 年末，中国对外直接投资存量的近八成集中在第三产业（即服务业），金额为 17501 亿美元，主要分布在租赁和商务服务、批发和零售、金融、信息传输/软件和信息技术服务、房地产、交通运输及仓储等领域。第二产业投资存量 4369. 3 亿美元，占中国对外直接投资存量的 19. 9%，其中，制造业（不含金属制品、机械和设备修理业）1961. 8 亿美元，占第二产业的 44. 9%；采矿业（不含开采辅助活动）1654. 5 亿美元，占 37. 9%；建筑业 422. 3 亿美元，占 9. 6%；电力、热力、燃气及水的生产和供应业 330. 6 亿美元，占 7. 6%。第一产业（农、林、牧、渔业，但不含农、林、牧、渔服务业）118. 5 亿美元，占中国对外直接投资存量的 0. 5%（见图 3 -6）。

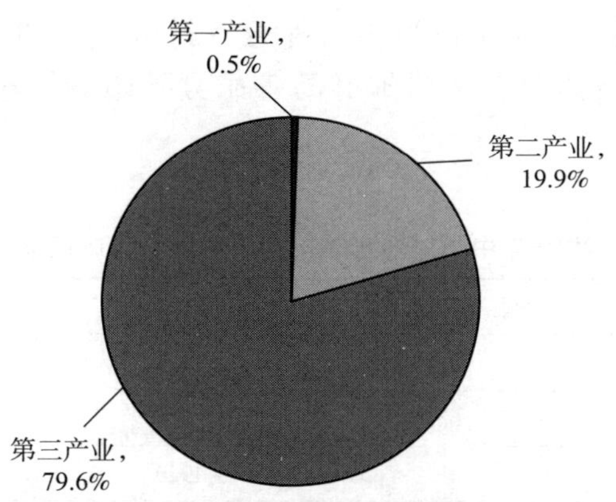

图 3 -6　2019 年末中国对外直接投资存量按三次产业分类构成

资料来源：《2019 年度中国对外直接投资统计公报》。

从地域分布的范围来看，投资目的国（地区）不平衡。首先，近八成的投资流向亚洲。2019 年，流向亚洲的投资 1108. 4 亿美元，同比增长 5. 1%，占当年对外直接投资流量的 80. 9%。其中，对中国香港投资 905. 5 亿美元，同比增长 4. 2%，占对亚洲投资的 81. 7%；对东盟 10 国投资 130. 2 亿美元，同比下降 4. 9%，占对亚洲投资的 11. 8%。其次为欧洲，流向欧洲的投资 105. 2 亿美元，同比增长 59. 6%，占当年对外直接投资流量的 7. 7%，较上年提升 3. 1 个百分点。主要流向荷兰（38. 9 亿美元）、瑞典（19. 2 亿美元）、德国（14. 6 亿美元）、英国（11 亿美元）、卢森堡（6. 9 亿美元）、瑞士（6. 8 亿美元）、意大利（6. 5 亿美元）等国家。再次为拉丁美洲，流向拉丁美洲的投资 63. 9 亿美元，同比下降 56. 3%，占当年对外直接投资流量的 4. 7%。主要流向英属维尔京群岛（86. 8 亿美元）、巴西（8. 6 亿美元）、智利（6. 1 亿美元）、阿根廷（3.5 亿美元）、秘鲁（3.5 亿美元）、墨西哥（1.6 亿美元）等。对开曼群岛和委内瑞拉的投资呈负流量，分别为 -43.6 亿美元和 -2.2 亿美元。流向北美洲的投资 43.7 亿美元，同比下降 49.9%，占当年对外直接投资流量的 3.2%。其中，对美国投资 38.1 亿美元，同比下降 49.1%；对加拿大投资 4.7 亿美元，同比下降 69.7%。流向非洲的投资 27.1 亿美元，同比下降 49.9%，占当年对外直接投资流量的 2%。主要流向刚果（金）、安哥拉、埃俄比亚、南非、毛里求斯、尼日尔、赞比亚、乌干达、尼日利亚等国家。流向大洋洲的投资 20.8 亿美元，同比下降 6.3%，占当年对外直接投资流量的 1.5%。主要流向澳大利亚、新西兰、马绍尔群岛、瓦努阿图等国家（见表 3-7、表 3-8）。

表 3-7　2019 年中国对外直接投资流量地区构成情况

洲别	金额（亿美元）	同比（%）	比重（%）
亚洲	1108.4	5.1	80.9
拉丁美洲	63.9	-56.3	4.7
北美洲	43.7	-49.9	3.2
欧洲	105.2	59.6	7.7
非洲	27.1	-49.9	2.0
大洋洲	20.8	-6.3	1.5
合计	1369.1	-4.3	100.0

表 3-8　2019 年中国对外直接投资流量前二十位的国家（地区）

序号	国家（地区）	流量（亿美元）	占总额比重（%）
1	中国香港	905.5	66.1
2	英属维尔京群岛	86.8	6.3
3	新加坡	48.3	3.5
4	荷兰	38.9	2.8
5	美国	38.1	2.8
6	印度尼西亚	22.2	1.6

续表

序号	国家（地区）	流量（亿美元）	占总额比重（%）
7	澳大利亚	20.9	1.5
8	瑞典	19.2	1.4
9	越南	16.5	1.2
10	德国	14.6	1.1
11	泰国	13.7	1.0
12	阿拉伯联合酋长国	12.1	0.9
13	老挝	11.5	0.8
14	马来西亚	11.1	0.8
15	英国	11.0	0.8
16	刚果（金）	9.3	0.7
17	伊拉克	8.9	0.7
18	巴西	8.6	0.6
19	哈萨克斯坦	7.9	0.6
20	柬埔寨	7.5	0.6
	合计	1312.6	95.8

资料来源：《2019年度中国对外直接投资统计公报》。

③企业构成复杂，有限责任公司是最活跃的群体。

2019年末，在对外非金融类直接投资19443.5亿美元存量中，国有企业占50.1%，较上年增加2.1个百分点；非国有企业占49.9%，其中，有限责任公司占15.3%，股份有限公司占9.1%，私营企业占7.6%，个体经营占6.9%，港澳台商投资企业占3.7%，外商投资企业占3.4%，股份合作企业占0.4%，集体企业占0.4%，其他占3.1%（见图3-7）。

2019年，中央企业和单位对外非金融类直接投资流量272.1亿美元，同比增长18%；地方企业897.4亿美元，同比下降8.7%，占非金融类流量的76.7%，较上年下降4.3个百分点。其中，东部地区715.6亿美元，同比下降5.6%，占地方投资流量的79.7%；西部地区78.1亿美元，同比下降22.4%，占8.7%；中部地区91.1亿美元，同比下降 10.2%，占 10.2%；东北三省 12.6 亿美元，同比下降 43.8%，占 1.4%。广东、上海、山东、浙江、北京、江苏、天津、福建、河南、海南列地方对外直接投资流量前 10 位，合计 723.8 亿美元，占地方对外直接投资流量的 80.7%（见表 3－9）。

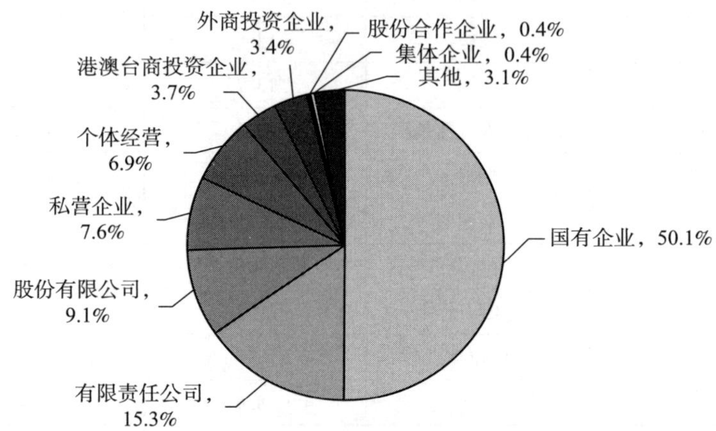

图 3－7　2019 年末境内投资者按登记注册类型构成

资料来源：《2019 年度中国对外直接投资统计公报》。

表 3－9　2019 年地方对外直接投资流量前 10 位的省份

序号	省份	流量（亿美元）	占地方比重（%）
1	广东	167.0	18.6
2	上海	104.9	11.7
3	山东	102.4	11.4
4	浙江	89.5	10.0
5	北京	82.7	9.2
6	江苏	51.2	5.7
7	天津	44.0	4.9
8	福建	29.0	3.2
9	河南	27.5	3.1
10	海南	25.6	2.9
合计		723.8	80.7

资料来源：《2019 年度中国对外直接投资统计公报》。

④投资模式多样化。

由于中国对外直接投资起步较晚，企业开展国际化经营的经验相对不足。因此，为了更顺利地开拓东道国市场，改革开放初期通常采用与当地企业合资的方式进行对外直接投资。近年来，随着中国经济的进一步发展，资本和经验都得到进一步的积累，国际金融危机与欧债危机所创造的投资机会更为我国企业提供了新的发展机遇，于是纷纷采取多种渠道开展对外直接投资。投资兴建生产基地、扩张国外销售网络、跨国并购、参股控股等方式逐渐开始兴盛。从具体区位来看，我国企业在北美、西欧、澳大利亚等发达国家和地区采取跨国并购的方式，目的是通过并购将资金与当地的优势产业更好地结合起来。以美国与欧盟为例，我国在这些地区的并购集中于高科技及金融等服务性行业；而在亚洲、澳大利亚等资源丰富的国家和地区，则主要以汽车、石油、矿产等能源性行业为主。另外，当我国企业遭遇东道国贸易壁垒时，较多采取新建的方式，目的是通过有效利用原产地规则来绕过贸易壁垒。同时绿地投资也有助于企业（尤其是规模较小、实力较弱的企业）借助在境外建立贸易型加工企业的方式解决企业自身生产能力过剩的问题。

3. 中国对外直接投资存在的问题与发展趋势

（1）对外直接投资存在的问题。

①战略布局不够合理，总体发展存在问题。

中国的对外直接投资已经遍布世界大多数国家和地区，但大部分投资还是集中在亚洲地区，不管是从流量还是存量来看，都过于集中。2019 年对亚洲的投资流量是 1108. 4 亿美元，占中国对外直接投资流量总额的 80. 9%。而更大的问题是，仅对中国香港一个地区的投资流量就达到了 905. 5 亿美元，占对全球投资流量的 66. 1%。而从存量看，到 2019 年底，在亚洲投资存量为 14602. 2 亿美元，占全球总存量的 66. 4%，仅中国香港就占亚洲总存量的 87. 3%，而在欧洲和北美的比例很低。这种投资区域过于集中的状况，既不利于投资风险的分散，也不利于吸取和应用发达国家先进的生产技术，不利于中国传统制造业的转型升级。

对外投资的产业结构与主体分布亟待优化。中国对外直接投资的行业过于集中在租赁和商品服务业、批发和零售业、金融业和制造业，这四个行业在 2019 年对外直接投资流量为 1015. 4 亿美元，占全部对外直接投资流量的 74.2%。相比之下，高技术行业的直接投资占比较小，2019 年对信息传输、软件和信息技术服务业的投资仅为 54.8 亿美元，占比 4%，对科学研究和技术服务业的投资为 34.3 亿美元，占比 2.5%。这不利于中国企业的创新性发展与转型升级。从投资的主体来看，投资主体多元化，民营企业近年来表现活跃，但仍以国有大中型企业为主。这种状况会造成两方面的问题：一方面国有企业投资易引发政治风险，对外投资摩擦增加；另一方面民营企业海外投资所占比重较小，无法发挥民营企业自身快速灵活的优势。

②政府管理缺失，政策服务以及法律体系不完善等问题。

政府指导管理不到位，立法工作进度缓慢，对我国的海外直接投资无法形成合理、有效的引导与规范，我国政府缺乏全面的对外投资行业分类扶持规划，企业盲目重复投资较为普遍。中国目前实施的是“商务部宏观管理、各部门协调配合、地方政府属地管理、行业组织和境外中资商会与驻外使馆一线监督、政府间共同管理”的对外投资合作管理框架，这是一种综合管理与专业管理相结合的体制，存在“衙门”林立、多头管理、协调性差的状况。此外，政府的保障服务工作也不到位，政府间多双边投资协定、跨国并购协定保护体系的谈判和建设滞后，增加了我国企业海外投资的经营风险与成本。

在政策支持方面，现行的政策在引导和支持对外直接投资方面还不能适应企业的实际需要，宏观引导功能需要加强。政府应该在企业的对外直接投资过程中充分发挥法律保护、财政税收以及金融政策和市场准入政策的引导作用，在制度保障、信息和咨询服务等方面发挥支撑作用，但目前这种作用并没有发挥出应有的效果，在财政税收方面的支持鼓励政策需要着力加强、申请投资基金的门槛过高、保险制度不健全以及信息服务体系有待完善等问题是政策制定者与投资管理者需要深入思考的方面。

③企业自身经验不足，管理能力有限，缺乏有效的合作。

受经营体制与发展水平的限制，企业开展对外直接投资的历程较短，普遍缺乏对外直接投资的总体规划。一是缺乏跨国际经营理念与发展战略，无论是大型国企还是数量巨大的中小民营企业，在对外直接投资关系到企业自身发展需要以及中国未来在世界经济发展格局问题上都缺乏战略性认识。二是海外投资的长期目标与方向还不够明确，存在一定的盲目性与偶然性，防范和抵御国际风险能力比较弱。三是缺乏适应国际市场营销的理念，往往局限在国内市场的经验，对国际惯例关注较少，创新性、针对性和适应性不强，常出现水土不服的现象，这种经营惰性使企业缺少对外部经营环境特别是国际供需结构变化的掌握。四是缺少跨国经营的品牌规划，企业的品牌意识比较淡薄，在品牌、商标、专利的专有权，以及专用权的保护、获得与使用方面需要更加重视。

（2）解决思路。

要想促使中国对外直接投资持续稳定合理地发展，不能仅仅关注量的增加，还要从质的角度考虑，这需要政府和企业共同努力。

从政府层面来看，要不断完善中国的市场经济体制和对外直接投资相关法律法规，不仅“走出去”还要“走上去”；完善中国的金融贷款体系，加强对中小企业的扶持力度，充分发挥中国中小企业的积极性和创造性；此外，还要加快中国经济结构调整，鼓励创新，促进高技术行业的发展。

从企业层面来看，广大企业要认真把握国际市场变化新趋势，及时有效地调整自身发展战略，注重提高自身核心能力，加大在技术、品牌和市场渠道等方面的投资，努力培养参与国际竞争的新优势；创新海外投资方式，除了绿地投资方式外，要更多地尝试海外并购、品牌推广、股权置换等国际通行的投资方式，提高国际化经营水平；从投资行业看，企业对外投资应加大在现代服务业、高科技等附加值较高行业的投资，更好地分享经济全球化利益，提高海外投资的质量和效益。此外，要深化改革，加快培育中国的跨国公司，打造具有国际竞争力的世界级跨国公司，这是一项长期而且艰巨的任务。在国家宏观政策指导和不断完善的配套服务体系的支持下，跨国经营企业要有全球配置资源的战略视野和自主创新的意识，提高技术创新能力，增强产品设计研发能力、市场营销能力和跨国管理能力，逐步形成自己的竞争优势。

（3）中国对外直接投资发展趋势。

中国对外直接投资总体处于起步阶段，仍然有较大的发展空间。在“走出去”的过程中不断积累经验、学习知识，不断提高中国企业的全球化经营能力和抵御风险能力，逐渐培养更多有竞争力的跨国公司，进而实现多层面的平衡。

①总量规模保持较快增长。

随着经济的进一步发展，中国对外投资正处于资本净流入向资本净流出转变的阶段，经济总量规模和人均财富持续增长，企业开展对外投资能力显著增强。当今的中国经济正处于结构转型的阶段，发展速度比21世纪前10年有所放缓，但与大多数国家相比仍将保持较快增长势头。伴随着经济持续快速增长，中国企业对全球资源的整合和配置的需求不断增加，企业开展对外经济合作的动力不断增强，经济结构调整和转型发展还将释放不小的经济活力，投资的总量还会在相当长时期内保持较快增长。

②投资区域更加均衡。

中国企业的对外直接投资将从原来的集中在避税天堂和一些资源密集型地区向多区域热点的动态平衡发展，但当前以亚洲为主的对外投资分布格局仍将在相当长的时间里保持不变。周边国家的首要地位和已建立的各种经贸协定都会成为中国企业与之开展双边经贸交流活动的重要前提保障。疫情后世界经济的逐渐复苏会给全球经济增长注入新的活力，同时中国企业也会把握机遇、积极开拓，服务高端消费群体，实现自身行业地位的提升。同时，中国企业也会积极填补由于美国宽松政策退出导致的发展中国家资本稀缺，加强对外投资合作实现双边发展的互利共赢。

③重点行业吸引更多关注。

中国经济仍处于工业化进程中，尽管发展模式将更可持续，但经济总量的增长对各类资源的需求会继续增长。由于中东等区域局势动荡，国际大宗商品市场仍可能出现较大波动，面对旺盛的国内需求，开展对外投资合作的企业仍会积极探索资源领域。农业生产合作领域前景宽广，对于满足当地需求、稳定全球流通价格有着重要意义，也会吸引企业关注。制造业是国民经济的命脉，也是支撑经济发展的重要支柱，而我国当前面临的产能过剩现象亟待广阔的海外市场的消化吸收，因此，对于制造业的对外直接投资也是未来的重要发展行业。低碳经济与绿色经济领域方兴未艾，中国企业为实现自身技术的提高，将会更加积极地通过在海外设立研发中心、并购行业标杆等方式实现发展。

④协同互助形成互补优势。

中国对外直接投资企业将会加强优势互补，实现多方利益的平衡发展，推进企业集群的整体国际化进程。中国企业总体仍处于国际化的初级阶段，自身经验并不丰富，多数企业应对风险的能力也相应较弱。机遇与风险往往伴生，在不确定因素较为集中的环境下企业可能获得更大利益。为积极面对机遇和风险，企业组成战略联盟，实现优势互补，开拓国际市场的可能性增加。境外经贸园区是企业集群式“走出去”的重要尝试，为产业链相关企业发挥各自优势、开拓国际市场提供了重要的舞台，随着现有园区基础设施建设的完成，企业投资的硬件设施更为成熟，有利于通过产业内配合降低投资的成本和风险，增强对中国企业的吸引力。

⑤双向结合助推不断升级。

中国企业对外投资和反向投资差距的缩小不仅有助于推动企业资金、信息、人才等资源的全球化优化整合，实现跨国公司在发展过程中的内部平衡，而且可以通过双向资本流动需求的上升，保持人民币汇率的稳定。开展对外投资合作并非目的，中国企业在“走出去”快速增长的同时也会增加“引进来”的规模和速度。中国企业跨国配置资源的能力进一步提升，能够通过全球资源的优化组合，实现自身全球业务的拓展和服务提供能力的提升。中国企业通过“走出去”和“引进来”的结合，实现优势互补和沿价值链的向上移动。一些企业还可以实现行业的多元化发展，通过进军相关产业实现自身优势的发挥和利润的增加，从而形成更多的多元化经营的跨国公司。

（二）中国 OFDI 地区分析

中国对外直接投资国家和地区的数量近年来连续攀升，对 2007～2019 年 ADB 投入产出数据库中 62 个国家或地区对外直接存量数据按年份进行加总，如图 3－8 所示。可见，中国对这些地区的对外直接投资快速增长，2013～2017 年增速最快。

中国的对外直接投资国家和地区高度集中，主要流向中国香港、英属维尔京群岛、开曼群岛和卢森堡等被称为“避税天堂”的国家和地区，而近年来发达经济体却成为我国对外直接投资的热点，对欧盟、美国和加拿大的投资均创历史新高。2019 年，中国对发展中经济体的投资存量为 19206 亿美元，占到当年存量的 87. 3%；其中对中国香港投资 12753. 6 亿美元，占发展中经济体投资存量的 66. 4%，对东盟投资 1098. 9 亿美元，占 5. 7%。流向转型经济体 288. 2 亿美元，占存量总额 1. 3%；对俄罗斯联邦投资 128 亿美元，占转型经济体投资存量的 44. 4%；对哈萨克斯坦投资存量为 72. 5 亿美元，占 25. 2%（见表 3 – 10、表 3 – 11）。

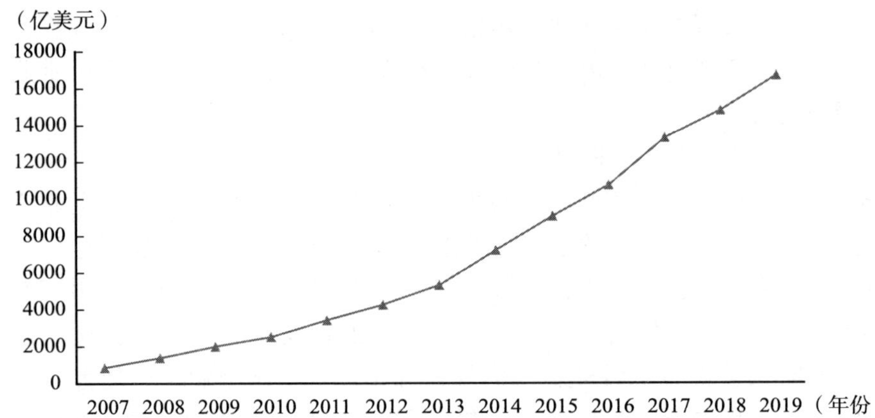

图 3 – 8　2007 ~ 2019 年中国对 62 个国家或地区直接投资存量的数据总额

资料来源：《2019 年度中国对外直接投资统计公报》。

表 3 – 10　　2019 年中国对发达国家（地区）直接投资存量情况

国家、经济体	存量（亿美元）	比重（%）
欧盟	939. 1	37. 6
美国	778. 0	31. 2
澳大利亚	380. 7	15. 3
加拿大	140. 9	5. 7
百慕大群岛	83. 4	3. 3
瑞士	56. 6	2. 3
日本	41. 0	1. 6
以色列	37. 8	1. 5
新西兰	24. 6	1. 0

续表

国家、经济体	存量（亿美元）	比重（%）
挪威	12.5	0.5
合计	2494.6	100

资料来源：《2019 年度中国对外直接投资统计公报》。

表 3－11　2019 年中国对经济体直接投资存量构成

经济体	金额（亿美元）	比重（%）
发达国家经济体	2494.6	11.4
发展中国家经济体	19206	87.3
转型经济体	288.2	1.3
合计	21988.8	100

资料来源：《2019 年度中国对外直接投资统计公报》。

1. 中国内地对香港地区的投资

2019 年，中国内地对香港地区的投资流量为 905.5 亿美元，占亚洲投资的 81.7%，同比增长 4.2%，年末投资存量 12753.6 亿美元，占亚洲存量总额的 87.3%，是中国对外直接投资流量最大的地区。[①] 中国对外直接投资主要并购项目大多通过香港地区再投资完成，如 2014 年中国五矿集团公司等收购秘鲁拉斯邦巴斯铜矿、联想集团收购摩托罗拉手机业务、国家电网公司收购意大利存贷款能源网公司等项目。

随着中国内地经济的快速发展，对香港地区的直接投资规模也迅速扩大，主要原因是利用香港地区作为国际金融、贸易和航运中心的优势，服务内地的生产制造业；利用香港“自由港”和低税率的优势，以香港地区作为中介开展国际化运营。目前，中国在香港地区的直接投资呈现六个布局特征：香港地区是内地对外投资最大的目的地；内地超越英、美、荷等国，成为香港地区最大的外资来源地；中央与地方国企是内地对香港地区投资的主体；服务业特别是商务服务、金融业成为内地在香港地区投资的主导产业；香港地区在中国内地对外投资中的中介和平台作用日益凸显；广东是内地对香港地区投资最活跃、跨境资金流

① 资料来源：《2019 年度中国对外直接投资统计公报》。

动规模最大的省份。

中国内地对香港地区直接投资的快速增长，具有以下经济效应：一方面通过带动产业升级、获得逆向技术外溢、扩大就业、获取战略性资产等途径，促进内地的经济增长；另一方面通过带动资金、商品、人员等生产要素在内地与香港之间自由流动和优化配置，促进内地与香港经贸合作。与此同时，由于缺乏合理的规划和引导，内地对香港地区的投资也面临行业高度集中、地区分布不均衡、投资主体结构有待优化、投资促进服务体系不完善等问题。

2. 中国对欧盟的投资

2019 年，中国流向欧洲的投资 105.2 亿美元，同比增长 59.6%，占当年对外直接投资流量的 7.7%，较上年提高 3.1 个百分点。主要流向荷兰（38.9 亿美元）、瑞典（19.2 亿美元）、德国（14.6 亿美元）、英国（11 亿美元）、卢森堡（6.9 亿美元）、瑞士（6.8 亿美元）、意大利（6.5 亿美元）等国家。截止到 2019 年末，中国对欧盟的投资存量为 939.1 亿美元，占发达经济体投资存量 37.6%。2019 年末，在中东欧 17 国的投资存量为 28.4 亿美元，占对欧洲投资的 2.5%。

欧洲国家大多属于现代化工业的发达国家，其中北欧、西欧和中欧的一些国家经济发展水平最高，南欧一些国家经济发展水平相对较低。除了实体经济外，欧洲金融业和服务业发达，伦敦和苏黎世是重要的国际金融中心，卢森堡是全球第二大仅次于美国的信托投资中心和基金管理中心。从中国对欧盟直接投资的规模和结构来看，中国对欧盟直接投资表现出三个明显的特点：第一，增长迅速。近年来，中国投资者对欧盟的兴趣大大提高，这一方面反映出中国企业实力的不断增强，另一方面也是因为欧债危机为中国企业投资欧盟提供了难得的机遇。第二，投资规模小，提升空间大。中国对欧盟的直接投资虽然增长迅速，并且出现了吸引全球注意力的“大手笔”，如吉利收购沃尔沃、联想收购德国消费电子公司 Medion，以及东风汽车入股法国标致汽车等大项目。但中国对欧盟直接投资无论是在中国对外直接投资中所占的比例，还是在欧盟吸收的全部外国直接投资中所占的比例都还比较小。第三，对欧盟的直接投资覆盖了大多数行业，但是主要集中在中国并不具备比较优势的现代服务业和先进制造业，这与传统上对外投资国主要投向自己具有比较优势产业的历史经验不尽相同。

中国通过向欧盟发达国家进行直接投资，可以提高自身的研发能力和技术水平。欧洲一些中小企业竞争力很强，往往掌握了一些关键零部件的专利和技术，中国企业可以通过并购等方式获取相关的技术水平，同时也可以利用欧洲的高素质人才不断加强创新。

3. 中国对东盟的投资

2019 年末，中国对东盟的对外直接投资存量为 1098.9 亿美元，占中国在发展中经济体的投资存量的 5.7%。东盟凭借着得天独厚的地理、文化优势以及中国—东盟自贸区的筹建成为中国企业对外直接投资的首选目的地之一。目前中国对东盟的直接投资呈现以下三个特点：一是中国对东盟直接投资总额不断扩大；二是中国对东盟的直接投资领域逐步放宽，现已基本覆盖所有行业；三是中国对东盟新成员国的直接投资发展迅猛，目前已成为中国对东盟主要投资对象。但也存在着投资水平低、产业结构不合理以及投资规模分布不平衡等问题。

东盟国家大多为发展中国家，经济发展水平较低，基础设施比较落后，人均国民收入不高，但其拥有广阔的市场和丰富的资源储藏，以及近年来出台的各种招商引资政策吸引了大量的中国企业前去投资。自我国“一带一路”倡议提出与实施以来，东盟便成为我国开展对外经济与贸易的重要对象，对其直接投资的数量与项目都有明显增加，对我国对外直接投资经验的积累具有很好的促进作用。

4. 中国对美国的投资

2019 年末，中国对美投资存量为 778 亿美元，占中国在发达经济体直接投资存量的 31.2%。近年来，中国对美国的直接投资增长迅速，成为对美直接投资增长最快的国家。中国企业在美国的 35 个州存在直接投资，其中纽约州、加州和德州是吸引中国直接投资最多的三个州。中国企业在美投资的领域非常广泛，包括能源、制造业、金融、服务业、房地产、信息、电子、生物科技等多个领域。中国对美直接投资的动机也有很多，最主要的是获得美国的先进技术以及进入美国庞大的市场。中国企业在美国能源、房地产和制造业领域投资最多，并逐渐向金融和高科技领域转移，民营企业的投资逐渐超过国有企业，成为赴美投资的主力军。虽然中国在美国的直接投资增长迅速，但与几个主要发达国家和新兴国家相比还是有些差距。

5. 中国对澳大利亚的投资

2019 年，中国对澳大利亚投资存量 380.7 亿美元，占中国在发达国家直接投资的 15.3%。中国对澳大利亚的投资起步较晚，但发展迅速，2007～2011 年短短五年内，对澳大利亚的直接投资流量就增长了 5 倍，2011～2012 年，澳大利亚批准中国的投资项目共 4752 项，是澳投资国中投资项目最多的国家，总投资额超过 160 亿澳元，是除美国、英国以外的第三大投资国，占澳吸引外资总额的 9.5%。2014 年，共在澳大利亚设立近 600 家境外企业，雇佣外方员工 8400 多人。中国对澳投资领域主要集中在能源矿产资源方面，但有多元化发展的趋势，初步形成以能源矿产资源和房地产为领军行业、多行业共同发展的模式。虽然投资发展迅速，但中澳之间存在的问题也不容忽视，如澳大利亚政府对中国投资的不信任，中国企业间缺乏沟通以及对投资环境的不熟悉等问题严重阻碍了中国对澳投资的发展，因此需要双方政府和企业逐步消除误会、增进交流、联合发展。

6. 中国对俄罗斯的投资

2014 年，中国对俄罗斯的投资流量 6.34 亿美元，同比下降 38%，占流量总额的 0.5%，占对欧洲投资流量的 5.8%，对俄罗斯的投资存量为 86.95 亿美元，占中国对外直接投资存量的 1%，对欧洲地区投资存量的 12.5%；共在俄罗斯设立境外企业 1000 多家，雇佣外方员工 1.51 万人。

从 2011 年开始，中国对俄罗斯直接投资快速增长，这与两国逐渐摆脱金融危机以及两国关系发展融洽有关。从行业分布来看，中国对俄罗斯的直接投资主要集中在石油、天然气、森林采伐和木材加工、农业土地承包、矿产资源开发与利用等领域。虽然中国对俄直接投资流量的积累比较可观，但在众多的投资国中排名并不靠前，而且投资行业过于集中。“一带一路”倡议的提出为中俄的经济贸易发展创造了良好的契机，中国在劳动要素方面、基础设施建设和制造业领域有着比较优势，而俄罗斯在农业和矿产资源、航空工业、高端设备制造等领域有着较强优势。“一带一路”倡议的实施将增进双方的互信、互动，为这些领域的发展带来投资机会。

（三）中国 OFDI 行业分布

中国对外直接投资行业分布广泛，第三产业有逐渐增加的趋势。

2019 年末，中国对外直接投资流量的近八成集中在第三产业（即服务业），主要分布在租赁和商务服务、批发和零售、金融、信息传输/软件和信息技术服务、房地产、交通运输/仓储等领域。第二产业 330.2 亿美元，占中国对外直接投资流量的 24.1%，其中，制造业（不含金属制品/机械和设备修理业）202.4 亿美元，占第二产业的 61.3%；采矿业（不含开采辅助活动）51.3 亿美元，占 15.5%；建筑业 37.8 亿美元，占 11.4%；电力、热力、燃气及水的生产和供应业 38.7 亿美元，占 11.7%。第一产业（农、林、牧、渔业，但不含农、林、牧、渔服务业）24.4 亿美元，占中国对外直接投资流量的 1.8%（见表 3－12）。

表 3－12　　2019 年中国对外直接投资流量行业分布

行业	流量（亿美元）	同比（%）	比重（%）
合计	1369.1	－4.3	100
租赁和商务服务业	418.8	－17.6	30.6
制造业	202.4	6	14.8
金融业	199.5	－8.1	14.6
批发和零售业	194.7	59.1	14.2
信息传输、软件和信息技术服务业	54.8	－2.7	4
采矿业	51.3	10.8	3.7
交通运输/仓储和邮政业	38.8	－24.8	2.8
电力、热力、燃气及水的生产和供应业	38.7	－17.7	2.8
建筑业	37.8	4.5	2.8
科学研究和技术服务业	34.3	－9.7	2.5
房地产业	34.2	11.5	2.5
农、林、牧、渔业	24.4	－4.8	1.8
居民服务、修理和其他服务业	16.7	－27.8	1.2
教育	6.5	13.2	0.5
住宿和餐饮业	6	－55.4	0.4
文化、体育和娱乐业	5.2	－55.1	0.4
水利、环境和公共设施管理业	2.7	51.1	0.2
卫生和社会工作	2.3	－56.7	0.2

资料来源：《2019 年度中国对外直接投资统计公报》。

1. 中国对外直接投资产业分布特点

（1）流向第一产业的投资总额大幅增加，比例有所下降。

第一产业主要包括农、林、牧、渔业。在中国对外直接投资中，流向第一产业的投资额从 2003 年的 8700 万美元到 2019 年的 24.4 亿美元，投资额增长了 27 倍。2003 年农、林、牧、渔业投资存量所占比重为 3%，到 2019 年仅为 0.5%，流向第一产业的对外直接投资占投资总额的比重逐年下降。这表明，对第一产业进行的对外直接投资增长幅度小于对外直接投资总额的增长幅度，同时，也表明在近年来的发展中，我国对外直接投资在行业结构上不断进行调整、优化。

（2）流向第二产业的投资总额有所增加，比重趋于下降。

第二产业包括采矿业，制造业，电力、燃气及水的生产和供应业，建筑业，在 2003 年流向第二产业的投资总额为 20.47 亿美元，到 2019 年为 330.6 亿美元，增长了 16 倍。从结构上来看，流向第二产业的对外直接投资的比例由 2003 年的 71.7% 下降到 2019 年的 19.9%。可见最近几年我国总体对外直接投资战略有所改变，不再将资本大量流向传统的第二产业。我国是制造业大国，但我国的制造业在全球价值链分工中的地位并不高，要想在竞争日益激烈的全球经济中占有一席之地，我们不但要改进国内的产业结构，同时还要改变对外投资的战略，从而引进先进的技术和管理方法。

（3）第三产业投资逐渐增加，高新技术行业投资较少。

第三产业中的交通运输、邮电通信、饮食等行业呈现稳定增长的趋势，表明近几年我国逐渐将投资转向第三产业的同时，着重发展基础行业，通过对外投资，一方面可以引进相关行业的先进技术和管理方法，大力发展我国的基础行业；另一方面也可以通过这些行业稳定的发展来获得相应的收入。金融业具有指标性、垄断性、高风险性、效益依赖性和高负债经营性的特点，因而在我国对外投资过程中属于滞后投资行业。2006 年我国对金融业直接投资流量为 35.3 亿美元，占当年对外直接投资总额的 16.7%，到 2019 年为 199.5 亿美元，占投资总额的 14.6%，投资金额迅速增加，投资比例有所下降。但金融业的投资并不稳定，受国际金融环境和突发因素的影响，近年来对金融业的投资不太稳定。中国对外直接投资中，信息传输、计算机服务和软件业比重一直较低，2003 年仅为 0.31%，2019 年投资额 54.8 亿美元，占比也只是

4%，说明我国在科学技术方面的对外直接投资有待加强。

2. 中国分行业对外直接投资现状

截止到2019年底，中国对外直接投资存量主要分布在租赁和商务服务业、制造业、金融业、批发零售业，这四个行业的对外直接投资存量占中国当年投资存量总额的74.2%。制造业的占比由2014年的5.9%上升到14.8%，表明国内的制造业企业“走出去”的数量在增加，影响力在增强，企业实力也在不断提升。

（1）租赁与商务服务业。

近年来，随着中国经济的持续快速发展，企业经营活动对商务服务的需求日益增加，再加上商务体制改革等因素的推动，中国的商务服务业获得快速发展。国际竞争力不断加强，对外直接投资也在不断增加。2018年，中国租赁与商务服务业的对外直接投资流量是507.8亿美元，存量6754.6亿美元，分别占当年的35.5%和34.1%。2019年流向租赁和商务服务业的投资418.8亿美元，同比下降17.6%，占当年流量总额的30.6%。投资主要分布在中国香港、英属维尔京群岛、新加坡、英国、澳大利亚等国家和地区。投资流量在2014年达到一个小高峰，2014年的租赁与商务服务业对外直接投资流量是2004年的4.9倍，存量是19.6倍。中国商务服务业的对外直接投资规模扩张迅速，租赁与商务服务业的对外直接投资在中国对外直接投资中占有举足轻重的地位（见表3-13）。

表3-13　2004~2019年租赁与商务服务业对外直接投资情况

年份	流量（亿美元）	占比（%）	存量（亿美元）	占比（%）
2004	74.9	13.6	164.3	36.7
2005	49.4	40.3	165.5	28.9
2006	45.2	21.4	194.6	21.5
2007	56.1	21.2	305.2	25.9
2008	217.2	38.8	545.8	29.7
2009	204.7	36.2	729.5	29.7
2010	302.8	44.0	972.5	30.7
2011	256.0	34.3	1422.9	33.5

续表

年份	流量（亿美元）	占比（%）	存量（亿美元）	占比（%）
2012	267.4	30.4	1757.0	33.0
2013	270.6	25.1	1957.3	29.6
2014	368.3	29.9	3224.4	36.5
2015	362.6	24.9	4095.7	37.3
2016	657.8	33.5	4739.9	34.9
2017	542.7	34.3	6157.7	34.0
2018	507.8	35.5	6754.6	34.1
2019	418.8	30.6	7340.8	33.4

资料来源：《2019 年度中国对外直接投资统计公报》。

（2）金融业。

2018 年我国金融业对外直接投资流量达 217.2 亿美元，存量为 2179 亿美元，分别占 2018 年对外直接投资流量和存量总额的 15.2% 和 11.0%，金融业对外投资受 2007 年美国次贷危机的影响，投资金额有所下降，然而美国的次贷危机在对中国和世界经济造成不利影响的同时，也为中国金融业对外直接投资提供了良好的契机。2008 年，在世界经济承受危机冲击的一年，中国金融业对外直接投资猛增至 140.5 亿美元，是 2007 年的 8.4 倍，是 2006 年的 4 倍。2019 年金融业境内投资者对境外金融类企业的直接投资 186 亿美元，占比 93.2%；中国非金融业境内投资者投向境外金融企业的投资 13.5 亿美元，占 6.8%（见表 3－14）。

表 3－14　　2006～2019 年金融业对外直接投资情况

年份	流量（亿美元）	占比（%）	存量（亿美元）	占比（%）
2006	35.3	16.7	156.1	17.2
2007	16.7	6.3	167.2	14.2
2008	140.5	25.1	366.9	19.9
2009	87.3	15.5	459.9	18.7
2010	86.3	12.5	552.5	17.4

续表

年份	流量（亿美元）	占比（%）	存量（亿美元）	占比（%）
2011	60.7	8.1	673.9	15.9
2012	100.7	11.5	964.5	18.1
2013	151.1	14.0	1170.8	17.7
2014	159.2	12.9	1376.2	15.6
2015	242.4	16.6	1596.6	14.5
2016	149.2	7.6	1773.4	13.1
2017	187.9	11.9	2028.0	11.2
2018	217.2	15.2	2179.0	11.0
2019	199.5	14.6	2545.3	11.6

资料来源：《2019 年度中国对外直接投资统计公报》。

（3）批发零售业。

批发零售业一直处于对外直接投资的前沿。但 2018 年批发零售的投资额较往年有所下滑，2018 年批发零售业对外直接投资流量是 122.4 亿美元，存量是 2326.9 亿美元，分别占当年对外直接投资流量和存量总额的 8.6% 和 11.7%。批发零售从 2004 年开始一直逐步稳定上升，在 2017 年达到一个小峰值，该年的投资流量为 263.1 亿美元，占当年对外直接投资流量总额的 16.6%，之后有所下降。2018 年批发零售业对外直接投资流量是 2004 年的 18.8 倍，存量是 2014 年的 29.7 倍，由此可见，中国批发零售业的对外直接投资规模增长较快，但流量和存量与当年的总额占比上升趋势不明显，存量略有下降的趋势。2019 年，批发零售业为 194.7 亿美元，同比增长 59.1%，占 14.2%。主要流向中国香港、新加坡、英属维尔京群岛、美国、日本、英国、德国等（见表 3－15）。

表 3－15　　2004～2019 年批发零售业对外直接投资情况

年份	流量（亿美元）	占比（%）	存量（亿美元）	占比（%）
2004	8	14.5	78.4	17.5
2005	22.6	18.4	114.2	20

续表

年份	流量（亿美元）	占比（%）	存量（亿美元）	占比（%）
2006	11.1	5.3	129.6	14.3
2007	66	24.9	202.3	17.2
2008	65.1	11.7	298.6	16.2
2009	61.4	10.9	356.9	14.5
2010	67.3	9.8	420.1	13.2
2011	103.2	13.8	490.9	11.6
2012	130.5	14.8	682.1	12.8
2013	146.5	13.6	876.5	13.3
2014	182.9	14.9	1029.6	11.7
2015	192.2	13.2	1219.4	11.1
2016	208.9	10.7	1691.7	12.5
2017	263.1	16.6	2264.3	12.5
2018	122.4	8.6	2326.9	11.7
2019	194.7	14.2	2955.4	13.5

资料来源：《2019年度中国对外直接投资统计公报》。

（4）采矿业。

近年来，随着中国新型工业化的推进及各大产业的快速发展，我国采矿业的发展速度也在不断加快，随之而来的矿产资源供需差异也在不断拉大。矿产资源不仅在人们的生产生活中有至关重要的作用，同时还是国民经济和社会发展的重要物质基础。自进入21世纪以来，中国经济飞速发展，对资源与能源的需求持续上升，国内矿产资源面临更加严重的供需矛盾，资源短缺问题变得日益突出，这将会限制采矿业及与其相关产业的发展，阻碍我国经济的增长。因此，我国采取了采矿业对外直接投资以解决我国资源短缺问题，同时汲取国外先进经验以便完善我国采矿业的对外直接投资。

2018年，采矿业对外直接投资存量是1734.8亿美元，约是2004年的28.9倍。从世界范围来看，2010年发展中国家对外直接投资流量、存量占全球采矿业对外直接投资流量和存量的比重平均水平为8.3%和

5.5%。无论从流量还是存量上来看，中国采矿业对外直接投资量在中国对外投资总额中所占比例较高，反映了我国对矿产资源的巨大需求。2019 年，我国采矿业对外投资存量为 1754 亿美元，占 8.0%，主要分布在石油和天然气开采、有色金属采矿选、黑色金属采矿选、煤炭开采等领域（见表 3－16）。

表 3－16　　2004～2019 年采矿业对外直接投资情况

年份	流量（亿美元）	占比（%）	存量（亿美元）	占比（%）
2004	18.0	32.7	59.5	13.3
2005	16.8	13.7	86.5	15.1
2006	85.4	40.3	179.0	19.8
2007	40.6	15.3	150.1	12.7
2008	58.2	10.4	228.7	12.4
2009	133.4	23.6	405.8	16.5
2010	57.1	8.3	446.6	14.1
2011	144.5	19.4	670.0	15.8
2012	135.4	15.4	747.8	14.1
2013	248.1	23.0	1061.7	16.1
2014	165.5	13.4	1237.3	14.0
2015	112.5	7.7	1423.8	12.9
2016	193.0	9.8	1523.7	11.2
2017	－370.0	—	1576.7	8.7
2018	462.8	32.4	1734.8	8.8
2019	51.3	3.7	1754	8

资料来源：《2019 年度中国对外直接投资统计公报》。

（5）制造业。

截止到 2018 年，制造业的对外直接投资领域主要分布在汽车制造、化学原料及化学制品制造、通信设备制造、计算机及其他电子设备制造、通信设备及专用设备制造、黑色金属冶炼及压延加工、有色金属冶炼及压延加工、服装/装饰业、纺织业、电器机械制造、食品医药制造、橡胶塑料制品等。中国制造业的对外直接投资从行业分布上呈现出由传统制造业向先进制造业转变的趋势，但传统制造业仍占绝大部分比重。2018年制造业对外直接投资流量191.1亿美元，存量为1823.1亿美元，分别占当年对外直接投资流量、存量总额的13.4%和9.2%，从2004年到2018年的十多年间，制造业对外直接投资流量从7.6亿美元上升至191.1亿美元，增加了25倍多。2019年，制造业对外直接投资存量为2001.4亿美元，占9.1%，主要分布在汽车制造、计算机/通信及其他电子设备制造、化学原料及化学制品制造、专用设备制造、金属制品、非金属矿物制品、其他制造等领域。尤其从2014年之后中国制造业对外直接投资规模不断扩大，对于作为制造业大国的中国来说，这是产业转型时重点规划的方向（见表3－17）。

表3－17　　2004～2019年制造业对外直接投资情况

年份	流量（亿美元）	占比（%）	存量（亿美元）	占比（%）
2004	7.6	13.7	45.5	10.1
2005	22.8	18.6	57.7	10.1
2006	9.1	4.3	75.3	8.3
2007	21.3	8.0	95.4	8.1
2008	17.7	3.2	96.6	5.3
2009	22.4	4.0	135.9	5.5
2010	46.6	6.8	178.0	5.6
2011	70.4	9.4	296.6	7.0
2012	86.7	9.9	341.4	6.4
2013	72.0	6.7	419.8	6.4
2014	95.8	7.9	523.5	5.9
2015	199.9	13.7	785.9	7.2
2016	290.5	14.8	1081.1	7.9
2017	295.1	18.6	1403.0	7.8
2018	191.1	13.4	1823.1	9.2
2019	202.4	14.8	2001.4	9.1

资料来源：《2019年度中国对外直接投资统计公报》。

二、中国对“一带一路”共建国家 OFDI 状况

2013 年 9 月和 10 月，习近平总书记先后提出共建“丝绸之路经济带”和“21 世纪海上丝绸之路”的倡议。在 2014 年亚太经合组织（APEC）北京峰会期间，中国相继宣布成立亚洲基础设施投资银行和丝路基金，以支持和加强“一带一路”共建国家之间的互联互通建设，受到国际社会的高度关注。2015 年 3 月，中国正式发布了《推动共建丝绸之路经济带和 21 世纪海上丝绸之路的愿景与行动》，标志着中国进入了全面推进“一带一路”倡议的阶段。

（一）中国对“一带一路”共建国家 OFDI 总量分析

历年来，中国的对外直接投资一直集中在周边的发展中国家，随着“一带一路”倡议的提出与实施，投资区域从周边国家向更多的国家和地区辐射与发展，区域性与目标化就是我国对外直接投资的重要战略，因此如何充分利用“一带一路”倡议带来的投资便利化，加强与共建国家的互联互通，促进双边国家的经济增长与基础建设，是当前研究中国对外直接投资重要切入点。

1. “一带一路”代表性国家的发展状况

“一带一路”建设跨越不同地域、不同发展阶段、不同文明，是各方共同打造的公共产品。几年来，“一带一路”建设完成了总体布局，得到了众多国家的积极响应和参与，“一带一路”共建国家大多属于发展中国家和转型经济体，经济发展后发优势强劲，与中国经济具有良好的互补性。其中东盟与中国的外贸关系较为密切，并且占据重要的地缘位置和资源优势，石油、天然气等矿产资源以及天然橡胶、椰子等热带产物极为丰富，是吸引中国投资最多的地区之一，该地区还有着丰富的劳动力资源，成本较低，但基础设施较为落后，经济发展水平不高，经济结构亟须调整。西亚、中亚是中国直接投资规模最大的两个地区，这些地区石油资源极为丰富，但由于长期遭受战乱困扰，国内政局不稳以及宗教矛盾突出，使得这些地区长期以来一直处于经济落后状态，工业

原料极为贫乏，对于交通、通信以及电气行业的建设绝大部分依靠外来投资。而南亚地区由于受到国际金融危机的影响，经济长期萎靡不振，但近年来由于良好的国内需求和投资环境，以及稳定的政治环境，经济开始不断攀升，成为世界最重要的新兴经济体之一。俄罗斯和蒙古国是中国北方的两大邻居，受地缘因素的影响，中国与其外贸合作逐年攀升，是我国两个重要的经济合作伙伴，这两个国家的石油、天然气、矿石等资源储备较为丰富，但它们的轻工业比较落后，钢铁、化工等制造业的发展无法满足国内经济增长的需要，需要大量的进口和引进投资（见表 3 – 18）。

表 3 – 18　“一带一路”相关代表性国家 2019 年社会经济基本指标

国家	人口（千万）	面积（万平方米）	人均 GDP（美元）	GDP 增长率（%）	人均国民收入（国际元）
哈萨克斯坦	1.85	272.4	9731	4.5	24050
吉尔吉斯斯坦	0.65	19.9	1309	4.5	5070
乌兹别克斯坦	3.36	44.7	2046	5.6	7400
塔吉克斯坦	0.93	14.3	1725	7.0	4100
土库曼斯坦	0.59	49.1	6966	6.2	14560
德国	8.31	35.7	46259	0.6	57690
法国	6.71	55.1	40494	1.5	50390
蒙古国	0.32	156.6	4295	5.1	11370
俄罗斯	14.4	1709.8	11585	1.3	28270
斯里兰卡	2.2	6.5	3853	2.3	13230
印度	136.6	297.3	2104	5.0	6960
印度尼西亚	27.1	190.4	4135	5.0	11930
越南	9.65	33.0	2715	7.0	7750
韩国	5.2	10.0	37625	2.0	43430
荷兰	1.73	4.1	52448	1.8	59890
比利时	1.15	3.0	46117	1.4	54730

续表

国家	人口（千万）	面积（万平方米）	人均 GDP（美元）	GDP 增长率（%）	人均国民收入（国际元）
马来西亚	3. 19	32. 9	11415	4. 3	28680
泰国	6. 96	51. 3	7808	2. 4	18520

注：①该数据为按购买力平价计算的人均国民收入；②国际元的购买力与美元在美国的购买力相当。

资料来源：世界银行。

2. 中国对“一带一路”共建国家的直接投资状况

自 2003 年以来，中国对外直接投资流量已实现 12 年的快速增长，至 2019 年，中国对外直接投资流量达到 1369. 1 亿美元，同比下降 4. 3%，存量达到 21988. 8 亿美元，是 2002 年末存量的 30 倍，中国对外直接投资起步较晚，对外直接投资存量规模仍然偏小，仅相当于同期美国的 10. 4%。近些年来，随着与周边国家互利合作的进一步深化，推进与“一带一路”共建国家之间的互联互通建设，中国对“一带一路”共建国家的直接投资快速增长，2009 年，中国对“一带一路”共建国家的直接投资存量为 200. 68 亿美元，2019 年中国对“一带一路”共建国家实现直接投资 186. 9 亿美元，同比增长 4. 5%，占同期中国对外直接投资流量的 13. 7%。从 2013 年“一带一路”倡议正式提出到 2019 年，中国对共建国家累计直接投资 1173. 1 亿美元。

中国对“一带一路”共建国家直接投资存量呈持续大幅增长趋势，投资占比总体呈增长趋势，其中 2013 年占比最大，为 10. 9%，2014 年略有下降。2015 年，中国与“一带一路”共建国家进出口贸易总额达到 9950 亿美元，同比增长 25%；至 2015 年底，中国已与共建的 60 个国家签订了 3987 个基础设施共建合作协议，包括高铁、港口、机场以及道路，涉及资金总额 926 亿美元；其中在 23 个国家设立了 77 个境外合作区，共有中国企业 946 家，已经提供了接近 20 万人的就业和 9 亿美元的财政收入，还有 23 个国家提出要建立 36 个工业区。[①] 尽管中国对“一带一路”共建国家的直接投资增长较快，相较于共建国家的地域范围、经济体量和在世界经济格局中的地位而言，增长空间仍然

① 资料来源：《中国对外直接投资统计公报》、中国一带一路网。

很大。

从图 3－9 中我们可以看出，中国对"一带一路"共建国家的投资活动不断加强，从 2003 年的 13.4 亿美元到 2018 年的 2090.9 亿美元，增加了 156 倍；占中国对世界的直接投资存量的比例也不断增加，由 2003 年的 7% 提高到 2018 年的 10.5%。但是，中国对共建国家的直接投资存量仅占共建国家吸收 FDI 总量的 1.6%，可见，中国对"一带一路"共建国家的直接投资规模整体上仍然偏小，尚有很大的增长空间。

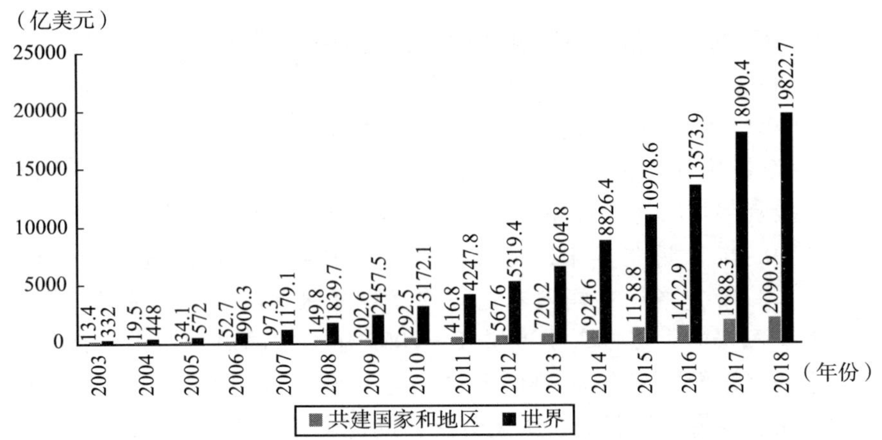

图 3－9　2003～2018 年中国对"一带一路"共建国家和世界投资存量对比

资料来源：《中国对外直接投资统计公报》、中国一带一路网。

（二）中国对"一带一路"共建国家直接投资的区域分布

中国对"一带一路"共建国家的投资区域分布差距较大，主要集中在发展中国家，对发达经济体的投资也呈现逐年增加的趋势。从对"一带一路"共建国家直接投资的区位分布来看，中国对"一带一路"共建国家的直接投资主要分布在东南亚地区，中国对东南亚国家的直接投资流量从 2013 年的 72.69 亿美元增长至 2017 年的 141.38 亿美元，年均增长率为 18%；2017 年投资流量额占中国直接投资额的 8.9%，占对亚洲投资流量的 12.8%。直接投资存量从 2013 年的 356.77 亿美元增长至 2017 年的 890.14 亿美元，年均增长率为 25%；2017 年这一数值占存量总额的 4.9%，占对亚洲投资存量的 7.8%。中国对"一带一路"

共建地区的直接投资按照存量规模从高到低进行排序，继东南亚地区之后，依次是俄蒙、西亚、中亚、南亚和中东欧。其中对中亚地区的直接投资表现出较快的增长速度，尤其是 2012 年出现了爆发性增长，这种变化主要来源于中国对哈萨克斯坦直接投资存量的大幅增长。中国对哈萨克斯坦的直接投资占对中亚直接投资的一半以上；中国对西亚和南亚地区的直接投资个别年份波动性较大，对西亚地区的直接投资主要集中在伊朗、沙特阿拉伯和阿联酋，中国对南亚的直接投资主要集中在巴基斯坦和印度。中国对中东欧地区的直接投资保持了平稳增长，但增长速度较慢。中国对俄蒙的直接投资增长速度呈现“V”字形变化，近几年增长速度出现快速提高的趋势，直接投资存量由 2014 年末的 124.57 亿美元增长到 2017 年的 890.1 亿美元。

东盟与中国经济关系密切，是“一带一路”共建国家中吸引中国直接投资最多的地区，东盟国家的劳动力资源丰富。劳动力成本较低，且矿石资源储量较大，但它们的电力基础设施比较薄弱，电力供应短缺是常见的现象。中国对其直接投资主要分布在电力、矿产资源开发和制造业等行业。西亚地区资源丰富，是中国资源能源的主要供给地之一。中国对西亚的投资主要集中于能源、基础设施和制造业等行业，主要分布于伊朗、沙特、也门、阿联酋和土耳其等国。中亚地区油气资源丰富，而轻工业相对落后，中国对中亚投资集中在石油勘探与开采、交通及通信建设、化工、农副产品加工等领域。蒙古国是中国的邻国，矿石资源丰富，是中国一个重要的海外投资目的地。中国对独联体和南亚的投资规模较低，主要分布在俄罗斯，重点投资于森林、能源开采和加工制造业。受国际地缘政治因素的影响，中国在南亚地区的直接投资较为滞后，主要分布于印度和巴基斯坦，投资集中在机械设备制造、纺织、能源开采、基础设施等行业。

（三）中国对“一带一路”共建国家投资的行业分布

2005 年以来，中国对“一带一路”共建国家大型项目投资的行业结构呈现多元化态势，最先起步的是能源行业，逐步向金属矿石、不动产、交通、高科技、农业、金融和化学等行业扩展。2005 年，中国在“一带一路”共建国家的大型项目投资仅涉及能源行业，以石油为主，石油和天然气行业涉及较少。2006～2008 年，中国大型项目投资涵盖的行业延伸至金属矿石、不动产和交通等行业。金属矿石业先是以铝、铜为主，后又以钢铁为主。交通业包括飞机、造船、汽车和火车，以造船业为主，但近年来随着中国汽车行业的发展，对外直接投资比重逐渐上升。不动产以财产和建筑为主。2009～2013 年，中国企业投资所涉及的行业进一步拓展至高科技、农业、金融和化学等行业。这反映了中国企业对“一带一路”共建国家的投资能力经历了一个稳步提升的过程。

在“一带一路”倡议提出前，中国投资在共建国家的能源产业占绝对主导地位，然后是金属矿石，不动产、交通分列第三、第四位，农业、高科技和化学等行业的投资规模相对较小。2013 年，中国对“一带一路”共建国家的能源、金属矿石、不动产、交通等行业的大型项目投资存量分别为 679.7 亿美元、233 亿美元、116.5 亿美元、114.2 亿美元，占“一带一路”投资总额的比例依次为 54.3%、18.6%、9.3%、9.1%，而中国对农业、高科技、化学、金融等行业的投资存量分别为 37.5 亿美元、30.8 亿美元、20.3 亿美元、8.3 亿美元，其所占比例依次为 3.0%、2.5%、1.6%、0.7%。这表明，中国对“一带一路”共建国家投资的首要动机是获取战略性资源，如石油天然气、矿石和土地；次要动机是利用当地丰富的人力资源和开拓市场，如对金属、交通业、化学等制造业的投资，以及高科技行业投资。

2019 年末，中国境内投资者在“一带一路”共建国家设立境外企业近 1.1 万家，涉及国民经济 18 个行业大类，从行业构成看，流向制造业的投资 67.9 亿美元，同比增长 15.5%，占 36.3%；批发和零售业 25.1 亿美元，占 13.4%；建筑业 22.4 亿美元，占 12%；金融业 15.9 亿美元，占 8.5%；科学研究和技术服务业 13.5 亿美元，占 7.2%；电力生产和供应业 13.4 亿美元，占 7.2%。① 通过与“一带一路”倡议提出之前相比，中国将更多的资金投向了制造业以及金融与服务业，这说明中国对于“一带一路”共建国家的投资越来越注重服务以及高科技产业，投资上有“质”的提高。

① 资料来源：商务部前瞻产业研究院。

（四）中国对“一带一路”共建国家直接投资特点

1. 中国的对外直接投资大多投向“一带一路”共建国家的基础设施建设，中国制造业投资前景广阔

近年来，中国的产能利用率一直处于较低的水平。《亚洲经济展望》数据显示，2014 年第四季度我国制造业综合产能利用率为 77.6%，与美日欧等发达国家以及国际整体水平相比，产能过剩绝对值并不高，但对经济影响较大的 19 个制造业子行业均存在产能过剩，相关资产与利润分别占据制造业的 87% 与 84%，且其中运输设备、汽车制造、机械以及矿物制品业等产能利用率均低于 72%。而“一带一路”倡议的提出与实施，为促进国内产业结构升级提供了新的平台与思路。另外，“一带一路”部分共建国家的经济发展水平较低，基础设施落后，交通、电力、通信设备等水平远远低于中国，中国企业对“一带一路”基建投资较为集中的国家中，除新加坡、斯里兰卡与德国外，其余国家基础设施和供电设备指数均低于全球平均水平。落后的基础设施已严重阻碍了这些国家的城市化水平，也对就业、经济增长产生了阻碍作用，因此中国对其进行直接投资，不仅为我国制造业寻得巨大的海外转移空间，也顺应“一带一路”共建国家经济转型和工业化发展的需要，是一种互利共赢、共同发展的合作博弈（见表 3 - 19）。

表 3 - 19　　中国基础设施建设投资较多的国家基础设施综合指标

国家	基础设施指数	二级指标				供电指数
		公路指数	铁路指标	港口指标	机场指标	
新加坡	6.3	6.1	NA	6.7	6.8	6.7
印度尼西亚	4.2	3.9	3.7	4.0	4.5	4.3
缅甸	2.3	2.4	1.8	2.6	2.5	2.8
柬埔寨	3.4	3.4	1.6	3.6	3.6	3.0
老挝	4.3	4.0	NA	2.6	4.1	5.0
泰国	4.1	4.5	2.4	4.5	5.3	5.1
越南	3.3	3.2	3.0	3.7	4.0	4.2

续表

国家	基础设施指数	二级指标				供电指数
		公路指数	铁路指标	港口指标	机场指标	
马来西亚	5.6	5.6	5.0	5.6	5.7	5.7
菲律宾	3.7	3.6	2.3	3.5	3.6	4.2
蒙古国	3.1	2.6	2.6	1.7	3.1	3.6
印度	3.7	3.8	4.2	4.0	4.3	3.4
巴基斯坦	3.3	3.8	2.5	4.4	3.9	2.1
斯里兰卡	5.0	5.1	3.7	4.2	4.8	4.8
伊朗	3.9	4.1	3.4	4.0	3.2	5.1
沙特阿拉伯	5.2	5.2	3.1	5.0	5.1	6.2
哈萨克斯坦	4.4	3.0	4.2	2.7	4.0	4.7
俄罗斯联邦	4.1	2.7	4.3	3.9	4.1	4.8
德国	6.0	5.9	5.7	5.7	5.9	6.1
全球均值	4.2	4.0	4.1	4.1	4.4	4.5

资料来源：世界经济论坛《全球竞争力报告（2014～2015 年）》，采用 7 分制，1 为最差，7 为最优，NA 表示数据缺失。

2."一带一路"倡议涉及范围广，参与国家众多，但真正与中国进行经贸合作的国家和地区却较少，而中国的直接投资比较集中，导致发展不均衡

中国对"一带一路"共建国家的直接投资主要分布在周边国家和地区，对东盟的投资占据了 40% 以上，而对于空间距离较远的南亚、中东欧地区的投资较少，这不利于中国"一带一路"倡议辐射范围和影响力的进一步发展和扩大。近年来对于中亚地区的投资额却急速增长，可能会导致企业间过度竞争以及不公平竞争，降低企业直接投资效率和收益。从投资行业来看，中国的企业都集中在资源开发和建筑工程施工领域，现代制造业的比较优势并没有得到充分发挥，对于"一带一路"倡议的国际认同感和口碑容易造成负面影响。此外，"一带一路"倡议涉及全球范围，虽然有大的合作需求和空间以及技术支持条件，但各个国家和地区间科技水平、经济实力、文化和政策等方面的巨大差异，以及知识隐藏和技术壁垒都直接或间接地影响到它们是否有合作意图以及能否履行合作协议，因此，在短时间内，中国对共建国家的直接投资不会呈现急剧上升的趋势，只能在现有的条件下稳步提高，而投资的范围会随着经济实力的增强与科学技术的进步而扩大，“一带一路”倡议的影响力与战略成果将会初步显现，这一过程将会伴随着中国特色社会主义现代化而稳步推进。

3. 中国对外直接投资起步较晚，经验不足，而又缺少国家相关部门的宏观指导，因此对外直接投资的不规范性与盲目性也是突出的特征

改革开放后，我国企业开始进行对外直接投资，从 2003 年开始，对外直接投资的数量急剧上升，经过十几年的经验积累，现在已基本上进入稳步上升的阶段。但我国的对外直接投资仍然处于初级阶段，企业跨国经营的经验不足，经营能力有限以及缺乏有效指导仍然是我国当前面临的重大问题。“一带一路”倡议的提出与实施，确实为我国企业走出去提供了新的平台与机遇，但在这个大背景下，企业很容易陷入盲目随从与规划不足的险境，不但无法提高效益，而且还会遭遇严重打击。总体而言，中国企业“走出去”仍处于初级阶段，既缺乏对共建国家的系统深入研究，也缺乏战略性和系统性指导与规划。政府部门之间和各级政府之间对各自职责认识不到位，对外援助、工程建设、产业投资配合不力，支持、促进企业“走出去”的政策系统性不强。同时，中国企业普遍跨国经营水平不高，国际化经验不足，个别企业经营行为不规范，社会责任意识淡薄。为此，需要全面学习他国经验，系统总结中国对外投资的经验和教训，加快顶层设计和战略引导。

4. 对“一带一路”共建国家进行直接投资的企业构成中，国有企业占绝大部分，民营企业份额较少

从投资规模来看，中央级国有企业是中国对“一带一路”共建国家直接投资的主力军，地方企业只能发挥补充性作用。截至 2014 年上半年，中央级企业对“一带一路”共建国家大型项目投资的存量为 864.5 亿美元，占中国对“一带一路”大型项目投资总量的 67.4%。其中，隶属国资委的央企的投资量为 782.2 亿美元，占中央级企业投资量的 90.5%，中投公司的投资量为 59.1 亿美元，占比为 4.6%，而以四大国有银行为代表的金融央企的投资存量较低，仅为 23.2 亿美元，占 1.8%。地方企业对“一带一路”共建国家大型项目的投资存量为 419 亿美元，占中国对“一带一路”大型项目投资存量的 32.6%。

中国地方企业对"一带一路"共建国家的投资主要来源于经济较为发达的东部地区。上海企业对"一带一路"共建国家的投资存量最大，达 99 亿美元，占地方企业投资量的 23.6%；北京企业的投资量居次位，为 58.1 亿美元，占 13.9%；浙江、广东、吉林和山东的企业的投资规模较为接近，分别为 42.1 亿美元、39.6 亿美元、39.2 亿美元、37.5 亿美元，其占地方企业对"一带一路"共建国家的投资存量的比例依次为 10.0%、9.5%、9.4%、8.9%。其他地方企业对"一带一路"共建国家的投资量显著低于东部地区。我国对"一带一路"共建国家的直接投资主要是大型工程项目，需要雄厚的资本支撑与先进的技术支持，而在我国，只有大型的国有企业才拥有先进的技术与强大的资本，因此投资企业构成比较单一。到 2019 年，中央企业和单位对外非金融类直接投资流量 272.1 亿美元，同比增长 18%；地方企业 897.4 亿美元，同比下降 8.7%，占非金融类流量的 76.7%，较上年下降 4.3 个百分点。

三、中国对"一带一路"共建国家 OFDI 模式研究

(一)"一带一路"共建国家产业特征及优势分析

"一带一路"倡议涉及国家较多，区域较为广阔，不同地区之间的经济发展水平、政治文化特色、产业结构特征以及自然资源储备状况各有差异，而这些因素对我国选择直接投资模式具有重要影响。

1. "一带一路"共建国家的发展状况

"一带一路"倡议涉及众多国家，本节研究主要涉及 65 个样本国家（含中国）。人口较多的国家主要集中在东亚和南亚地区，人口较少的国家主要集中在中东欧和西亚地区。65 个样本国家间的人均 GDP 差距巨大。中东欧、西亚多数国家人均 GDP 较高，而东南亚、南亚、中亚等国家人均 GDP 较低，其中东盟是吸引中国投资最多的地区之一。西亚、中亚是中国直接投资规模最大的两个地区，南亚地区近年来成为

世界最重要的新兴经济体之一。俄罗斯和蒙古国是中国北方的两大邻居，这两个国家的石油、天然气、矿石等资源储备较为丰富，但其轻工业比较落后，钢铁、化工等制造业的发展无法满足国内经济增长的需要，需要大量的进口和引进投资（见图 3－10）。

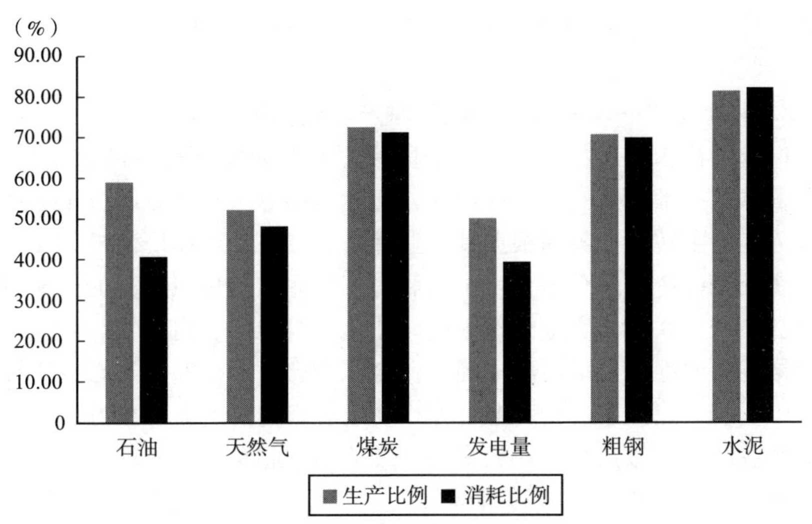

图 3－10　“一带一路”样本国家生产与消耗的能源资源占世界的比例

2. 不同类型“一带一路”共建国家产业结构特征

共建国家大致可以分为产业结构较为发达的欧洲地区，资源丰富的中亚、西亚地区及蒙古国，劳动力丰富的南亚、东南亚地区。发达经济体的技术及创新能力往往领先于其他国家，如德国的机械制造技术、化工技术等，英国的“八大技术和战略产业”，法国的核电技术、汽车制造等，意大利的军工、汽车制造等，中国在相应方面也有较好的承接基础，有利于高端产业的引进；中亚和西亚储藏着世界上最为丰富的石油和天然气，控制着世界能源的格局变动并间接影响世界的价格体系以及产业的生产秩序，也是中国能源主要来源地，蒙古国矿产资源丰富；中国的劳动力成本优势、地价优势在不断消失，相比之下，一些对劳动力成本高度敏感的行业已经出现了向南亚、东南亚地区产业转移的迹象。

另外，“一带一路”涉及国家众多，面临着沿途的基础设施互联互通的问题，同时也存在着社会文化、宗教信仰、民族特色、政治制度等方面的差异。因此，包容宗教的多元性，降低宗教冲突的负面性也成为"一带一路"建设的重要方向。丝绸之路经济带所覆盖的中亚、西亚、北非等地区民族问题关系复杂，极端主义比较活跃；尽管部分国家在政治层面明确了合作立场，但是在体制与政策层面仍存在难以协调的问题，例如，特定项目用地能否及时到位、外汇管制可能发生突然变动等。

3. 中国与"一带一路"共建国家产业结构相似度

产业结构相似系数是衡量两个国家之间产业发展程度的重要指标，随着资本和技术要素的流动性增强，国际贸易分工从产业间分工为主向要素分工为主转化，各国根据其产业优势，专注于产品价值链的某个环节，实现某种产业的全球化。中国和与其产业结构相似度高的国家可以通过加强产业联系，实施内部纵向专业化分工和产业内贸易。同时三次产业结构相似性也是国与国之间产业合作与产业承接顺利与否的重要指标，中国与共建国家进行产业合作也要求有较高的产业承接基础，即较高的产业结构相似系数。一般来讲，产业结构越是相似，产业的承接基础越好；反之，产业承接的基础欠佳。部分"一带一路"样本国家与中国产业结构相似系数如表3-20所示。

表3-20　部分"一带一路"样本国家与中国产业结构相似系数

序号	国家	相似系数	序号	国家	相似系数
1	塞浦路斯	0.82	11	黎巴嫩	0.90
2	希腊	0.83	12	西班牙	0.90
3	拉脱维亚	0.86	13	尼泊尔	0.90
4	阿尔巴尼亚	0.87	14	意大利	0.90
5	马尔代夫	0.87	15	立陶宛	0.91
6	摩尔多瓦	0.87	16	约旦	0.91
7	法国	0.87	17	新加坡	0.82
8	英国	0.88	18	阿曼	0.83
9	黑山	0.88	19	文莱	0.86
10	比利时	0.89	20	格鲁吉亚	0.87

续表

序号	国家	相似系数	序号	国家	相似系数
21	世界	0.87	43	菲律宾	0.97
22	马其顿	0.87	44	沙特阿拉伯	0.97
23	科威特	0.87	45	斯里兰卡	0.97
24	阿富汗	0.88	46	阿联酋	0.97
25	巴基斯坦	0.88	47	印度	0.98
26	克罗地亚	0.89	48	俄罗斯	0.98
27	波斯	0.90	49	捷克	0.98
28	土耳其	0.90	50	柬埔寨	0.98
29	乌克兰	0.90	51	哈萨克斯坦	0.98
30	爱沙尼亚	0.90	52	土库曼斯坦	0.99
31	塔吉克斯坦	0.91	53	罗马尼亚	0.99
32	保加利亚	0.91	54	亚美尼亚	0.99
33	约旦	0.95	55	乌兹别克斯坦	0.99
34	德国	0.95	56	蒙古国	0.99
35	阿塞拜疆	0.95	57	不丹	1.00
36	匈牙利	0.95	58	马来西亚	1.00
37	孟加拉国	0.96	59	印度尼西亚	1.00
38	斯洛文尼亚	0.96	60	老挝	1.00
39	吉尔吉斯斯坦	0.96	61	埃及	1.00
40	塞尔维亚	0.96	62	白俄罗斯	1.00
41	波兰	0.96	63	越南	1.00
42	斯洛伐克	0.97	64	泰国	1.00

（二）中国对“一带一路”共建国家直接投资模式选择研究

“一带一路”倡议的提出与实施，有力地推动了我国经济与世界经济融合，促进了区域经济协调平衡发展，进而为全面构建开放型经济新体制奠定了基础。同时，“一带一路”倡议也为我国企业对外直接投资起到了巨大的推动与促进作用，带动企业加快转型升级与产能优化的步伐。

自“一带一路”倡议提出与实施以来，国内的学者在我国对共建国家的直接投资方面做出大量的研究，包括对“一带一路”背景下我国对外直接投资环境的分析（史雪娜和李嫣资，2016），以及产能合作（赵东麒和桑百川，2016）、风险评估（方旖旎，2016）与区位选择（刘瑞和高峰，2016）等，为我国的对外直接投资提出理论指导与政策建议，但文献中很少提及中国对共建国家的投资模式，因此对我国跨国公司走出去的模式选择很难做出系统的理论指导。本节运用理论分析与实证研究相结合的方法论述影响我国对“一带一路”共建国家直接投资模式的影响因素，并总结出对不同类型国家的直接投资模式，对我国企业“走出去”以及国家相关政策的制定具有重要的理论指导与实践创新意义。

1. 理论分析

国际生产折中理论是由邓宁提出的早期研究对外直接投资的比较成熟的理论，他将企业跨国经营的条件总结为所有权优势、内部化优势和垄断优势。所有权优势是指跨国公司的竞争或者垄断优势，包括企业的规模和已经取得的经济地位、专有技术、从事国际经营所获得的经验和产品差异化等；内部化优势是指跨国公司通过将国外企业内部化降低交易成本，获取有利信息以保证企业特有优势的安全和持续的竞争力的优势；区位优势是指来自东道国所特有的优势，包括东道国所拥有的自然资源、劳动力资源、限制进口的政策措施等。邓宁用三种不同优势的组合，说明了跨国公司在出口、投资和许可经营这三种主要国际市场进入模式之间的选择。以邓宁的折中理论为基础，结合巴克利等（Buckley et al.，2007）和拉马萨米等（Ramasamy et al.，2012）的研究，可以按照动机将对外直接投资分为市场寻求型、资源寻求型、技术寻求型和效率寻求型四种。市场寻求型的企业以开发东道国的市场资源为目的，一般会受到东道国市场潜力与投资环境的影响；资源寻求型企业主要为了获得东道国的自然资源和战略资产，多受东道国经济发展水平和与本国资源互补性影响；技术寻求型企业为了获得东道国的技术溢出，多与东道国研发能力有关；效率寻求型企业为降低成本而进行对外直接投资，多与东道国劳动力成本以及文化、地理差距有关。通过邓宁的国际生产折中理论，可以得出，影响企业对外直接投资模式的主要因素包括东道国经济水平、市场发展状况、技术水平、投资环境、劳动力成本等，而如何选择对外直接投资模式，是企业根据自身生产状况做出的选择，下面利用两阶段博弈模型从微观角度分析企业“走出去”过程中如何选择投资模式。

假设存在国内和国外两个市场，分别有 j 和 k 个企业，国内企业通过跨国并购和绿地投资的方式进行对外直接投资，考虑一个两阶段的博弈：第一个阶段国内企业选择跨国并购和绿地投资的方式进行对外直接投资，第二个阶段两个市场上的企业根据自己的目标函数同时决定各自的产量。

国内市场与国外市场面临的反需求函数分别是：

$$P_1 = a - Q_1$$

$$P_2 = b - Q_2$$

其中，P_1 代表国内市场价格，P_2 代表国外市场价格，Q_1 代表国内市场总产量，Q_2 代表国外市场总产量。

用 C 表示国内企业的边际成本，C_0 表示国外企业的边际成本，而两者之间存在关系 $C = \gamma C_0$，γ 表示的是国内企业与国外企业的技术差异。当 $\gamma > 1$ 时，国内企业的边际成本大于国外企业，当 $0 < \gamma < 1$ 时，表示国内企业边际成本小于国外企业，本书假设东道国只拥有技术优势和成本优势中的一种。

国内企业与国外企业的利润表示为：

$$\pi_i^d = P_1 q_i^d - c q_i^d$$

$$\pi_i^f = P_2 q_i^f - c_0 q_i^f$$

如果不进行对外直接投资两个市场的企业相互独立地决定各自的产量，这时国内外企业的均衡产量为：

$$q_1^d = q_2^d = \cdots = q_i^d = \frac{a - c}{n + 1}$$

$$q_1^f = q_2^f = \cdots = q_i^f = \frac{a - c_0}{n + 1}$$

通过计算可以得到国内企业的利润为：

$$\pi_i^d = \left(\frac{a - c}{n + 1}\right)^2$$

当我国企业对“一带一路”共建国家进行直接投资时，其边际成本、产品价格以及产量都会随着模式的选择发生变动，如果选择跨国并购，国内企业可以获得东道国的技术优势、管理经验以及优秀人才，但它也要付出一定的收购成本。如果选择绿地投资，则可以获得东道国的成本优势以及企业管理效率的提高，但同时要承受东道国的法律制度、文化差异等带来的风险。

假设企业选择跨国并购，则跨国公司获得东道国的技术优势，其边际成本变为 C_0，收购后的利润变为：

$$\pi_1^{dm} = P_1^m q_1^{dm} - c_0 q_1^{dm} + \pi_1^{fm} - F$$

其中，m 表示跨国并购，F 表示收购成本。本章假设并购行为并没有对国外市场产生影响，因此被并购的企业利润完全纳入到国内母公司中来。通过计算可以得到国内企业的利润为：

$$\pi_1^{dm} = \left(\frac{a - nc_0 + (n-1)c}{n+1}\right)^2 + \left(\frac{b - c_0}{n+1}\right)^2 - F$$

用 $\pi_1^{dm} - \pi_1^{d}$ 就可以得到企业进行跨国并购所得到的利润。

假设企业选择绿地投资大方式进行直接投资，则国内企业的利润变为：

$$\pi_1^{dg} = P_1^g q_1^{dg} - Cq_1^{dg} + \pi_1^{fg} - F'$$

其中，g 表示绿地投资方式，F′表示新建厂房的成本。通过计算得到国内企业的利润为：

$$\pi_1^{dg} = \left(\frac{a-c}{n+1}\right)^2 + \left(\frac{b-(1+k)c+kc_0}{k+2}\right)^2 - F'$$

用 $\pi_1^{dg} - \pi_1^{d}$ 可以得到企业进行绿地投资后得到的利润。

通过比较企业进行跨国并购与绿地投资所获得的利润，可以得出企业进行决策时所需要考虑的因素。下面是一个关于国内企业与东道国的博弈矩阵，我们把东道国分为研发能力强和劳动力成本低的两个国家，而企业可以选择跨国并购和绿地投资两种模式：

	跨国并购	绿地投资
技术优势	（π_1^{dm}，F）	（π_1^{f}，F′）
成本优势	（$\pi_1^{f} + F' - F$，F）	（π_1^{dg}，F′）

通过该博弈模型，我们可以看出，在具有技术优势的国家，如果 $\pi_1^{dm} > \pi_1^{d}$ 企业会选择跨国并购的方式，在具有成本优势的国家，如果

$\pi_1^{dg} > \pi_1^f + F' - F$，企业会选择绿地投资的方式。而通常情况下，经济发展水平高的国家拥有技术优势，经济发展水平低的国家拥有成本优势。企业进行跨国并购的利润取决于边际成本的大小，即技术水平的高低，而进行绿地投资的利润取决于东道国的市场规模、劳动力成本、投资环境等因素。因此对“一带一路”共建国家中研发能力强、劳动力成本高、投资环境好的国家采取跨国并购的方式，反之，采取绿地投资的方式。

2. 实证研究

（1）建立模型。

本书主要研究中国对“一带一路”共建国家关于跨国并购和绿地投资两种方式的选择，所以沿用以前专家学者的研究方法，采取二元 Logit 选择模型进行研究。其基本形式为：

$$y_i = x_i B + \mu_i$$

其中，y 为被解释变量，其观测值为 0 和 1，0 代表绿地投资的方式，1 代表跨国并购的方式，x 为解释变量，包括所选样本的总体和个体，μ 为残差项，服从正态分布。为了避免异方差性，在估计过程中用概率形式表示被解释变量，并选用效率模型代替原始模型。

“一带一路”建设区域广泛，但有些国家并没有明确表达参与意愿，有些国家国内政治动荡、宗教矛盾等问题突出。2015 年，我国企业共对“一带一路”相关的 49 个国家进行了直接投资，本书选取我国企业进行稳定投资并且投资项目较多的 33 个国家进行研究，它们是哈萨克斯坦、吉尔吉斯斯坦、塔吉克斯坦、土库曼斯坦、乌兹别克斯坦、德国、波兰、瑞士、匈牙利、蒙古国、俄罗斯、白俄罗斯、乌克兰、斯里兰卡、印度、新加坡、越南、老挝、柬埔寨、缅甸、菲律宾、印度尼西亚、马来西亚、泰国、阿联酋、沙特阿拉伯、土耳其、伊朗、以色列、卡特尔、巴基斯坦、孟加拉国、尼泊尔。

本书选择的解释变量分别为“一带一路”样本国家的人均 GDP（PCGDP）、GDP 增长率（GGDP）、人均国民收入（PCNI）、经济自由度指数（EFI）、东道国与我国的文化距离（CDIS）、全球创新指数（GII）、我国制造业企业的注册资本（RC）、企业技术职工人数占职工总人数的比例（ETS），这些指标具体表示为：

第一，以“一带一路”共建国家人均 GDP 来衡量其经济发达程度，一般来说，人均 GDP 越高，该国的经济水平越发达，技术水平与资源配置的效率更高，投资企业越倾向于选择跨国并购的方式进行对外投资。

第二，GDP 增长率来衡量“一带一路”共建国家的市场发展潜力，GDP 增长率越高的国家，其经济发展速度越快，市场发展潜力也越大，市场寻求型投资企业越倾向于选择绿地投资的方式对外投资。

第三，人均国民收入衡量“一带一路”共建国家的劳动力成本，人均国民收入越高的国家，其劳动力成本也越大，企业的内部化优势不再明显，倾向于选择跨国并购的方式对外投资。

第四，经济自由度指数衡量“一带一路”共建国家的投资环境，经济自由度指数越高的国家其经济自由度越大，投资环境越好，投资企业越倾向于跨国并购的方式对外投资。

第五，文化距离衡量“一带一路”共建国家与我国的文化差距，本书预测我国对文化距离较大的国家采取跨国并购的投资方式。

第六，全球创新指数衡量“一带一路”共建国家的技术水平，全球创新指数越高的国家技术水平越高，企业越倾向于跨国并购的方式对外投资。

第七，我国制造业企业的注册资本衡量其规模大小，注册资本越多的企业其规模越大，越倾向于选择跨国并购的方式对外投资。

第八，我国制造业企业技术职工人数占职工总人数的比例衡量企业的技术水平，企业技术职工所占比例越大，技术水平越高，企业越倾向于选择绿地投资的方式对外投资。

解释变量说明如表 3－21 所示。

表 3－21　　解释变量说明

解释变量	含义	数据来源	预期符号
人均 GDP（PCGDP）	经济发展水平	世界银行	+
GDP 增长率（GGDP）	市场发展潜力	世界银行	-
人均国民收入（PCNI）	劳动力成本	世界银行	+
经济自由度指数（EFI）	投资环境	《世界经济自由报告》(Economic Freedom of the World)	+
文化距离（CDIS）	文化差距	Hofstede 提供的文化维度指数	+

续表

解释变量	含义	数据来源	预期符号
全球创新指数（GII）	技术水平	世界银行	+
我国企业注册资本（RC）	企业规模	企业网站公布的对外直接投资报告	+
企业技术职工占职工总人数比例（ETS）	企业技术水平	各企业官方网站	-

（2）数据说明。

本书宏观数据来自世界银行官方网站，均为 2015 年统计数据，经济自由度指数来自《世界经济自由报告》每年发布的统计报告，采用 Hofstede 六维度指标计算得出，计算公式为 $WENHD_{ij} = \sum[(I_{ij} - I_{ic})^2/V_i]/6$，其中，$WENHD_{ij}$代表中国与“一带一路”样本国家的文化距离；$I_{ij}$代表第 j 个维度（k = 1，2，…，6，分别指代 PDI、IDV、MAS、UAI、LTO、IVR）；代表样本国 j 在第 i 个维度上的得分（j = 1，2，…，25）；I_{ic}代表中国在第 i 个维度的得分；V_i代表第 i 个维度上文化距离的方差。全球创新指数来自由 WIPO、康奈尔大学和英士国际商学院共同发布的全球创新指数报告，而企业微观数据的收集比较困难，尤其是企业对外投资方式的确定和企业技术职工人数的收集，现有的数据库并没有相关资料的统计，因此部分结果是根据企业网站或其他统计网站提供的相关资料推算而出，本书选取 2017 年对样本国家投资规模较大的 193 个企业进行研究，其直接投资均为 2015 ~ 2017 年所发生。

（3）描述性统计分析。

主要变量的描述性统计如表 3 - 22 所示。

表 3 - 22　　主要变量的描述性统计

变量	均值	中位数	最大值	最小值	标准差
PCGDP	14943.07	4982.73	84069.79	762.81	21073.5
GGDP	3.960674	3.65	8	-9.9	2.777588
PCNI	25738.81	15210	140720	600	29608.03
EFI	7.02651	7.01	8.71	5.27	0.739517

续表

变量	均值	中位数	最大值	最小值	标准差
CDIS	2.3168	2.14	5.19	0.76	1.0879
GII	35.54736	35.37	66.28	20.07	10.9725
RC	46040.15	12000	693258	623	107724.4
ETS	23.54026	21	80	7.2	12.49165
Obs	193	193	193	193	193

通过表 3 -22 的数据我们可以发现，33 个样本国家的人均 GDP 平均值为 14943.07 美元，这与发达国家的差距较大，因此其发展水平总体不高，而从其标准差可以发现，在这 33 个样本国家中，人均 GDP 的差距较大，因此经济发展不平衡也是“一带一路”共建国家的重要特征之一；通过 GDP 增长率的数据我们可以发现样本国家的经济增长速度也不平均，但除个别国家外，GDP 增长率整体偏高，这是因为这些国家大部分为发展中国家，其经济发展潜力较大，从人均国民收入可以得出这些国家的人均国民收入总体偏低，差距较大；经济自由度指数和全球创新指数是衡量一个国家经济发展的重要指标，从数据来看，样本国家的经济自由度指数差距不大，但创新指数差距较大，说明这些国家的投资环境相差较小而技术水平差距较大；文化距离测量的是我国与“一带一路”共建国家文化差距，数据表明我国与共建国家的文化距离总体不大，但与不同国家的文化距离有所差别；最后关于我国制造业企业的数据可以看出，企业规模大小不等，这是因为样本中有些属于国有企业，而有些是私人企业，从技术职工人数可以看出我国制造业企业的整体技术水平偏低。

（4）回归检验与分析。

在本书选择的解释变量中，有三个是东道国方面的影响因素，还有两个是企业自身的影响因素，为了便于观察与分析，在进行回归检验时，我们先对东道国的三个宏观影响因素进行回归得到第一种情况的结果，然后又放入其他两个经济发展指标得到第二种情况的结果，随后又单独对企业的两个影响因素进行回归得到第三种情况的回归结果，最后将所有变量全部放入模型中进行回归，得到第四种情况的结果，具体数据见表 3 -23。

表 3 – 23　　模型回归结果

解释变量	（1）	（2）	（3）	（4）
PCGDP	0. 0001 *** （0. 0014）	3. 1571 ** （0. 0371）		0. 1927 （0. 8850）
GGDP	– 0. 1582 ** （0. 0404）	– 0. 1042 *** （0. 0141）		– 0. 1856 ** （0. 0414）
PCNI	0. 0432 *** （0. 0062）	0. 3725 ** （0. 0287）		0. 2781 * （0. 0959）
EFI		0. 3312 * （0. 0624）		0. 9026 * （0. 0762）
CDIS		0. 291207 ** （0. 02334）		0. 003102 * （0. 06772）
GII		0. 1190 *** （0. 0022）		0. 1597 *** （0. 0019）
RC			0. 1924 ** （0. 1211）	0. 1678 * （0. 0646）
ETS			– 0. 280 *** （0. 000）	– 0. 3270 *** （0. 0001）
C	– 1. 3547 *** （0. 0026）	– 7. 419 * （0. 9735）	2. 3869 ** （0. 0173）	– 7. 1085 （0. 2115）
Obs	33	33	193	193

注：括号内为 Z 统计量伴随概率，*、**、*** 为 10%、5%、1% 水平显著性检验，下同。

进一步对模型结果进行期望—预测分析，可以看出预测概率的正确率总体达到 93. 23%，具体结果如表 3 – 24 所示。

表 3 – 24　　模型回归结果预测

项目	估计方程			恒定概率		
	Dep = 0	Dep = 1	合计	Dep = 0	Dep = 1	合计
P(Dep = 1) < = C	163	9	172	167	25	192
P(Dep = 1) > C	4	16	20	0	0	0

续表

项目	估计方程			恒定概率		
	Dep = 0	Dep = 1	合计	Dep = 0	Dep = 1	合计
Total	167	25	192	167	25	192
Correct	163	16	179	167	0	167
% Correct	97.60	64.00	93.23	100.00	0.00	86.98
% Incorrect	2.40	36.00	6.77	0.00	100.00	13.02
Total Gain *	-2.40	64.00	6.25			
Percent Gain **	NA	64.00	48.00			

在第一种情况下，我们将"一带一路"样本国家的人均 GDP、GDP 增长率和人均国民收入放入模型进行检验。从结果可以看出，三个变量均是至少在 5% 的水平上显著，这表明"一带一路"共建国家的经济发展水平、劳动力成本和市场发展潜力与我国制造业对其采取跨国并购的方式进行直接投资具有相关关系，而且前两者呈正相关，后者呈负相关关系。第二种情况加入经济自由度指数和全球创新指数和文化距离三个变量后，所得的六个变量均是在至少 10% 的水平上显著，这说明"一带一路"共建国家的投资环境和技术水平以及与我国的文化距离对我国企业进行跨国并购具有促进作用。在第三种情况下，我们单独对企业自身因素进行回归，得到的结果显示企业规模与我国企业采取跨国并购的方式正相关，而企业技术水平是负相关关系，两个变量都在 5% 的水平上显著。最后我们将所有的变量放入模型得到除"一带一路"代表性国家的经济发展水平外，其他变量都是至少在 10% 的水平上显著而且其符号都与预期一致。

在本书所选取的 33 个样本国家中，绝大部分都是发展中国家，其经济发展水平都不高，因此我国企业在选择投资方式进行直接投资时与这一影响因素的关系并不大，这也导致了最终的回归结果并不显著。我们比较这四种情况下的回归结果可以看出，东道国和企业的技术水平始终是最为显著的变量，因此技术寻求也是我国企业进行对外直接投资的重要动机之一，而这也正与我国企业当前技术水平不高、管理模式低效等现状吻合；"一带一路"共建国家的市场环境也是我国企业选取投资模式的重要参考对象，其回归结果均比较显著，在当前我国制造业产能过剩的情况下，选择绿地投资的方式与“一带一路”共建国家进行产能合作也是一种合理的选择；劳动力成本、经济自由度指数、文化距离和企业规模在回归中显著性不是太强，在所选取的与中国经济往来比较密切的 33 个国家中，大部分都是亚洲国家，它们的经济发展水平与对外开放程度以及与我国的文化距离都比较相似，因此投资环境、文化距离和劳动力成本差别也不是太大，所以影响较小，而我国跨国公司中有一部分是国有企业，其规模较庞大，在其进行对外直接投资时，更多地注重过剩产能的消化，因此大多选择绿地投资的方式，相反有一部分中小企业更注重企业长远的发展，会选择并购的方式来获取国外先进的技术与丰富的资源。

（5）对不同类型国家直接投资模式分析。

“一带一路”共建国家按照经济发展水平划分可以分为三类，即发展中国家、发达国家和转型经济体。发达国家主要是波兰、捷克等中东欧国家，其经济发展水平和劳动力成本较高，国内市场潜力和市场规模较小，虽然它们的技术水平高于其他的共建国家，但与世界上排名靠前的国家相比，仍然有些不足，因此我国企业对其直接投资的数量较少，跨国并购的数量没有明显的优势，相比较而言，德国、法国等国家也受“一带一路”的影响，因此对它们的直接投资数量较多，且以并购为主。发展中经济体主要位于南亚、东南亚、西亚、北非等地区，这些地区自然资源比较丰富，劳动力成本也较低，而市场潜力与规模较大，技术水平与基础设施比较落后，因此我国对其直接投资的数量较多，且多以新建投资为主。转型经济体主要位于中亚、中东欧等地区，其经济发展状况与中国相似，经济发展速度较快，劳动力成本逐渐上升，技术水平也在不断提高，在转变经济发展的同时，对外资的需求也较大，因此我国对其直接投资的数量也在逐渐增加，且以新建投资为主，对少数技术水平较高的国家进行并购。

（三）结论

在“一带一路”倡议创造的良好投资环境之下，如何选择对外直接投资方式，关系到企业的资源分配、资本配置以及技术升级等一系列战略问题，本书通过研究现有的理论文献并做出实证检验，得出我国企业对“一带一路”共建国家直接投资的影响因素为共建国家的市场发展潜力、劳动力成本、投资环境、技术水平和与我国的文化距离以及我国企业的规模大小和技术水平。我国企业对中亚、南亚、东南亚等发展中国家适宜采取新建投资的方式，而对于韩国、德国、比利时、法国等发达国家适宜采用跨国并购的方式，对发展中国家的投资重点应是拓宽海外销售渠道，加强信息的采集与获取，在对其进行经济建设的基础上，逐步化解我国过剩的产能；而对于发达国家的投资，重点应放在新产品的研发与创新以及先进技术的获取与利用上，利用发达国家的先进技术实现我国制造业的转型升级。

四、中国产业结构现状

（一）产业结构概述

产业结构是指各产业的构成及各产业之间的联系和比例关系。在经济发展过程中，由于分工越来越细，因而产生了越来越多的生产部门。这些不同的生产部门，受到各种因素的影响和制约，会在增长速度、就业人数、在经济总量中的比重、对经济增长的推动作用等方面表现出很大的差异。因此，在一个经济实体当中（一般以国家和地区为单位），各产业部门的构成及相互之间的联系、比例关系不尽相同，对经济增长的贡献大小也不同。

产业分类与统计标准是把握产业分化与发展的切入点，也是分析国民经济各产业部门活动和产业间数量比例和关联关系及变化情况、考察产业结构系统的重要工具。

产业分类方法也一直受到各国学者的关注。目前世界上已有十余种产业分类的方法，而在经济学研究中，使用较多的分类方法主要有两大部类分类法、三次产业分类法、资源密集度分类法与国际标准产业分类。

1. 两大领域、两大部类分类法

这种分类法是按生产活动的性质及其产品属性对产业进行分类。按生产活动性质，产业部门可以分为物质资料生产部门和非物质资料生产部门两大领域，前者指从事物质资料生产并创造物质产品的部门，包括农业、工业、建筑业、运输邮电业、商业等；后者指不从事物质资料生产而只提供非物质性服务的部门，包括科学、文化、教育、卫生、金融、保险、咨询等部门。

2. 三次产业分类法

这种分类方法最初由新西兰经济学家费歇尔提出，后经英国经济学家克拉克发展与总结。三次产业分类法根据社会生产活动的历史发展顺序对产业进行划分。产品直接取自自然界的部门称为第一产业，对初级产品进行再加工的部门称为第二产业，为生产和消费提供各种服务的部门称为第三产业。这种分类方法是目前世界上较为通用的产业分类方法。

我国的三次产业划分是：

第一产业：农业（包括种植业、林业、牧业和渔业）；

第二产业：工业（包括采掘业，制造业，电力、煤气、水的生产和供应业）和建筑业；

第三产业：除第一、第二产业以外的其他各业。根据我国的实际情况，第三产业可分为两大部分：一是流通部门，二是服务部门。具体可分为四个层次。第一层次：流通部门，包括交通运输、仓储及邮电通信业，批发和零售贸易、餐饮业。第二层次：为生产和生活服务的部门，包括金融、保险业，地质勘查业，水利管理业，房地产业，社会服务业，农、林、牧、渔服务业，交通运输辅助业，综合技术服务业等。第三层次：为提高科学文化水平和居民素质服务的部门，包括教育、文化艺术及广播电影电视业，卫生、体育和社会福利业，科学研究业等。第四层次：为社会公共需要服务的部门，包括国家机关、党政机关和社会团体以及军队、警察等。

3. 资源密集度分类法

根据劳动力、资本和技术三种生产要素在各产业中的相对密集度，把产业划分为劳动密集型产业、资本密集型产业和技术密集型产业。

第一，劳动密集型产业。指进行生产主要依靠使用大量劳动力，而对技术和设备的依赖程度低的产业。

第二，资本密集型产业。指在单位产品成本中，资本成本与劳动成本相比所占比重较大，每个劳动者所占用的固定资本和流动资本金额较高的产业。

第三，技术密集型产业。指在生产过程中，对技术和智力要素依赖大大超过对其他生产要素依赖的产业。

4. 国际标准产业分类

为使不同国家的统计数据具有可比性，联合国统计司于 1948 年开始设计国际标准产业分类方案，并先后对此标准分类进行了四次修订。2008 年公布的第四版对之前的部分内容进行了调整，增加了反映世界经济发展变化的有关新概念，如信息业、专业技术服务、支助服务等，仍采用 4 级结构：一级为 21 个类别（categaries），以 1 位字母 A ~ U 编码；二级为 88 个类（divisions），以 2 位数字编码；三级为 238 个组（groups），以 3 位数字编码；四级为 419 个小类（classes），以 4 位数字编码。

（二）中国产业结构的演变与发展

产业结构演变既是产业自身调整和发展的过程，也能够体现出一国经济发展方式的演变。而我国的产业结构演变进程既符合世界各国发展的一般规律，同时也具有明显的中国特色。认识和了解我国产业结构演变发展的过程，明晰我国产业结构演变发展的现实问题，对于实现产业结构优化升级，促进我国经济发展方式转变具有重要的意义。

新中国刚成立时，政府为了改变我国的落后农业国面貌，确立了优先发展重工业的产业发展方向，使我国的工业化水平得到大幅度提高。但总体而言，改革开放前我国的产业结构演变历程具有明显的时代特征，主要是在高度集中的计划经济体制下，在封闭的内向型发展路径中，立足于国内要素资源的积累而发展的，政策和人为色彩十分浓厚。

改革开放以来，随着体制机制的创新变革，产业结构也发生着日新月异的变化。在改革开放的前 5 年，我国第一产业增加值占国内生产总值的比重略有上升，随后一直呈现出十分明显的下降趋势，从 1978 年的 27.7% 下降到 2019 年的 7.1%，降幅达到了 70% 以上；第二产业在改革开放后，增加值占国内生产总值的比重波动幅度较小，始终位于

39%到48%之间，于2019年达到最低值39%，最高值出现在2006年，为47.6%，但近几年呈现出了下降的趋势；第三产业的比重则不断上升，从1978年的22.3%增加到2019年的53.9%，是改革开放以来上升较快的产业，并于2012年超过了第二产业的比重，在国民经济中的地位从排名最后跃居首位（见图3－11）。

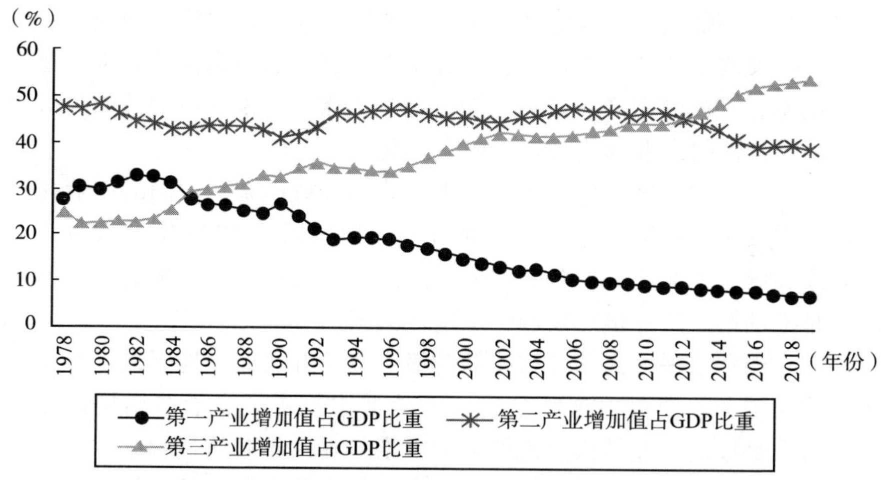

图3－11 1978～2019年三次产业增加值占GDP比重

资料来源：国家统计局网站，历年中国统计年鉴。

总的来说，改革开放以来，我国第一产业所占比重不断下降，第二产业所占比重基本持平，而第三产业所占比重大幅上升，第一、第三产业呈“剪刀形”发展态势，产业结构总体从第一产业为主向以第二、三产业为主转变的特征非常突出。

我国的产业结构演进呈现出上述趋势，是各种因素综合作用导致的，具体可以将原因归结为以下几点。

一是体制改革和战略调整。传统计划经济体制和重工业优先的赶超战略形成了不合理的畸形产业结构，造成严重的短缺经济；广大人民群众强烈要求发展经济、改善生活；国家顺应人心民意，以提高人民生活为宗旨，由“政治挂帅”转向以经济建设为中心，实施了大规模的体制改革和战略调整。这是改革开放以来中国经济结构演进的根本原因。

二是经济结构调整的政策措施。采取各种措施不断进行经济结构特别是产业结构调整，是改革开放以来产业结构演进的主要途径。改革开放以来，国家不断推出相关政策调整我国的产业结构，特别体现在几个五年计划和规划中，"十五"计划和"十一五"规划甚至提出结构调整是21世纪整个国民经济发展的主线，调整的主要方向是：加强农业，振兴装备制造业，加快国民经济和社会信息化，改造轻纺工业，调整原材料工业，加强基础设施建设，大力发展服务业。这种持续的经济结构调整，不仅改变了"重工业太重、轻工业太轻、农业太落后、服务业太少"的不合理的畸形产业结构，而且逐步克服经济发展中的薄弱环节和瓶颈制约，使得产业结构日益趋向合理化。

三是工业化和城镇化的加速推进。改革开放以来，中国的工业化和城镇化进程快速推进，这是工业保持主体地位以及1999年进入重工业化阶段和第三产业快速发展的重要原因；尤其是城镇化水平的大幅度提高，是推动第三产业迅速发展的决定性因素。

四是消费水平的提高和结构的升级。改革开放极大地促进了经济发展和收入增加，使得中国城乡居民的消费水平提高、消费结构逐步升级，这也是推动产业结构演进的基本因素。在改革开放过程中，每一个时期的产业结构演进都与消费水平和结构的变化紧密相关：解决温饱问题是改革开放初期重点发展农业和轻工业的主要动因；满足小康生活的需要是20世纪80年代和90年代轻纺工业特别是家电制造业快速发展的基本推动力；住房和汽车市场需求的激增是21世纪中国重新重工业化的基本决定因素之一。

五是全球化的机遇、对外开放的实行。抓住全球化的机遇，实行对外开放，同样是改革开放以来中国产业结构演进的重要因素。正是由于实行了对外开放，中国才能发挥后发优势和比较优势，大量发展加工制造业、出口产业，更好地利用国际分工、国际贸易、国际投资、世界市场、外国资源，引进外资以及先进技术和管理，进口必要的产品和资源，弥补资金和资源短缺、技术和管理落后的不足，充分发挥劳动力充足、价廉的优势，获得比较收益，增加就业和收入。国际竞争还能促进国内技术进步和产业的优胜劣汰，为产业结构的优化升级创造更好的条件。

（三）中国的产业结构

进入 21 世纪以来，随着经济的发展，经过多年调整升级，我国的产业结构有了很大进步，产业结构日趋合理。

从各产业增加值来看，三次产业都保持着增长的趋势，但增速不一，第一产业增速较缓，第二产业一直保持快速递增态势，第三产业起初增速平稳，自 2004 年之后增速飞快，并于 2012 年超过第二产业，增速位列三次产业首位。截至 2019 年，三次产业增加值分别为 70466.7 亿元、386165.3 亿元和 534233.1 亿元（见图 3－12）。

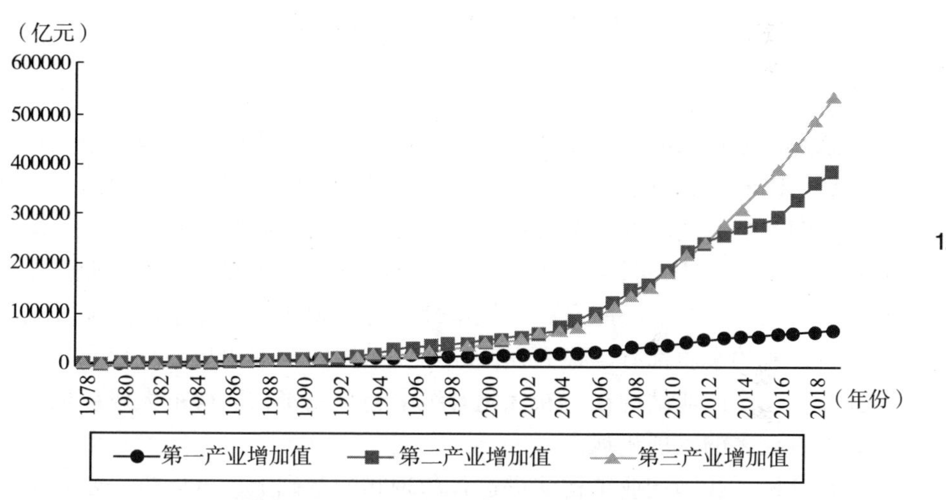

图 3－12　1978～2019 年三次产业增加值

资料来源：国家统计局网站，历年中国统计年鉴。

从就业比重方面来看，改革开放以来，第一产业就业人数占比略有浮动，但近年来呈现出不断下降的趋势；第二产业占比相对稳定，近年来略有增加；第三产业就业人口占比有了明显提高。2019 年我国就业总人口数为 77471 万人，其中第三产业就业人口数为 36721.3 万人，接近总就业人口的一半（见图 3－13）。

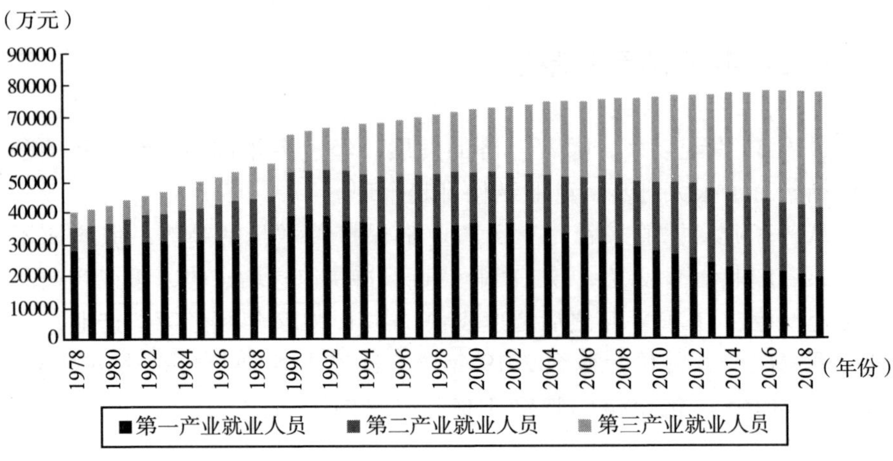

图 3－13　1978～2019 年三次产业就业人口数

资料来源：国家统计局。

总之，近年来第一产业增长相对缓慢，第二产业增长迅速，第三产业突破了以商贸、餐饮为主的单一发展格局，开始出现金融、保险、研发、咨询等行业共同发展的大格局。我国产业结构演变已经进入一个新的发展时期。在这一时期，我国的产业结构基本上实现了由工农业为主向一、二、三次产业协同发展的根本性转变，现代产业体系已经初步建立，各产业的素质都有了很大提升，产业结构的合理化与高级化水平显著提高，三次产业结构在不断优化升级中趋于完善，取得很大成绩的同时面临着众多的发展机遇。

在分析了我国产业结构演进过程与现状的基础上，可以进一步预测我国产业结构发展的趋势。产业结构有其自身的演进规律：三次产业变动规律、轻重工业变动规律、生产要素密集型产业变动规律、产业结构高度加工化和高附加值化变动规律、主导产业变动规律和产业由低级向高级演进规律等。在此主要对我国的三次产业变动趋势做出分析。

从产业增加值构成来看，国民经济已从"二一三"型转变为"二三一"型。这表明，第二产业和第三产业地位在逐渐上升，第一产业地位在继续下降，这是符合三次产业演进规律的。而从就业构成来看，第一产业从业人员数比重从 1978 年的 71% 下降为 2019 年的 24.7%，第二产业从业人员数比重则从 17% 上升为 28.2%，第三产业从业人员数比重也从 12% 上升为 47.1%，就业人口在不断从第一产业向第二和第三产业转移，只是转移的速度仍然滞后于产业增加值的变化速度，现在第一产业就业人口仍然众多，而产值却最低。随着经济的继续发展，第一产业增加值的比重还将继续降低，第二产业增加值比重达到一定程度后会下降，第三产业增加值的比重将继续上升；而就业人口也会继续从第一产业向另外两个产业特别是第三产业转移，而且可能会加速。

三次产业结构的演进，不仅表现在各个产业比重的变化上，而且包括各自发展的层次或水平的提升。目前，中国三大产业的发展层次总的来看都不高，按照产业结构的演进规律，农业的发展趋势是实现产业化、机械化、现代化，制造业的发展趋势是振兴装备制造业、重点发展高端制造业，服务业的发展趋势是以现代服务业为主导。

（四）中国产业结构存在的问题

1. 产业间结构存在的问题

虽然近年来我国的产业结构调整有了一些发展，但仍然存在很多问题，经过归纳梳理，大致有以下几方面：产业结构仍不合理，结构升级比较缓慢；地区产业结构不平衡，“二元结构”“三元特征”比较明显；产业集中度过低，产业低端粗放。

（1）产业结构仍不合理，升级比较缓慢。

目前，我国的产业结构仍不太合理，升级也比较缓慢。总体来说，我国第一产业发展较为落后，第二产业比重过大，第三产业发展不足。第一产业内部结构虽有所优化，但发展仍较为缓慢。农业技术落后、现代化不足，劳动生产率较低，劳动力过剩，人均收入水平仅略高于低收入国家的平均水平。第二产业比重过大，虽然总量增长稳定，但大多集中在低附加值的低端产业，高附加值的高端产业较少，缺少关键的核心技术，创新驱动不足。第三产业的发展明显滞后，总量偏小、比重偏低，传统行业如商贸、餐饮等比重较大，新兴行业如信息、金融等的发展虽然较快，但技术和创新不足，发展还不够完善。

（2）地区产业结构不平衡，“二元结构”“三元特征”比较明显。

我国地区产业结构的发展很不平衡，东部与中西部差距较大，不仅在经济发展水平方面，在产业结构方面也是如此，东部的二三产业也比中西部发达很多，而且目前这种差距还有迹象逐渐增大。另外，地区、城乡之间的“二元结构”比较明显，差距太大，矛盾重重。除此之外，由于以信息技术为核心的新经济的发展，我国也呈现出传统工业化特征与高阶段工业化特征并存的“三元特征”阶段。

（3）产业集中度较低，产业低端粗放。

我国产业的集中度较低，规模较小且布局分散，不利于充分利用规模经济和范围经济，获得超额的利润。另外，我国的产业发展模式还较为低端，经济增长方式依然粗放，发展中存在的诸如物质消耗高、能源消耗高、环境污染高等的“三高”问题依然棘手，资源透支、环境污染严重，缺乏低污染、高技术、高附加值的高端产业。

2. 产业内部存在的问题

除去产业间结构存在的问题外，在我国三次产业内部也存在着各种问题，其中最突出的就是产能过剩问题。近来，在经济周期和投资冲动等多重因素影响下，我国投资率不断提高，各行业产能持续快速扩张。但 2011 年下半年以来，随着经济增长速度明显下滑，各种产品的市场需求增长放缓，新一轮产能过剩矛盾凸显。

在微观理论层面，所谓产能过剩是指企业的实际产出小于其最优规模，即平均成本最低的产出水平。在实际研究中，产能过剩一般指产业的实际产能超过市场需求，超过正常期望水平的状态。

（1）产能过剩矛盾突出行业的主要特征。

无论是根据统计数据还是企业的反映，都能发现我国目前部分产业产能过剩矛盾突出。综合比较看，产能过剩矛盾突出的产业具有以下三个显著特征。

一是产品同质化程度。在企业已经成为投资主体的情况下，产品差异化特征明显、依赖品牌竞争的产业，由于受到市场需求的制约，即使政府有优惠政策企业也很难大规模投资。同质化程度高的产业产品，其竞争主要依靠价格，即使产业已经产能过剩，但由于后进者建厂成本低（技术进步快）、运营成本低（在优惠政策下可以降低成本、环保成本等），仍能形成竞争优势，因此会继续投资，造成进一步的产能过剩。

二是过多的政策优惠。为了调整产业结构，政府往往会确定一些战略性新兴产业并给予政策上的诸多优惠。在政策的导向下，一些地方一哄而上，不顾自身条件盲目吸引新兴产业进入市场，导致这些产业产能过剩。

三是由于国内或国外原因市场需求骤降。有些产业的产能过剩主要是由于市场形势变化，特别是经济周期波动造成的，这种产业的产能过剩呈现更多的周期性特征。

（2）产能过剩形成原因。

产能过剩问题虽然是市场经济条件下一个普遍性的现象，但中国当前产能过剩问题有其深刻的发展阶段和体制机制原因，是多种因素叠加的结果。

一是经济快速增长条件下企业对未来的乐观预期形成的过度投资。改革开放以来，中国经济一直处于快速增长的过程中，企业习惯了通过增加投资扩张产能实现发展的途径，特别是由于后发优势的存在，企业很容易对下一个有前景的产业形成共识，出现“一哄而上”的投资行为，从而导致这些产业的产能持续快速扩张。

二是经济发展阶段转换时期国内增长速度放缓与全球金融危机的双重影响，导致产能过剩矛盾在短期内凸显。

三是退出不畅加剧了产能过剩。在市场经济条件下，市场机制能够迫使效益差的企业主动退出市场，或被其他企业兼并重组，从而化解产能过剩的危机。但在我国当前经济条件下，这一机制不能得到有效发挥。

四是我国的财税体制以及地方政府的考核评价体系刺激了投资，要素市场化不彻底为地方政府的干预提供了便利。

如果产能过剩现象加剧，会存在集中爆发的风险，并且可能导致企业恶性竞争，使效益下降，存在企业大面积倒闭破产的经济社会风险。因此，产能过剩现象需要得到高度的关注与重视。

（五）中国产业结构升级的内在阻力

1. 路径依赖

中国是在经济基础极其薄弱的情况下开始现代化建设进程的，按照正常的经济发展规律，应该按顺序发展第一、第二、第三产业。因为第一产业效率提高了，有了分工才会有第二产业，第一、第二产业效率提高了，才有了对服务社会化的需求，才有了第三产业。同样，中国的经济发展也脱离不了这个规律。在改革开放初期，中国的生产力水平十分低下，必须尽快发展生产力，改善人民生活水平，缩小同发达国家的差距。由于当时非常缺乏资金、技术和人才，于是就创造性地利用了廉价劳动力的优势，大力发展第二产业尤其是制造业，主动参与国际分工以及承接国际产业尤其是制造业转移，抓住了重要的发展机遇，取得了举世瞩目的成就。中国在这一轮发展中，由于种种限制，未能取得既全面均衡又快速的发展，在全面均衡与快速之间，更加注重速度，抓住并充分发挥自己的比较优势，建立了自己的“不平衡优势”，使中国成为制造业大国，但不是制造业强国。中国企业总体上处在产业链的低端，占据了产业链中附加值最低的加工制造环节，成为替跨国公司赚钱的机器。不仅如此，由于中国制造业企业产能普遍过剩，加之缺乏向产业链高端拓展的能力，使得中国企业对充当跨国公司“代工”的角色产生了很大的依赖，短期内离开它们还很难“活”下去。在这种模式下所形成的思维方式、经营习惯、创新能力等都较大程度上制约了企业的转型升级。在这样的背景下，中国制造业企业的利润率非常低，企业的盈利能力低制约了员工收入的增长，从而又限制消费性服务业的发展，也制约了产业升级。

2. 体制障碍

自改革开放以来，中国的经济活动由中央政府主导逐步转变为中央与地方政府分权治理，其中地方政府成为地区经济发展的第一行动集团。为了调动地方政府的积极性，中央政府下放了部分权力，出台了一系列的政策，其中尤以财政体制最为突出。在这种财政体制之下，地方政府发展经济的积极性被充分调动起来，地方政府实际上成为一个个“大公司”，都把谋求本地财政收入最大化作为主要的目标。谋取财政收入最大化的途径主要有三种：一是努力发展地方税种，二是努力扩大财政支出，形成收支缺口，争取中央的转移支付；三是努力提高 GDP。在这三种途径中，前两种途径是地方政府与中央政府“博弈”以扩大“分钱”比重，第三种途径是扩大“分钱”的基础，即通过经济增长来扩大税源。地方政府的这三种增收途径与经济增长的质量、社会公平、民生工程等关联性很小。

此外，地方官员的任期制和事实上存在的 GDP 的政绩考核机制，使得地方官员主要关注任期内的 GDP 增长和“有钱花”，地方政府更加注重引进见效快的项目，更加关注短期的经济增长，更加热衷于“跨越式”发展，更加注重招商引资甚至自己融资投资，很少从长远考虑当地经济的可持续发展问题，很少真正关心民生、公平、创新、创造和企业竞争力的提升等“前人栽树，后人乘凉”的长远回报性工作。不仅如此，为了扩大税源，地方政府之间也展开了激烈的竞争，竞相出台优惠政策以吸引招商项目，采取市场保护措施以扶持本地企业发展。这一方面加剧了重复建设、产业同质化，另一方面导致了市场割据，降低了整个经济的活力与效率。

3. 思维僵化

在中国经济固有的发展模式中，逐渐形成了一种僵化的思维方式，这种在传统发展模式中形成的僵化思维实际上已成为产业升级的重要阻力。

第一，认为可以像推进工业化一样，去推进服务业的发展。有学者提出要像发展制造业那样大力发展第三产业，这其实就是一种僵化的思维。很多地方为了加快产业结构升级的速度，制定了量化的硬性指标，并以此作为考核地方官员的依据，以强调政府进行产业升级的决心。过分强调三产比重变化速度等短期指标的考核，会迫使地方政府行为短期化，会不利于产业结构持续优化，甚至会出现数据造假。实际上，政府应制定出台有利于服务业持续发展和竞争力持续提升的政策，弱化第三产业占比指标，这虽然有可能导致短期内不见指标的快速改善，但从长期看会逐步改善经济生态，发展到一定程度后会迎来第三产业占比指标的“起飞”，经济结构的问题将从根本上解决。如前所述，中国近年来第三产业的增加值增长实际上是很快的，由于第二产业同步快速增长才使得第三产业占比未能快速提高，如果制造业能进一步向高端发展，会大大促进生产性服务业的发展。实际上，发达的制造业与生产性服务业间的界线越来越模糊，高端制造业的发展会使得部分制造业的产出转成服务业的产出，这种“一加一减”状况的出现将是产业结构优化“起飞”的开始。近几年，许多地方为了融资及快速提升第三产业的比重，超常规发展房地产业，这的确快速提高了第三产业占比，但房地产快速发展之后必然会带来产业结构改善的“停滞”，以及一系列的经济社会问题。第三产业不同于第二产业，它的主要消费群体应该在国内，短期内也很难大规模走向国际市场。因此，不能像发展制造业那样大规模投资第三产业。在有效需求没有形成的情况下，大力增加第三产业产品的供给只会很快形成产能过剩。

第二，认为传统产业是低利润、低竞争力的夕阳产业，片面强调战略性新兴产业的发展。在这种思维下，许多地方没有充分发展好有特色的传统产业，根本不具备发展战略性新兴产业和高新技术产业的条件，就盲目进入这些产业，造成大量企业在这些行业"扎堆"，后果是大量企业在这些产业的低附加值环节"挣扎"。实际上，中国各地发展高度不平衡，大多数产业都有足够的发展空间，基本上各种产业都能找到适合自己发展的土壤。传统产业并不一定就没有竞争力，也不一定就是低利润。中国众多从事传统产业的企业竞争力弱、利润低并不是因为它们从事了传统产业，而是因为它们仅占据了价值链的低端环节。实际上，传统产业还有很大的发展空间，关键是如何提高价值链整合的能力。没有传统产业发展的积累，就没有发展战略新兴产业的基础，没有制造业的高度发展，就是"空心化"的服务业，不可能持续健康发展。

第三，认为供给可以驱动需求，忽视对第三产业的有效需求的培育。一个国家或地区的产业结构实际上是由需求结构决定的，而需求结构又是由分配结构决定的。在市场经济条件下，企业是趋利的，相信只要市场有需求，企业就会有动力供给，而有了动力，企业就会想方设法提高供给能力。政府根本不用操心企业为谁生产、生产什么、如何生产的问题。如果市场有对第三产业产品或服务的需求，企业自然会投向第三产业，如果没有这个需求，盲目投入第三产业只会造成新的浪费。长期以来，中国通过扶持、振兴相关产业来促进产业结构调整的效果并不理想，根本原因在于这些措施实际上是从供给而不是需求的角度来解决问题的。中国分配结构不合理，老百姓收入差距很大，抑制了对制造业与服务业的需求，制造业不强同样也不会产生巨大的生产性服务的需求。

第四，认为产业升级是宏观层面的问题，忽视企业升级能力、动力的培育。任何一个区域经济的可持续发展都是通过企业的微观发展来实现的，区域经济的转型升级也是建立在企业转型升级基础之上的。但长期以来，政界、学界都将注意力集中在产业或经济转型上，较少关注企业转型升级问题，从而导致企业转型的动力、能力均不足，制约了产业升级。以创新为例，中国已认识到企业整体创新能力不足制约了升级能力提升，但在如何提升企业创新力方面，却更多从宏观入手，忽视了微观主体动力体系的建设。

五、产业升级的内涵及测度

产业结构问题归根到底是一个资源配置的问题，是指各种生产要素在各个产业部门之间的配置构成方式。从量的方面来看，产业结构表现为各产业之间技术、劳动、资本的数量比例关系；从质的方面来看，产业结构表现为国民经济中各个产业技术素质的分布状态，包括技术水平、经济效益等分布状态。

发展经济学结构主义学派认为，在非均衡条件下，经济运行机制下存在着制度刚性与结构刚性，经济增长便是生产结构转变的一个重要方面（Kuznets，Luwis and Chenerty，1982）。现代经济增长表明，大量的资本积累和劳动投入固然是经济增长的必要条件，但其投入产出的效率和效益，即经济增长的质素却在很大程度上取决于经济结构状态。经济结构既是现实经济运行的具体体现，又是资源配置效果的深层反映。因此，必须通过结构升级，实现效益和质量提高的经济增长，形成结构效益型经济增长方式。在这一过程中，产业结构的升级必然要求通过产业调整，使产业结构效率和产业结构水平不断提高，使产业结构向着协调发展、技术进步和效益提高的方向、从低级水准向高级水准演化。

主流产业经济学者认为，产业结构升级主要包括三个层次的内涵：产业结构合理化、产业结构高度化、产业结构高效化（见图 3 – 14）。产业结构合理化主要是依据产业关联客观比例关系来调整不协调的产业结构，促进国民经济各产业间的协调发展。其主要表现为：一是产业之间的素质协调，即各产业之间不存在技术水平断层，不存在劳动生产率的强烈反差；二是产业之间比重协调，形成各个产业层次丰富、主次有序的组合。产业结构高度化是指遵循产业结构演变规律，通过创新，加速产业结构从低层次结构向高层次结构演进。产业结构高效化是指产业结构效率不断提高，由低生产率、低技术含量产业向高生产率、高技术含量产业演进，最终促使资源由低效产业向高效产业转移。

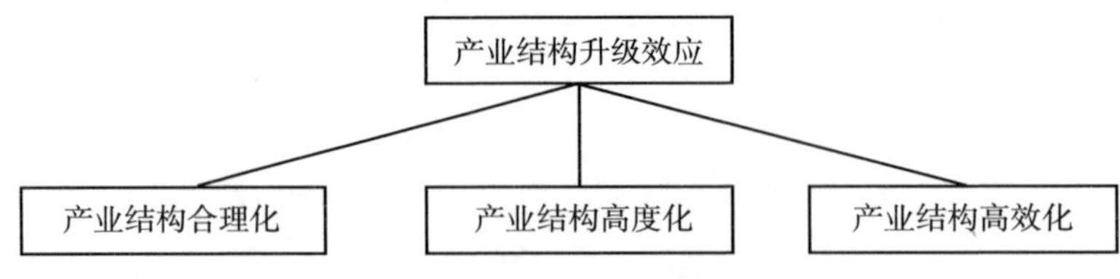

图 3-14 产业结构升级效应的内涵

产业升级的测度方法有很多种。国外学者运用霍夫曼系数、钱纳里标准结构方法，借助本国高质量数据来测算本国产业升级程度。中国学者在产业升级上主要借助指标法：用第三产业占 GDP 的比重衡量产业升级水平，用非农化水平来表示产业升级水平，用产业结构层次系数来测度和刻画产业结构水平；还有学者赋予第一、第二、第三产业不同的权重，然后乘以各自的比重水平加权后为产业升级指标。更为详细的是，有的学者在对产业升级进行定量测度时，采取 More 结构变动值和产业结构年均变动值测定产业升级的速率，采用产业结构超前系数测定产业升级的方向，这对产业升级测度更为精确。从主流产业经济学家们对于产业升级内涵的角度出发，我们将分三个层次来对产业升级测度进行说明。

（1）产业结构合理化。

产业结构合理化是产业结构高度化的基础，其首要条件是产业结构要满足有效需求，并与需求结构相适应。我们引入适应系数来反映产出结构对需求结构的适应能力，据此判断产业结构的合理化。

$$G_{it} = 1 - |S_{it} - D_{it}| / \max(S_{it} - D_{it})$$

其中，G_{it}表示第 i 产业在第 t 年的适应系数，其值域为［0，1］，它的值越接近 1，就表明该行业结构系统的产出结构越适应市场需求结构，即说明该行业结构系统越合理。S_{it}表示第 i 行业在第 t 年的产出（i=1，2，3，…，n），用各行业每年的总产值表示；D_{it}表示市场在第 t 年对第 i 行业的市场需求（i=1，2，3，…，n），用各行业每年的销售产值表示。

$$G_t = \sum_{it} [1 - |S_{it} - D_{it}| / \max(S_{it} - D_{it})] / n$$

其中，G_t 表示产业结构每年的合理化程度，即各行业的适应系数均值。

（2）产业结构高度化。

产业结构高度化是产业结构优化的重要表现形式，其主要表现在四个方面：一是产值结构高度化，我们用新产品产值占当年总产值的比例表示，该比例越高，说明产值结构越高级，因为它体现了该产业蕴含的较大的创新潜能；二是资产结构高度化，用高技术产业每年新增固定资产投资额占该产业每年新增固定资产投资额的比重表示，该比重越高表明高技术产业总资产份额越大，即说明资产结构越优化；三是技术结构高度化，用该产业 R&D 经费内部支出占主营业务收入的比例表示，比例越大，说明技术结构越高级；四是劳动力结构高度化，用该产业科研人员人数占科技活动人员总人数的比例表示，该比例越大表明劳动力结构越高级。以上四个方面作为产业结构高度化的单项指标，我们用 X_{it} 表示第 i 个指标在第 t 年的数值，同时为了更加科学地测度该产业高度化 4 个指标的综合表现，引入各个指标的权重，用 I_{it} 分别表示第 i 个指标在某时间段中排名赋值，排名越靠后赋值越大，赋值按照名次设为 1，2，3，4，…而这里的排名赋值即为各个指标的权重。最后我们把以上 4 个不同指标合成一个数量指标（公式如下），该指标越大表示产业结构越高级。

$$LIP = \sum_{i=1}^{i=4} (X_{it} \times I_{it})$$

（3）产业结构高效化。

产业结构高效化被认为是产业结构优化升级的首要和本质内容，对于它的测量仁者见仁、智者见智，最常见的是综合技术进步贡献率指数，它反映了新技术新发明在产业部门之间的推广和运用状况。其具体计算过程为：

$$E = \frac{V_t/N_t}{V_0/N_0}$$

其中，V 表示综合技术进步速度（根据生产函数推算），N 表示区域总产值；0 表示基期；t 表示末期。E 表示综合技术进步贡献率指数，其反映了整个区域经济的综合技术进步速度对经济发展的影响程度。其数值大于 1，说明技术进步所带来的产品量占社会总产品量的比重上升，即技术进步对经济发展的影响增大；数值小于 1，情况则相反。

本 章 小 结

本章主要介绍了中国对外直接投资和对“一带一路”共建国家直接投资现状，从发展历程、总体特点、存在的问题与发展趋势等方面进行论述，并详细地论述了各产业和对不同地区的投资现状，然后从总量分析、区域分布、行业分布等方面分析中国对“一带一路”共建国家的投资状况。通过本章的阐述与说明，能够直观深入地了解我国对外直接投资现状。产业结构方面分别阐述了中国产业结构的概况、发展历程和现状以及存在的问题。通过本章的阐述与说明，能够直观深入地了解我国产业结构发展状况，为后面的理论分析和实证研究提供事实依据与数据支撑。

第四章　OFDI 与产业升级的理论分析

进入 21 世纪以来，中国的对外直接投资（OFDI）呈现扩大趋势，伴随着“一带一路”倡议的实施，中国企业的对外直接投资面临新的机遇。2015 年 3 月，国家发展改革委、外交部、商务部联合发布的《推动共建丝绸之路经济带和 21 世纪海上丝绸之路的愿景与行动》明确指出：基础设施的互联互通是“一带一路”建设的优先领域、投资贸易合作是“一带一路”建设的重点内容。由此可见，“一带一路”倡议正日益成为中国企业对外直接投资的主要推动力。共建国家基础设施投资需求的不断扩大、投资环境的不断优化以及国家各种投资激励政策的不断推进，将促使更多的中国企业走出国门进行对外直接投资活动，并基于共建国家不同的要素禀赋差异和经济的互补性，使投资领域不断向高科技、高水平方向发展，为中国的产业升级提供更加广阔的平台和更加多元化的途径。

一、OFDI 对产业升级影响的理论分析

产业升级的正效应主要体现在一个国家通过对外直接投资，改造传统产业，延长产业的生命周期，摆脱相对劣势的产业，将其转移到东道国，进一步提高母国的产能利用水平，从而促进本国产业升级。国外学者在对外直接投资与母国产业二者之间关系及影响方面上的研究比较早，主要可以概括为四个阶段：

（一）“雁阵模式”阶段

1935 年，日本学者赤松要提出了“雁阵模式”，又称“雁行理论”，

该理论用于描述在同一国家中不同产业先后兴盛衰退的过程。随后他以“雁行”比喻日本国内产业“首先依赖进口引进技术，随后进行国内生产，发展到一定阶段后再进行出口，最后进行对外直接投资”的阶段。“雁阵模型”如图 4－1 所示，该理论很好地解释了对外直接投资实现国内低效产能向国外转移调整、促使日本国内产业升级的机理。

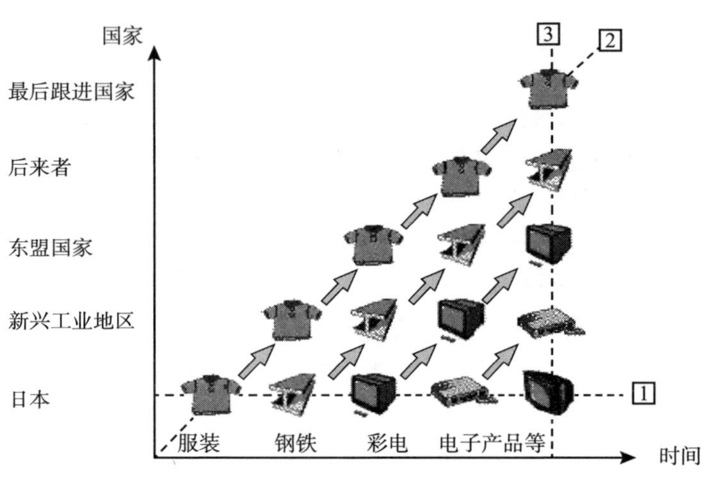

图 4－1 赤松要“雁阵模型”示意图

（二）“边际产业扩张”阶段

“二战”以后，尤其是 20 世纪 60 年代后，日本经济高速发展，不仅国内经济得到明显的复苏，国际直接投资也呈现出蓬勃发展的态势。日本学者小岛清对此提出了“边际产业扩张”理论。1978 年，在其代表作《对外直接投资》一书中提到，一国进行对外直接投资的目的是转移本国的边际产业（即母国正处于或即将处于比较劣势的产业），从而可以集中资金、人力和市场在母国发展具有比较优势的新兴产业，在带动国内产业升级的同时，可以促进国内产业产能进一步优化，使产能利用水平得到进一步提升。

（三）“产品生命周期”阶段

产品生命周期理论是美国哈佛大学教授雷蒙德·弗农（Raymond

Vernon）于1966年在其《产品周期中的国际投资与国际贸易》一文中首次提出的。他将产品的生产周期划分为起步、成长、标准化和衰退四个阶段，在产业发展的不同阶段，其产能利用水平也必然呈现“由较低水平开始，逐步达至顶峰，继而产能利用水平回落，最终出现产能过剩”的状态。该理论的贡献在于它揭示了一个国家内部的产业动态变化趋势，并指导一个产业在不同的发展阶段应通过怎样的对外直接投资实现进一步的发展。“产品生命周期”理论中的投资区位转移理论示意图见图4-2。

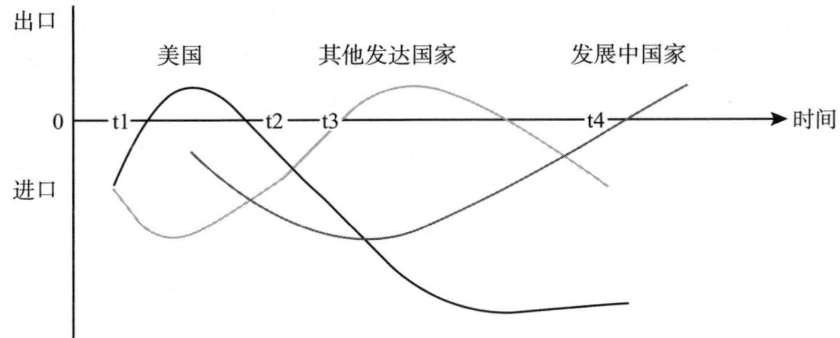

图4-2　弗农“产品生命周期”理论中的投资区位转移

（四）“技术创新产业升级”阶段

20世纪80年代中期以后，发展中国家OFDI出现了加速增长的趋势，值得注意的是一些新兴工业化国家的OFDI开始“逆向”流向发达国家，并成为当地企业有力的竞争对手。20世纪90年代，坎特韦尔（Cantwell）教授和其学生托伦蒂诺（Tolentino）对发展中国家的OFDI问题进行了深入的研究后提出了“技术创新产业升级”理论。该理论认为技术的发展是促进一个国家产业升级的重要因素，由于发展中国家的企业在新技术的研发方面并不具有“先发优势”，因此发展中国家主要是通过将国内具有相对比较优势的企业以OFDI的方式投资到具有技术优势的发达国家，从而引进发达国家先进的技术，进而促使国内技术进步，带动国内产业升级，达到提升国内产能优化的目的。

另外，一些学者将重点研究领域放在对外直接投资的选择模式和考虑因素上：根据邓宁的国际生产折中理论，综合巴克利等（Buckley et al.，2007）和拉马萨米等（Ramasamy et al.，2012）的研究，可以按照动机将对外直接投资分为四类：市场寻求型、资源寻求型、技术寻求型和战略资产寻求型。市场寻求型的企业进行对外直接投资时会更注重东道国的市场规模与发展潜力，以及是否拥有良好的投资环境，而这种类型的企业往往会采取新建投资的方式，这样可以付出较小的成本去占领东道国的市场；资源寻求型的企业更注重东道国的经济发展水平，对于经济发展水平较低而又拥有丰富资源的国家，企业往往会采取新建投资的方式；技术寻求型的企业会在自身实力允许的情况下对技术水平高的企业进行并购，以获取先进的技术；战略资产寻求型企业更加注重提高企业知名度，所以在其对外投资的过程中，更多的是采取跨国并购的方式，以获取品牌、管理方法及营销网络等。因此，决定企业对外直接投资方式的重要因素包括东道国经济发展水平与技术、市场规模与潜力以及企业自身的优势。图 4－3 展示了 OFDI 过程中的考虑因素以及对产业升级的具体路径。

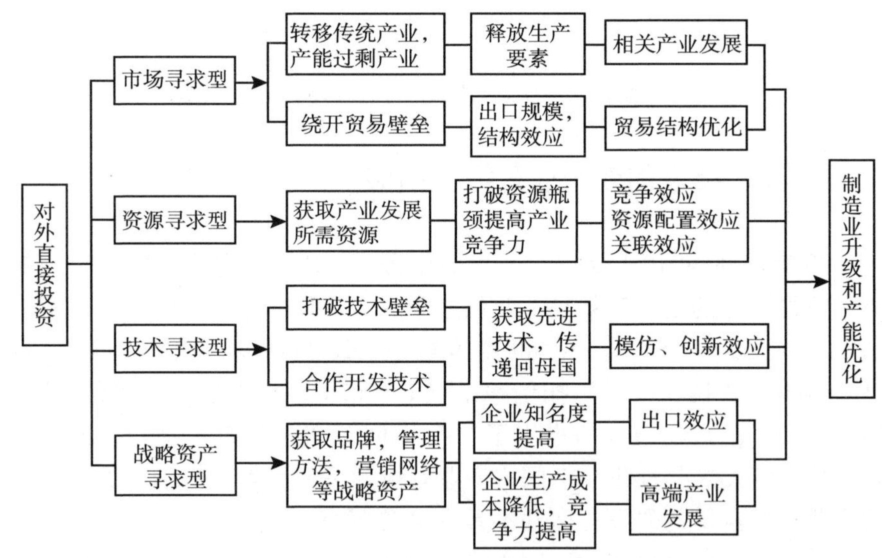

图 4－3　OFDI 对产业升级和产能优化传导

从前面的理论介绍和图 4－3 的分析可得，一国进行对外直接投资的动机主要出于扩大市场、寻求资源、技术升级和提升战略资产（品牌）四个方面的考虑。母国企业在对外直接投资过程中，若出于市场寻求的考虑，会利用与东道国的贸易互惠条件，规避贸易壁垒风险，且在这个过程中可以将在国内市场饱和的产业产能转移到东道国，促进国内产业结构升级的同时，也为东道国带去相对先进的产业；若出于寻求资源（自然资源、人力资源）考虑，母国企业通过 OFDI 方式进入东道国市场，可以以更低廉的价格获得当地存在比较优势的资源，从而打破资源瓶颈，提高产业竞争力；技术寻求型企业会在 OFDI 过程中利用技术溢出效应，学习东道国先进的制造技术和生产经验，继而效仿、创新，不断提升企业和行业的技术水平；而战略资产寻求型企业会将获取品牌、管理方法、营销网络等放在首位，致力于在国外市场提升企业的知名度和竞争力，在出口效应的推动下，带动产业链向上游发展，刺激高端产业的发展。总之，不论出于哪一种对外直接投资的动因选择，母国产业 OFDI 的确可以从多个方面最终促使产业升级并有效化解国内过剩产能。

在分析近年来我国产业现状特点的基础上，引出产业产能优化的概念和国际界定标准，并详细论述对外直接投资的相关理论。根据这些传统的理论框架，结合以前学者的研究，得出不同动因选择下的对外直接投资模式都会有限提升母国产业产能，并在这个过程中使东道国的相关产业得到发展。

本书将对外直接投资按动机分为四种：自然资源寻求型、市场寻求型、战略性资产寻求型、效率寻求型。区分不同类型对外直接投资的产业升级效应分析如下：

（1）自然资源寻求型。

自然资源寻求型对外直接投资至少可以从两个方面促进母国产业升级：第一，各国在产业发展过程中都会碰到资源瓶颈问题，一些关键性资源的缺乏会对产业发展形成约束，当国内资源不足时就需要通过贸易或投资的方式从国际市场获取，但国际能源市场价格及各国汇率的频繁波动并不利于通过贸易方式来购买国内所需资源，而对外直接投资则可以获取对国外优质资源的控制权，并通过内部交易和转移价格的方式有效避开价格波动，从而获得相对稳定的资源供给，关键性资源得到稳定的供给才能保障相关产业的发展。第二，自然资源类行业一般指煤炭、金属、石油、农业等，这类产业层次较低，对生态环境的副作用大，且需要大量资金和劳动力投入，对这类产业的过度投资不利于产业结构的优化升级。如果能够正确引导相关企业进行对外直接投资，在获得资源的同时，还能为国内其他行业的发展提供空间。

（2）市场寻求型。

对于在海外已经拥有一定市场份额的跨国企业，为了给用户提供更多的服务，巩固和扩大市场份额，它们会选择在当地直接投资生产；对于以开辟新市场为目的的企业，通过对外直接投资占领当地市场，增加竞争者进入新市场的难度，从而使企业在产品生产初期就能获得领先优势，得到丰厚的利润；而当存在贸易壁垒或公司业务是提供某种不可交易的服务时，市场寻求型对外直接投资甚至成了跨国公司海外市场扩展的唯一途径。由以上分析可知，市场寻求型对外直接投资可以通过以下途径促进国内产业升级：第一，根据边际产业扩张理论，一些在国内已经失去竞争优势的产业，在发展水平低--层次的国家还具有一定比较优势，产品有一定市场，通过对外直接投资将这类产业转移出去，既能通过国外市场获取利润，还能为国内有竞争优势的产业让出资源，带动优势产业发展，促进国内产业升级；第二，市场寻求型对外直接投资可以灵活地绕开贸易壁垒，进入当地市场，并通过带动相关产品和服务的出口来促进贸易结构升级，从而起到优化产业结构的效果。

（3）战略性资产寻求型。

战略性资产寻求型对外直接投资的特点决定了其对母国产业的影响：第一，技术、研发和创新能力等战略性资产的获取无疑会对母国产业升级起到促进作用，跨国公司在发达国家获得的先进技术可以通过内部传递和外部溢出两种方式逆向转移至母国，进而促进母国企业、产业和国家整体技术水平的提升；第二，品牌、销售网络等战略性资产的获取能够提高企业知名度，增加产品出口，通过出口拉动产业发展；第三，战略性资产寻求型对外直接投资一般流向发达国家，在激烈的竞争环境下，企业自身经营能力会得到提高，并通过示范效应和竞争效应对母国同类产业及关联产业产生影响，从而促进母国产业升级。

（4）效率寻求型。

效率寻求型对外直接投资是指跨国公司为了利用国外相对廉价的原材料、土地和劳动力等各种生产要素，或是为了减少运输成本、降低汇率变动影响、逃避关税等，从而达到降低成本和提高生产效率的一种投资。基于这种动机的外商直接投资主要来源于发达国家或发展水平较高的发展中国家。一般来说，发达国家在技术密集型和资本密集型产业方面具有比较优势，发展中国家在劳动密集型产业方面具有比较优势，发达国家通过效率寻求型对外直接投资把生产过程的不同阶段放在成本相对较低的国家，劳动密集型产业的转移在一定程度上优化了产业结构。随着中国经济的发展，国内各种生产要素的价格都有了大幅提高，不少传统行业出于成本压力将生产转移至生产成本更低的东南亚国家，这种顺梯度的产业转移符合国内产业转型升级需要。

二、“一带一路”倡议实施对中国 OFDI 影响的理论分析

建设“新丝绸之路经济带”和“21 世纪海上丝绸之路”的倡议是习近平主席于 2013 年 9 月和 10 月分别提出的，2013 年 11 月，党的十八届三中全会通过了《中共中央关于全面深化改革若干重大问题的决定》，正式将“推进丝绸之路经济带、海上丝绸之路建设，形成全方位开放新格局”作为统筹中国全面对外开放的国家战略，此后，经过一年多的准备和酝酿，2015 年 3 月，国家发展改革委、外交部、商务部联合发布的《推动共建丝绸之路经济带和 21 世纪海上丝绸之路的愿景与行动》，为中国企业指明了进行全方位、多元化国际合作的方向。“一带一路”倡议的实施，为共建国家和地区所蕴含的贸易、投资等发展潜力转化为我国产业海外发展的机遇和空间提供了可能。在中国日益成为资本输出大国的情况下，“一带一路”倡议将成为中国企业走出国门、优化经济空间格局、提升国际竞争力的主要推动力。

（一）“一带一路”倡议引致中国对外直接投资理论分析

裴长洪和樊瑛（2010）提出中国的对外直接投资行为应该用“国家特定优势”来解释，这与经典的国际投资理论所阐述的核心观点“企业特定优势”有所不同。发达国家的对外直接投资主要依靠企业自身特定优势进行，政府的作用主要是创造良好的投资环境和提供法律法

规的保障，而中国企业在自身优势较弱的情形下，政府就要发挥组织和引导企业进行对外直接投资并在投资过程中提供服务和保障的职能。与其他国家不同，中国政府作为政策制定者和公共服务提供者，会形成自身的国家特定优势，这种国家特定优势在企业“走出去”过程中发挥着巨大作用。“一带一路”倡议由国家领导人提出并逐步发展成为引导中国企业加强开展对外经济与贸易，发展多边经贸体系，进而打造开放、包容、均衡、普惠的区域经济合作架构的国家政策方针，“一带一路”倡议的提出，充分体现了我国企业所拥有的“国家特定优势”，政府部门通过“一带一路”倡议为企业“走出去”提供了政策支持、金融保障、咨询服务、人才输送、税收减免等一系列优惠政策，对于加强我国对外投资企业的竞争优势，进而凝聚成产业集聚群，并进一步推动产业升级产生重要影响，因此中国企业对“一带一路”国家的直接投资应该是在“国家特定优势”的积极推动下进行的。

首先，自“一带一路”倡议提出与实施以来，我国多部门采取各种措施促进企业积极参与国际直接投资。签署双边或多边投资保护协定，实现共建国家法制协同，为海外投资企业创造良好的法律环境，通过建立海外投资咨询、指导、服务机构及完善相关制度，为企业提供强大的信息服务与政策支持。此外，全国众多的专家学者加入“一带一路”倡议研究，对于企业“走出去”过程中的风险评估、战略选择与发展规划做出重要的理论指导，我国还对向“一带一路”国家直接投资的企业采取不同程度的财税减免与补贴政策，对于降低企业成本、优化资源配置、获取战略资源起到了积极的促进作用，亚投行的建立，也为企业提供了良好的融资渠道。因此，“一带一路”倡议作为国家特定优势，在企业开展对外直接投资时，会产生不同程度的引导与促进作用。

其次，“一带一路”共建国家以发展中国家为主，它们的自然资源储备较为丰富，但经济发展相对落后，缺乏相应的能源资源开采设备，基础设施建设条件也不完备。“一带一路”倡议的提出与实施，有利于共建国家引进技术与设备，改善基础设施，提高本国人民生活水平，进而促进经济快速发展。对于我国来说，共建国家具有良好的区位优势：第一，“一带一路”共建国家中的亚洲国家较多，与我国的地理距离较近，极大地减少了企业开展对外直接投资的运输成本，而且亚洲国家间拥有相似的发展经历，彼此间的文化差距也较小，在进入东道国生产运营时，可以减少因文化传统与生活习俗差距而引起的摩擦；第二，共建国家对于“一带一路”建设充满热情，与我国积极协商相关投资与贸易问题，主动减少投资壁垒，制定各项政策保障我国对外投资企业顺利开展工作，这对于开创“和平、繁荣、开放、创新、文明”的投资之路具有重要的推动作用。

最后，通过分析我们得出，我国企业对“一带一路”共建国家开展直接投资，是在国家特定优势的推动下进行的，这对于我国来说，具有鲜明的独特性与创新性，充分体现了我国社会主义的优越性，我国企业要充分利用“一带一路”倡议所带来的便利性与竞争力，结合自身特点与优势，通过对外直接投资扩大企业规模、提高技术水平进而实现转型升级。

“一带一路”倡议引致中国对外直接投资传导机制如图 4－4 所示。

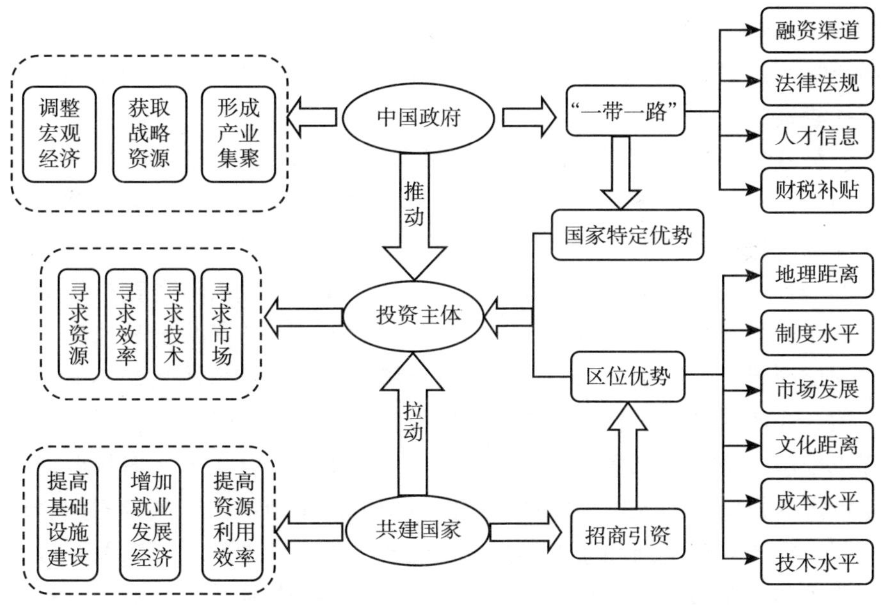

图 4－4　“一带一路”倡议引致中国对外直接投资传导机制

（二）“一带一路”倡议实施为中国企业 OFDI 提供助推力

1. “一带一路”倡议拓展了我国企业对外投资的新空间

长期以来，学者们一直提倡统筹利用国际和国内“两个市场、两种资源”的战略思想，而“一带一路”倡议的实施恰好为我国企业“走出去”提供了更加便捷的途径。从 2008 年起，中国对“一带一路”共建国家的投资一直呈现快速增长的态势。2013 年提出“一带一路”倡议以后，中国企业对“一带一路”共建国家的对外直接投资快速增长，共建国家日益成为中国对外投资的重要目的地。2014 年，中国对“一带一路”共建国家和地区的投资流量为 136. 6 亿美元，直接投资存量达 924. 6 亿美元。统计表明，2003 年至 2014 年期间，中国对“一带一路”共建国家的直接投资流量年均增长率达到 53%，高于同期对其他国家投资的增长率；2014 年，中国对“一带一路”共建国家的直接投资存量占中国对外直接投资存量总额的比重由 2003 年的 3. 96% 提高到 10. 5%，比 2003 年增长了近 70 倍，可见“一带一路”倡议对中国对外直接投资的促进作用。

从共建国家的不同区域和经济发展水平来看，“一带一路”倡议为中国企业对外投资提供了不同的投资机遇和投资空间。从中国对共建国家和地区的投资规模来看，处于首位的是东南亚地区；从对共建国家投资的增速来看，增速最快的是中亚地区，2003 ~ 2013 年间直接投资流量的年均增长率高达 69%，远远高于对其他地区投资的增长速度。从国家层面看，不同国家和地区由于其经济发展水平和资源禀赋不同，为中国企业的对外直接投资提供了不同的投资空间。从北亚地区看，2014 年末中国对俄罗斯和蒙古国的投资存量高达 124. 6 亿美元，对俄罗斯和蒙古国的投资已列入中国对共建国家投资的前十位。由于其丰裕的资源禀赋，中国对俄罗斯和蒙古国的投资主要集中在能源开采、矿业开发和产业的加工制造上；东南亚是“一带一路”共建国家吸引中国投资最多的地区，2014 年中国对东南亚地区的直接投资为 78. 72 亿美元，投资存量高达 476. 5 亿美元，其中，新加坡是吸引中国对外直接投资最多的地区，2014 年末，中国对新加坡直接投资存量高达 206. 4 亿美元。目前，中国在东南亚地区的投资主要集中在矿业开发和电力、热力的供应。中西亚国家与中东国家与我国有着良好的经贸合作基础，这一地区油气资源丰富，但基础设施与产业基础薄弱，中国对中西亚与中东地区的投资主要集中在能源开采、运输通信服务、机械产业等行业。21世纪以来，中国对中东欧地区也加大了投资力度，投资领域包括交通基础设施建设、通信设备产业、化工行业和金融业等，并且在波兰、白俄罗斯建立了商贸物流园和工业园，为中国企业的对外直接投资提供了重要的平台。

伴随着“一带一路”倡议的不断深化，中国与共建国家的合作层次和合作范围都会得到进一步提升。共建国家和地区要素禀赋富裕、互补性强，经济发展具有巨大的市场潜力。国家对中国企业和共建国家合作的统筹协调不断推进，为中国企业在这些国家的投资创造了良好的投资环境，为中国战略资源的保障能力的提高提供了机遇，为中国提升产业竞争力提供了便捷途径。

2. “一带一路”倡议提供了抢占新一轮产业国际竞争制高点的新契机

国际金融危机对国际贸易和跨国直接投资产生了巨大冲击，使经济增速进入下行周期，全球经济进入了新一轮调整期，增长模式、产业结构、治理格局、货币体系等都出现了许多新的变化。在应对国际金融危机过程中，美、欧、日等发达国家和主要新兴市场国家纷纷加大在新能源和节能环保等领域的技术研发投入与产业化进程，抢占未来技术进步和产业发展的战略制高点，积极培育新的经济增长点。2012年，英国提出了基于创新的“第三次工业革命”概念，2013年4月，德国相关产业部门合作设立了“工业4.0平台”，并向德国政府提交了平台工作组的最终报告——《保障德国产业的未来——关于实施工业4.0战略的建议》，具体阐述了“工业4.0”的含义和方向，从而被世界公认为第四次工业革命，其目的在于支持工业领域新一代革命性技术的研发与创新，保持德国产业的国际竞争力。新一轮科技革命和产业变革为我国加快经济增长方式转变形成了历史性交汇，我国必须抓住当前机遇，利用创新驱动实现中国制造向中国创造的转变，打造具有国际竞争力的产业。这就要求我国的产业发展必须坚持“创新驱动、质量为先、绿色发展、结构优化、人才为本”的方针，一方面深入推进创新驱动的发展战略；另一方面要通过产能合作，优化生产要素投入结构。在新一轮国际科技革命和产业变革的背景下，抢占产业国际竞争的制高点。

三、“一带一路”倡议下中国 OFDI 与产业升级的机制分析

“一带一路”共建国家和地区蕴含着巨大的贸易、投资发展潜力，“一带一路”倡议的实施，为我国产业海外发展提供了更为广阔的空间。在中国日益成为资本输出大国的情况下，“一带一路”倡议将成为助推器，推动中国企业可以更多地走出国门，从而优化国内经济空间格局、提升国际竞争力。

（一）OFDI 与产业升级关系的理论分析基础

从世界范围看，当代的对外直接投资主要是由跨国公司推动的。企业通过对外直接投资，可以获取先进技术、国外市场，优化产业结构，从而解决企业发展过程中的资源、技术、市场等瓶颈问题，促进产业升级。因此，世界范围内经济开放和跨国公司对外投资共同作用形成了一国产业升级的路径之一。西方学术界对于对外直接投资与母国产业升级之间关系的研究，成果非常丰富。早期从事对外直接投资研究的学者，都是从发达国家的视角出发，研究发达国家对外直接投资的产业选择、方式选择、区位选择等内容。20 世纪 80 年代以来，发展中国家对外直接投资逐步兴起，针对发展中国家对外直接投资的研究不断增多，学者们开始探讨发展中国家对外直接投资对于母国产业升级有何种作用。

1. 发达国家 OFDI 与母国产业升级的关系

对外直接投资与产业升级是世界经济发展历程中的长期、动态的发展趋势。对发达国家 OFDI 与产业升级的关系，西方国际投资理论从产业选择、方式选择以及区位选择等不同角度进行了分析。

（1）产业选择。

阿瑟·刘易斯（Lewis，W. Arthur）最早从发展经济学的角度分析发现，“二战”以后一些发达国家将某些劳动密集型产业转移到发展中国家，并从发展中国家进口劳动密集型产品的现象，提出了劳动密集型

产业转移理论。刘易斯认为，发达国家由于人口自然增长率的下降，导致非熟练劳动力不足，引起劳动力成本上升，其劳动密集型产业的比较优势逐步丧失，于是发达国家将部分劳动密集型产业转移到发展中国家，加快国内产业结构升级。美国学者弗农（Raymond Vernon）在其产品生命周期理论中，分析了企业根据自己所生产产品生命周期的不同发展阶段来确定是否将该产业进行对外直接投资。弗农认为，在产品成熟阶段，产品竞争趋于激烈，企业可以进行对外投资，将部分产业转移到国外从而降低生产成本，这有利于国内企业进行新的技术研发和产品研发，带动产业升级。日本经济学家赤松要（Kaname Akamatsu）和小岛清（Kiyoshi Kojima）则提出了概括日本国内对外直接投资和产业升级关系的“雁阵模式”和对外直接投资理论的“比较优势论”，说明了日本将已经失去或即将失去比较优势的产业通过投资和技术转移的渠道向外转移，并进而确立国内更高级的产业结构。

（2）方式选择。

在贸易和投资方式的选择上，利普西（Lipsey）和韦斯（Weiss）论述了一国企业的对外直接投资和对外贸易之间的关系，认为 OFDI 可以促进和带动母国相关产业的产品出口，从而进一步促使投资国加大对外直接投资的力度，随着 OFDI 母国进出口商品结构的优化，从而带动投资国产业结构的升级。小岛清的边际产业转移理论也提出了贸易和投资互补的关系。小岛清认为，一国企业对外直接投资，只要从其处于或即将处于比较劣势的边际产业开始，就会带动东道国从投资国进口更多的机器设备和相应技术，从而使投资国出口增加。根据小岛清的边际产业扩张理论，建立在边际产业转移基础上的对外直接投资，将会引致投资国国内产业结构的调整和升级。与之相对，从宏观层面上回答贸易和投资关系问题，另外一位有突出贡献的学者是罗伯特·蒙代尔（Robert Mundell），他在要素禀赋理论的假设前提下证明了贸易和投资的替代关系。蒙代尔认为，存在国际贸易壁垒的情况下，如果直接投资企业始终沿着特定的轨迹实施跨国直接投资，那么这种跨国直接投资就能够在相对最佳的效率或相对最低的生产要素转换成本的基础上，实现对商品贸易的完全替代。而在追求最佳效率或最低成本的过程中，企业通过 OFDI 实现了资源的优化配置，从而可以帮助母国确立更高级的产业结构。

（3）区位选择。

对外投资的区位选择研究的是对外投资过程中的产业布局和产业关联问题。当企业生存和发展的条件与方式变化时，必然促使企业对于自身的区位选择发生改变，从而进行对外直接投资进而优化资源配置。

杜能（Johan Heinrich von Thunen）是现代西方工业布局理论的先驱者[①]。他认为成本和价格是确定生产布局的决定因素，进而得出了生产布局的原则和措施：以城市为中心，根据产品运往城市所需的运费，从而在生产布局上形成许多有规则的、界限明显的同心圈境。韦伯（Alfred Weber）认为工业区位的动力是最小成本的问题[②]，因而一切经济活动怎样进行和在什么地方进行都应受到一定规律的支配。韦伯将杜能创造的抽象模型演绎的研究方法应用于工业区位的研究，将工业区位的影响因素分为两类：一类是影响工业分布于各个区域的“区域性因素”；另一类是在工业的区域分布之中，把工业集中于某地的“集聚因素”。两类因素共同构成了影响一切工业的一般因素和影响某些工业的特殊因素，据此韦伯回答了给定一个生产单位的最优生产地选择问题。德国经济学家勒什（Losch）着眼于最低的成本和运费，提出了市场区位理论。他认为企业在空间选择区位，不是寻求费用最低点，而是寻求利润最大点。古典区位理论采用静态局部均衡分析方法，以完全竞争市场结构下的价格理论为基础来研究单个厂商的最优区位决策：企业在进行区位决策时，必须考虑与市场的接近程度、生产成本、运输成本等因素，因此，古典区位理论本质上认为产业的区位选择是企业追求利润最大化的自我趋利行为，当上述影响产业区位决策的因素发生变化时，必然会通过对外直接投资进行相关产业的转移，而这种产业转移之后，企业的逐利行为必将推动企业进行新的技术研发和新的要素配置，从而带动母国的产业结构优化和升级。

区域经济学者把产品生命周期理论引用到区域经济学中，从而建立起产业梯度转移理论。该理论认为，创新活动所包括的新产业部门、新产品、新技术、新的生产管理和组织方法等大多发源于高梯度地区，以后随着时间的推移和产品生命周期的变化，会通过对外直接投资的方式

① 约翰·冯·杜能：《孤立国同农业和国民经济的关系》，商务印书馆2009年版，第10页。

② 阿尔弗雷德·韦伯：《工业区位论》，商务印书馆2009年版，第13页。

逐步由高梯度向低梯度地区转移。根据梯度转移理论，每个国家和地区都处在一定的经济发展梯度上，处在高梯度上的区域，经济发展的关键在于不断创新，通过发明新产品，建立新产业，通过产业结构升级保持该区域在技术上的领先地位。处在低梯度上的区域，首先应该发展那些具有较大比较优势的初级产业和劳动密集型产业，积极引进外资和先进技术，通过接受从高梯度区域转移出来的产业来加速区域经济发展，进而从较低的经济发展梯度向上攀登，最终进入发达区域行列，从而实现国内的产业结构高级化。由此可见，由于国家和地区之间产业技术发展的水平差异、要素禀赋的构成差异以及产业结构变迁的时间差异的存在，构成了国家和地区之间通过对外直接投资进行产业梯度转移的基础，处于产业发展高梯度区域的国家和地区必然会将失去竞争优势的产业转移到相对处于优势的梯度区域的国家和地区，从而通过技术创新、管理革新等方式确立国内更高产业结构水平。

2. 发展中国家 OFDI 与母国产业升级的关系

20 世纪 80 年代以来，伴随着发展中国家对外直接投资活动的不断兴起，学者们对于发展中国家对外直接投资与国内产业升级关系的研究也开始出现。20 世纪 80 年代，随着发展中国家对外直接投资蓬勃发展，研究发展中国家对外直接投资与产业升级关系的理论也随之出现。刘易斯·威尔斯（Louis T. Wells，1977）在其《发展中国家企业的国际化》一文中提出了“小规模技术理论”，他指出，发展中国家的竞争优势来源主要表现在三个方面：一是拥有为小市场需求服务的劳动密集型小规模生产技术；二是在国外生产民族产品；三是产品低价营销战略。威尔斯把发展中国家对外投资企业的竞争优势与这些国家自身的市场特征相结合，分析了经济相对落后的发展中国家在国际化初期如何运用自身的竞争优势参与国际市场竞争。发展中国家通过直接投资对外拓展，带动本国民族产业发展，从而带动国内产业发展和产业升级。拉奥（Lall，1983）在对印度跨国公司的竞争优势进行分析时，提出了技术地方化理论，研究指出，印度作为发展中国家，其通过对发达国家的对外直接投资活动获得了发达国家的先进技术，通过对这些技术的改造、消化、吸收和创新活动使技术本土化，使之更加符合发展中国家的经济条件和需求条件，从而通过技术进步带动国内经济发展和产业水平提高。英国学者坎特维尔和托伦蒂诺（Cantwell & Tolentino，1990）在研究 20 世纪 80 年代以来发展中国家对外直接投资加速增长的趋势时，提出了发展中国家对外直接投资技术创新升级理论。他们的研究指出，技术创新是一国经济发展的根本动力，技术积累对任何国家都具有促进经济发展的作用。与发达国家不同，发展中国家企业在技术创新方面的优势主要是利用特有的学习经验和组织能力，掌握和开发现有的技术。因此，随着发展中国家通过对外直接投资活动所带来的技术创新和技术积累效应的发挥，发展中国家产业分布和地理分布也会发生变化，进而实现国内的产业结构优化。利克鲁（Lecraw，1993）考察了 1986 ~ 1990 年印度尼西亚跨国企业的对外直接投资活动，发现通过对外直接投资，印度尼西亚企业所获得的投资收益变现为：一是对国际市场的占领，即扩大了市场范围，使国内市场经营获得了国际延伸；二是通过对外直接投资获取了东道国先进的技术和管理技能，一方面带动了母公司产品的出口，另一方面带来了母公司产品的升级和优化，从而带动了国内产业调整。马修斯（Mathews，2006）提出了发展中国家对外投资的“3L”理论，其分别是指 Linkage、Leverage 和 Learning，即资源联系、杠杆效应和“干中学”效应。发展中国家的跨国公司通过对外直接投资行为与发达国家建立资源联系，并且通过杠杆效应和“干中学”效应，获得发达国家跨国公司的战略资源、先进技术、管理经验等，通过这些先进要素获取竞争优势从而带动母国国内产业结构的优化和升级。萨尔瓦多等（Salvador et al.，2005）以爱尔兰作为研究对象，分析了对外直接投资对母国产业结构调整的促进作用。他们通过实证研究发现，对外直接投资确实可以起到促进母国产业结构升级的作用。

2015 年 3 月中国发布《推动共建丝绸之路经济带和 21 世纪海上丝绸之路的愿景与行动》后，“一带一路”倡议背景下中国对这些国家和地区的对外直接投资问题成为学者们研究焦点之一。杨英和刘彩霞（2015）构建了中国产业结构升级指标，运用回归模型对中国对“一带一路”沿线 64 个国家和地区的直接投资进行实证分析，结果显示中国对“一带一路”沿线国家和地区的直接投资对国内产业结构优化和升级并未带来显著影响。刘瑞和高峰（2016）提出在“一带一路”倡议背景下，中国可以运用对外直接投资和进出口贸易在“一带一路”沿线国家进行国际化经营，以此来化解我国国内的产能过剩。李春梅和李翼宏（2016）年研究了对“一带一路”沿线国家战略投资的有利条件和不利条件，提出了通过对“一带一路”沿线国家的对外直接投资促进我国产业结构调整的战略和对策。

综合以上分析，我们可以看出，针对OFDI对母国产业升级影响的研究绝大多数认为对外直接投资可以促进母国产业升级，两者之间存在正相关的关系。但是，这些研究大多进行的是实证分析，对于对外直接投资对母国产业升级的影响的研究尚未形成独立的理论框架。在“一带一路”倡议背景下，对共建国家的直接投资会为母国带来何种影响，是否会带来产业结构的优化、技术水平的提升和就业质量的改变等，尚无理论进行系统的说明。因此，上述理论研究一方面为我们对外直接投资的产业结构升级效应打开了大门；另一方面，在OFDI对母国产业结构影响等问题的研究方面还具有一定的局限性。对“一带一路”共建国家的对外直接投资行为对母国产业升级会产生何种影响，在空间上的作用机理如何，有待于我们进一步研究。

3. OFDI产业升级效应的影响途径

一般情况下，当一国经济的总量增长持续一定时间后，原有经济的内部结构和外部环境都会发生变化，由此产生既有结构的失衡。这时，如果结构得到适时调整和跟进，则在经济增长方式上就具有了总量增加基础上质量提高的集约化渐进特征。而这种阶段性的结构调整和变动，就是资源的转移和再配置的过程。

在经济全球化不断加深的背景下，健全完善的市场机制和贸易投资的便利化措施使得资源的转移和再配置有了导向性和可能性，国际产业转移便成为影响各国产业结构调整的基本途径之一。产业结构升级过程实质上更多地受到政府产业政策调整或影响产业结构变化的相关因素的影响，实现资源的优化配置，推进产业结构的合理化、高度化、高效化发展，而承接国际产业转移恰恰是影响各种与产业结构变化相关因素的重要途径，因而可以通过承接国际产业转移来实现承接国的产业结构升级。其机理如图4－5所示：一国产业结构受到供给因素、需求因素和环境因素等各方面影响，从而决定了一国产业结构在某些方面需要进一步调整和改善。通过OFDI，可以直接调整影响国际产业转移国家的产业结构的决定因素，如技术进步、资源和要素的投入总量和结构等因素，进而通过产业间的关联效应、扩散效应、结构开放效应等实现投资国产业结构的合理化、高度化和高效化，带动OFDI

投资国的产业结构升级。

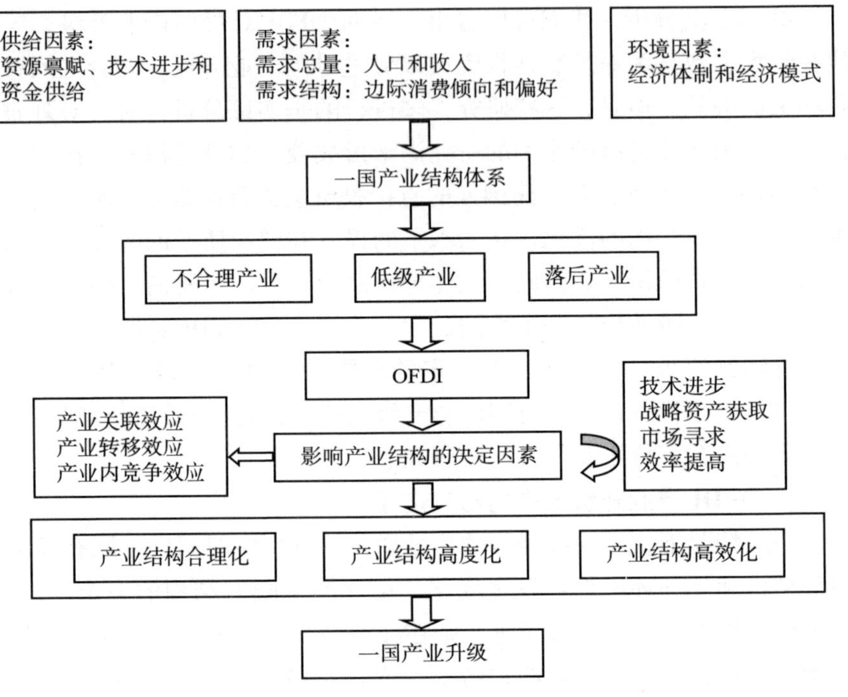

图 4-5　OFDI 产业升级效应的影响途径

（二）“一带一路”倡议促进中国产业结构升级理论机制分析

产业结构升级是指三次产业的比例变化和生产要素的配置效率提高，因此要实现产业结构升级，必须通过一定的传导机制作用于地区三次产业的技术提升和生产要素效率提高。“一带一路”倡议是中国开展对外经济与贸易、加强与共建国家交流合作的重要平台，而与共建国家的贸易、投资和交流合作又促进了地区技术和效率提升，进而作用于产业比例和要素分配，实现产业结构升级。下面分别从技术提升效应、产业转移效应和产业发展效应分析“一带一路”倡议的产业结构升级效应传导机制。

1. 技术提升效应

通过参与“一带一路”建设可以促进企业积极开展对外贸易和投

资，而出口和对外直接投资都可以通过技术溢出和学习效应提高企业的生产技术，进而实现技术水平的整体提高。根据梅利兹（Melitz，2003）异质性企业贸易理论，出口贸易可以通过“选择效应”促进企业生产率的提高，而一般贸易下出口商品的种类越多，越有利于企业生产率的提高，因此参与“一带一路”建设可以通过增加出口贸易提高企业生产率，进而实现产业结构升级。而进行对外直接投资的企业也可以通过跨国并购的方式将国外先进技术内部化，通过技术提升促进产业结构升级，然而“一带一路”共建国家中有一部分为经济比较落后的发展中国家，技术水平比较低，中国进入这些国家开展对外直接投资主要以绿地投资为主，因此通过对外直接投资促进产业结构升级的效应可能较小。此外，参与“一带一路”建设也可以通过人文交流和科技教育领域的合作提升技术水平，进而提高三次产业生产发展的效率，这对于产业结构升级具有直接的促进作用。与共建国家签订友好城市协议，可以与其他国家相关城市开展科技、教育、文化等多方面的合作和交流，从而提高本国的技术水平；中欧班列可能通过其独特的便利性与运输量而促进中国附加值较高的中间产品出口，进而使这些产品的生产厂商通过协议购买和模仿学习的方式吸收先进的技术，最终促进企业创新；位于“一带一路”倡议节点和枢纽的城市是国家“一带一路”建设的重点实施对象，可以通过独特的地理和资源优势，借助“一带一路”平台提高城市技术水平进而实现产业结构升级。

2. 产业转移效应

当前随着“一带一路”倡议的提出与实施，将中国产能发展优势产业与共建国家进行合作，以推进其基础设施建设，同时也可以促进中国产业结构升级和经济质量提高，这符合“一带一路”倡议互利共赢、共同发展的思想与宗旨，因此通过对共建国家的出口贸易和对外直接投资，将中国钢铁、水泥、电解铝等产品输送到基础设施薄弱、信息化水平较低的国家，促进当地经济发展，也可以提高国内生产效率与技术水平，实现产业结构升级。中欧班列加强了国内城市与铁路沿线国家的联系，提高了贸易自由和便利化水平，减少了贸易成本，因此部分城市可以通过出口贸易和对外直接投资将优势产业转移到沿线国家，进而释放更多的生产要素，从而发展技术含量高、经济效益好的高附加值产业，实现本地区的产业结构升级；“一带一路”倡议的节点和枢纽城市主要包括青岛、烟台、泉州、深圳等沿海港口城市和郑州、武汉、西安、成都等区域中心城市，这些城市的共同特点是交通便利且对外贸易发展迅速，对于同省份或区域具有重要的带动和示范作用，可以通过对外贸易扩大国际市场，提高产业发展利润和效益，实现产业结构升级。

3. 产业发展效应

“一带一路”倡议可以促进中国和这些国家在政治、经济、文化等各方面的交流与合作，参与“一带一路”建设的城市可以通过民间艺术交流、互相留学访问、共办文化活动等方式加强与其他国家人文交流，减小文化距离，促进服务贸易发展。文化产业是高科技知识经济中的产业形态，其优势不仅表现在良好的经济收益，更是可以彰显中华民族优良传统文化，成为加强精神文明建设的重要力量。但中国文化产业发展起步较晚，相对于欧美发达国家还具有一定差距，因此通过“一带一路”倡议加强与共建国家开展服务贸易进而促进文化产业发展是一条重要途径。此外，参与“一带一路”建设也可以促进共建国家人民进入中国旅游，有利于地方国际旅游业务的发展，进一步提高服务业收入，改善产业发展比例，促进产业结构升级。一方面，与共建国家签订友好城市协议为中国文化产品出口提供了重要契机，同时，与这些国家的人文交流也可以通过文化输出引致商品输出，进而提高中国出口贸易水平；另一方面，签订友好城市协议可以通过减小与这些国家的文化距离而促进对外直接投资，也可以通过减少贸易壁垒而降低贸易成本，从而增加对这些国家的出口数量；开通中欧班列的城市也可以通过积极开拓国外市场促进产品的销售，实现三次产业发展效率的总体提高，促进产业结构升级。

（三）“一带一路”背景下中国 OFDI 与产业升级的机制分析

“一带一路”倡议的产业结构升级效应传导机制如图 4－6 所示。

对外直接投资能够使母国投资者获取国外企业有效的经营管理权，一方面能够有效获取先进的生产技术、管理经验等无形资产；另一方面可以有效获取国外广阔市场和战略资源，在带动出口的同时，促进国内相关产业发展，推动国内产业结构的升级和转型。当前，经济全球化的重心逐步从多边贸易体制转向区域经济合作。因此，“一带一路”倡议的提出，顺应了全球经济发展的新趋势，为我国开展区域经济合作搭建了新的平台。在我国正处于经济结构不断深化调整和产业结构转型升级的时期，利用“一带一路”倡议提供的新平台、新环境，通过对合作国家的对外直接投资活动促进我国产业结构的转型升级，对于我国全面深化改革具有关键性的意义。我们有必要从理论上理清对“一带一路”合作国家的OFDI与我国产业升级之间的相互关系，明确二者的作用机制。

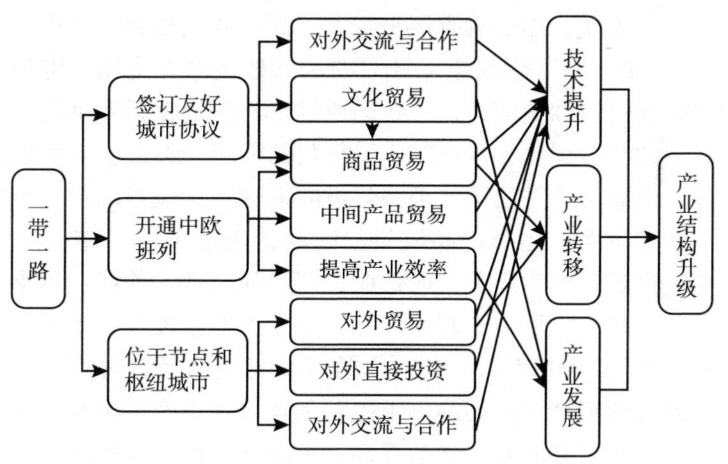

图4-6 “一带一路”倡议的产业结构升级效应传导机制

1. “一带一路”背景下中国OFDI对产业升级的直接影响

（1）宏观方面。

一是产业转移效应。产业结构的调整和升级，必然伴随着新兴产业的兴起和传统产业的逐步衰退，这一过程也就要求生产要素从传统产业向新兴产业转移，也就是要素重新组合的过程。如果生产要素不能顺利从传统产业中转移出来，其也就不能转移到新兴产业，这就削弱了产业升级的物质基础和技术基础。但是，由于资产的专用性和沉没成本的存在，传统产业的退出都会遇到退出壁垒。通过对“一带一路”合作国家的对外直接投资，一方面，我们可以将国内逐步丧失比较优势的产业以OFDI的形式开展产业合作，充分利用“一带一路”共建国家丰富的资源、劳动力以及国内稀缺要素，既能使在国内已经陷入边际生产力递减的生产要素得到释放，又能推进国内新兴产业的成长；同时，由于产业级差的存在，中国可以利用所处的技术上游地位将高新技术传播应用至发展中经济体，帮助其融入新型价值链分工体系。另一方面，向共建国家中的发达国家的 OFDI 能帮助我们获取东道国先进的技术和管理经验，通过产业关联、技术溢出等效应，提高我国相关产业的技术含量，为国内的产业结构升级提供技术支持。

二是产业关联效应。知识经济的不断发展使得世界范围内价值链正在向产业的上游和下游延伸。在要素跨国流动的情况下，价值链各个环节的可分解性、中间产品的可贸易性和要素配置的分散程度不断提高，产业的前后向关联、辐射效应逐步增大，其产业关联和产业扩散效应逐步显现。“一带一路”倡议重点针对的是共建国家在道路、港口、桥梁等基础方面的建设和通信建设，我国通过对外投资在国外承建这些工程时，必然带动对于钢铁、水泥等上游材料的需求，形成上下游的产业价值链优势，既满足了共建国家经济建设的需求，又使我国企业有条件进行技术创新和研发，提高产品质量。因此，通过对“一带一路”共建国家的直接投资，产生产业关联效应，产业间的技术关联、供求关联以及竞争关联的相互作用，引起产业间和产业内要素投入比率和产品需求发生变化，因而，OFDI 的产业合作效应有可能波及多种产业，进而对国民经济系统的整个产业间的供求关系和竞争关系产生影响，从而促进整体产业技术水平和研发水平的提高，带动母国产业结构的升级（见图 4－7 和图 4－8）。

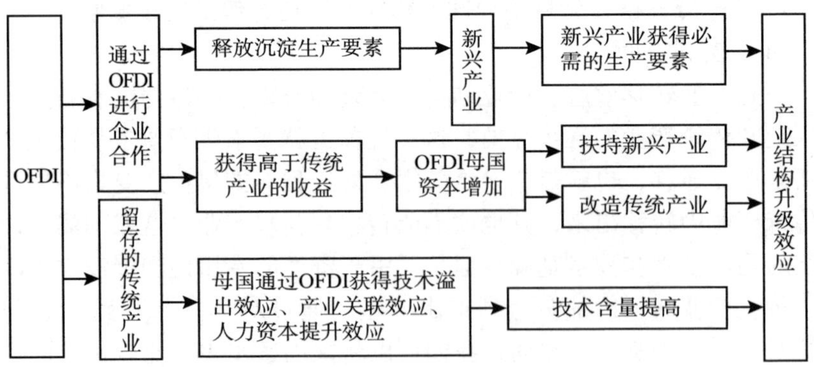

图 4－7　产业转移效应示意图

资料来源：笔者自制。

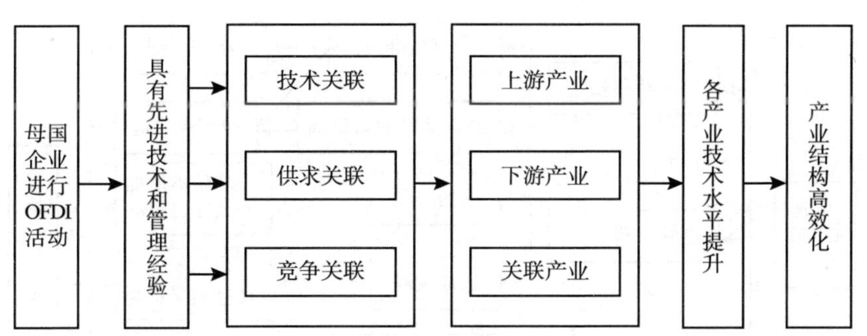

图4－8　产业关联效应示意图

资料来源：笔者自制。

三是产业内竞争效应。产业内竞争效应通过OFDI行业内技术溢出作为促进母国产业升级的主导机制（Kulger，2005）。对于OFDI母国来说，如果在东道国市场面临强大的竞争压力，那么为了维持其市场份额，它们只能不断投入研发力量，进行自主创新，从而利用更多的先进技术。在这种情况下，我们可以预料OFDI的技术溢出效应会随着市场竞争激烈程度的提高而增加，从而促进母国产业结构水平的提升。另外，进行国际投资的跨国公司进行技术研发、提高竞争力的同时，也给母国同行业或是相关行业的企业带来了竞争压力，迫使母国其他企业也进行技术革新，从而形成整个行业技术变革的趋势，这无疑会推动投资国内部产业结构升级的进程（见图4－9）。

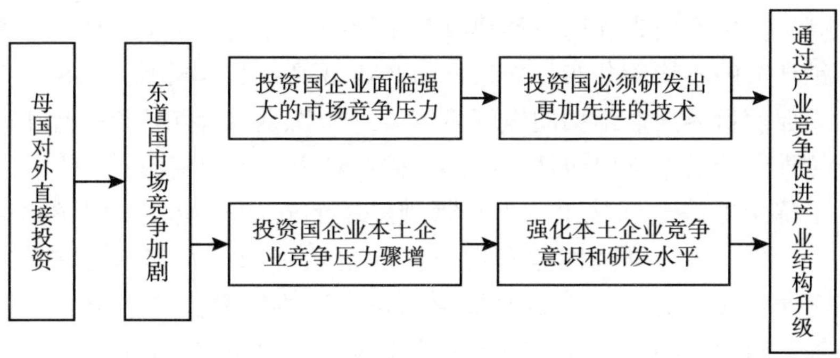

图4－9　产业内竞争效应示意图

综上所述，基于“一带一路”背景下中国OFDI与我国产业升级的研究机理可以概括为图4－10。

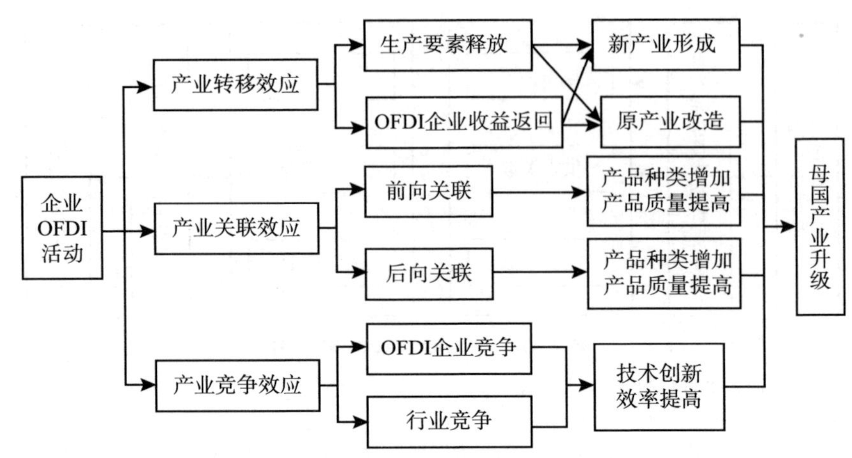

图 4-10　OFDI 与母国产业升级机理分析——宏观视角

（2）微观方面。

一是资源获取型 OFDI。传统产业经济学和发展经济学认为，世界范围内产业结构的演变具有一定的规律性。经济的持续增长促使劳动力从第一产业向第二产业转移，并进入工业化社会。随着工业化的演进，一国第三产业比重提高，从而成为 GDP 增长的第一源泉。然而，任何国家的经济发展，包括产业结构的调整，都要受到资源的限制。发展中国家工业化和研发技术基础薄弱，利用后发优势加快产业升级和经济增长成为必然选择。现代横向产业理论认为，以显性知识和隐性知识为主导的高层次生产要素和以自然禀赋为主导的传统生产要素在研发、制造和营销环节的不均衡分布是导致横向产业出现的根本原因，而横向产业的出现促使世界产业结构向纵深发展。在资源获取型 OFDI 过程中，对外直接投资的对象不仅包括以石油、矿产等为代表的资源类产业，而且包括了蕴含先进专利技术、丰富管理经验的新型产业。从资源禀赋来看，"一带一路"共建国家具有丰富的自然资源，尤其体现在矿产资源、海洋资源等方面。就能源供给而言，沿线国家提供了世界 57.9% 的石油、54.2% 的天然气、70.5% 的煤炭[①]。这些国家所拥有的丰富自然资源，使其具有极强的资源禀赋上的区位优势，而我国在工业发展的

① "一带一路"沿线国家经济发展与资源环境呈现三大特征，中国投资咨询网，2015 年 6 月 30 日。

过程中，由于能源匮乏，很多资源依赖于进口，能源成本受困于世界能源价格的波动，因此，通过对外直接投资活动，能够打破国内资源匮乏的限制，为国内经济发展提供持续的、稳定的资源供给，使得国内资源瓶颈消失，并且进一步通过产业关联效应，促进国内产业升级。同时，中国作为资本和技术相对充裕国，通过 OFDI 引致的东道国资本供给积累、技术溢出、基础设施共建以及贸易促进效应，也将有效推进共建国家的产业结构升级。资源获取型 OFDI 产业升级效应如图 4－11 所示。

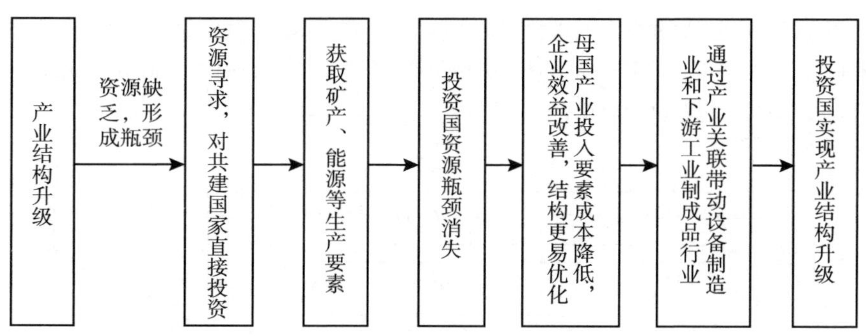

图 4－11　资源获取型 OFDI 产业升级效应示意图

二是效率寻求型 OFDI。当面临国内劳动力或原材料成本上升，或是国内产业投资边际收益下降，抑或国内税负、出口成本上升时，企业为了追求效率的提高，就会考虑选择对外直接投资，在国外投资设厂或并购企业，以期带来经营效率的改善。从事效率寻求型 OFDI 的企业往往是大型的跨国公司，它们具有丰富的海外经营经验，从而可以站在全球视角进行生产资源的配置与整合，把生产链的每一环节配置在最有效率的地方。例如，当国内劳动力成本或原材料成本上升时，企业可以将劳动密集型产业的生产环节通过对外直接投资的方式转移到劳动力丰裕的国家或地区，通过贴牌生产的方式，降低成本、提高利润；或是当国内过剩的生产能力导致投资边际收益下降时，跨国企业也可以与产能不足的国家进行产能合作，从而提高投资的边际效率，使母公司投资收益增加，这样企业将会有更多的资本和精力投入到技术含量更高的产品研发中，从而有利于产业价值链的提升，并通过产业关联效应，带动上下游企业的发展，带来国内的产业结构升级。以钢铁行业为例，《中国对外投资合作发展报告（2019）》中指出，加强与“一带一路”共建国家产业协作，实施投资企业、金融机构、施工企业、设备运营商等多方参与者"抱团"走出去。这种产业链的优势既能使投资企业消化过剩产能，带来投资效率的提高，又能通过产业关联，带动设备出口、工程承包等上下游产业的发展，进一步促进我国国内技术水平的提升，带动产业结构的升级演化。此外，"一带一路"共建国家大多有引资方面的税收优惠政策，例如，菲律宾对新注册的水泥、钢铁公司给予 4 年的所得税免税政策，印度尼西亚对钢铁等 22 个行业的外资新建企业给予 3 ~ 5 年的所得税免征待遇。因此，我国企业在对外投资的过程中，在税收方面享有的优惠待遇也在一定程度上减轻了企业的负担，提高了企业的投资收益，从而有利于企业的研发和创新活动，带动国内产品创新和产业升级。效率寻求型 OFDI 产业升级效应如图 4 – 12 所示。

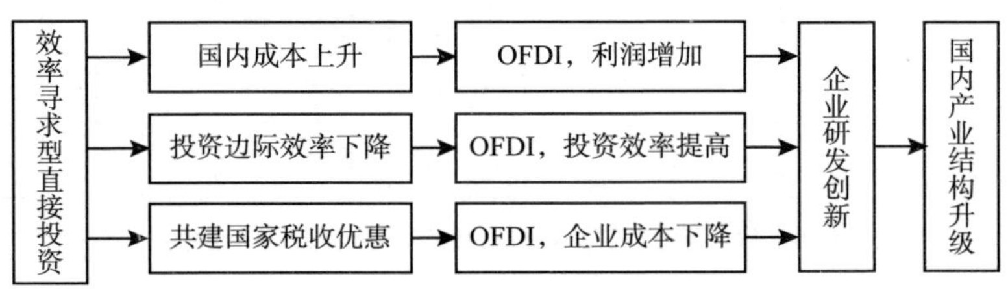

图 4 – 12　效率寻求型 OFDI 产业升级效应示意图

三是技术获取型 OFDI。企业的对外直接投资活动提高了全球一体化的程度，对于投资国来说，其接触生产中知识资源和技术资源的机会也会增多。特别是当前伴随着技术的迅速发展，知识传播和技术转移显得愈加重要，开放环境下对外直接投资成为投资国获得技术的主要途径之一①。技术获取型的对外直接投资企业追求的是投资过程中东道国企业的技术、品牌、管理经验、营销模式等无形资产，是企业迅速获取市场竞争力的重要保证。一般而言，企业进行技术获取型 OFDI，主要可以通过以下三种途径促进母国产业升级。首先，通过逆向的技术溢出效应。我国企业通过向"一带一路"共建国家进行直接投资，可以获得

① G. M. 格罗斯曼和 E. 赫尔普曼研究发现，国际交流渠道的开放加快了各国的技术创新和经济增长。原因在于，在开放条件下，任何一国的研发活动都为世界知识存量做出贡献，而这种开放的创新积累效果要高出处于封闭状态的各国本地知识存量的加总（杨丹辉：《全球化：服务外包与中国的政策选择》，经济管理出版社 2010 年版，第 111 ~ 112 页）。

这些国家先进的生产技术或是管理经验、营销手段等无形资产，通过技术溢出效应，使这些无形的软资源反馈到国内加以消化、吸收或是改造，从而改善我国产业内的投入产出，实现产业结构的优化升级。其次，通过在“一带一路”共建国家投资设厂或是跨国并购，产生的投资收益会通过利润汇回的方式流回我国国内，从而使国内母公司有充足的资本进行技术研发和技术改进，推动母公司技术水平的提高，促进新产品、新技术、新产业的出现，进一步带动国内产业升级。最后，通过产业竞争效应。当企业对“一带一路”共建国家进行直接投资时，其获得的先进技术和专利、管理经验等无形资产会提高投资企业的国际竞争力，这些竞争压力会传导到国内企业，促使国内企业增强核心技术的研发能力，推动国内企业的技术创新和进步，最终带动整个产业的技术水平提升，从而带来国内的产业结构提升。技术获取型 OFDI 产业升级效应如图 4－13 所示。

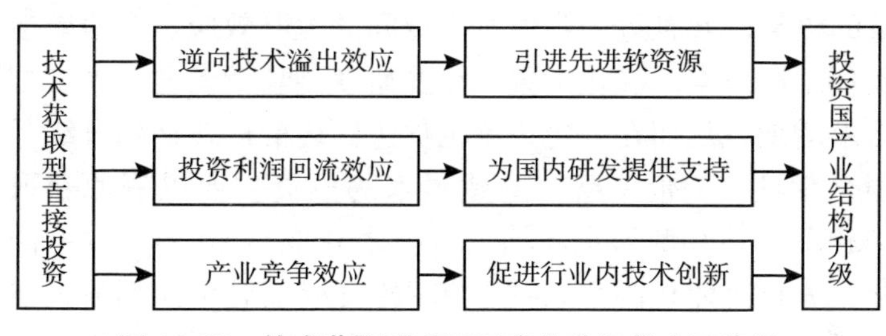

图 4－13　技术获取型 OFDI 产业升级效应示意图

四是市场寻求型 OFDI。市场寻求型对外直接投资是指企业为了开拓国外市场而进行的投资活动。国内比较优势逐步丧失或市场趋于饱和的产业，可以通过绿地投资或者并购的方式与具有区位优势的国家进行合作，将本国产业与东道国的比较优势相结合，提高边际产业收益和投资效率，为新兴产业的发展提供基础，促进产业结构的升级。例如，水泥、钢铁等产业，在中国市场已经饱和、有效需求不足，但在一些“一带一路”共建国家却是产能不足、需求旺盛的产业部门，通过加强国际产能合作，我国企业可以集中有限的资源和空间，从事高新技术产品的研发，带动产业结构的调整。市场寻求型对外直接投资可以绕开国外贸易壁垒，降低国际贸易中的运输费用，从而增加产品的出口。国内企业会根据国际市场需求调整国内生产产品的种类和质量，刺激产业结构逐步优化，从而促进产业结构升级演化的进程。市场寻求型 OFDI 产业升级效应如图 4－14 所示。

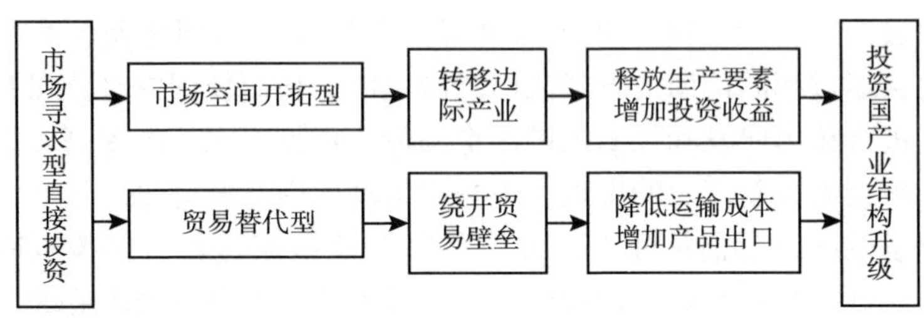

图 4－14　市场寻求型 OFDI 产业升级效应示意图

综上所述，企业基于微观动因，为了追求生产过程中所需资源、效率、技术、市场等要素而在“一带一路”共建国家和地区从事对外直接投资活动，从而保证战略资源的供给、生产成本的降低和生产效率、投资收益的提高，并且进一步通过产业间的关联效应、竞争效应、转移效应，实现生产要素的优化配置、企业研发创新活动的发展、国际市场的有效需求增加，从而在一定程度上促进国内的产业结构升级。

中国企业对“一带一路”共建国家的投资主要以资源获取型、效率寻求型和市场寻求型为主，辅之以技术获取型 OFDI。以上四个视角是我们基于先行工业化国家以往 OFDI 的发展经验推演而来，然而，作为发展中国家，中国的 OFDI 发展历程和发达国家的发展经验存在着显著差异。一方面，作为新兴工业化国家，我们不仅可以像发达国家一样，通过 OFDI 的方式与“一带一路”共建国家中的发展中国家进行产能合作输出优势产能，也可以通过技术获取型和效率寻求型 OFDI 投资于发达国家和其他新兴工业化国家，通过产业关联效应获得产业升级的效果；另一方面，中国是一个新兴的转型发展中国家，存在着许多特定的政治和经济特点，其中最为明显的就是在企业进行 OFDI 的过程中，政府的政策和导向发挥着重要的作用。从企业性质来看，在“一带一路”共建国家和地区从事 OFDI 的中国企业，既有国企也有民营企业，其中国有企业占有绝对多数。国有企业在“一带一路”共建国家和地区投资的区域分布及产业分布具有浓厚的政府参与和政策导向的特点，大多投资于资源丰富的国家和地区或是基础设施落后的欠发达国家，相关基础项目的建设能够有效推进“一带一路”共建国家基础设施建设的进程，促进畅联互通并为贸易往来和相关产业合作奠定基础，同时也有助于缓解国内资源瓶颈，这类投资以资源获取型和市场寻求型为主。对于从事 OFDI 的民营企业，从总体来看其投资目的还是以效益导向为主，因此，其对外投资主要以效率寻求型和市场获取型为主。

考虑到中国企业 OFDI 的这些特点，我们可以对上述 OFDI 作用于产业升级的机理做简单的总结修改，如图 4－15 所示。

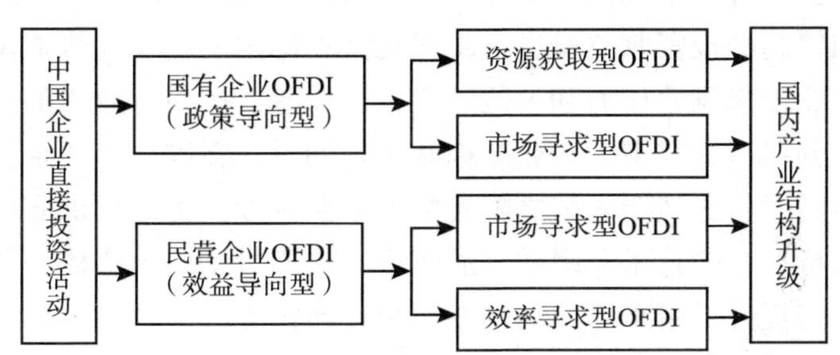

图 4－15 中国企业“一带一路”OFDI 与国内产业结构升级示意图

2. “一带一路”共建国家 OFDI 对产业升级的间接影响

（1）国际竞争。

从事对外直接投资的企业往往面临着更加有效的竞争环境，这在一定程度上会提高资源配置的效率，刺激企业进行技术研发、管理创新等；对外投资企业进行创新带来的优势将会进一步在参与国际竞争的环境中得到强化和巩固，通过这种良性循环，带来母国产业结构的升级。当我国的跨国公司在“一带一路”共建国家进行海外投资经营时，企业便有更多的途径和机会学习国外先进的管理经验、生产技术、营销模式，了解和把握国外先进技术的发展趋势与发展动态，学习、运用这些先进的软资源，并将之运用到国内的母公司，通过技术溢出效应和技术扩散效应，提升本国的技术水平和管理模式，进而促进本国国内的产业结构演化升级。同时，在“一带一路”共建国家进行海外经营，往往可以享受到东道国对于引资方面的优惠税收政策，例如，马来西亚推出的“五大经济发展走廊”，在该地区投资可以免缴 5～10 年所得税；巴基斯坦对于产业和基础设施产业的外资实行优惠税收政策；印度设立了特殊经济区，规定外资在特殊经济区的投资可以享受优惠的税收待遇等。因此，在我国向“一带一路”共建国家投资的过程中，企业既能够直面国际市场，把握国外技术走向和市场需求，提高竞争能力，又可以享受国外优惠的投资政策，在一定程度上降低企业经营成本和负担，增加企业对外投资的利润水平，这在一定程度上将带动企业的研发能力和管理水平的提高，促进产业结构向高级化演变。

（2）国内竞争。

进行海外投资经营的往往是具有比较优势的大型企业，而这些企业在海外投资的过程中凭借在国际竞争中获得的先进技术、管理经验、国际市场和较高的投资收益又进一步强化其在国内的比较优势地位，从而对国内企业带来竞争压力和示范效应，进而激发国内行业内的竞争，促进企业的创新行为，带动产业结构升级。同时，在国内相关企业进行研发创新的同时，必然要求与之配套的上下游企业、为之提供服务的产业部门也进行相应的技术升级和产品改进，从而带动国内整体相关产业竞争力水平的提升，带来产业结构向高级化演进。

（3）需求结构改善。

一国产业的需求结构不仅受到社会最终需求的影响，也会受到产业链中间产品需求的影响。在企业进行对外直接投资的过程中，产业链的最终需求和中间需求都会受到国际市场的影响。一方面，国内企业对外投资将会带动与之相关的配套产品和服务的出口，例如，企业在东道国进行直接投资，将会刺激母国产业链上游企业的外部需求，带动相关零部件、中间产品、配套服务产品的出口，为投资国母国企业带来出口收益的增加。同时，母国企业为了满足国际市场的要求，利用资本积累加速规模扩张，通过技术革新促进产品升级，最终带动产业链的高级化。在中国对"一带一路"共建国家的投资过程中，国家发布的相关发展文件指出，要实现投资方、金融机构、施工企业、设备供应商和运营商"抱团走出去"的方式，使得投资利益向上下游企业延伸，这样既满足了"一带一路"共建国家的需求，又使得我国产业链的相关企业都可以找到国际市场。另一方面，对于技术寻求型的企业而言，企业在对外新建投资或对外并购企业的过程中，在获得先进技术、管理经验的同时，也通过进口贸易影响母国的出口产品结构，促使母国优化产品结构、提高产品质量，在一定程度上促进母国的产业结构升级。同时，通过学习和模仿效应，引进国外先进的消费模式，引导国内消费者对于新型技术产品的需求，从而促使国内的需求结构提升，在一定程度上也会带动国内的产业结构升级。

本章小结

本章旨在搭建一个通过对“一带一路”共建国家进行直接投资作用于我国产业结构升级的理论框架。通过对古典区位理论、新经济地理理论以及战后兴起的一系列国际投资理论的梳理，我们发现这些理论在一定程度上解释了对外直接投资与产业结构升级之间的关系，并从对外投资的对象选择、区位选择和驱动原因等角度进行了分析。通过对以往文献的回顾，进一步总结了对“一带一路”共建国家的直接投资究竟会以何种方式作用于我国的产业结构升级，并得出初步结论：从宏观方面，对“一带一路”共建国家OFDI可以通过产业转移效应、产业关联效应和产业内竞争效应作用于我国的产业结构升级；从微观方面，对“一带一路”共建国家OFDI可以通过获取资源、市场、技术等方式作用于我国的产业结构升级。并且，在这一过程中，对外直接投资会通过影响企业所面临的竞争环境、需求结构等途径间接地影响我国产业链水平，从而促进我国产业结构水平的提升。

第五章 “一带一路”共建国家 OFDI 与中国产业升级的实证分析

通过前面的理论分析，我们了解到影响中国对外直接投资和产业升级的因素。本章我们将重点从实证方面分析“一带一路”倡议和“文化差异”因素对中国在“一带一路”共建国家 OFDI 的影响，并考察中国在“一带一路”共建国家 OFDI 的产业升级效应。

一、“一带一路”倡议下中国对外直接投资影响因素分析

改革开放以来，中国对外直接投资始终保持增长态势，2015 年实现历史性突破，投资流量首次位列全球第二，并超过同期吸引外资水平，实现双向直接投资项下的资本净输出。虽然经过 40 多年的历练，中国对外直接投资日渐成熟，但问题依然存在，在当前的经济发展形势下，我国的对外直接投资仍然处于初级阶段，投资规模与整体经济发展实力并不对称，以制造业为主的产能过剩、国内自然资源匮乏、劳动力成本提升以及在全球价值链分工中仍以低端制造业为主等问题严重阻碍着我国经济发展。因此在当前经济形势下，做好区域性规划与“走出去”战略结合，充分利用国家特定优势促进企业开展对外直接投资，对于我国经济发展具有重要的战略意义。

随着经济全球化与世界一体化的不断发展与推进，全球范围内的对外直接投资在推动世界经济发展、带动产业结构调整、提高各国竞争力方面发挥着巨大作用。历年来，中国的对外直接投资一直集中在周边的发展中国家，随着“一带一路”倡议的提出与发展，我国企业的投资

区域从周边国家向更多的地区辐射与发展。区域性与目标化是中国企业对外直接投资的重要特点，这对我国产业结构在世界范围内的布局产生了重要影响。从2013年到2023年，“一带一路”倡议的各种构思与规划也在逐步铺展与实施，然而它对于我国对外直接投资的作用效果如何，还有待考察。因此本章运用面板数据模型进行实证检验，对于企业在“一带一路”倡议下发挥自身优势、合理规划投资方向进而实现转型升级具有重要的理论价值与实践意义。

（一）“一带一路”倡议对中国对外直接投资的引致作用

1. 建立模型

根据理论分析可以得出，企业对外直接投资的影响因素包括东道国的经济发展水平、资源禀赋、制度因素、市场开发潜力、东道国投资环境、技术水平以及投资企业的经济规模、投资国的政策支持和投资双方经贸往来状况等，我们将设置变量进行实证检验。将我国对各国直接投资流量作为被解释变量，可以考察我国历年对外直接投资变化情况。解释变量的选取是综合考虑我国企业的发展特征以及对外直接投资现状和“一带一路”共建国家的经济状况，参考已有的文献以及理论总结分析得出，分别以东道国的制度因素、经济水平、资源禀赋、技术水平、市场潜力以及东道国和我国的地理距离、文化距离等作为控制变量。此外，设置双边投资协议和年份两个虚拟变量分别考察国家投资政策和“一带一路”倡议本身对我国OFDI的影响，变量具体信息见表5-1。

表5-1　　解释变量定义明细表

变量名称	变量标识	预期符号	定义或说明	数据来源
人均GDP	pcgdp	?	东道国经济发展水平	世界银行
沿线国家燃料和金属矿石出口占商品出口比例	Nresource	+	自然资源禀赋	世界银行
两国首都距离	Gdistance	-	地理距离	CEPIIDatabase
文化距离指数	Cdistance	-	文化距离	The Hofstede Centre
制度指标	System	?	制度因素	世界银行

续表

变量名称	变量标识	预期符号	定义或说明	数据来源
科技期刊发表数	Tec	+	技术水平	世界银行
GDP 增长率	Gdpgr	+	市场潜力	世界银行
是否签订双边投资协定	Bit	+	双边投资协定	商务部
2013 年以后取 1，否则取 0	Year	?	“一带一路”倡议	

根据以上叙述，本章初步设定模型如下：

$$\begin{aligned} OFDI_{i,t} = {} & \alpha_0 + \beta_0 lnpcgdp_{i,t} + \beta_1 Gdpgr_{i,t} + \beta_2 System_{i,t} \\ & + \beta_3 lngdistance_{i,t} + \beta_4 lncdistance_{i,t} + \beta_5 lntec_{i,t} \\ & + \beta_6 Nresource_{i,t} + \gamma Bit_{i,t} + \mu Year_t + \sigma_{i,t} \end{aligned} \tag{5-1}$$

2. 样本选取与数据说明

被解释变量是我国对外直接投资数量，用对外直接投资流量衡量，统计数据显示，中国对世界各国的直接投资并不连续，存在不少投资流量为负数或零值的情况，现有文献通常直接将这些样本剔除，但这种处理方法不仅可能导致估计结果的有偏性和无效性，也可能忽略掉一些重要信息。为此，本书借鉴布塞和黑费克（Busse and Hefeker，2007）的方法，用公式

$$\ln[OFDI + (OFDI^2 + 1)^{\frac{1}{2}}] \tag{5-2}$$

进行转换替代，这样既解决了对外直接投资绝对流量为零值或负值的问题，也更好地保证了估计结果的有效性。“一带一路”建设区域广泛，涉及国家较多，但有些国家并没有明确表达参与意愿，有些国家国内政治动荡、宗教矛盾等问题突出，不适宜对其进行直接投资，2015 年，我国企业共对“一带一路”相关的 49 个国家进行了直接投资，与 56 个国家签署双边投资协定，本章选取我国企业近年来进行稳定投资并且投资项目较多的 38 个国家进行研究，选取时间是 2003 ~ 2017 年。本书地理距离选取 CEPIIDatabase 中所公布的世界各国之间首都的距离，文化距离采用 Hofstede 六维度指标计算得出，计算公式为：

$$CD_{ci} = \frac{1}{6}\sum_{k=1}^{6}(I_{kj} - I_{kc})^2/V_k \tag{5-3}$$

其中，CD_{ci}代表中国与“一带一路”样本国家的文化距离；k 代表第 k 个维度（k = 1，2，…，6，分别指代权力距离、不确定性的规避、

个人主义与集体主义、男性化与女性化、长期取向与短期取向、自身放纵与约束）；I_{kj}代表样本国 j 在第 k 个维度所获得的权重大小（j = 1，2，…，25）；I_{kc}代表中国在第 k 个维度的分值大小；V_k 代表第 k 个维度上文化距离的方差。样本国家明细如表 5－2 所示。

表 5－2　　样本国家明细

区域	国别
东南亚	柬埔寨、印度尼西亚、马来西亚、缅甸、菲律宾、新加坡、文莱、老挝、泰国、越南
南亚	印度、孟加拉国、阿富汗、斯里兰卡、尼泊尔
中亚	哈萨克斯坦
西亚	伊朗、伊拉克、土耳其、叙利亚、约旦、黎巴嫩、以色列、沙特阿拉伯、阿联酋、科威特、埃及
中东欧	立陶宛、匈牙利、捷克、塞尔维亚、克罗地亚、罗马尼亚、波兰、保加利亚、乌克兰
俄蒙	俄罗斯、蒙古国

3. 回归分析

为了检验各变量间的多重共线性，首先对主要解释变量进行相关系数矩阵检验，结果如表 5－3 所示。从中我们可以看出多数解释变量之间的相关系数低于 0.5，存在较弱的相关性，对回归结果的影响应该不大，但 lnpcgdp 和 System 两个变量之间的相关系数大于 0.5，存在较强的相关性，因此为进一步判断它们是否存在多重共线性的问题，本章进一步计算这组变量的方差膨胀因子，结果显示两个变量的 VIF 值为 2.254205，小于 10，因此可以认定变量之间的多重共线性不会显著影响回归结果。

表 5－3　　解释变量相关系数矩阵

	lncdistance	lngdistance	Nresource	Gdpgr	lnpcgdp	System	lntech
lncdistance	1						
lngdistance	0.4467	1					

续表

	lncdistance	lngdistance	Nresource	Gdpgr	lnpcgdp	System	lntech
Nresource	0. 1157	-0. 0152	1				
Gdpgr	-0. 1856	-0. 2079	0. 0635	1			
lnpcgdp	0. 3987	0. 4990	0. 2716	-0. 2846	1		
System	0. 2737	0. 2579	-0. 2220	-0. 2315	0. 6854	1	
lntech	0. 2834	0. 4292	-0. 1193	-0. 2304	0. 3851	0. 3452	1

因为本章处理的是静态面板数据模型，所以我们首先考虑是采用固定效应模型还是随机效应模型，通过 Hausman 检验得出在 1% 的置信水平上拒绝随机效应模型，因此采用固定效应模型，下面采用分组回归的方法对解释变量进行回归分析，此外为了避免异方差的存在，对部分变量进行取对数处理，具体回归结果如表 5 -4 所示。

表 5 -4　　分组回归结果

	模型 1	模型 2	模型 3	模型 4
lnpcgdp	1. 0980 *** (9. 6121)	1. 1561 *** (8. 9547)	0. 4278 *** (5. 8377)	0. 4202 *** (5. 7934)
System	-0. 1167 (-0. 4301)	-0. 0550 (-0. 1725)	-0. 3506 *** (-3. 0877)	-0. 4106 *** (-3. 6056)
lntech	0. 1635 ** (-2. 3321)	0. 2225 *** (-2. 9317)	0. 1655 *** (5. 9658)	0. 1624 *** (5. 9037)
Gdpgr	0. 0051 (0. 6239)	0. 0078 (0. 8725)	0. 0115 (1. 1087)	0. 0121 (1. 1753)
Nresource		0. 0033 (1. 0595)	-0. 0002 (-0. 1102)	0. 0002 (0. 1459)
lncdistance			-0. 3643 *** (-5. 6804)	-0. 3534 *** (-5. 5627)
lngdistance			-1. 1065 *** (-7. 6594)	-1. 1161 *** (-7. 8081)

续表

	模型 1	模型 2	模型 3	模型 4
Bit				0.3938*** (3.2018)
Year	0.2988*** (3.5126)	0.3101*** (3.3019)	0.33138*** (3.1302)	0.2998*** (3.0201)
Constant	-7.5641*** (-8.9723)	-7.7856*** (-8.0989)	5.1109*** (4.8736)	4.9321*** (4.7475)
R^2	0.5985	0.5930	0.3085	0.3250
F 值	16.8346	14.2047	23.5375	22.5199

注：括号内为 t 值；*、**、*** 分别表示在 10%、5%、1% 的水平上显著，本章下同。

在第一组回归中，将东道国人均 GDP、制度水平、技术水平以及 GDP 增长率等自身影响因素和“一带一路”年份虚拟变量放入回归方程中，结果显示，除 GDP 增长率和制度水平两个解释变量不显著外，其他几个变量均至少在 5% 的置信水平上显著，人均 GDP、技术水平和“一带一路”倡议都能促进我国企业对样本国家进行直接投资。在第二组回归中，加入自然资源变量，发现该变量并不显著，说明该阶段我国企业对样本国家的直接投资，主要集中在基础设施建设行业和制造业，而东道国的能源资源储备吸引力并不大，也可能是由于部分数据缺失导致，其他变量显著性和第一组相差不大。第三组将地理距离和文化距离放入回归方程中，结果显示这两个变量都至少在 1% 的水平上显著，而且和对外直接投资呈负相关关系，这说明地理距离和文化距离小的国家更能吸引我国的直接投资，这与前面的理论分析一致。在本组回归中制度因素由前面的不显著变为至少在 1% 的水平上显著，而且与对外直接投资呈负相关关系，说明我国企业更善于进入制度相对不完善的国家进行投资，这与企业的生存环境和特殊文化背景有关，而其他几个变量的符号和系数与前面均无太大差异。在第四组回归中加入双边投资协定变量，发现其与对外直接投资呈正相关关系，在这四组回归中，作为代表“一带一路”倡议本身的虚拟变量均在 1% 的水平上显著，而且对于我国 OFDI 具有明显的促进作用。通过研究，我们发现，东道国经济发展水平、技术水平、双边投资协定均能促进我国对“一带一路”样本国家的直接投资，而制度水平、地理距离和文化距离与我国对外直接投资呈负相关关系，“一带一路”倡议对我国 OFDI 的引致作用非常明显，这也验证了我们理论分析的相关内容。

4. 分国家类别检验

通过前面的实证检验，得出引致我国对“一带一路”样本国家直接投资的具体因素，下面我们在此基础上进一步考察“一带一路”倡议引致了我国企业对哪些国家进行直接投资。根据世界银行按照人均国民收入进行分组的标准，世界各国可分为高收入国家、中高等收入国家、中低等收入国家和低等收入国家①，考虑到低收入国家只有尼泊尔、阿富汗和叙利亚三个，因此我们将其剔除，然后按照 2017 年世界银行分类标准将“一带一路”样本国家分为三类，具体情况如表 5－5 所示。然后我们根据分类结果分别进行回归检验，结果如表 5－6 所示。

表 5－5　“一带一路”样本国家分类

按人均收入分类	国别
高收入国家	阿联酋、文莱、捷克、克罗地亚、匈牙利、以色列、科威特、立陶宛、波兰、沙特阿拉伯、新加坡
中高等收入国家	保加利亚、伊朗、伊拉克、约旦、哈萨克斯坦、黎巴嫩、俄罗斯、塞尔维亚、泰国、土耳其、马来西亚、罗马尼亚
中低等收入国家	孟加拉国、埃及、印度尼西亚、印度、柬埔寨、老挝、斯里兰卡、缅甸、蒙古国、菲律宾、乌克兰、越南

表 5－6　分国家类别回归结果

变量	高收入国家	中高等收入国家	中低等收入国家
lnpcgdp	0.5443*** (3.5549)	0.8012*** (3.5555)	0.2670 (1.5770)
lntech	0.2588*** (3.3567)	0.1202 (1.9216)	0.0081 (0.1940)

① 按世界银行公布的数据，最新收入分组标准为：人均国民总收入低于 995 美元为低收入国家，在 996～3895 美元为中等偏下收入国家，在 3896～12055 美元为中等偏上收入国家，高于 12055 美元为高收入国家。

续表

变量	高收入国家	中高等收入国家	中低等收入国家
Gdpgr	-0.0004 (-0.0255)	0.0012 (0.0740)	0.0486* (2.2069)
Nresource	-0.0068 (-1.5755)	0.0006 (0.1483)	0.0060 (1.6796)
lncdistance	-0.2485 (-1.5811)	0.1175 (0.6833)	-0.5680*** (-5.7611)
lngdistance	-3.4847*** (-3.6627)	-1.5744*** (-4.9061)	-0.0973 (-0.4634)
System	-0.4952 (-1.4947)	-0.2930 (-1.2715)	-0.2068 (-0.5719)
Bit	0.7419** (2.4963)	-0.2509 (-1.0010)	0.7440*** (3.1379)
Year	0.3121** (1.9827)	0.0902 (0.4746)	-0.5957*** (3.4612)
Constant	23.5478*** (2.7932)	6.2837* (2.1399)	-1.7518 (-1.1402)
R^2	0.5472	0.3664	0.4458
F 值	17.1867	8.8678	11.0809

通过分类回归结果我们可以看到，在高收入国家中，人均 GDP、技术水平、地理距离以及双边投资协定均是影响我国对其进行直接投资的重要因素，而代表“一带一路”倡议的虚拟变量仍然显著，而且具有正的促进效应，但显著性不如总体回归中高，因此对于高收入国家，引致我国对其进行直接投资的因素有经济发展水平、技术水平、较小的地理距离以及“一带一路”倡议本身。在中高等收入国家中，只有人均 GDP 和地理距离两个变量在 1% 的水平上显著，而其他变量均不显著，因此“一带一路”倡议对于我国进入中高等收入国家投资的引致作用较小。在中低等收入国家，可以看到 GDP 增长率、文化距离、双边投资协定和“一带一路”倡议虚拟变量等都至少在 5% 的水平上显著。因

此，"一带一路"倡议引致了我国企业对中低等收入国家的直接投资。

5. 稳健性检验

从前面总体回归的结果可以看到，逐渐增加变量对于参数的符号和稳健性并没有太大的影响，因此可以初步判断该实证结果具有稳健性，考虑到东道国的经济发展水平、制度因素、技术水平等因素对我国 OFDI 的影响具有滞后性，本章借鉴科尔斯塔德和韦格（Kolstad and Wiig，2012）的做法，将所有解释变量滞后一期进行稳健性检验。此外由于本章主要研究"一带一路"倡议对我国 OFDI 的引致作用，所以重点检验"一带一路"虚拟变量的稳健性，我们将虚拟变量的年份往后延伸两年来检验其回归效果，结果如表 5－7 所示。从结果中我们可以看出，滞后一期的回归结果和原来的回归结果在显著性上没有任何改变，而且系数的符号和大小也没有太大差别，因此可以认为最后的回归模型是稳健的，随后在将虚拟变量延后两年的结果中可以看出，将 2014 年作为"一带一路"倡议实施年份得到的结果除该虚拟变量显著性降低外没有太大变化，而将 2015 年作为实施年份得到的结果却是该虚拟变量不再显著，因此将 2013 年设置为虚拟变量检验"一带一路"倡议对我国 OFDI 的引致作用具有真实有效性，而且模型具有稳定性。

表 5－7　　稳健性检验结果

变量	所有解释变量滞后一期	Year 向后延伸一年（2014 年以前为 0）	Year 向后延伸两年（2015 年以前为 0）
lnpcgdp	0.4537*** (5.9610)	0.4436*** (6.1418)	0.4554*** (6.2923)
lntech	0.1845*** (6.3292)	0.1659*** (6.0026)	0.1698*** (6.1346)
Gdpgr	0.0124 (1.1406)	0.010 (0.9697)	0.0079 (0.7681)
Nresource	0.0007 (0.3844)	0.0005 (0.0279)	0.0003 (0.0185)
lncdistance	－0.4211*** (－6.2548)	－3.5568*** (－5.6906)	－0.3576*** (－5.5789)

续表

变量	所有解释变量滞后一期	Year 向后延伸一年（2014 年以前为 0）	Year 向后延伸两年（2015 年以前为 0）
lngdistance	-1.2091*** (-7.9812)	-1.1554*** (-8.1068)	-1.1816*** (-8.3068)
System	-0.3964*** (-3.3111)	-0.4402** (-3.8686)	-0.4546*** (-3.9849)
Bit	0.3897*** (2.9894)	0.4008*** (3.2426)	0.4073*** (3.2846)
Year	0.2012* (1.9131))	0.2301** (3.2426)	0.1505 (1.1932)
Constant	5.4115*** (4.9149)	5.0837*** (4.8772)	5.2081*** (4.9877)
R^2	0.3326	0.3177	0.3127
F 值	23.3121	21.7776	21.2798

（二）“一带一路”沿线文化差异对 OFDI 的影响

如果向前追溯影响 OFDI 的一系列因素，可以发现除现有研究较为关注的经济因素外，“一带一路”共建国家的文化因素也是对 OFDI 顺利实施有重要影响的软环境因素。“一带一路”倡议基于古代丝绸之路和海上丝绸之路的理念提出，各共建国家间交流沟通的基础是贸易往来和文化交流。“一带一路”涉及国家众多，各国文化丰富多元，包括儒家文化、印度文化、希腊文化等。涉及国家的国语或国家通用语种类繁多。沿线居民宗教信仰多元，涉及伊斯兰教、佛教、犹太教、印度教等。因此文化差异对投资活动的影响不可小觑，“一带一路”上的文化互通可以为推动 OFDI 活动的顺利实施打下良好的基础，接下来将扩展分析“一带一路”共建国家的文化差异对中国 OFDI 活动带来的深刻影响。

在对 OFDI 区位和动机的研究中，学者们常使用邓宁（Dunning，1977）提出的国际生产折中理论，所谓 OLI 包含所有权优势（O）、区位优势（L）、内部化优势（I）三个因素，是解释跨国公司对外投资的经典理论。随着投资实践的推进，学者们不断丰富和发展这一理论，发现对 OFDI 起到影响作用的因素除了 OLI 之外，还包括东道国和母国因素。从古典贸易理论到如今的新贸易理论，学者们对 OFDI 影响因素的研究多集中于资源禀赋、地理距离等自然因素以及生产率等较容易直接衡量的因素方面，有成熟的理论体系支撑。但正如安德森和维康（Anderson and Wincoop，2004）所指出，仅基于传统经济学理论，考虑有形因素的影响是远远不够的，很多潜在、无形的因素也在对外经贸活动中发挥着重要作用。坎贝尔（Campbell，2010）研究了 19 ~ 20 世纪的国际贸易情况，发现历史原因造成的不同国家之间的文化相似性影响着贸易模式，这种影响跨越了不同的世纪。梅利兹（Melitz，2008）指出，对一国语言文化的熟悉程度也会影响该国对外贸易额和对外直接投资总量。可见，不易直接衡量的软环境因素如文化差异等，同样对市场定位、供给需求乃至双边贸易存在着显著影响。

1. 文化差异对 OFDI 的博弈分析

如果将 OFDI 的动机和区位决策看作一场博弈，那么由于东道国和母国的参与者看到了先前其他局中人做出的所有行动和反应，而某个局中人的类型只有他自己知道，而不为其他局中人知晓，那么 OFDI 的动机和区位决策过程可以被认为是一种信号博弈。接下来，在顾国达和张正荣（2007）的研究基础上，我们利用博弈论分析文化距离对 OFDI 动机和区位决策的影响。

（1）信号博弈理论。

在信号博弈中，假设有两个参与人，$i=1,\ 2$。参与人 1 是信号发送者（sender），其支付函数是 $u_1=(m_1,\ x,\ a)$。参与人 2 是信号接受者（receiver），其支付函数是 $u_2=(m_2,\ x,\ a)$。当参与人 1 发出信号时，他预测到参与人 2 将根据他发出的信号修正对自己类型的判断，因而选择一个最优的类型依存信号战略。同样，参与人 2 知道参与人 1 选择的是给定类型和考虑信息效应情况下的最优战略，因此使用贝叶斯法则修正对参与人 1 的类型的判断，选择自己的最优行动。

对 OFDI 活动而言，投资的东道国是信号发送者，它向投资者母国发送各种有利于吸引 OFDI 的信号，而是否进行投资的选择权在接收方，根据接收方投资意愿的高低可以分为高投资意愿（H）和低投资意愿（L）。信号发送者根据信息集发出信号。接收者根据观察到的信号，在行动集 A 中选择行动 a（$a \in A$），其最大化的投资收益可以表示为：

$$\max_{a \in A}[\mu \times u_2(H, m_2, x, a) + (1-\mu) \times u_2(L, m_2, x, a)] \tag{5-4}$$

（2）基本假设。

①甲、乙、丙为信号接收者，即来自 OFDI 母国的投资者。A、B、C 为信号发送者，即备选的投资东道国。它们的相互关系见表 5-8。

②甲、乙、丙计划投资的规模相同，设为 θ，成本为 c(θ)。

③除 A、B、C 与母国的文化距离存在差异外，三国的其他投资条件完全相同，投资收益也相同。

④投资者对投资收益有相同的认识。

表 5-8　信号发送者和信号接收者的相互关系

	甲	乙	丙
A	母国	文化距离近	文化距离近
B	文化距离近	母国	文化距离远
C	文化距离远	文化距离远	母国

（3）博弈模型分析。

甲、乙、丙的预期收益 Y 为：

$$Y_{3\times3} = \begin{pmatrix} y_{a1} & y_{a2} & y_{a3} \\ y_{b1} & y_{b2} & y_{b3} \\ y_{c1} & y_{c2} & y_{c3} \end{pmatrix} \tag{5-5}$$

根据基本假设④：$y_{i1} = y_{i2} = y_{i3} = y_i$，$i = a, b, c$

投资于母国的利润为：$\pi_{3\times3} = Y_{3\times3} - c(\theta)$

投资于母国以外的国家，利润为：$\pi_{3\times3} = Y_{3\times3} - K_{3\times3} \times c(\theta)$

其中，$K_{3\times3} = \begin{pmatrix} 1 & k_{2a} & k_{3a} \\ k_{1b} & 1 & k_{3b} \\ k_{1c} & k_{2c} & 1 \end{pmatrix}$，且 k_{1i}，k_{2i}，k_{3i} 都大于 1。

在其他条件相同的情况下，信号接收者最有可能选择与其文化距离最近的信号发送者作为投资目的地，以降低交易成本。若甲、乙、丙所在母国与 A、B、C 三国的文化距离越近，交易成本（设为 k_2）将越低；

文化距离越远，交易成本（设为 k_3）将越高，其中 $k_3 > k_2 > k_1$。甲、乙、丙选择对 A、B、C 三个区位进行投资的收益信号条件如表 5 - 9 所示。

表 5 - 9　　甲、乙、丙投资于 A、B、C 三国的收益信号条件

	甲	乙	丙
A	$y_a \geqslant y_b - k_2 + 1$ $y_a \geqslant y_c - k_3 + 1$	$y_a \geqslant y_b + k_2 - 1$ $y_a \geqslant y_c + k_2 - k_3$	$y_a > y_c + k_2 - 1$ $y_a \geqslant y_b - k_2 + k_3$
B	$y_b > y_a + k_2 - 1$ $y_b \geqslant y_c + k_2 - k_3$	$y_b \geqslant y_a - k_2 + 1$ $y_b \geqslant y_c - k_3 + 1$	$y_b > y_c + k_3 - 1$ $y_b > y_b + k_3 - k_2$
C	$y_c > y_a + k_3 - 1$ $y_c > y_b + k_3 - k_2$	$y_c > y_a + k_3 - k_2$ $y_c > y_b + k_3 - 1$	$y_c \geqslant y_a - k_2 + 1$ $y_c \geqslant y_b - k_3 + 1$

表 5 - 9 描述了当 A、B、C 在母国（home）、文化距离近（close）和文化距离远（far）的国家进行投资时的收益信号条件。

Ⅰ. 当预期收益信号存在差异，$y_{close} - y_{home} \leqslant k_2 - 1$ 且 $y_{far} - y_{home} \leqslant k_3 - 1$ 时，投资者选择在母国进行投资。

Ⅱ. 当预期收益信号存在差异，$y_{close} - y_{home} > k_2 - 1$ 且 $y_{far} - y_{close} < k_3 - k_2$ 时，投资者选择在文化距离近的国家进行投资。

Ⅲ. 只有当相比投资于母国或文化距离近的国家，在文化距离远的国家市场进行投资的预期收益信号非常强烈，投资者才会选择去文化距离远的国家进行投资。

由此提出研究假设 H1：文化距离对吸引 OFDI 有负向作用。对文化距离越远的国家 OFDI 总量越少；对文化距离越近的国家 OFDI 总量越多。

2. “一带一路”共建国家与中国文化差异的测度

卢奥斯塔里宁（Luostarinen，1980）最早提出了文化距离（cultural distance）的概念，文化距离是衡量国家间文化差异最常用的方法，但在对文化距离的早期研究中缺乏专门的测度指标，学者们曾采用知识产权、双边经济交流、平均信任度等指标和李克特量表方法进行过衡量，但指标较为单一，代表性不强。后来霍夫斯泰德（Hofstede，1980）提出了文化四维度理论，并将其逐渐扩展到六个维度。伊格尔哈特（Inglehart，2004）基于全球价值观调查（WVS）和欧洲价值观调查（EVS）

数据库，将文化因素归类为传统权威与世俗理性权威（TSR）和生存价值与自我表达价值（SSE）。但是后者对于文化差异的测度更偏重价值观方面，无法全面覆盖国家间的文化差异，而前者的覆盖面较为广泛和全面，故本研究也采用霍夫斯泰德相关数据测度中国与“一带一路”共建国家的文化差异。

当今中国的情况通过图5-1呈现，中国的长期取向和短期取向（LTO）、权力距离（PDI）、男性偏向和女性偏向（MAS）三个维度相对较高，说明中国的社会文化中比较注重长远的规划，对于权威表现出较强的服从性，整个社会的男性气质占据主导，这体现着中国数千年来的文化传统，也与当代中国社会的现实情况大致相符。

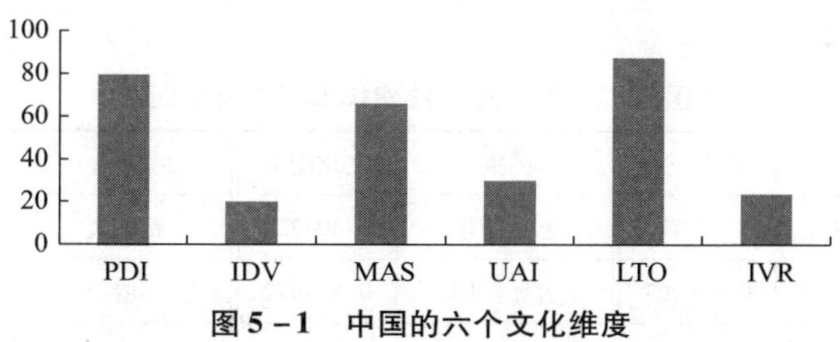

图5-1 中国的六个文化维度

注：PDI：权力距离，IDV：个人主义和集体主义，MAS：男性偏向和女性偏向，UAI：不确定性规避，LTO：长期取向和短期取向，IVR：放纵和自我约束。

对文化距离的衡量目前认可度较高的是科格特和辛格（Kogut and Singh，1998）的方法：

$$CD_{cj} = \frac{1}{4}\sum_{k=1}^{4}\frac{(I_{kj} - I_{kc})^2}{V_k} + \frac{1}{y_{jt}} \tag{5-6}$$

其中，CD_{cj}代表中国与“一带一路”样本国家的文化距离；k代表第k个维度（k=1，2，3，4），分别指代PDI、IDV、MAS、UAI；I_{kj}代表样本国j在第k个维度上的得分（j=1，2，…，44）；I_{kc}代表中国在第k个维度的得分；V_k代表第k个维度上文化距离的方差，y_{jt}为中国与j国的建交时间。由于中国对“一带一路”部分共建国家的直接投资较少甚至为零值，且Hofstede指数存在PDI、IDV、MAS指标部分缺失的情况，遂进行删除，最终选定44个国家作为本研究的样本国，它们与中国的文化距离测度结果详见表5-10。

根据表5-10做雷达图5-2，可以更加直观地感受中国与样本国家的文化差异。针对四个维度分别进行统计可以发现，样本国家在不同维度上的表现存在显著的差异。在 PDI 维度方面，马来西亚、斯洛伐克表现最为突出；在 IDV 维度方面，匈牙利、拉脱维亚数值较高；在 MAS 维度方面，斯洛伐克、匈牙利极具代表性；在 UAI 维度方面，俄罗斯、蒙古国、乌克兰数值最大。中国与菲律宾、印度尼西亚、新加坡等东南亚国家的文化距离指数较低，与以色列、匈牙利、拉脱维亚等中东欧国家文化距离指数较高。另外，样本各国之间的文化距离从最小值 0. 371527 到最大值 6. 186054，反映出国家之间的文化差距非常显著。这一现象同中国对这些国家的直接投资存在惊人的相似，那么文化距离与 OFDI 之间具体关系究竟如何？文化距离对不同动机的直接投资是否表现出不同的作用？下面将针对这一问题进行深入研究。

表 5 - 10　　中国与"一带一路"共建样本国的文化距离

国家	文化距离	国家	文化距离	国家	文化距离
哈萨克斯坦	3. 125773	巴基斯坦	1. 404224	叙利亚	0. 790931
越南	0. 549707	孟加拉国	0. 514972	科威特	1. 765318
泰国	1. 454261	不丹	1. 971496	黎巴嫩	0. 603763
马来西亚	0. 625964	尼泊尔	0. 781024	约旦	1. 064615
新加坡	0. 485933	斯里兰卡	2. 632937	伊拉克	1. 703899
印度尼西亚	0. 477783	阿富汗	1. 404224	沙特阿拉伯	1. 393903
菲律宾	0. 371572	土耳其	2. 174075	蒙古国	3. 125773
缅甸	0. 549707	伊朗	1. 542117	俄罗斯	3. 125773
老挝	0. 549707	以色列	5. 684603	波兰	3. 573386
柬埔寨	0. 549707	阿联酋	1. 393903	捷克	2. 766744
印度	0. 900299	埃及	1. 597804	斯洛伐克	2. 993443
匈牙利	5. 977191	罗马尼亚	2. 292192	爱沙尼亚	4. 020107
斯洛文尼亚	3. 280498	保加利亚	2. 089570	立陶宛	4. 719910
克罗地亚	1. 873120	塞尔维亚	2. 257340	拉脱维亚	6. 186054
阿尔巴尼亚	0. 969719	乌克兰	3. 219218		

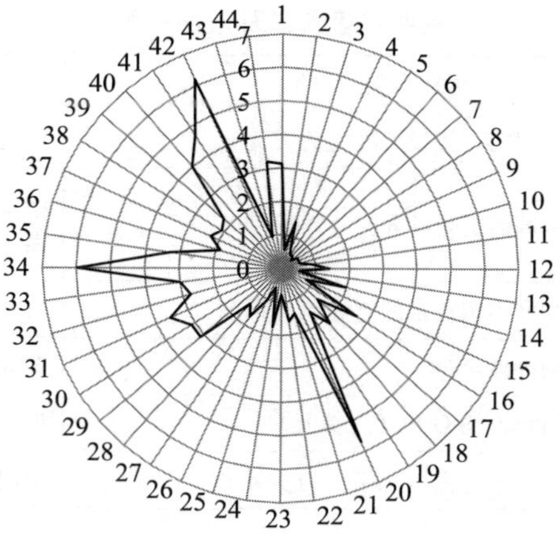

图 5-2 中国与 44 个“一带一路”样本国的文化距离雷达图

注：1-哈萨克斯坦，2-越南，3-泰国，4-马来西亚，5-新加坡，6-印度尼西亚，7-菲律宾，8-缅甸，9-老挝，10-柬埔寨，11-印度，12-巴基斯坦，13-孟加拉国，14-不丹，15-尼泊尔，16-斯里兰卡，17-阿富汗，18-土耳其，19-伊朗，20-以色列，21-阿联酋，22-埃及，23-叙利亚，24-科威特，25-黎巴嫩，26-约旦，27-伊拉克，28-沙特阿拉伯，29-蒙古国，30-俄罗斯，31-波兰，32-捷克，33-斯洛伐克，34-匈牙利，35-斯洛文尼亚，36-克罗地亚，37-罗马尼亚，38-保加利亚，39-塞尔维亚，40-爱沙尼亚，41-立陶宛，42-拉脱维亚，43-阿尔巴尼亚，44-乌克兰。

3. 中国与“一带一路”共建国家的文化差异对 OFDI 的影响检验

（1）变量含义与数据来源。

为检验文化差异在中国对“一带一路”共建国家的 OFDI 中发挥着怎样的作用，我们使用中国对“一带一路”沿线 44 个样本国在 2003～2015 年的 OFDI 流量数据作为被解释变量，选择前面测度所得文化距离作为文化差异的代理变量。同时选取中国与样本国的空间地理距离作为引力模型的基本变量，选择中国与样本国六项制度质量指标的平均值作为制度质量的代表，选择样本国历年人均 GDP 反映其经济发展水平，选择样本国与中国历年进出口总额反映其与中国的外贸联系紧密程度。一般而言，投资者更倾向于选择文化差异小、制度质量高、地理距离近、人均 GDP 水平高、外贸联系紧密的国家作为东道国进行投资。为更全面涵盖中国对“一带一路”共建国家 OFDI 的影响因素，增加了同属儒家文化圈、签有避免双重征税协定两个虚拟变量，它们对吸引外资都发挥着不容忽视的作用。主要变量的含义和数据来源见表 5-11。同时，为使数据序列更加平稳，对相关变量取对数，统计描述值见表 5-12。

表 5－11　　主要变量含义及数据来源

变量名称	指标含义及单位	数据来源
OFDI	中国对样本国的直接投资额（万美元）	中国统计年鉴
CD	中国与样本国的文化差异	根据 Hofstede 4 维度指数，由式（5－7）计算得出
GD	中国首都与样本国首都的直线地理距离（千米）	CEPII 的 GeoDist 数据库
ID	样本国的制度质量*	WGI 数据库
AGDP	样本国的历年人均 GDP（万美元）	世界银行
EX	中国与样本国的进出口总额（万美元）	中国统计年鉴
RUJIA	若样本国与中国同属儒家文化圈**，设为 1；否则，设为 0	叶德珠（2012）
ADT	若样本国与中国签订有避免双重征税协定，设为 1；否则，设为 0	中国国家税务总局

注：*表示制度质量包括话语权和问责制、政治稳定与杜绝暴恐、政府施政有效性、监管质量、司法有效性、贪腐控制六项因素。参考王永钦等（2014）的方法，将上述因素取平均值。

**表示与中国同属儒家文化圈的国家，包括越南、泰国、马来西亚、新加坡、印度尼西亚、菲律宾、缅甸、老挝、柬埔寨、巴基斯坦。

表 5－12　　统计描述值

变量	均值	标准差	最小值	最大值	观察值
lnOFDI	7.6635	2.6661	0	13.8598	572
lnCD	0.4448	0.7713	－0.9900	1.8223	572
lnGD	8.5359	0.4201	7.0615	8.9504	572
lnID	－0.7687	0.9161	－4.7682	0.4653	572
lnAGDP	8.4155	1.2999	5.3164	10.9332	572
lnEX	12.7564	2.0667	2.7826	17.5857	572
BORDER	0.2955	0.4565	0	1	572
ADT	0.6591	0.4743	0	1	572

使用 Stata 13 进行分析，发现 lnCD 的 VIF 值在 1.35，其余变量均值在 3.63，远小于 10，可以认为所选解释变量间的多重共线性不会显

著影响研究结果，模型设置较为合理，相关系数矩阵见表5-13。

表5-13 相关系数矩阵

变量	lnCD	lnGD	lnID	lnAGDP	lnEX	RUJIA	ADT
lnCD	1.0000						
lnGD	0.2173	1.0000					
lnID	0.1935	0.3528	1.0000				
lnAGDP	-0.0405	-0.0099	-0.0124	1.0000			
lnEX	-0.176	-0.0439	0.2766	0.2959	1.0000		
RUJIA	-0.3366	-0.3929	0.1652	-0.3022	0.2195	1.0000	
ADT	0.1798	0.0839	0.1117	0.2959	0.1448	0.1660	1.0000

（2）检验过程及结果分析。

接下来针对文化差异等因素在中国对“一带一路”样本国OFDI过程中的影响进行回归分析，Hausman检验显示P值为0.0003，强烈拒绝原假设，因此选择固定效应（FE）进行回归，计量结果见表5-14。

表5-14 中国对“一带一路”样本国家OFDI的总体回归结果

	模型1	模型2	模型3	模型4
lnCD		-0.1387*** (-6.58)		-0.4218*** (-5.14)
lnGD	-2.4357*** (-5.35)	-2.3793*** (-5.10)	-2.4625*** (-5.19)	-2.3968*** (-5.02)
lnID	0.4483*** (2.90)	0.4195** (2.00)	0.4428** (2.14)	0.3225** (2.39)
lnAGDP	0.6695*** (2.64)	0.6543** (2.56)	0.6530** (2.44)	0.5037*** (2.69)
lnEX	1.0923*** (7.96)	1.0479*** (6.65)	1.1201*** (6.23)	1.1323*** (6.29)
RUJIA			0.1332** (2.24)	0.8506*** (3.02)
ADT			0.0204*** (6.04)	0.1527*** (7.27)

续表

	模型 1	模型 2	模型 3	模型 4
Cons	6.8485** (2.52)	7.2256* (1.68)	6.9128** (2.14)	7.9798* (1.69)
F 值	51.09	40.72	33.54	29.01
R^2	0.6205	0.6215	0.6207	0.6247

模型2和模型4显示，文化差异在中国对"一带一路"样本国家的OFDI中至少在1%的显著性水平下存在负向影响，说明中国在对文化差异较大的国家进行OFDI时会受到较大阻碍。四个模型中，地理距离扮演着重要的角色，至少在1%的显著性水平下对商品进出口贸易存在负向影响，即中国与"一带一路"共建国家地理距离越远，中国对其OFDI总量将越少。东道国的经济规模和进出口总额至少在5%的显著性水平下对OFDI存在正向影响，即"一带一路"样本国家的人均GDP总量越高或外贸总额越多，中国对其OFDI将越多。中国与"一带一路"样本国家如果同属儒家文化圈或签订有避免双重征税协定，这都是OFDI扩大的促进力量。其中，儒家文化圈的系数值最大，说明儒家文化促进中国对"一带一路"样本国家的OFDI作用明显。比较文化距离与地理距离的系数值可以发现，原有模型加入文化距离变量后，地理距离变量的系数稍有减小，说明文化距离有可能在一定程度上影响投资母国和东道国的整体距离。针对这一问题，在计量检验过程中我们曾试图加入文化距离和地理距离的交叉项（lnCD × lnGD）①，然而其系数并不显著，后续的研究可以继续挖掘。

（三）结论

通过理论分析与实证分析，本书得出以下结论：影响我国对外直接投资的因素包括东道国的经济发展水平、市场潜力、劳动力成本、制度水平、技术水平、投资环境以及东道国与我国的地理距离和文化距离，其中东道国经济水平、市场潜力、腐败控制程度、政府效率、政府监管

① 由于字数限制，这部分检验过程未在正文报告。

水平、技术水平和投资环境对我国 OFDI 具有正效应，而劳动力成本、法治水平和我国与东道国的地理距离、文化距离具有负效应。进一步细化文化距离代表的文化差异对“一带一路”共建国家 OFDI 过程中的阻力作用，使用 KSI 指数测度四维度上样本国与中国的文化差异。使用中国与“一带一路”样本国家的相关面板数据进行了固定效应回归，结果发现：在控制了其他变量的情况下，文化差异显著阻碍着中国对“一带一路”共建国家的 OFDI。

“一带一路”倡议确实对我国的对外直接投资具有促进作用，但与其他影响因素相比，这种作用的效果不太显著，主要原因是我国“一带一路”倡议提出与实施的时间不长，政策效果需要一定的时间才能明显显现，还有一部分原因是我国对“一带一路”共建国家直接投资的数量占对世界直接投资数量的比例较小，因此效用不太显著，随着“一带一路”倡议的进一步推广与实施，将有更多的国家和地区参与进来，届时将会进一步巩固与加深“一带一路”倡议对我国 OFDI 的影响。

二、“一带一路”倡议影响中国产业结构升级的实证分析

通过理论分析，我们发现“一带一路”倡议可以通过出口和对外直接投资促进中国产业结构升级，因此参与“一带一路”建设可以直接影响中国城市的产业结构升级，本章将运用双重差分法研究“一带一路”倡议本身对产业结构升级的作用，从整体了解和把握“一带一路”倡议的产业升级效应。

（一）模型设定和数据说明

1. 模型设定

本书利用双重差分法（difference-in-differences，DID）研究参与“一带一路”建设对城市产业结构升级的影响，使用 DID 估计政策实施的效果，关键是要准确选择“实验组”与“控制组”对象以及政策冲击的时间。本章的研究对象为中国 285 个地级市，时间节点是 2008 ~

2017 年，其中对于是否参与“一带一路”建设，我们按照以下标准进行选择：首先是与“一带一路”共建国家签订友好城市协议的城市；其次是在 2017 年以前开通中欧班列的城市；最后是位于国家“一带一路”建设的节点和枢纽城市。通过对国家统计局、中国“一带一路网”“一带一路”数据库等相关网站和数据库的收集与筛选得到与“一带一路”共建国家缔结友好城市关系的城市 118 个，2017 年以前开通中欧班列的城市 46 个，位于“一带一路”建设的节点和枢纽城市 23 个，因此总共得到参与“一带一路”建设的城市 132 个，我们将“一带一路”倡议的提出与实施作为一项准自然实验，而参与“一带一路”建设的 132 个城市作为本研究的“实验组”对象，剩下的 153 个城市自然构成本次实验的控制组。部分文献将 2014 年作为“一带一路”倡议的政策冲击时间，主要考虑到“一带一路”倡议是在 2014 年 4 月被写入政府工作报告，由顶层设计落实为国家政策，但本书选取的参与“一带一路”建设的城市部分在 2014 年以前已经和共建国家缔结友好城市协议和开通中欧班列，因此将“一带一路”倡议的提出时间 2013 年作为政策冲击时间。具体构建模型如下：

$$upindustry_{i,t} = \alpha_0 + \beta_1 treat_{it} \times time_{i,t} + \beta_2 control_{i,t} + \gamma_t + \mu_i + \varepsilon_{i,t} \tag{5-7}$$

其中，$upindustry_{i,t}$表示产业升级指标，分别从产业结构层次系数、产业结构高度化和产业结构合理化三个方面进行衡量，treat 是对城市进行分组的虚拟变量，treat 等于 1 表示实验组，treat 等于 0 表示控制组，time 为政策冲击的时间虚拟变量，time 等于 1 表示 2013 年以后，time 等于 0 表示 2013 年以前，γ_t 为时间固定效应，μ_t 表示个体固定效应，control 表示其他控制变量，参考已有的研究，本章的控制变量主要包括各城市经济发展水平、基础设施建设水平、信息化水平、人力资本、对外开放度以及市场化水平等。β_1 是本章重点关注的系数，如果 β_1 大于 0，说明“一带一路”倡议促进了中国城市产业结构升级，如果 β_1 小于 0，说明“一带一路”倡议对城市产业结构升级具有抑制作用，如果 β_1 等于 0，说明“一带一路”倡议与中国城市产业结构升级没有关系。

2. 变量和数据说明

（1）被解释变量。

产业结构升级是指生产要素在各经济部分和不同产业间不断优化配

置，实现效率提升和产业比重逐渐适应国民经济发展规律的过程。有关产业结构升级的研究主要从产业结构高度化和合理化两个方面进行，产业结构高度化是指产业结构根据经济发展规律从低水平状态向高水平状态演进的过程，它既包括产业结构由劳动、资本密集型产业到知识、技术密集型产业的转变发展，或由低附加值产业向高附加值产业的提升，也包括在原有产业结构水平上实现各产业整体技术水平提升或附加值提高，可以用产业结构层次系数、Moore 结构变动指数等来衡量产业结构高度化，在此我们使用产业结构层次系数来衡量某一地区从第一产业向第三产业演进的状态，按三次产业层次高低依次赋予权重，然后对三次产业产值进行加权求和，公式为：

$$SH_1 = \sum_{m=1}^{3} m \times y_{i,m,t} \quad m = 1, 2, 3 \qquad (5-8)$$

其中，$y_{i,m,t}$表示第 i 地区 m 产业生产总值占地区生产总值的比重，产业结构层次系数反映了某地区产业结构从第一产业向第三产业不断发展的程度，主要从三次产业递进关系的逐步演进表达产业结构高度化的内涵。为了更全面研究产业结构升级，本章用劳动生产率与产业之间的比例关系的乘积表示产业结构高度化的内涵，进一步刻画了产业结构从劳动生产率较低的产业向劳动生产率更高的产业升级演化的过程，其公式为：

$$SH_2 = \sum_{m=1}^{3} y_{i,m,t} \times \varphi_{i,m,t} \quad m = 1, 2, 3 \qquad (5-9)$$

其中，$\varphi_{i,m,t}$表示第 i 地区第 m 产业 t 时期的劳动生产率，用 i 地区 m 产业 t 时期的增加值与 i 地区 m 产业 t 时期就业人员比值来表示，由于公式中劳动生产率具有量纲，因此本章使用均值化方法消除量纲。在已有文献中，产业结构层次系数和以劳动生产率表示的产业结构高度化都被作为产业结构高度化的衡量指标，但为了区分二者的含义，本章将三次产业比例变动和提高称为产业结构层次系数，将各产业劳动生产率的提高作为产业结构高度化的衡量标准。

产业结构合理化是指在现有经济基础、消费水平与生产要素配置的基础上实现各产业间的协调发展与高度关联，产业结构合理化对于经济发展中的资源合理高效利用、提高各产业的耦合程度实现联动快速发展具有重要意义。该指标一般主要由产业结构偏离度来衡量，其公式为：

$$E = \sum_{i=1}^{n} \left| \frac{Y_i/L_i}{Y/L} - 1 \right| = \left| \frac{Y_i/Y}{L_i/L} - 1 \right| \quad (5-10)$$

其中，E 值越大就表示经济越偏离均衡状态，产业结构越不合理，但该指标忽视了各产业在经济体中的重要程度，而且绝对值的计算也为研究带来不便，因此本章借鉴干春晖等（2011）等的方法，采用泰尔指数表示产业结构优化水平，公式为：

$$TL = \sum_{m=1}^{n} \left(\frac{Y_{i,m,t}}{Y_{i,t}} \right) \ln \left(\frac{Y_{i,m,t}}{L_{i,m,t}} \Big/ \frac{Y_{i,t}}{L_{i,t}} \right) \quad (5-11)$$

其中，i 表示地区，m 表示产业，t 表示时间，Y 表示产值，L 表示劳动力，如果经济处于均衡状态，则 TL = 0，TL 值越大则表示产业结构越不合理。

（2）解释变量。

本章的核心解释变量是参与"一带一路"建设的城市虚拟变量和"一带一路"倡议实施时间的虚拟变量的乘积，控制变量根据理论分析并参考已有文献得出，主要包括：①经济发展水平，采用各城市的人均地区生产总值来衡量；②政府规模，采用政府财政支出占地区生产总值来表示；③基础设施建设水平，使用各城市人均城市道路面积衡量；④信息化水平，使用各城市邮政和电信业收入占地区生产总值的比重衡量；⑤对外开放度，使用各城市进出口总额与地区生产总值的比值表示；⑥市场化水平，由于地级市的市场化水平数据比较难以获得，考虑到同一省份的市场化水平相差较小，本章使用省级数据予以代替，采用各省份非国有经济固定资产投资占固定资产投资总额的比重表示；⑦科技支出水平，采用政府支出中科技支出占总支出的比重来表示；⑧人力资本，现有文献大多采用平均受教育年限衡量人力资本，但限于地级市各受教育阶段人数难以获得，而同一省份的教育资源与教育水平相差不大，因此同样使用省级平均受教育年限来衡量，具体计算方法为：

$$\frac{1}{N_{i,t}} (1 \times a_{i,t} + 6 \times b_{i,t} + 9 \times c_{i,t} + 12 \times d_{i,t} + 16 \times e_{i,t}) \quad (5-12)$$

其中，$N_{i,t}$表示 i 省份第 t 年的总人口数，$a_{i,t}$、$b_{i,t}$、$c_{i,t}$、$d_{i,t}$、$e_{i,t}$分别表示 i 省份第 t 年文盲、小学、初中、高中、大学及以上人口数量，具体变量说明如表 5-15 所示。

表 5-15　　变量说明

变量类别	变量标识	含义	衡量方法
被解释变量	SH_1	产业结构层次系数	$SH_1 = \sum_{m=1}^{3} m \times y_{i,m,t}$
	SH_2	产业结构高度化	$SH_2 = \sum_{m=1}^{3} y_{i,m,t} \times \varphi_{i,m,t}$
	TL	产业结构合理化	$TL = \sum_{m=1}^{n} \left(\frac{Y_{i,m,t}}{Y_{i,t}}\right) \ln\left(\frac{Y_{i,m,t}}{L_{i,m,t}} \Big/ \frac{Y_{i,t}}{L_{i,t}}\right)$
核心解释变量	B&R	是否参与“一带一路”建设	参与“一带一路”建设的城市虚拟变量和“一带一路”倡议实施时间的虚拟变量的乘积
控制变量	infras	基础设施建设水平	人均城市道路面积
	govscale	政府规模	政府财政支出占地区生产总值比重
	inform	信息化水平	邮电收入占地区生产总值比重
	pergdp	经济发展水平	人均地区生产总值
	human	人力资本	省级平均受教育年限
	open	对外开放度	进出口总额与地区生产总值比值
	market	市场化水平	省级非国有固定资产投资占固定资产总投资比重
	tech	科技支出水平	科技支出占政府财政支出的比重

(3) 数据说明。

本章所使用的地区生产总值、人均地区生产总值、人均城市道路面积、政府支出水平、科技支出水平、邮政和电信业务收入等数据均来自历年《中国城市统计年鉴》，三次产业就业人员数、各地区进出口总额、各省份固定资产投资、各省份各教育阶段人数均来自各省历年统计年鉴与统计公报。其中部分省份缺少 2010 年以后三次产业就业人员数，本章在 2010 年就业人数基础上根据全省三次产业就业人员数的增长率对各城市三次产业就业人员数进行估算，并将其与《中国城市统计年鉴》中公布的城镇单位就业人员和各省份历年统计年鉴中公布的农村就业人员以及个体和私营企业就业人员数的加总进行对照，以降低估计误差。鉴于人均城市道路面积、人均 GDP、平均受教育年限等数据在各城市间差距较大，本章在实证回归时将其取对数处理以消除误差。各变量的描述性统计结果见表 5 - 16。

表 5 - 16　　变量的描述性统计

变量名	样本量	均值	标准差	最小值	最大值
SH_1	2850	2. 2519	0. 1416	1. 5589	2. 8031
SH_2	2850	1. 0000	0. 5735	0. 1108	5. 1396
SR	2850	10. 7741	26. 4420	0. 9138	461. 0661
infras	2850	12. 0046	8. 3302	0. 3100	108. 37
govscale	2850	0. 1841	0. 1013	0. 0426	1. 2198
inform	2850	0. 0247	0. 0167	0. 0015	0. 2474
pergdp	2850	42900. 1800	29456. 8800	3602	256877
human	300	8. 774743	0. 6475	6. 7639	12. 6651
open	2850	0. 2236	1. 0663	0. 0000	49. 97765
market	300	0. 7392	0. 1018	0. 4401	0. 8990
tech	2850	0. 0150	0. 0144	0. 0007	0. 2068

（二）实证结果及分析

1. 基准回归结果分析

（1）平均效应检验。

本章使用双向固定效应模型研究参与"一带一路"建设是否能促进城市产业结构升级，其中被解释变量分别为产业结构层次系数、产业结构高度化水平和产业结构合理化水平，分别衡量产业结构从第一产业向第三产业发展程度、从劳动生产率较低产业向劳动生产率较高产业发展程度以及产业间的关联与耦合程度等。表 5 - 17 报告了模型的基准回归结果，模型 1、模型 3、模型 5 为不加入控制变量的回归结果，模型 2、模型 4、模型 6 为加入控制变量的回归结果，所有回归均控制个体和时间效应。结果显示，参与"一带一路"建设均能促进城市产业层次系数和产业结构高度化水平的提高，而且从系数大小可以判断，其对产业结构高度化的促进效应大于产业结构层析系数，但对产业结构合理化的回归结果却不显著，而且从系数符号可以看出"一带一路"倡议可能降低了产业结构合理化水平，这与单变量分析的结果相同。参与“一带一路”建设可能通过对外贸易与投资、科技与教育交流合作等方式促进产业发展效率和第三产业发展比例的提高，进而提升产业结构层次系数和产业结构高度化水平，但参与“一带一路”建设并未有效提高各产业间的耦合与关联度，对资源在三次产业间的合理配置和有效利用作用较小，因此对产业结构合理化的作用不显著。

表5－17　　平均效应检验结果

	产业结构层次系数		产业结构高度化		产业结构合理化	
	模型1	模型2	模型3	模型4	模型5	模型6
treat × time	0.0122*** (2.67)	0.0109*** (2.57)	0.0864*** (2.84)	0.0876*** (3.30)	0.0064 (0.71)	0.0074 (0.90)
control	NO	YES	NO	YES	NO	YES
时间效应	YES	YES	YES	YES	YES	YES
地区效应	YES	YES	YES	YES	YES	YES
_cons	2.2013*** (926.22)	2.9582*** (13.11)	0.6399*** (47.72)	－3.6807*** (－4.40)	0.2441*** (49.06)	－1.1528*** (－3.29)
obs	2850	2850	2850	2850	2850	2850
R^2	0.1015	0.0265	0.1600	0.6575	0.0107	0.0320

（2）动态效应检验。

在2013年“一带一路”倡议提出并实施以后，各地区纷纷响应国家政策积极参与“一带一路”建设，对于地区产业结构升级具有重要的推动作用，但“一带一路”倡议真正进入落实推进阶段是在2014年3月，而且产业结构升级需要经济发展的各方面配合与调整，因此“一带一路”倡议的产业结构升级效应在实施之初可能没有明显的效果，需要关注其长期的动态效应，进而全面了解“一带一路”倡议对中国产业结构升级的长期影响。本书通过虚拟变量分别考察“一带一路”倡议提出后第一年（2014年）、第二年（2015年）、第三年（2016年）和第四年（2017年）对产业结构升级的影响变化，回归结果如表5－18所示。对产业结构高度化的回归发现，“一带一路”倡议的影响每年都在逐渐增加，因此随着"一带一路"倡议的推广与发展，其对产业结构高度化的促进效应也越来越大；在产业结构合理化中，前三年的回归结果都不显著，到 2017 年对产业结构合理化具有抑制作用，且在 10%的水平上显著，说明在历年发展中，参与"一带一路"建设均未影响到三次产业间的关联水平，甚至有时会出现负向效果。

表 5－18　动态效应检验结果

	产业结构层次系数		产业结构高度化		产业结构合理化	
	模型 1	模型 2	模型 1	模型 2	模型 1	模型 2
treat×2014 年	0.0113** (2.28)	0.0093** (2.39)	0.0649*** (2.64)	0.0771*** (3.25)	0.0008 (0.11)	0.0049 (0.64)
treat×2015 年	0.0111** (2.23)	0.0093** (2.00)	0.0872*** (3.54)	0.0918*** (3.16)	0.0085 (1.10)	0.0116 (1.25)
treat×2016 年	0.0109** (2.19)	0.0084* (1.65)	0.1115*** (4.53)	0.1125*** (3.15)	0.0080 (1.04)	0.0098 (0.98)
treat×2017 年	0.0207*** (4.18)	0.0181* (1.75)	0.1158*** (4.71)	0.1226*** (3.46)	0.0150* (1.94)	0.0185* (1.71)
control	NO	YES	NO	YES	NO	YES
时间效应	YES	YES	YES	YES	YES	YES
地区效应	YES	YES	YES	YES	YES	YES
_cons	2.2013*** (973.16)	2.9637*** (13.31)	0.6399*** (57.15)	－3.8801*** (－4.61)	0.2441*** (69.45)	－1.1796*** (－3.39)
obs	2850	2850	2850	2850	2850	2850
R^2	0.1016	0.0244	0.1603	0.6644	0.0109	0.0313

（3）平行趋势检验。

使用双重差分法估计政策有效性的前提条件是实验组和控制组在受到政策冲击前具有相同的增长趋势，因此我们对产业结构层次系数和产业结构高度化水平进行了平行趋势检验，具体方法为将"一带一路"倡议实施以前的年份每一年产生一个虚拟变量，让实验组虚拟变量与该虚拟变量相乘，将这五个乘积的虚拟变量和 DID 核心解释变量一起对产业结构层次系数和产业结构高度化水平进行回归，发现核心解释变量至少在5%的水平上显著，而倡议实施以前的年份和实验组乘积的虚拟变量显著性较低，因此可以判断双重差分模型满足平行趋势假定。此外本章还对产业结构层次系数和产业结构高度化水平进行平均增长趋势检验，图5－3和图5－4分别显示了两个被解释变量的检验结果，可以看

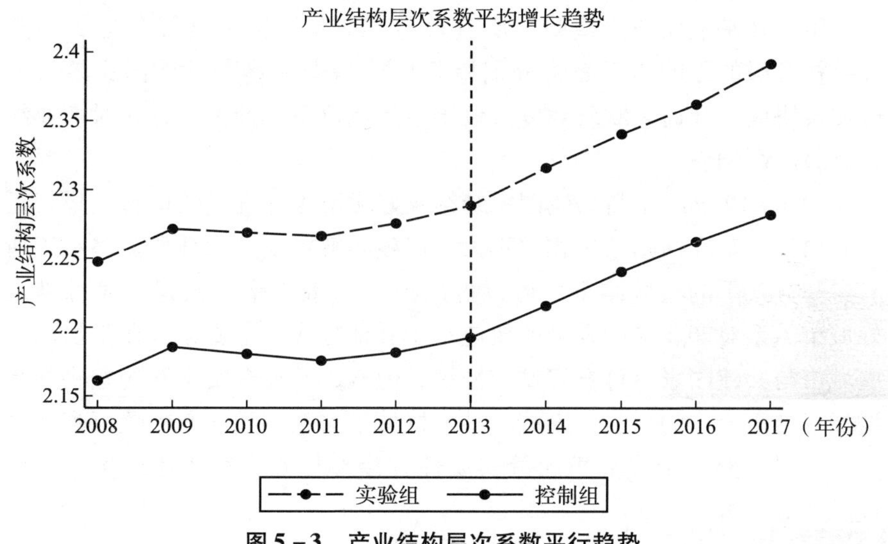

图5－3 产业结构层次系数平行趋势

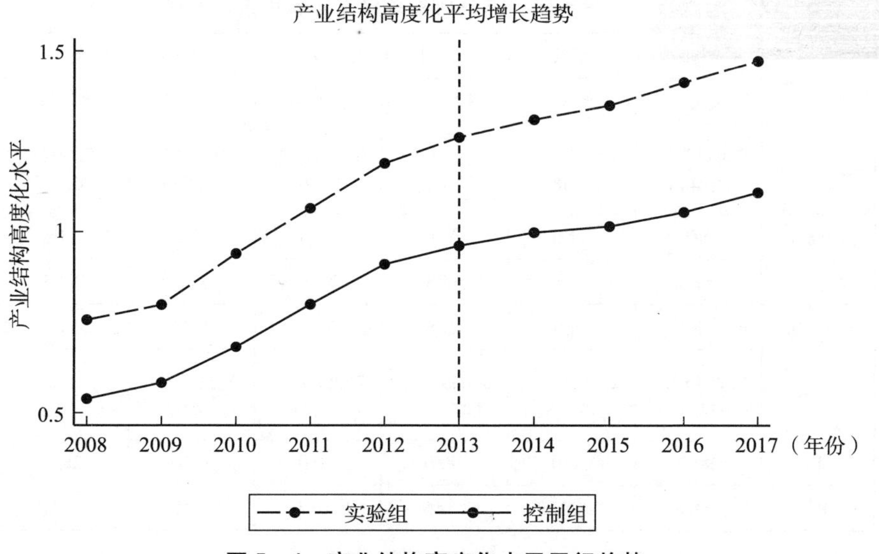

图5－4 产业结构高度化水平平行趋势

出两个变量在"一带一路"倡议提出以前具有相同的平均增长趋势，而在倡议提出以后实验组的增长幅度均大于控制组，因此可以判断产业结构层次系数和产业结构高度化水平均满足平行趋势假设。

2. 异质性检验

（1）分参与方式检验。

本书在基准回归中检验了所有参与"一带一路"建设的方式对产业结构升级的影响，下面将分别检验与"一带一路"共建国家签订友好城市协议、开通中欧班列以及位于节点或枢纽三种参与方式对产业结构升级的影响。

表 5-19 显示了与共建国家缔结友好城市参与方式的检验结果，可以看出其与基准回归结果相差不大，但核心解释变量的系数要略小于所有参与方式下的检验结果，可以得出与"一带一路"共建国家缔结友好城市关系对产业结构升级的效应小于其他方式，主要原因在于虽然有些城市与共建国家签订友好城市协议，但双方并没有实质性的贸易往来增加或经济合作的增强，因此缔结友好城市关系不如开通中欧班列或位于"一带一路"节点和枢纽等实质性直接参与方式对产业结构升级的促进效应显著。

表 5-19　与"一带一路"共建国家缔结友好城市关系的检验结果

	产业结构层次系数		产业结构高度化		产业结构合理化	
	模型 1	模型 2	模型 3	模型 4	模型 5	模型 6
treat × time	0.0112 *** (2.44)	0.01037 ** (2.38)	0.0776 ** (2.43)	0.0751 *** (3.30)	0.0067 (0.73)	0.0073 (0.89)
control	NO	YES	NO	YES	NO	YES
时间效应	YES	YES	YES	YES	YES	YES
地区效应	YES	YES	YES	YES	YES	YES
_cons	2.2013 *** (924.88)	2.9650 *** (13.08)	0.6399 *** (47.63)	-3.6231 *** (-4.30)	0.2441 *** (49.07)	-1.1485 *** (-3.27)
obs	2850	2850	2850	2850	2850	2850
R^2	0.0996	0.0275	0.1563	0.6572	0.0109	0.0317

表5-20报告了开通中欧班列的参与方式的回归结果，结果显示开通中欧班列显著促进了产业结构高度化水平的提高，但对于产业结构层次系数和产业结构合理化水平的影响却并不显著，主要原因在于开通中欧班列主要提高了与共建国家的货物进出口贸易的效率与收益，但对于产业结构从第一产业向第三产业的发展以及产业间的关联与耦合程度并没有明显的促进效应，这也符合当前中欧班列的发展状况。

表5-20 向“一带一路”共建国家开通班列的检验结果

	产业结构层次系数		产业结构高度化		产业结构合理化	
	模型1	模型2	模型3	模型4	模型5	模型6
treat × time	0.0007 (0.15)	-0.0014 (-0.33)	0.1755*** (4.01)	0.1585*** (3.90)	0.0114 (1.20)	0.0101 (1.09)
control	NO	YES	NO	YES	NO	YES
时间效应	YES	YES	YES	YES	YES	YES
地区效应	YES	YES	YES	YES	YES	YES
_cons	2.2013*** (921.31)	2.9774*** (12.91)	0.6399*** (48.42)	-3.7405*** (-4.61)	0.2441*** (49.06)	-1.1534*** (-3.28)
obs	2850	2850	2850	2850	2850	2850
R^2	0.0873	0.0333	0.1680	0.6559	0.0102	0.0322

表5-21报告了位于“一带一路”建设节点和枢纽城市对产业结构升级的影响结果，可以看出产业结构层次系数的回归结果不显著，而对于产业结构高度化的回归结果却至少在5%的水平上显著，其系数也明显大于基准回归的结果，这表明位于“一带一路”建设节点和枢纽城市对产业结构高度化具有明显的促进作用，对产业结构层次系数作用不明显，主要原因与开通中欧班列相似，也可能是实验组样本太少，回归结果产生误差。对于产业结构合理化的回归结果显示核心解释变量的系数符号和基准回归相反，而且在加入控制变量后，核心解释变量在10%的水平上显著，因此可以得出位于“一带一路”建设节点和枢纽城市对产业结构合理化具有一定的促进作用。主要原因是对于“一带一路”建设节点和枢纽城市的定位在于全面加强与“一带一路”共建国

家的经济交流合作，利用“一带一路”倡议带来的投资与贸易便利化，实现产业的合理布局与空间联动，最终促进产业结构合理化水平提高。

表 5-21　　位于“一带一路”建设节点和枢纽城市检验结果

	产业结构层次系数		产业结构高度化		产业结构合理化	
	模型 1	模型 2	模型 3	模型 4	模型 5	模型 6
treat × time	-0.0078 (-1.33)	0.0049 (2.38)	0.1602** (2.40)	0.1253*** (1.94)	-0.0094 (-0.98)	-0.0156* (-1.60)
control	NO	YES	NO	YES	NO	YES
时间效应	YES	YES	YES	YES	YES	YES
地区效应	YES	YES	YES	YES	YES	YES
_cons	2.2013*** (920.17)	2.9754*** (12.85)	0.6399*** (47.67)	-3.5389*** (-4.21)	0.2441*** (49.08)	-1.1418*** (-3.23)
obs	2850	2850	2850	2850	2850	2850
R^2	0.0810	0.0339	0.1532	0.6537	0.0175	0.0299

（2）分区域检验。

中国疆域辽阔，地区间的经济发展水平和产业布局特征都存在较大差异，而“一带一路”倡议的实施也存在空间分布上的不同，因此将全国分不同区域进行回归可以更详细地了解参与“一带一路”建设对产业结构升级的影响，对于指导城市产业发展的布局和规划具有重要意义。本书将全国 285 个城市分为东、中、西三部分进行双重固定效应回归，具体结果如表 5-22 所示。结果显示参与“一带一路”建设对中、东部地区产业结构层次系数和产业结构高度化都具有促进作用，而在西部地区回归中只有产业结构高度化的结果在 10% 的水平上显著，其他两个变量均不显著。可能的原因是东、中部地区城市参与“一带一路”建设主要改善了三次产业发展比例和产业发展效率，促进了产业结构层次系数和产业结构高度化的提高，但西部地区参与“一带一路”建设主要促进了各产业劳动效率提高，对三次产业比例和产业间关联度作用较小，因此对产业结构层次系数和产业结构合理化的影响也较小。

表 5-22 分地区回归结果

	东部地区			中部地区			西部地区		
	SH_1	SH_2	TL	SH_1	SH_2	TL	SH_1	SH_2	TL
treat × time	0.0116 ** (2.08)	0.0451 * (1.54)	-0.0059 (-0.53)	0.0096 *** (2.66)	0.0529 ** (2.09)	0.0001 (0.02)	0.0203 (1.34)	0.1524 * (1.55)	0.0190 (0.94)
control	YES	YES	YES	YES	YES	YES	YES	YES	YES
时间	YES	YES	YES	YES	YES	YES	YES	YES	YES
地区	YES	YES	YES	YES	YES	YES	YES	YES	YES
_cons	2.9226 *** (14.90)	-1.4884 (-1.37)	-0.9595 ** (-2.03)	2.4764 *** (13.97)	-0.5807 (-0.49)	-1.3694 *** (-3.58)	4.1835 *** (4.81)	-4.8022 *** (-2.93)	-0.1622 (-0.28)
obs	1010	1010	1010	1000	1000	1000	840	840	840
R^2	0.1426	0.5937	0.0249	0.0225	0.5842	0.0416	0.1388	0.6171	0.0518

（3）丝绸之路经济带和 21 世纪海上丝绸之路产业结构升级效应对比检验。

“一带一路”倡议包含丝绸之路经济带（以下简称“丝绸之路”）和 21 世纪海上丝绸之路（以下简称“海上丝路”）两条发展路径，丝绸之路主要指从中国西北地区出发，途径中亚、西亚最终到达欧洲的陆上通道，海上丝路指从中国沿海地区出发，经过海上运输最终到达东南亚、西亚、北非等地区的海上通道，丝绸之路沿线地区地域广阔、资源丰富，被认为是“世界上最长、最具有发展潜力的经济大走廊”，海上丝路主要通过海洋运输连接东南亚、西亚等周边地区，是中国发展海洋经济开通新型贸易之路的重要渠道。本节将参与“一带一路”建设的城市分为参与丝绸之路建设城市和参与海上丝路建设城市，并利用双重差分法比较与检验两条路径对产业结构升级效应的大小，为城市产业发展与经济建设提供重要参考。按照丝绸之路和海上丝路的规划，将中西部地区与中亚、西亚和东欧联系比较紧密的城市定义为参与丝绸之路的城市，将中东部地区与东南亚、南亚联系比较紧密的城市定义为参与海上丝路的城市，通过整理得到 67 个参与海上丝路的城市，将其作为实验组，将剩下参与丝绸之路的 65 个城市作为控制组，设置模型如下：

$$upindustry_{it} = \alpha_0 + \beta_1 road_{i,t} \times time_{i,t} + \beta_2 control_{i,t} + \gamma_t + \mu_i + \varepsilon_{i,t} \quad (5-13)$$

其中，road 表示参与海上丝路城市的虚拟变量，其他变量符号与基准回归中模型符号一致，本节重点关注的系数为 β_1，若 β_1 大于 0，说明海上丝路对产业结构升级的促进效应大于丝绸之路，若小于 0 则相反，若等于 0 则说明二者效应无差别，控制变量与基准回归中控制变量相同。回归结果如表 5－23 所示，结果显示所有核心解释变量都至少在 10% 的水平上显著，从系数符号可以看出，相对于参与丝绸之路的城市，参与海上丝路更能促进产业结构高度化的提高，而对于产业结构层次系数和产业结构合理化的促进效应相对较低，可能由于参与海上丝路的城市具有更高的生产技术与劳动效率，通过海上丝路加强对外经贸合作能显著提高产业结构高度化水平，而参与丝绸之路更有利于改善产业之间的比例与关联性和耦合度，因此更能促进产业结构层次系数和产业结构合理化的提高。

表 5－23　丝绸之路和海上丝路对产业结构促进效应的比较检验

	产业结构层次系数		产业结构高度化		产业结构合理化	
	模型 1	模型 2	模型 3	模型 4	模型 5	模型 6
road × time	－0.0127** (－2.10)	－0.0107* (－1.84)	0.1245*** (2.58)	0.0894** (2.19)	0.0221* (0.71)	0.0181** (1.94)
control	NO	YES	NO	YES	NO	YES
时间效应	YES	YES	YES	YES	YES	YES
地区效应	YES	YES	YES	YES	YES	YES
_cons	2.2476*** (724.17)	2.6735*** (13.44)	0.7572*** (32.63)	－3.4083*** (－2.52)	0.2109*** (35.11)	－1.2426*** (－2.55)
obs	1320	1320	1320	1320	1320	1320
R^2	0.0771	0.0071	0.1341	0.6308	0.0004	0.0666

3. 稳健性检验

（1）PSM－DID 检验。

参与"一带一路"建设的城市与其他城市可能存在系统性差异，可能会导致双重差分估计出现偏误，因此本节进一步利用 PSM－DID 方法对基准回归结果进行稳健性检验。通过使用经济发展水平、基础设施建设水平、信息化水平、人力资本、对外开放度以及市场化水平等作为协变量对参与“一带一路”倡议的城市进行倾向得分匹配。匹配结果显示有13个城市未能匹配到合适对照，且匹配结果通过了均衡性检验，因此可以利用DID方法对其进行回归，回归结果如表5－24所示。从回归系数的正负、大小和显著性情况可以看出PSM－DID的回归结果和基准回归的结果相差不大，因此可以初步判定该模型具有稳健性。

表5－24　　PSM－DID回归结果

	产业结构层次系数		产业结构高度化		产业结构合理化	
	模型1	模型2	模型3	模型4	模型5	模型6
B&R_t	0.0105** (2.32)	0.0104** (2.42)	0.0502* (1.64)	0.0523** (2.07)	0.0079 (0.70)	0.0081 (0.86)
control	NO	YES	NO	YES	NO	YES
时间效应	YES	YES	YES	YES	YES	YES
地区效应	YES	YES	YES	YES	YES	YES
_cons	2.2222*** (873.16)	2.7387*** (16.96)	0.6870*** (38.26)	－4.2375*** (－4.12)	0.2315*** (38.82)	－1.0786*** (－2.67)
obs	1966	1966	1966	1966	1966	1966
R^2	0.0884	0.0061	0.1450	0.6631	0.0088	0.0409

（2）改变政策冲击时间。

通过分参与方式的回归发现，不同参与“一带一路”倡议的方式主要促进了产业结构层次系数和产业结构高度化提高，但这有可能是其他政策或原因导致的结果，因此为了进一步证明实证结果的稳健性，本节采取反事实检验的方法，考察在未提出“一带一路”倡议时，核心解释变量是否仍然显著，如果在未提出“一带一路”倡议时该结果仍然显著，则说明存在其他未观察到的因素促进了城市产业结构升级，若该变量不显著则表示“一带一路”倡议对城市产业结构升级的促进效应稳定可靠，因此本节将三种“一带一路”建设参与方式的实施年份分别提前1年，然后重新进行回归得到如表5－25所示的结果。在所有回归中，只有开通中欧班列的参与方式下产业结构高度化的结果是显著的，其他结果都不显著，主要原因可能是部分城市在 2013 年以前就已经开通中欧班列，其对产业结构高度化的促进效应在"一带一路"倡议实施以前就已经显现，因此可以判断该模型基本符合反事实假定，结果是稳健的。

表 5－25　　　　对于政策冲击时间的检验结果

	缔结友好城市关系		开通班列		位于节点和枢纽城市	
	SH_1	SH_2	SH_1	SH_2	SH_1	SH_2
treat × time	0. 0038 (0. 47)	0. 0123 (0. 24)	－0. 0092 (－1. 77)	0. 1498 *** (2. 84)	－0. 0109 (－1. 74)	0. 0964 (1. 26)
control	YES	YES	YES	YES	YES	YES
时间效应	YES	YES	YES	YES	YES	YES
地区效应	YES	YES	YES	YES	YES	YES
_cons	2. 9725 *** (12. 70)	－4. 1213 *** (－4. 98)	2. 9850 *** (12. 73)	－4. 3166 *** (－5. 39)	2. 9732 *** (12. 69)	－4. 1219 *** (－4. 94)
obs	2850	2850	2850	2850	2850	2850
R^2	0. 0323	0. 6789	0. 0412	0. 6817	0. 0395	0. 6766

（3）随机抽取实验组。

为了检验城市产业结构升级是否是因时间变动而带来的增长效应，本节在参与"一带一路"建设的 285 个样本中随机抽取 132 个城市作为"伪实验组"，将其与时间虚拟变量的乘积作为核心解释变量重新进行回归。结果如表 5－26 所示，模型 1 为不加入控制变量的回归结果，模型 2 加入控制变量，从结果可以看出无论是模型 1 还是模型 2，产业结构层次系数和产业结构高度化的核心解释变量都不显著，因此可以得出基准回归中通过参与方式区分实验组和控制组的回归结果是稳健的。

表 5－26　　　　随机抽取实验组的检验结果

	产业结构层次系数		产业结构高度化	
	模型 1	模型 2	模型 1	模型 2
treat * × time	0. 0023 (0. 48)	0. 0010 (0. 23)	0. 0129 (0. 43)	0. 0193 (0. 76)

续表

	产业结构层次系数		产业结构高度化	
	模型 1	模型 2	模型 1	模型 2
control	NO	YES	NO	YES
时间效应	YES	YES	YES	YES
地区效应	YES	YES	YES	YES
_cons	2. 2013 *** (920. 44)	2. 9765 *** (12. 85)	0. 6399 *** (47. 24)	-3. 5303 *** (-4. 14)
obs	2850	2850	2850	2850
R^2	0. 0869	0. 0327	0. 1413	0. 6541

(4) 基于城市—省份—时间的三重差分检验。

在“一带一路”倡议提出与实施之初，中国圈定了新疆、重庆、陕西、甘肃、宁夏、青海、内蒙古、黑龙江、吉林、辽宁、广西、云南、西藏、上海、福建、广东、浙江、海南 18 个省份作为重点实施对象。然而积极参与“一带一路”建设的城市分布在全国 31 个省份，远远超过 18 个省份圈定的范围。因此为进一步考察参与“一带一路”倡议对产业结构升级的影响，本节设定城市—省份—时间三重差分模型进行回归检验，模型设定如下：

$$upindustry_{i,t} = \alpha_0 + \beta_1 treat_{it} \times time_{i,t} \times province_{i,t} + \beta_2 treat_{i,t} \times time_{i,t} + \beta_3 province_{i,t} \times time_{i,t} + \beta_4 control_{i,t} + \gamma_t + \mu_i + \varepsilon_{i,t} \tag{5-14}$$

其中，province 表示是否属于 18 个圈定的省份，属于表示为 1，不属于则为 0，同时在模型中加入参与“一带一路”建设城市虚拟变量和时间乘积以及属于 18 个重点省份城市虚拟变量和时间乘积作为对照。回归结果如表 5-27 所示，同样模型 1 不加控制变量，模型 2 加入控制变量。结果显示，所有回归中三重差分法的核心解释变量均不显著，这表示参与“一带一路”建设中属于 18 个重点省份对产业结构升级的促进效应并不比其他城市大，而且单独将属于 18 个省份作为实验组进行双重差分检验，结果显示其对产业结构层次系数具有抑制作用，对产业结构高度化和产业结构合理化的回归结果不显著或系数远小于以参与方式作为实验组的回归结果，这进一步说明仅利用是否属于 18 个圈定省份作为城市参与"一带一路"建设的依据可能会掩盖"一带一路"倡议的真实经济效应。虽然许多省份不在 18 个圈定范围内，但其中的许多城市都积极参与了"一带一路"建设且取得了良好的效果。如河南、湖南、湖北和四川不在圈定范围内，但郑州、武汉、长沙和成都作为区域经济中心已经成为"一带一路"建设的节点和枢纽城市，其参与力度大于 18 个省份的绝大部分城市。因此本节的研究符合现实状况，也证明了实证结果的稳健性。

表 5-27　　基于城市—省份—时间的三重差分检验结果

	产业结构层次系数		产业结构高度化		产业结构合理化	
	模型 1	模型 2	模型 3	模型 4	模型 5	模型 6
DDD	0.0067 (0.75)	0.0083 (1.00)	-0.0547 (-0.90)	-0.0431 (-0.84)	-0.1169 (-0.63)	-0.0094 (-0.57)
treat × time	0.0098* (1.61)	0.0080 (1.42)	0.1135*** (3.47)	0.1029*** (3.48)	0.0126 (1.53)	0.0118 (1.42)
province × time	-0.0156** (-2.33)	-0.0198*** (-3.37)	0.0261 (0.71)	0.0618** (2.09)	0.0013 (0.09)	0.0079 (0.60)
control	NO	YES	NO	YES	NO	YES
时间效应	YES	YES	YES	YES	YES	YES
地区效应	YES	YES	YES	YES	YES	YES
_cons	2.2013*** (930.22)	3.0015*** (12.99)	0.6399*** (47.74)	-3.7934*** (-4.51)	0.2441*** (49.07)	-1.1619*** (-3.32)
obs	2850	2850	2580	2580	2580	2580
R^2	0.1014	0.0324	0.1594	0.6632	0.0090	0.0323

（三）结论

通过实证分析得出以下结论：第一，基准回归结果显示"一带一路"倡议显著促进了城市产业结构层次系数和产业结构高度化水平提高，但对产业结构合理化作用较小。通过动态效应检验发现 2014～2016 年产业结构层次增长效应变化较小，到 2017 年得到显著提高，而产业结构高度化的增长效应从 2014 年到 2017 年逐渐增加，随着时间推进，“一带一路”倡议的作用效果不断改善，而产业结构合理化的动态效应在 2014 ~ 2016 年一直不显著，到 2017 年具有抑制效应。第二，通过分参与方式检验发现与“一带一路”共建国家签订友好城市协议可以显著促进产业结构层次系数和产业结构高度化水平提高，但对产业结构合理化没有作用，开通中欧班列只促进了产业结构高度化的提高，对产业结构层次系数和产业结构高度化没有影响，位于“一带一路”倡议节点和枢纽城市促进了产业结构高度化和产业结构合理化的提高，对产业结构层次系数没有影响。第三，分地区检验发现，“一带一路”倡议促进了东部、中部地区产业结构层次系数和产业结构高度化提高，在西部地区只对产业结构高度化具有显著促进作用，且三个地区回归中产业结构合理化都不显著。第四，在对陆上丝绸之路和海上丝绸之路的对比检验中发现，参与海上丝绸之路对产业结构高度化的促进作用大于陆上丝绸之路，而对产业结构层次系数和产业结构合理化的作用小于陆上丝绸之路。

三、中国对“一带一路”共建国家 OFDI 产业升级效应的实证分析

自 2013 年习近平总书记提出“一带一路”倡议之后，中国对“一带一路”共建国家的 OFDI 便利化程度大幅提高，政策扶持力度不断加强，投资的数量和质量都有明显提升。通过对“一带一路”共建国家的 OFDI，一方面提高了优势产业的市场竞争力；另一方面为国内产业升级提供了良好的基础和动力。

（一）中国 OFDI 特征和产业升级现状

1. 中国 OFDI 特征

自 2002 年“走出去”战略写入党的十六大报告，众多企业纷纷走出国门进行对外投资，但更多的是自发地、零散地“走出去”。“一带一路”倡议实施之后，在政府的规范和引导下，大批高质量的企业系统、科学地进行对外投资。对投资总量而言，2015 年中国 OFDI 存量首

次超过万亿美元大关，并首次位居世界第二，“一带一路”和国际产能合作是近年我国对外投资的新主题。2016 年我国企业共对“一带一路”相关的 49 个国家进行了直接投资，投资额达 145.3 亿美元，建立合作园区 56 家，实体经济和新兴产业受到重点关注，投资行业涉及信息传输、软件和信息技术服务业、科学研究和技术服务业。

对投资模式而言，并购的地位和作用凸显，支持结构调整和转型升级的领域成为热点。2016 年全年，中国企业共实施对外投资并购项目 742 起，实际交易金额 1072 亿美元，涉及 73 个国家和地区的 18 个行业大类。其中对第三产业而言，信息传输、软件和信息技术服务业分别实施并购项目 197 起和 109 起，占中国境外并购总数的 26.6% 和 14.7%。海尔全资收购美国通用电器公司家电业务等一批有代表性的并购项目，其对推动中国相关产业转型升级、全球价值链布局起到积极促进作用。

对投资区位而言，中国对“一带一路”共建国家的投资整体呈现稳步上升趋势，特别是 2013 年之后出现了增速的大幅提高，这与“一带一路”倡议的提出时间不谋而合，可能与“一带一路”上的优惠政策有关。从区域板块来看，对东南亚和南亚“一带一路”共建国家的投资数量相对最多，可能与该区域国家经济发展水平和地理位置与中国较为接近有关。中国对中东欧区域的投资最少，这与 20 世纪 90 年代中东欧经济剧变转型，而中国错过了这一机遇期不无关联，因此更要把握新世纪提出的“一带一路”倡议的良好机遇，大力发展与中东欧的投资合作（见表 5－28 和图 5－5）。

表 5－28　中国对“一带一路”相关国家直接投资历年流量情况 单位：万美元

年份	“一带一路”总额	东南亚、南亚	中亚、西亚、中东	北亚	中东欧
2003	20241	3505	13104	2856	776
2004	38232	11747	20012	5480	993
2005	66596	25567	17477	22984	568
2006	119492	53450	28542	34019	3481
2007	336515	67388	190394	74301	4432
2008	462543	63384	299605	94275	5279
2009	458992	62476	282528	108434	5554
2010	776834	76158	483678	168951	48047

续表

年份	“一带一路”总额	东南亚、南亚	中亚、西亚、中东	北亚	中东欧
2011	1068902	116685	680328	256142	15747
2012	1342595	168865	655430	491639	26661
2013	1186403	141104	805371	219038	20890
2014	1378448	113617	930584	294970	39277
2015	2397900	346346.7	1601038	428185	22330

资料来源：历年《中国对外直接投资统计公报》。

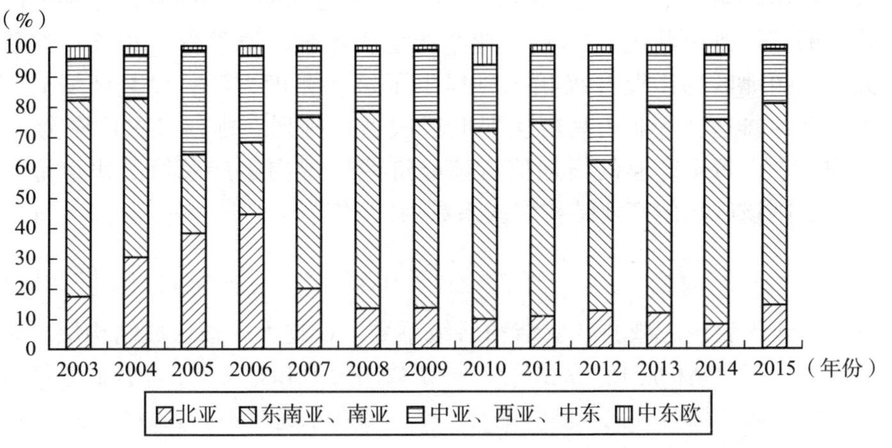

图 5-5 中国对“一带一路”沿线各板块直接投资情况

资料来源：历年《中国对外直接投资统计公报》。

2. 产业升级的测度

根据配第—克拉克定理、钱纳里模型的研究发现，工业革命以来，主要发达国家的产业结构，随着经济的发展呈现出规律性的变化，变动趋势为第一产业比重逐渐萎缩，第二产业和第三产业的比重逐渐上升，特别是第三产业的比重上升速度加快，在有些发达国家的比重甚至接近80%。随着三次产业结构比例的变动，最终呈现出第三产业大于第二产业、第二产业又大于第一产业的特点。

目前，衡量产业升级常用的测度方法包括灰色评价法、因子分析法、系统动力学分析法等。常用的指标主要有：(1) 劳动生产率指标。用三次产业内单位劳动力的产出来衡量整个行业的劳动生产率。(2) 产业结构演替指标。如第三产业占国民经济比重、三次产业结构系数、二三产业比重、高新技术产业比重等。(3) 霍夫曼系数。霍夫曼 (1931) 发现产业革命以来各国工业进程表现出一个共同趋势，即资本品工业净产值在整个工业净产值中所占比例逐步上升，故提出使用消费资料工业净产值与资本资料工业净产值的比例来衡量产业升级。(4) 结构指数法。常用的包括 Moore 结构指数、K 结构变动指数等。(5) 指标体系法。单一指标难以全面反映产业升级的过程，学者们尝试建立一些综合性的指标体系。冯春晓 (2009) 建立了高度化和合理化的指标体系测度产业结构升级状况。李子伦 (2014) 使用产业体系的科技创新能力、人力资本积累水平、资源利用效率水平三个方面测算 OECD 国家和金砖国家的产业升级状况。(6) 产业结构层级系数。靖学青 (2005) 在研究长三角地区的产业升级状况时提出了这一测度方法，设某区域有 N 个产业，将这些产业由高层次到低层次进行排列。排列名次依序为 1，2，3，…，每个产业的增加值占该经济地区国内生产总值的比重记为 q(j)，则该区域的产业结构层次系数为：

$$w = \sum_{i=1}^{n} \sum_{j=1}^{i} q(j) \tag{5-15}$$

其中，w 代表该区域的产业结构层级系数。w 越大，该区域结构层次系数越大，产业结构越接近高级化。该系数的价值和意义不在于反映某区域某年份产业结构高级化程度的绝对水平，而在于进行不同区域之间、不同时间之间产业结构高级化程度的比较和结构高级化变动状况的考察。

综观上述方法，本研究拟采用目前学术界认可度较高的产业结构层级系数测度中国整体以及各主要省市的产业升级状况。将靖学青 (2005) 的方法扩展，通过测算 1978～2015 年中国整体产业结构层次并绘制图 5－6，可以看出中国的产业结构整体状况明显呈现出升级态势。产业结构层级系数从最初的 1.9 附近上升到 2015 年的 2.4 附近，其中个别年份虽有小幅下降，但整体呈现稳步上升的良好态势。

从中国 31 个样本省份[①]的角度来看，产业升级态势也非常明显，使

---

① 中国 31 个样本省份的英文缩写，采用 2002 年信息产业部公布的《关于中国互联网络域名体系公告》，北京 BJ、天津 TJ、河北 HE、内蒙古 NM、辽宁 LN、吉林 JL、黑龙江 HL、江苏 JS、浙江 ZJ、安徽 AH、福建 FJ、山东 SD、河南 HA、湖北 HB、湖南 HN、广西 GX、海南 HI、重庆 CQ、四川 SC、云南 YN、西藏 XZ、陕西 SN、甘肃 GS、宁夏 NX、新疆 XJ、山西 SX、上海 SH、江西 JX、广东 GD、贵州 GZ、青海 QH。

用 Stata 对各样本省份的产业结构层级系数作图，观察 1978～2015 年各主要省份的产业升级状况，结果见图 5－7。31 个样本省份无一例外都呈现出产业升级的可喜状况，相比较而言，北京、上海、浙江、广东升级幅度较大，黑龙江、安徽、云南、青海升级幅度较小，与这些省份历年来的经济发展状况和对外投资增长速度极为吻合。

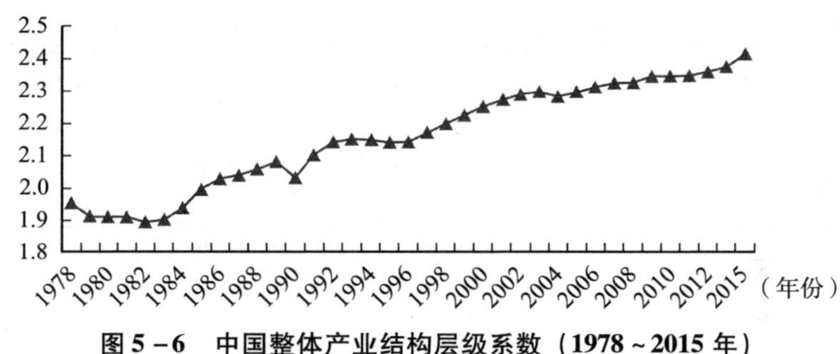

图 5－6　中国整体产业结构层级系数（1978～2015 年）

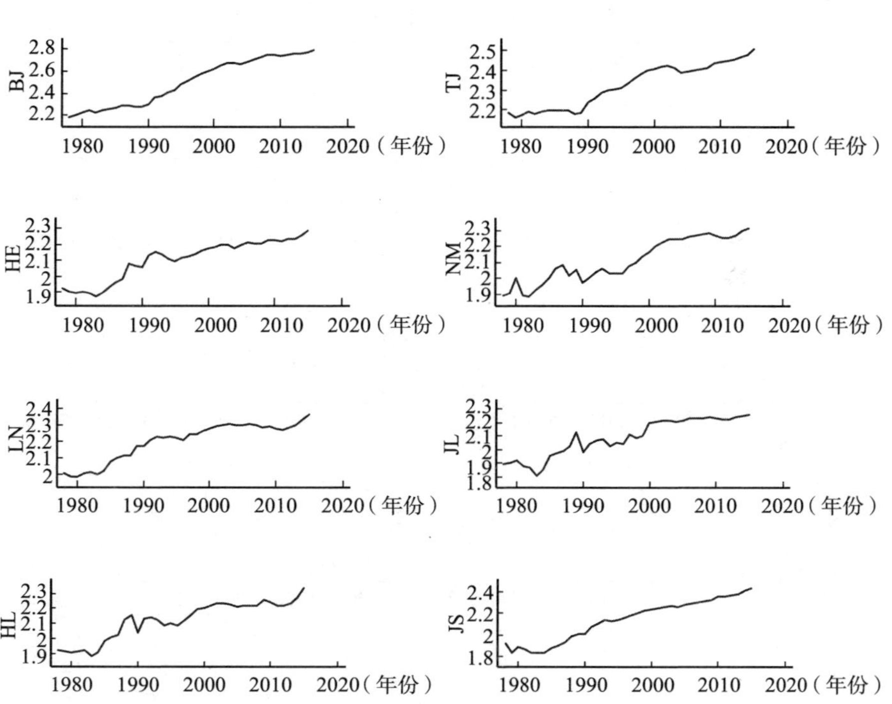

ZJ
2.6 2.4 2.2 2 1.8
1980 1990 2000 2010 2020（年份）

AH
2.4 2.2 2 1.8 1.6
1980 1990 2000 2010 2020（年份）

FJ
2.3 2.2 2.1 2 1.9 1.8
1980 1990 2000 2010 2020（年份）

SD
2.4 2.2 2 1.8
1980 1990 2000 2010 2020（年份）

HA
2.3 2.2 2.1 2 1.9 1.8
1980 1990 2000 2010 2020（年份）

HB
2.4 2.2 2 1.8 1.6
1980 1990 2000 2010 2020（年份）

HN
2.4 2.2 2 1.8 1.6
1980 1990 2000 2010 2020（年份）

GX
2.2 2.1 2 1.9 1.8 1.7
1980 1990 2000 2010 2020（年份）

HI
2.4 2.2 2 1.8 1.6
1980 1990 2000 2010 2020（年份）

CQ
2.4 2.2 2 1.8
1980 1990 2000 2010 2020（年份）

SC
2.4 2.2 2 1.8
1980 1990 2000 2010 2020（年份）

YN
2.4 2.2 2 1.8 1.6
1980 1990 2000 2010 2020（年份）

XZ
2.4 2.2 2 1.8 1.6
1980 1990 2000 2010 2020（年份）

SN
2.3 2.2 2.1 2 1.9 1.8
1980 1990 2000 2010 2020（年份）

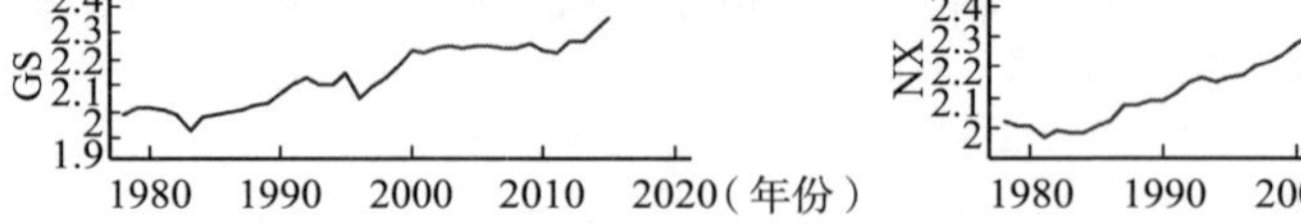

NX
2.4 2.3 2.2 2.1 2
1980 1990 2000 2010 2020（年份）

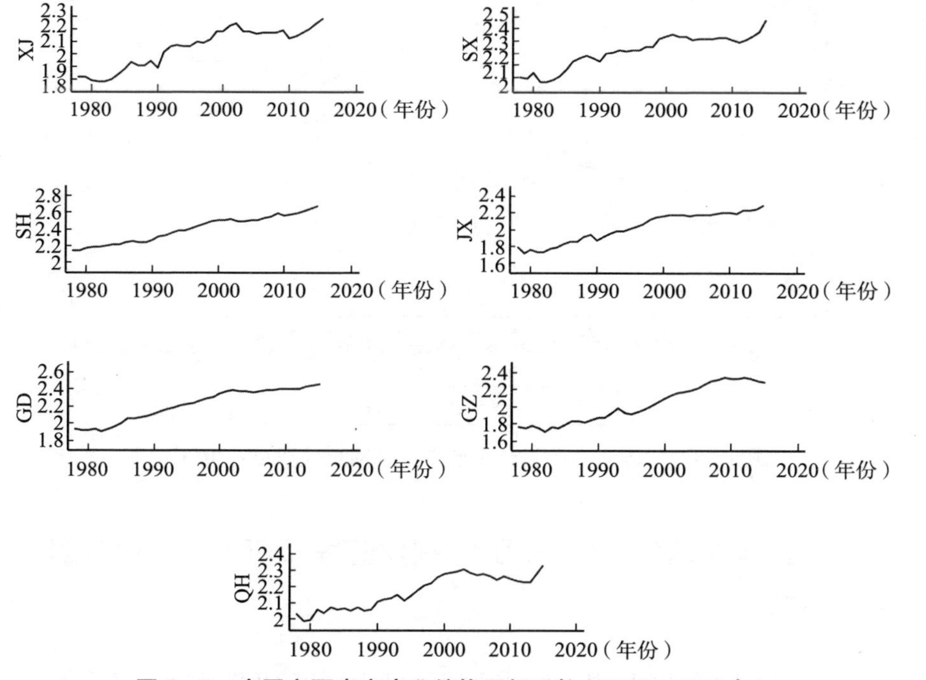

图 5－7　中国主要省市产业结构层级系数（1978～2015 年）

资料来源：中国国家统计局网站。

图 5－8 展示了东中西部地区[①]之间的产业升级状况，其中东部地区不论是改革开放之初还是进入 21 世纪以来，产业结构一直遥遥领先，反观中西部地区，除少数年份中部地区的产业结构层次高于西部地区外，多数年份落后于西部地区，出现了“中部塌陷”的状况。究其原因，主要是中部地区对开放政策的执行较为滞后，东部由于天然的地理优势和人才优势，发展势头自然强劲，西部有国家的大力扶持，中部成为政策洼地。

---

①　根据国家统计局公布的标准，中国可以划分为东中西部三个板块，其中东部地区包括北京、天津、河北、辽宁、上海、江苏、浙江、福建、山东、广东、广西、海南 12 个省份；中部地区包括山西、内蒙古、吉林、黑龙江、安徽、江西、河南、湖北、湖南 9 个省份；西部地区包括重庆、四川、贵州、云南、西藏、陕西、甘肃、宁夏、青海、新疆 10 个省份。

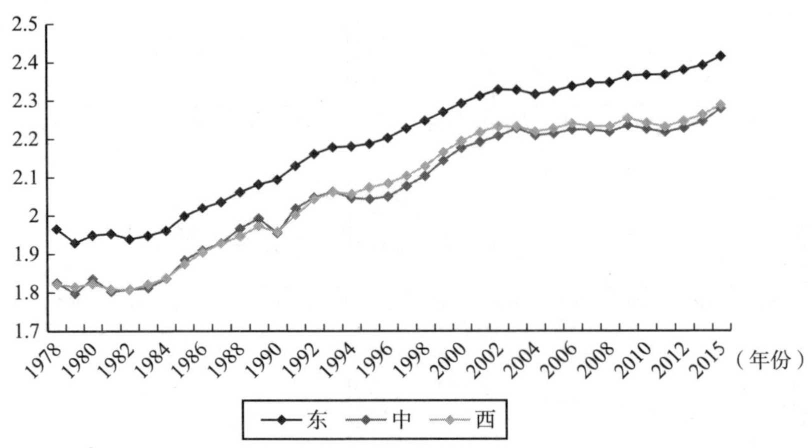

图 5-8　中国东中西部产业结构层级系数（1978~2015 年）

（二）中国对“一带一路”共建国家 OFDI 与产业升级的关系检验

为了深入挖掘中国对“一带一路”共建国家 OFDI 与产业升级的内在关系，本部分在研究方法上首先对有关变量序列的平稳性进行单位根检验，然后利用 ADF 方法进行协整检验，以判断对外投资与产业升级之间的长期关系，之后利用格兰杰因果检验方法分析二者内在的因果关系，最后采用向量自回归模型（简称 VAR 模型）对 OFDI 与产业升级的影响途径和影响程度进行分析，其中主要运用脉冲反映函数和方差分解的方法。VAR 模型常常被用于分析不同类型随机变量扰动项对系统变量的动态影响。使用这一模型的优点在于不需要对模型中各变量的内生性做出事先的假定。但是对 VAR 模型单个参数估计值的确定是很困难的，为了能对一个 VAR 模型做出结论，就需要通过观察系统的脉冲响应函数。这种方法将所考虑的经济变量纳入一个系统，进而能够反映系统的完全信息，而且能够估计出变量冲击的时滞及影响程度。

1. 中国对“一带一路”共建国家 OFDI 与产业升级的格兰杰因果关系检验

（1）中国对“一带一路”共建国家整体 OFDI 与产业升级的关系。

①单位根检验。

通过前面对 OFDI 和产业升级作图发现，二者存在明显的时间趋势，为了削弱数据的异方差性，需要对它们的时间序列数据进行对数化处理。对数化后的指标依次记为 lnOFDI 和 lnW。表 5 - 29 表明根据多项标准综合考虑，最优滞后期选择 1 期较为合理。

为了避免伪回归，确保估计结果的有效性，在对面板数据进行回归估计之前对各面板序列的平稳性进行单位根检验（见表 5 - 30），它们进行一阶差分后序列是平稳的，因此 lnOFDI 和 lnW 是一阶单整的，即 I(1)。

表 5 - 29 最优滞后期的选择

Lag	logL	LR	FPE	AIC	SC	HQ
0	4.929280	NA*	0.001911	-0.585856	-0.525339*	-0.652243
1	9.164194	5.928879	0.001891*	-0.632839*	-0.451288	-0.832000*
2	11.22792	2.063722	0.003266	-0.245583	0.057002	-0.577518

表 5 - 30 单位根检验结果

变量	ADF 统计值	检验类型	P 值
lnOFDI	-2.3985	(c, t, 1)	0.1617
lnW	1.1159	(c, t, 1)	0.9946
dlnOFDI	-1.7803	(c, 0, 2)	0.0723
dlnW	-4.2979	(c, 0, 2)	0.0086

注：检验类型（c，t，k）分别表示单位根检验中是否有常数项、时间趋势以及滞后的阶数；滞后的阶数按 AIC 最小准则确定，P 值是麦金农（MacKinnon，1996）单侧检验的概率值。

②协整关系检验。

根据 Granger 定理，如果两个变量是协整的，则它们之间必然存在长期的均衡关系，一次冲击和波动只能使协整变量暂时偏离均衡位置，在长期中会自动恢复到均衡位置。因此对一阶单整序列 lnOFDI 和 lnW 进行 Johansen 协整检验，并求得协整向量，将 EViews 8.0 输出的结果整理为表 5 - 31，可以发现二者至少存在一个协整关系，可以进行格兰杰因果关系检验。

表5-31　　协整关系检验结果

协整向量的个数	特征值	迹统计量	显著性水平为0.05的临界值	P值
无	0.682194	17.08245	15.49471	0.0286**
至少1个	0.429892	5.619300	3.841466	0.0178

注：迹统计量对应的P值是麦金农—豪格—米切利斯（MacKinnon - Haug - Michelis，1999）概率值，** 表示在0.05的显著性水平下拒绝原假设。

③格兰杰因果关系检验。

格兰杰因果检验可以用来确定经济变量之间是否存在因果关系及影响的方向，对lnOFDI和lnW进行检验，结果见表5-32。对于原假设lnW不是lnOFDI的格兰杰原因，其P值为0.7945，远大于0.05的置信度，因此接受原假设，即产业升级不是OFDI的格兰杰原因。由此说明，单纯的产业结构变动并不必然带来对外投资的增长，要扩大对外投资规模需要进一步寻求生产技术和效率的提升。对于原假设lnOFDI不是lnW的格兰杰原因，其P值为0.0169，远小于0.05的置信度，因此拒绝原假设，即OFDI是产业升级的格兰杰原因。这说明单纯的产业结构变动不会导致OFDI的增加，而对外投资的蓬勃发展优化了国内的产业结构，具有产业升级效应。

表5-32　　格兰杰因果关系检验结果

原假设	滞后阶数	F值	P值
lnW不是lnOFDI的格兰杰原因	1	0.4654	0.7945
lnOFDI不是lnW的格兰杰原因	1	4.6759	0.0169

（2）中国对"一带一路"共建国家整体OFDI与东中西部地区产业升级的关系。

前面基于相关统计数据的测算表明，改革开放以来全国范围内呈现出整体的产业升级态势，然而东中西部分别测算的结果表现出明显的区域差异，因此中国对"一带一路"共建国家OFDI与国内东中西部各区域产业升级的状况仍需进一步检验。增加新变量WE（东部升级状况）、WW（西部升级状况）、WM（中部升级状况），并分别取对数，得到lnWE、lnWW、lnWM。

①单位根检验。

如表 5 - 33 所示，变量 lnOFDI、lnWE、lnWW、lnWM 都是一阶单整序列，即 I（1）。在滞后 2 期的情况下，具有协整关系，可以检验其格兰杰因果关系。

表 5 - 33　　单位根检验结果

变量	ADF 统计值	检验类型	P 值	结论
lnOFDI	-2.3985	（c，t，1）	0.1617	不平稳
lnWE	3.2995	（c，t，2）	0.9985	不平稳
lnWW	-0.5118	（c，t，2）	0.9641	不平稳
lnWM	0.0473	（c，t，2）	0.9904	不平稳
dlnOFDI	-1.7803	（c，0，2）	0.0723	平稳
dlnWE	-3.5517	（c，t，2）	0.0841	平稳
dlnWW	-1.8115	（c，0，2）	0.0683	平稳
dlnWM	-4.0184	（c，0，2）	0.0010	平稳

注：检验类型（c，t，k）分别表示单位根检验中是否有常数项、时间趋势以及滞后的阶数；滞后的阶数按 AIC 最小准则确定，P 值是麦金农（MacKinnon，1996）单侧检验的概率值。

②格兰杰因果关系检验。

表 5 - 34 说明，OFDI 显著促进了东部地区的产业升级，但对于中西部地区而言，并未观察到显著的促进作用，这一现象与前面的图表分析结果一致，中西部地区并未从中国迅猛增长的 OFDI 活动中获得较大利益，这可能与目前 OFDI 的投资主体集中在东部地区有关，接下来的章节将会进行更加深入细致的分析。

表 5 - 34　　格兰杰因果关系检验结果

原假设	滞后阶数	F 值	P 值
lnOFDI 不是 lnWE 的格兰杰原因	2	27.2961	0.0112
lnWE 不是 lnOFDI 的格兰杰原因	2	0.3360	0.8028
lnO2FDI 不是 lnWM 的格兰杰原因	2	0.5844	0.6651
lnWM 不是 lnOFDI 的格兰杰原因	2	0.2925	0.8302
lnOFDI 不是 lnWW 的格兰杰原因	2	0.5786	0.6679
lnWW 不是 lnOFDI 的格兰杰原因	2	0.3610	0.7875

2. 中国对“一带一路”共建国家的 OFDI 与产业升级关系的 VAR 模型分析

（1）VAR 模型介绍。

为更准确地了解对“一带一路”共建国家的投资贸易与中国产业结构升级之间的相互关系，本章采用 VAR 模型对此问题进行实证分析。VAR 模型是由多元时间序列变量组成的，采用多方程联立的形式，系统内每个方程都包含有相同的内生变量的滞后期。VAR 模型用于估计全部内生变量之间的动态关系，并且被广泛地用于预测和分析随机扰动对系统的动态冲击。本章研究两个变量之间的动态关系，滞后阶数为 k 的 VAR 模型表达式为：

$$y_t = \Pi_1 y_{t-1} + \cdots + \Pi_k y_{t-k} + \phi D_t + \varepsilon_t \qquad (5-16)$$

其中，y_t 为 2×1 阶内生期变量列向量；包括常数项、线性项或其他一些前定的或非随机的解释项；Π_i 为 2×2 阶参数矩阵；k 为模型的滞后阶数；ε_t 为 2×1 阶随机误差列向量，假定其不与自己的滞后期相关，且不与右侧变量相关。

（2）中国对“一带一路”共建国家 OFDI 与产业升级关系的 VAR 模型分析。

①中国对“一带一路”共建国家整体 OFDI 与产业升级关系的 VAR 模型分析。

第一，VAR 模型分析。

根据式（5-16）建立 VAR 模型，经反复试算，当滞后阶数 k=2 时，SC 统计量达到最小，因此可以建立 VAR（2）模型，参数估计和检验结果见表 5-35。模型的拟合优度较好，大部分系数显著（按照构建 VAR 模型的原则，系数不显著的变量仍保留在模型中）。

表 5-35　VAR 模型参数估计和检验结果

	lnOFDI	lnW
lnOFDI(-1)	0.615771 [1.81351]	-0.001891 [-1.95626]
lnOFDI(-2)	0.167971 [2.27766]	0.001805 [2.14200]
lnW(-1)	144.9628 [1.68269]	-0.337269 [-1.60803]

续表

	lnOFDI	lnW
lnW(-2)	125.6537 [1.93097]	0.014521 [1.04119]
C	1.874354 [2.35615]	0.018258 [2.32803]
拟合优度 R^2	0.923965	0.919488
对数似然值	11.22792	
Akaike 信息准则（AIC）	-1.245583	
Schwarz 准则（SC）	1.057002	

注：系数后方括号内的数值为 t 统计量，滞后阶数的选择按 Schwarz 准则最小原则选择。

接下来采用 AR 根图示法来验证 VAR 模型的稳定性，若模型特征根的倒数均小于 1，即位于单位圆之内，则表示模型是稳定的，反之表明模型不稳定，需要进一步修正。如图 5 -9 所示，模型特征根的倒数均位于单位圆内，可以认为 VAR 模型的构建和滞后期的选择是合理有效的，模型整体具有稳定性。

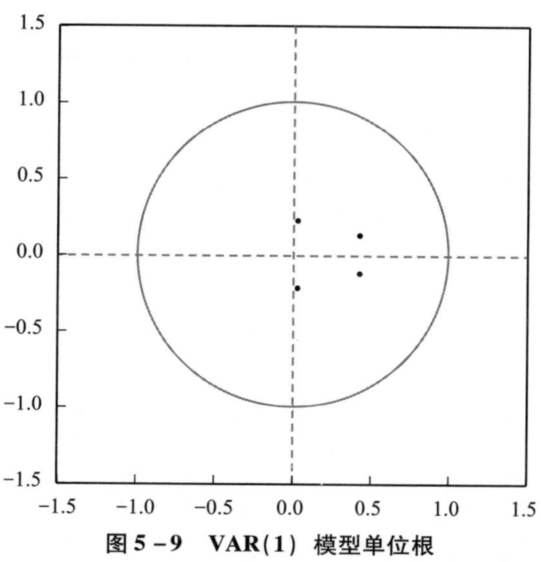

图 5 -9 VAR(1) 模型单位根

第二，脉冲响应函数分析。

VAR 模型中 OFDI 和产业升级两个变量在长期内存在动态均衡关系，而短期内容易受到随机干扰的影响，可能暂时偏离均衡值。为了系统研究它们在短期内的动态关系，引入脉冲响应函数进行具体分析。脉冲响应函数描述的是模型内生变量面对外在冲击时的反应，即给随机误差项一个标准差大小的冲击，将对内生变量的当期值和未来值有何种动态影响。图 5-10 描述的是一个 10 期的 VAR 模型脉冲响应图，分别表示 OFDI 和产业升级面对彼此的冲击时的短期脉冲响应。横轴表示冲击作用的期数（年），纵轴表示 OFDI 或产业升级的变动程度，中间的实线表示脉冲响应函数，两侧的虚线是脉冲响应函数加减两倍标准差形成的置信带。当对 OFDI 施加一个标准差大小的冲击后，国内产业状况将暂时受到负面影响，并在第 2 年附近到达谷底，从第 3 年开始迅速改善，从第 4 年开始趋于稳定。但对产业升级活动施加相应的冲击后，OFDI 从第 2 年开始有所增长，一直到第 4 年之后逐渐趋于稳定，但这种影响持续时间较长，在冲击产生后的 10 年内仍存在一定的作用，具有较强的持久性。

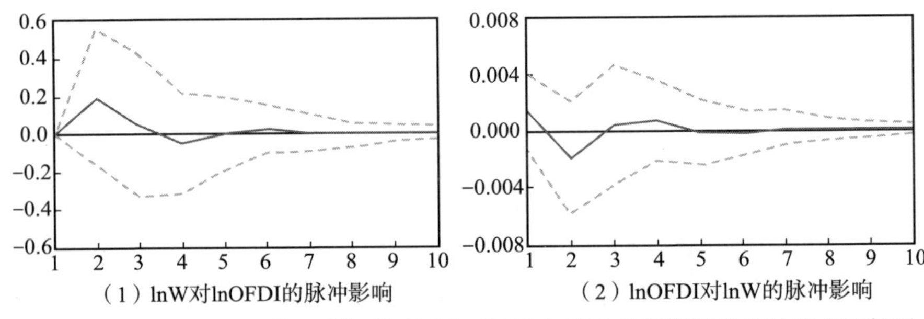

（1）lnW对lnOFDI的脉冲影响　　（2）lnOFDI对lnW的脉冲影响

图 5-10　中国对“一带一路”共建国家 OFDI 与产业升级关系的脉冲响应函数图

②中国对“一带一路”共建国家整体 OFDI 与东中西部产业升级关系的 VAR 模型分析。

表 5-36、表 5-37、表 5-38 是基于中国对“一带一路”共建国家整体 OFDI 对东中西部产业升级效应建立的 3 组 VAR 模型，其中不论是拟合优度还是结果的显著性，东部的表现都最为突出。所有根模的倒数都位于单位圆之内，即小于 1，说明该模型结构稳定，可以反映中国对“一带一路”共建国家 OFDI 和国内东中西部地区间升级的长期关系。

表 5－36　　VAR 模型参数估计和检验结果

	lnWE	lnOFDI
lnWE(－1)	1.028829 [3.87479]	43.06415 [2.06809]
lnWE(－2)	0.184911 [3.58627]	－32.23342 [－2.30313]
lnOFDI(－1)	－0.007948 [－2.76563]	0.659775 [2.86879]
lnOFDI(－2)	0.005114 [2.23319]	－0.123053 [－2.37833]
C	－0.171073 [－2.16699]	－8.232495 [－1.71609]
拟合优度 R^2	0.975498	0.908621
对数似然值	56.34698	
Akaike 信息准则（AIC）	－8.426724	
Schwarz 准则（SC）	－8.065001	

注：系数后方括号内的数值为 t 统计量，滞后阶数的选择按 Schwarz 准则最小原则选择。

表 5－37　　VAR 模型参数估计和检验结果

	lnWM	lnOFDI
lnWM(－1)	1.206501 [3.36765]	25.62139 [1.97506]
lnWM(－2)	0.169665 [0.27093]	－11.91041 [－0.52525]
lnOFDI(－1)	－0.011524 [－1.10977]	0.795114 [2.11466]
lnOFDI(－2)	0.010292 [1.19876]	－0.138490 [－0.44546]
C	－0.292294 [－0.74107]	－10.09865 [－0.70709]

续表

	lnWM	lnOFDI
拟合优度 R^2	0. 861086	0. 906859
对数似然值	49. 14253	
Akaike 信息准则（AIC）	-7. 116824	
Schwarz 准则（SC）	-6. 755101	

注：系数后方括号内的数值为 t 统计量，滞后阶数的选择按 Schwarz 准则最小原则选择。

表 5-38　　VAR 模型参数估计和检验结果

	lnWW	lnOFDI
lnWW(-1)	0. 987898 [2. 13459]	25. 96379 [1. 85430]
lnWW(-2)	0. 196234 [0. 29095]	-1. 659632 [-0. 08133]
lnOFDI(-1)	-0. 009480 [-0. 69928]	0. 848750 [2. 06935]
lnOFDI(-2)	0. 008862 [0. 79631]	-0. 220089 [-0. 65364]
C	-0. 141216 [-0. 33411]	-18. 68083 [-1. 46086]
拟合优度 R^2	0. 780980	0. 912240
对数似然值	47. 78843	
Akaike 信息准则（AIC）	-6. 870623	
Schwarz 准则（SC）	-6. 508900	

注：系数后方括号内的数值为 t 统计量，滞后阶数的选择按 Schwarz 准则最小原则选择。

图 5-11 显示的是中国对"一带一路"共建国家 OFDI 与东中西部产业升级的动态关系。左侧三个图是对 OFDI 给予一个标准差的冲击时，东中西部的产业升级状况。可以发现东部地区产业升级反应相对强烈，一直到 20 期之后才出现收敛，冲击影响的作用时间较长。而中西部反应相对平缓，10 期内即出现收敛，趋于平稳。这也印证了前面格

兰杰因果检验的结果，即 OFDI 是产业升级的格兰杰原因，它显著作用于产业升级。右侧三个图是东中西部产业升级状况变动对 OFDI 的影响，结果仍然是面临冲击时东部地区反应最强烈，这可能与东部地区 OFDI 数量和比例较大有关。

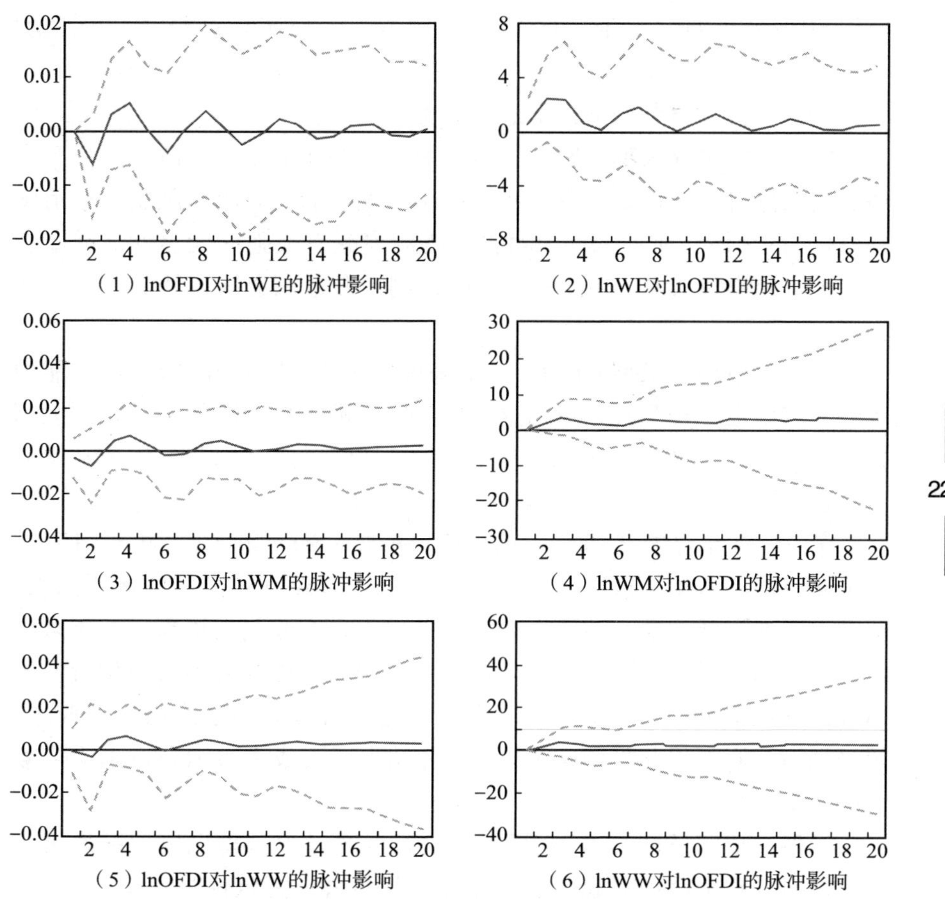

图 5-11　VAR（2）模型脉冲响应图

③中国对“一带一路”共建国家不同动机 OFDI 与产业升级关系的 VAR 模型分析。

对外投资是由母国的推力和东道国的拉力共同驱使形成的（UNCTAD，2006），中国作为世界经济体系中最具代表性的新兴市场之一，主要竞争优势集中在廉价的劳动力资源、标准化的技术和成熟的市场体系，中国企业的对外投资目前距"创新驱动"还有一段距离，多集中于市场和资源寻求型 OFDI。因此使用邓宁（Dunning，1993，1998）的划分标准，将对外投资动机分为资源寻求型、市场寻求型、效率寻求型和战略资产寻求型四类。由于现有对投资动机的划分多按照东道国经济特征直接进行，分类较为粗糙。为提高分类的科学性，本研究使用 SPSS 软件对"一带一路"64 个样本国（地区）进行 WARD 聚类分析。

具体而言，参考如下标准进行分类：

第一，资源寻求型 OFDI。中国经济发展面临资源瓶颈，去资源丰裕的国家进行直接投资，有利于突破国内发展的资源瓶颈限制。东道国（地区）的金属、矿产和燃料对自然资源禀赋有较强的代表性，因此选择这类资源出口占其 t 期商品出口的比例来衡量东道国自然资源的丰裕程度。

第二，市场寻求型 OFDI。一般来说实际 GDP 高的国家，消费能力较强，市场也比较广阔，投向这一类国家有助于扩宽国际销路，扩大销售市场。因此选择样本国家 t 期的实际 GDP 指标，以 2003 年为基期的不变价格进行计算。

第三，效率寻求型 OFDI。施奈德和弗雷（Schneider and Frey，1985）认为东道国的劳动力成本是影响效率寻求型对外直接投资的重要因素。劳动力成本越低，在其他投入相同的条件下，企业利润越高。近年来中国本土劳动力成本不断上升，导致鞋帽、服装这样的劳动密集型行业不断外流，选择劳动力成本较低的东道国进行投资有助于降低生产成本，提高销售利润。因此采用东道国 t 期劳动力工资成本表示东道国生产效率的高低。

第四，战略资产寻求型 OFDI。战略资产寻求型动机出现在发展中国家的对外投资活动兴起之后，被定义为对公司特定优势（firm special advantage，FSA）有促进作用的知识、技能、经验、能力、资源等战略资产。对外投资的目的主要是寻求东道国品牌、管理、营销等方面的资源优势，相比传统的投资动机，战略资产寻求型 OFDI 对于以创新为驱动力的跨国公司更为重要，因此选择 t 期东道国居民专利和商标申请量进行表示。聚类结果见表 5 - 39。

表 5－39　　按投资动机聚类分析结果

投资动机	国家
资源	阿联酋、俄罗斯、阿曼、哈萨克斯坦、卡塔尔、科威特、沙特阿拉伯、伊朗、伊拉克、叙利亚、也门、巴基斯坦、文莱、埃及、阿塞拜疆、阿富汗、巴林、黑山、马其顿、波黑、阿尔巴尼亚、爱沙尼亚、立陶宛、拉脱维亚
市场	波兰、捷克、斯洛伐克、以色列、马尔代夫、黎巴嫩、斯洛文尼亚、克罗地亚
效率	越南、老挝、柬埔寨、泰国、缅甸、蒙古国、孟加拉国、尼泊尔、斯里兰卡、吉尔吉斯斯坦、塔吉克斯坦、乌兹别克斯坦、土库曼斯坦、印度、印度尼西亚、土耳其、白俄罗斯、保加利亚、格鲁吉亚、罗马尼亚、塞尔维亚、乌克兰、约旦、巴勒斯坦、摩尔多瓦、亚美尼亚、不丹、东帝汶
战略	马来西亚、新加坡、菲律宾、匈牙利

根据聚类结果，将 OFDI 各动机取对数并分别与产业升级建立 VAR 模型。资源寻求型 OFDI（lnZY）、市场寻求型 OFDI（lnSC）、效率寻求型 OFDI（lnXL）、战略资产寻求型 OFDI（lnZL）四种动机都具有一定的时间趋势，在一阶差分情况下平稳，存在协整关系，单位根模的倒数都在单位圆内，由此建立的 VAR 模型是稳定可信的。表 5－40、表 5－41、表 5－42、表 5－43 分别是基于资源寻求型 OFDI、市场寻求型 OFDI、效率寻求型 OFDI 和战略资产寻求型 OFDI 与产业升级的关系建立的 VAR 模型，在滞后两期的情况下，相应的系数基本取得了较高的显著性。

表 5－40　　VAR 模型参数估计和检验结果（资源寻求型 OFDI 和产业升级）

	lnW	lnZY
lnW(－1)	－0.576893 [－2.17455]	14.29372 [2.33365]
lnW(－2)	－0.314291 [－1.80649]	19.79342 [1.73663]
lnZY(－1)	－0.003860 [－1.67521]	－0.010200 [－2.01885]
lnZY(－2)	0.003704 [1.86255]	－0.127637 [－2.31402]
C	0.001924 [1.53745]	0.237139 [1.70003]

续表

	lnW	lnZY
拟合优度 R^2	0. 927250	0. 911437
对数似然值		30. 10739
Akaike 信息准则（AIC）		-4. 468310
Schwarz 准则（SC）		-4. 249171

注：系数后方括号内的数值为 t 统计量，滞后阶数的选择按 Schwarz 准则最小原则选择。

表 5-41　VAR 模型参数估计和检验结果（市场寻求型 OFDI 和产业升级）

	lnW	lnSC
lnW(-1)	-0. 588406 [-1. 32687]	-32. 81245 [-1. 69788]
lnW(-2)	-0. 499947 [-2. 14070]	28. 54166 [2. 49432]
lnSC(-1)	-0. 006901 [-0. 86354]	-0. 298926 [-1. 85835]
lnSC(-2)	-0. 000687 [-2. 19342]	0. 208201 [3. 34443]
C	0. 004581 [1. 75007]	0. 085683 [2. 53651]
拟合优度 R^2	0. 803923	0. 845731
对数似然值		36. 10632
Akaike 信息准则（AIC）		-5. 801404
Schwarz 准则（SC）		-5. 582265

注：系数后方括号内的数值为 t 统计量，滞后阶数的选择按 Schwarz 准则最小原则选择。

表 5-42　VAR 模型参数估计和检验结果（效率寻求型 OFDI 和产业升级）

	lnW	lnXL
lnW(-1)	-0. 418185 [-1. 83657]	4. 629344 [2. 11544]

续表

	lnW	lnXL
lnW(−2)	−0. 051138 [−1. 11435]	−15. 93907 [−1. 44431]
lnXL(−1)	−0. 009927 [−2. 52514]	0. 321875 [1. 61645]
lnXL(−2)	0. 004824 [2. 59312]	−0. 207139 [−2. 31745]
C	0. 003862 [1. 68631]	0. 297171 [1. 65826]
拟合优度 R^2	0. 579593	0. 142619
对数似然值		33. 37641
Akaike 信息准则（AIC）		−5. 194758
Schwarz 准则（SC）		−4. 975619

注：系数后方括号内的数值为 t 统计量，滞后阶数的选择按 Schwarz 准则最小原则选择。

表 5 −43　VAR 模型参数估计和检验结果（战略资产寻求型 OFDI 和产业升级）

	lnW	lnZL
lnW(−1)	−0. 122887 [−0. 33737]	4. 260358 [1. 10841]
lnW(−2)	−0. 619119 [−0. 91197]	82. 10238 [1. 35004]
lnZL(−1)	0. 002056 [1. 51890]	0. 178783 [1. 41830]
lnZL(−2)	−0. 008910 [−1. 36331]	0. 415812 [1. 02226]
C	0. 005132 [1. 64797]	0. 080533 [3. 22516]
拟合优度 R^2	0. 798203	0. 893499
对数似然值		33. 93930

续表

	lnW	lnZL
Akaike 信息准则（AIC）		-5.319844
Schwarz 准则（SC）		-5.100705

注：系数后方括号内的数值为 t 统计量，滞后阶数的选择按 Schwarz 准则最小原则选择。

图 5－12 为四种动机的 OFDI 对产业升级的作用关系脉冲响应图，其中，图 5－12（1）至图 5－12（3）表现出较为一致的反应，即给予资源寻求型、市场寻求型、效率寻求型 OFDI 一个标准差的冲击后，将影响产业结构层级系数快速下降，在第 2 期达到谷底，之后开始回升，在第 6 期左右趋于稳定，其中市场寻求型 OFDI 对产业升级的影响具有较强的持久性。只有图 5－12（4）中的战略资产寻求型 OFDI 对产业升级的冲击表现最强，在 20 期后才逐步趋于稳定，这也印证了战略资产寻求型 OFDI 的本质，寻求东道国先进的管理和技术，将对母国的产业结构水平起到质的提升。

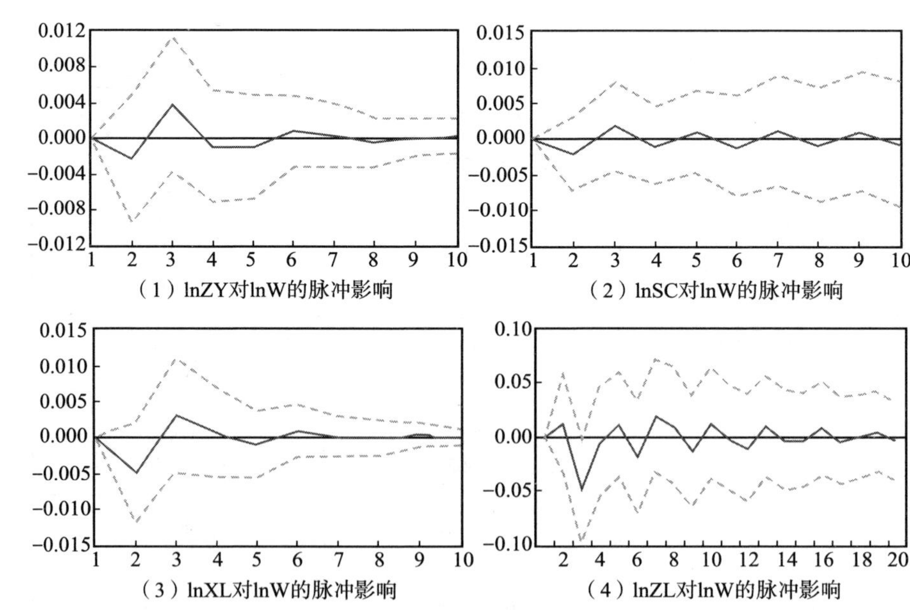

（1）lnZY对lnW的脉冲影响

（2）lnSC对lnW的脉冲影响

（3）lnXL对lnW的脉冲影响

（4）lnZL对lnW的脉冲影响

图 5－12　VAR 模型脉冲响应图

（三）中国对“一带一路”共建国家 OFDI 对国内产业升级的作用关系检验

1. 标准的钱纳里模型

对产业结构理论的研究始于 17 世纪，古典经济学家威廉·配第在《政治算术》中论述了产业间资源流动现象，20 世纪 30 年代，费希尔确立了对现代产业结构的划分方法，之后的学者利用库兹涅茨方法分析并检验了发达国家的产业结构发展态势，但是对于典型的二元经济的发展中国家和地区适用性有限，对此美国经济学家钱纳里（1986）利用 101 个国家 1950～1970 年的统计资料进行归纳分析，构造了一个著名的“世界发展模型”，并逐渐发展为检验一国产业结构变化的常用模型。他认为，在经济发展的不同阶段，有着不同的经济结构与之相对应，人均 GDP 和产业结构之间存在关联，并随着时间流逝发生着一系列进步，使得新兴产业逐步代替传统农业。根据人均 GDP 水平，将不发达经济到成熟工业经济整个变化过程划分为三个阶段、六个时期，从任何一个发展阶段向更高阶段的跃进都是通过产业结构转化来推动的。这一模型为分析和评价不同国家或地区在经济发展过程中产业结构组合是否“正常”提供了参照规范，同时也为不同国家或地区根据经济发展目标制定产业结构转化政策提供了理论依据（见表 5－44）。

表 5－44 钱纳里多国模型对工业经济发展阶段的划分 单位：美元

序号	人均 GDP 的变动范围			发展阶段	
	1964 年	1970 年	2008 年		
1	100～200	140～280	819～1638	初级产品生产阶段	准工业化阶段
2	200～400	280～560	1638～3277	工业化初级阶段	工业化阶段
3	400～800	560～1120	3277～6553	工业化中级阶段	
4	800～1500	1120～2100	6553～12287	工业化高级阶段	
5	1500～2400	2100～3360	12287～19660	发达经济初级阶段	后工业化阶段
6	2400～3600	3360～5040	19660～29490	发达经济高级阶段	

标准的钱纳里模型可以表示为下式：

$$X = \propto + \beta_1 \ln Y + \beta_2 (\ln Y)^2 + \gamma_1 \ln N + \gamma_2 (\ln N)^2 + \sum \delta_i Ti_i + \varepsilon F \tag{5-17}$$

其中，X 表示经济结构在某一方面的变化，Y 表示人均国内生产总值，N 表示一国人口数量，F 表示作为国内生产总值一部分的净资源流动，如国内资本的流入流出、该国进出口总量的变化、该国当年固定资产的增加数量，T 表示一国经济结构变动的时间趋势，用以区分研究中不同的时间段。

2. 对标准钱纳里模型的扩展

针对标准的钱纳里模型，本研究计划做出如下修改：如前所述，中国 OFDI 虽然从改革开放开始就有少量流出，但真正实现迅猛增长是在进入 21 世纪之后，而且本研究时间段 t 为 2003～2015 年，时间跨度较短，人力资本不易在短时间内发生巨大改变，人口总量也没有大幅波动，故时间趋势虚拟变量和人口因素的影响可以忽略不计。原模型中 F 代表要素的流入和流出，可以使用中国对"一带一路"共建国家的 OFDI 流量值进行表示。由此得到：

$$W_{j,t} = \beta_0 + \beta_1 \ln Y_t + \beta_2 (\ln Y_t)^2 + \beta_3 \ln OFDI_{i,t} + \mu \tag{5-18}$$

其中，W 是产业结构层级系数，j＝0，1，2，3，分别代表中国整体以及东、中、西部产业升级状况。Y 为用美元表示的人均 GDP，用以衡量国内经济发展水平的变动对产业升级的影响。OFDI 表示对外直接投资，i＝0，1，2，3，4，分别代表中国整体 OFDI、资源寻求型 OFDI、市场寻求型 OFDI、效率寻求型 OFDI 和战略资产寻求型 OFDI。为避免非平稳变量导致虚假回归的问题，对钱纳里模型中的变量进行对数变换。ADF 单位根检验表明，相关变量均在至少 5% 的显著性水平下通过了检验，可以认为各变量是平稳的。因此，在模型（5－19）的基础上可以扩展为本研究涉及的 8 个模型：

$$W_{0,t} = \beta_0 + \beta_1 \ln Y_t + \beta_2 (\ln Y_t)^2 + \beta_3 \ln OFDI_{0,t} + \mu \quad ①$$

$$W_{1,t} = \beta_0 + \beta_1 \ln Y_t + \beta_2 (\ln Y_t)^2 + \beta_3 \ln OFDI_{0,t} + \mu \quad ②$$

$$W_{2,t} = \beta_0 + \beta_1 \ln Y_t + \beta_2 (\ln Y_t)^2 + \beta_3 \ln OFDI_{0,t} + \mu \quad ③$$

$$W_{3,t} = \beta_0 + \beta_1 \ln Y_t + \beta_2 (\ln Y_t)^2 + \beta_3 \ln OFDI_{0,t} + \mu \quad ④$$

$$W_{0,t} = \beta_0 + \beta_1 \ln Y_t + \beta_2 (\ln Y_t)^2 + \beta_3 \ln OFDI_{1,t} + \mu \quad ⑤$$

$$W_{0,t} = \beta_0 + \beta_1 \ln Y_t + \beta_2 (\ln Y_t)^2 + \beta_3 \ln OFDI_{2,t} + \mu \quad ⑥$$

$$W_{0,t}=\beta_0+\beta_1\ln Y_t+\beta_2(\ln Y_t)^2+\beta_3\ln OFDI_{3,t}+\mu \quad ⑦$$

$$W_{0,t}=\beta_0+\beta_1\ln Y_t+\beta_2(\ln Y_t)^2+\beta_3\ln OFDI_{4,t}+\mu \quad ⑧$$

模型①表示中国对"一带一路"共建国家整体 OFDI 对国内整体产业升级的影响，模型②③④表示中国对"一带一路"共建国家整体 OFDI 对国内东中西部各地区产业升级的影响，模型⑤⑥⑦⑧表示中国对"一带一路"共建国家不同动机 OFDI 对国内整体产业升级的影响。

3. 检验过程和结果解释

(1) 主要变量的统计描述。

利用 Stata 13.0 对各变量进行统计描述，结果见表 5-45。

表 5-45　各变量定义和统计描述

变量	含义	均值	标准差	最小值	最大值
W_0	中国整体产业升级状况	2.2348	0.0284	2.2094	2.3087
W_1	东部地区产业升级状况	2.3627	0.0362	2.3158	2.4372
W_2	中部地区产业升级状况	2.2348	0.0284	2.2094	2.3087
W_3	西部地区产业升级状况	2.2478	0.0272	2.2193	2.3157
Y	人均 GDP	8.1699	0.6367	7.1466	8.9751
$OFDI_0$	中国 OFDI 总量	12.8031	1.5229	9.9155	14.6901
$OFDI_1$	资源寻求型 OFDI 总量	11.7389	1.4090	8.8172	13.3447
$OFDI_2$	市场寻求型 OFDI 总量	7.3544	1.3764	4.0604	8.7872
$OFDI_3$	效率寻求型 OFDI 总量	11.8634	1.5041	9.4845	13.3873
$OFDI_4$	战略资产寻求型 OFDI 总量	11.0045	2.4023	5.0173	13.9279

(2) 回归结果及解释。

为考察主要变量的多重共线性，我们检验了它们的相关系数矩阵，结果显示相关系数远小于 50%。为使检验结果更加可靠进一步考察了方差膨胀因子（VIF），发现变量的 VIF 均值为 3.90，远小于 10，可以认为所选解释变量间的多重共线性不会显著影响研究结果，模型设置较为合理。

在表 5-46 的 8 个模型中，$\ln OFDI_i$ 基本取得了与理论分析相符的符号和显著性，作为重要控制变量的 lnY 和 $(\ln Y)^2$ 系数为正，而且显著性水平达到了1%，说明人均 GDP 可以解释中国国内的产业升级。大部分变量的系数值在至少10%的显著性水平下通过了检验，可决系数也达到了较高的水平，表明标准的钱纳里模型剔除并更换了某个变量后仍然较好地解释了中国对"一带一路"共建国家的 OFDI 对本国产业升级的影响。因此，基于模型①可以初步得到结论：中国对"一带一路"共建国家的 OFDI 对产业升级起到了显著的促进作用。比较模型②、模型③、模型④可以发现，对模型②的系数值和显著性水平更高，可决系数也相对较高，说明中国对"一带一路"共建国家的 OFDI 显著促进了东部地区的产业升级，然而对中西部地区的产业升级并未产生显著影响，这与前面格兰杰因果检验的结论基本相符。比较模型⑤、模型⑥、模型⑦、模型⑧，主要变量的符号和作用没有太大改变，值得关注的是资源、市场和效率寻求型 OFDI 都在至少10%的显著性水平下促进了中国国内的产业升级，其中资源寻求型 OFDI 的促进作用最大，可以解释为中国通过利用"一带一路"共建国家丰裕的资源，缓解了国内的资源瓶颈限制，对保证国内相关产业的资源合理配置、优化国内产业结构起到了重要作用。同时检验结果还表明，战略资产寻求型 OFDI 虽然也具有正的系数值，但并没有通过显著性检验，说明目前而言，相比其他三种动机的 OFDI，中国在"一带一路"共建国家的战略资产寻求型 OFDI 对产业升级并未发挥显著作用，这可能与目前该动机的 OFDI 总量较少、东道国范围有限且"一带一路"共建国家中发展中国家较多有关，但战略资产寻求型 OFDI 作为相对高级的投资动机和形式，必然对投资母国的产业结构起到优化作用。因此，在推进"一带一路"倡议的过程中需要更加重视此种动机的 OFDI，注重寻求更高层次的对外投资。

表 5-46　　OFDI 对产业升级影响的回归结果

变量	①W_0	②W_1	③W_2	④W_3	⑤资源	⑥市场	⑦效率	⑧战略
lnY	1.3949*** (2.64)	0.9119*** (2.93)	1.3829* (1.64)	1.0332** (2.02)	0.8691** (2.32)	0.7532* (1.81)	0.5591** (2.57)	1.0284** (2.57)
$(\ln Y)^2$	0.0821*** (2.82)	0.0557*** (3.25)	0.0392* (1.82)	0.0616** (2.19)	0.0546** (2.48)	0.0483* (1.94)	0.0386* (1.91)	0.0637*** (2.70)

续表

变量	①W_0	②W_1	③W_2	④W_3	⑤资源	⑥市场	⑦效率	⑧战略
$lnOFDI_0$	0.0411 ** (2.44)	0.0469 *** (2.60)	0.0322 (1.44)	0.0286 (1.03)				
$lnOFDI_1$					0.0156 * (1.73)			
$lnOFDI_2$						0.0094 ** (1.99)		
$lnOFDI_3$							0.0075 ** (2.56)	
$lnOFDI_4$								0.0076 (1.01)
常数项	7.5959 *** (3.71)	5.7286 *** (4.75)	7.6260 *** (2.71)	6.1848 *** (3.12)	5.5848 *** (3.78)	5.1430 *** (3.06)	4.3969 *** (3.13)	6.2748 *** (3.84)
F 值	8.69	51.69	8.79	8.43	6.82	6.50	7.05	7.56
R^2	0.7433	0.9451	0.7343	0.7376	0.6946	0.6841	0.7016	0.7159

（四）结论

本部分的研究首先简要分析了中国对“一带一路”共建国家 OFDI 的现状，包括投资模式、动机和区位分布。然后借鉴靖学青（2005）的方法测算了改革开放以来中国整体、各省份和分区域的产业结构层级系数，发现整体呈现产业升级的良好态势，但不同区域间产业升级速度的差异也较为明显。之后使用格兰杰因果检验方法分析了中国对“一带一路”共建国家 OFDI 与产业升级的关系，发现 OFDI 显著促进了国内整体以及东部地区的产业升级，而对中西部地区作用效果并不明显。随后基于脉冲响应函数的分析发现，给予 OFDI 一个标准差的冲击，对产业升级过程造成的波动多数情况下会在 10 期内出现收敛并趋于稳定，其中来自东部地区的 OFDI 和战略资产寻求型 OFDI 对产业升级产生的影响最为强烈。最后使用改进后的钱纳里模型检验了中国对“一带一路”共建国家 OFDI 对产业升级的作用，结果发现整体作用较为显著，东部地区的 OFDI 和资源寻求型 OFDI 表现最为突出，战略资产寻求型 OFDI 并没有取得期望的作用效果。

四、OFDI 产业升级效应案例分析

从 19 世纪至今，全球已经出现了五次规模较大的企业对外投资并购浪潮，特别是在 20 世纪 90 年代开始的结构调整、技术转移的推动下，对外投资进入了新一轮高潮。但从总体来看，一半左右企业的对外投资最后以失败告终，研究者指出投资后的整合是决定企业绩效的关键环节。在前面的理论分析中提出产业升级可以概括为三个方面：高度化、合理化、高效化，表现为生产技术的创新、产品质量的提升、售后服务的改善等。根据小岛清的产业转移理论，通过绿地投资或海外并购的形式进行 OFDI，可以快速有效地转移国内低端产业，吸收改进国外的先进技术，对实现国内产业升级作用明显。因此，本节选取中国企业 OFDI 的典型——华为公司和联想集团对外投资的成功案例，分析其对本国产业升级的影响和作用机制。

（一）华为公司 OFDI 动机演变的案例分析①

华为技术有限公司在 1987 年创建于深圳，目前其产品和服务已覆盖全球 100 多个国家和地区，为全球运营商 50 强中的 45 家及全球 1/3 的人口服务，OFDI 对华为公司成长为世界一流的电信巨头起到了关键作用。通过梳理相关学者对我国企业对外直接投资动因的研究，发现中国企业对外直接投资动因由资源和市场导向型逐渐转向技术和战略性资源寻求型，以提高国际竞争力为根本目的。细化到公司层面而言，随着华为公司的不断发展壮大以及对外直接投资进程的演进，它在不同阶段的投资动因也在不断演变。

1. 寻求海外市场

华为公司对外直接投资具有明确的市场导向。20 世纪 90 年代末，

---

① 牛秀芳：《中国企业对外直接投资动因研究综述及华为公司的案例分析》，载于《对外经贸》2015 年第 8 期。

华为公司在国内已确立了行业领导地位，但是在具有前景、迅速增长的移动市场上收获不多。当时在中国的移动设备市场上，国外跨国公司一度占据了高达98%的市场份额，华为公司等国内厂商已经被边缘化。而华为公司的几个主要产品的市场份额都已经超过30%，继续增长的空间已经非常有限。在这种局面下，华为公司确定了走向国际化、寻求市场新机会的战略方向。

2. 规避贸易壁垒

华为公司在国际化探索期进入的是电信业发展比较落后的发展中国家，因为这些国家的技术准入门槛较低，技术壁垒不高，对产品的要求也不苛刻。此外，在这些国家建立的都是合资企业或是代表处。华为公司在开拓发达国家市场初期，也选择与当地的企业合作，建立合资企业。选择合资形式可以减少海外投资风险，借助当地合作者熟悉东道国环境、商业惯例的优势，更重要的是容易获得东道国政府的支持，以此来规避贸易壁垒，尤其是非关税壁垒。

3. 寻求高端技术

华为公司创立之初就很重视自主研发，但在进入国际市场后发现自己的技术水平与发达国家相比有较大差距。于是1999～2012年华为公司先后在印度、瑞典、美国、德国、英国、法国和芬兰等国家设立研究所，与西门子、赛门铁克合作成立合资公司。一系列的举措如积极参与国际竞争等逐渐让华为公司提高了自身的技术水平。华为公司持续引进国际企业的技术，进行消化和吸收，再进行一些功能、特性上的改进和集成能力的提升。在此基础上，华为公司的技术创新紧随市场，有的放矢，不断自我完善与自我超越。

4. 提升国际竞争力

华为公司在与国外通信巨头的竞争与合作中，意识到先进的企业内部管理体系在国际化过程中的基础作用，于是也开始注重自身的改造。1996～2008年，华为先后与IBM、合益、MERCER、德勤和盖洛普等公司合作，对自身管理体系进行了改革，核心是引进西方管理体系，逐渐与国际接轨。针对西方管理体系显现的低效率、易滋生官僚主义及教条主义等问题，2009年华为公司又对其人力、质量和财务等职能部门进行改革，成功地建立了一套先进、规范的研发管理体系，有效提高了以客户需求为导向、快速响应客户需求的持续高效的研发能力，极大提升了华为公司的国际竞争力，进一步巩固了华为的品牌和国际市场地位。

最后，值得一提的是，在华为公司“走出去”战略的执行过程中，政府起到了不可忽视的推动作用。政府鼓励通信企业参与国际竞争，并制定积极的政策促进通信业的发展，为华为公司进入国际市场创造了条件。外交上，中国政府与发展中国家和地区以及亚非拉地区建立了良好的外交关系，为华为公司国际化初期业务的开展营造了友好的国际环境。华为公司对外扩张的过程中，中国政府也一直给予融资上的支持，在华为受到其他国家不公平待遇时，中国政府和商务部都给予了全力支持。

（二）联想集团 OFDI 的案例分析①

研究者指出，并购后的整合是决定企业绩效的关键环节。联想集团作为中国实力最强的个人电脑生产商，与 IBM 的 PC 业务部进行并购后实现了成功整合，对国内企业乃至全球跨国公司的并购实践都具有重要的借鉴价值和指导意义。

2004 年 12 月，联想集团举行新闻发布会宣告已正式收购国际商业机器公司（IBM）的个人电脑业务。根据 IBM 和联想集团的经营数据预测，新联想集团的个人电脑业务市场占有率将达 7%，当年生产量将突破 1400 万台，从销售规模来看，收购后的联想集团将会改变原有的电脑生产格局，成为世界上最重要的电脑制造企业之一。联想集团和 IBM 所签署的收购协议规定，联想集团不仅需要向 IBM 支付一定数额的资金，同时还需要向 IBM 转让部分联想集团的股票，而且规定股票在三年内不得抛售，同时联想集团还要负责偿还 IBM 遗留的债务。所转让的股票主要包括两部分，即定向股和无投票权股份。其中，无投票权股份是指不算在上市股份中的股权，但是和上市股份享有相同的收益，这些非上市股份在变成股权之前，是没有表决权的。这样在新组成的联想集团中，联想集团拥有近半数的股票，而 IBM 所占的股份数不到 20%。

1. 企业并购资源分析

双方签署的协议规定，IBM 的所有电脑业务都出售给联想集团。这

① 杨军、刘秀新、于兹志：《一样的蓝色，不一样的文化：联想收购 IBM PC》，载于《北大商业评论》2005 年第 1 期。

包括 IBM 所有和电脑业务相关的知识产权，以及 IBM 在全世界的电脑销售网络，而且服务于 IBM 电脑业务部的所有员工都属联想集团所有，同时联想集团在五年内可以无偿地使用 IBM 和 Think 的商标，而 IBM 在中国深圳、日本以及美国北卡罗来纳州所建立的研究机构也都属于联想集团所有。

经过收购，联想集团在个人电脑上的技术优势将得到进一步提升，最为关键的是获得了 IBM 公司 Think Vantage 技术。这样联想集团所制造的个人电脑能够最大限度地实现自我控制、自我优化和性能的提升，从而极大地节约了用户的使用成本。联想集团可以无偿使用“ThinkPad”商标五年，这样联想集团就可以很容易进入高端电脑消费市场，从而为联想集团树立了良好的企业形象。另外，通过收购，联想集团可以无偿使用 IBM 先进的员工管理体系，这为联想集团提供了源源不断的专业人才，成为联想集团提升自身技术水平的突破口。IBM 在个人电脑方面的资源极大地促进了联想集团的发展，为联想集团技术水平的提高创造了条件：

第一，所谓的技术积累是指企业经过多年的发展总结出的知识和技能。技术积累的作用是潜移默化的，这是企业发展的前提和保障，具有非常高的战略价值。在收购之后，联想集团掌握了 IBM 的核心技术体系，以及大量的专利技术，而如果按照联想集团正常的发展速度来看，要达到现在的程度至少需要 20 年，通过收购，联想集在短时间站在了个人电脑制造的制高点，为其进一步发展创造了条件。

第二，通过收购，联想集团不仅将 IBM 的专利技术据为已有，同时还接手了 IBM 在日本和美国北卡罗来纳州的研究机构，以及服务于这些研究机构的科技型人才。这就为联想集团今后的发展奠定了基础。

第三，联想集团在国内市场的优势在于成熟的市场销售管理和较低的生产成本，并且在国内培养了忠实的客户群体，而 IBM 则重视国际市场的开发，在全球的 160 多个国家建有销售网络。通过收购，联想集团迅速地打开了国际市场，为联想集团的国际化创造了条件，借助于 IBM 先进的人才培训体系，联想集团也借机培养自己的销售体系，这就为联想品牌的国际化创造了条件，从而有针对性地进行产品的创新。

第四，在没有收购 IBM 之前，联想集团并没有高端电脑品牌，所以联想电脑都是以低端市场作为主要市场。在收购 IBM 之后，原本属于 IBM 的电脑品牌 ThinkPad 也就成为联想集团的品牌，使其市场定位发生了很大的转变。这也丰富了联想电脑的种类，提升了联想集团的品牌形象，进入了全球高端电脑市场。

2. 企业整合能力分析

为了确保在收购后能够和原有的资源有效融合，联想集团的整体策略是：怀着学习的态度来对待 IBM，而且在市场上采用的是双品牌管理，以实现 IBM 的完美过渡，而没有采用急功近利的方式进行改造；在推进资源的有效整合方面，联想集团所坚守的原则是“坦诚、尊重和学习”。用柳传志的话来说，出现矛盾是不可避免的，但是最重要的是要学会妥协，抓住最重要的东西，然后再去解决问题。在成功收购后，联想集团并没有将销售网络整合利用，两个品牌还是采用原有的销售网络和产品加工链。而且，在刚完成并购后，联想集团和原 IBM 员工同时去向主要客户做出解释，以避免客户会对 IBM 产品的质量和服务有不必要的担心，同时向客户承诺，虽然 IBM 电脑业务部被联想收购，但是将会按照 IBM 的要求来为客户提供高质量的服务。通过以上分析发现。

第一，创新性的体现，其实就是资源不断整合的过程，能够实现企业内部和外部资源的有效整合是企业创新性提高的前提和保证。而对于并购企业来说，能够实现两个企业资源的有效整合，是提高其创新能力的重要方式，而且资源整合的效果直接决定了企业未来的发展状况。在收购 IBM 电脑业务后，联想集团特别重视两者资源的整合，而且对两企业的文化、管理方式、产品定位等方面实行了分阶段的整合，实现了企业的完美过渡。

第二，对员工的管理方面，在收购后，联想集团成功地使原 IBM 电脑部的员工大多选择继续留在联想集团工作。在企业的发展中，技术和知识是非常关键的，这是企业独特的资源，是企业竞争力的基础，是属于企业的无形资产。在企业的收购中，最为重视的就是这种潜移默化的技术和知识，而员工正是这种知识和技术最直接的体现者，所以说，留住了企业原有的员工，就意味着获得了原企业的技术和知识。有效的人力资源整合为联想集团其他方面资源的整合创造了有利的条件，有利于企业创新能力的提升。

3. 技术创新能力分析

技术创新能力主要包括五部分，分别是研究创新能力、生产创新能力、销售创新能力、管理创新能力以及资源整合创新能力，其中最为重要的是研究创新能力、生产创新能力和销售创新能力[①]，故本节的研究主要从这三个方面展开。

（1）研究开发能力分析。

对于产品研发，联想公司公布的数据显示，在 2003 年，联想集团所有的研发投资只有 4000 万美元，而在收购 IBM 的第一年，联想集团所有的研发投资就超过了 7000 万美元。在随后几年，联想集团对研发的投资额不断攀升。在没有收购之前，联想集团的研发技术员只有 1000 人左右，但是在收购后，联想集团的研发技术员超过了 2000 人，而且联想集团还将 IBM 在全球所建立的三家研究机构纳入其中，这三家研究机构成为联想集团的研究中心。在产品的创新性方面，因为联想实现了资源的有效整合，所以在收购之后，联想集团又设计出多款产品，成为全球最大的上网笔记本电脑生产企业。由于联想集团所取得的辉煌成就，如今它已经成为全球多个国家教育机构的合作者。

（2）市场营销能力分析。

联想集团在成功收购 IBM 电脑业务后，借助于 IBM 先进的营销网络，联想集团也发展了自己的全球销售网络，使其销售能力大大提高。通过销售网络体系的建立以及 IBM 高端品牌形象，使得联想集团稳稳占据着国内电脑销售冠军的宝座，而且还扩展了商业客户群体。在国外市场，联想集团不但注重和当地合作者的联系，同时还利用 Office Depot 和 Best Buy 等实体店向客户进行推广销售。联想集团对 ThinkPad 笔记本的产品设计、质量保证以及售后服务水平都取得了国际客户的信任。通过联想集团的努力，联想和 IBM 的资源实现了有效整合，从而极大地提升了联想集团的整体运行能力。

（3）生产制造能力分析。

对于产品的生产制造，通过收购 IBM 电脑业务部，联想集团将 IBM 设在深圳的公司纳为己有，这样联想集团就能够自行生产 IBM 所有品牌的电脑。而且通过资源的有效整合，联想集团能够在全球市场进行芯片和软件的采购，这就提高了联想在采购谈判中的话语权，在降低生产成本的同时提高了其市场竞争力。但是，员工的生产效率并没有明显提高。

---

① 魏成龙、张洁梅：《企业并购后知识整合传导机理的实证研究》，载于《中国工业经济》2009 年第 5 期，第 119 ~ 128 页。

（三）结论

OFDI 已成为中国企业"走出去"参与国际竞争的重要方式之一，本节深入剖析了我国华为公司对外投资动机的演变，以及联想集团成功并购 IBM 个人电脑业务的案例，基于企业自身能力和国际资源整合两个视角，从宏微观层面对 OFDI 影响技术创新和产业升级能力的情况进行了分析，可以得出以下几点启示：第一，加快技术获取型海外并购。虽然我国的技术研发水平已有了很大提高，但在很多核心技术、高新技术仍然需要引进。加大向发达国家的技术驱动型对外投资是实现技术跨越、提高技术创新能力的重要途径。目前我国海外并购规模较小，投资领域集中在低技术领域，因此政府应鼓励企业"走出去"，特别是对发达国家的企业进行技术寻求型投资。第二，提高吸收能力，充分利用外资。要充分利用外资来提升我国的技术创新能力，关键是要提高母国的消化吸收能力。如果不提高我国的吸收能力，即使再强调企业"走出去"，增加对外直接投资，投向最发达的国家和地区，接触最先进的技术，也很难带动国内技术创新能力的提高。首先，政府需重视人才的培养，加大人力资本的投入；其次，引导企业正确利用外资，学习先进技术，增强自主研发能力。最后，加大研发投入，鼓励自主创新。一国国内技术创新能力最终依赖于本国自己的研发资本存量。就国内研发投入而言，目前我国与发达国家相比仍相差甚远。因此，加大研发投入是提升我国技术创新能力的关键。政府可以通过相应政策来引导企业加大研发投入，同时采取税收优惠、补贴等措施提高企业研发投入的积极性。

本章小结

本章在前面现状分析和理论解释的基础上，首先利用 285 个城市 2008～2017 年的面板数据，采用双重差分法研究"一带一路"倡议对中国产业结构升级的影响。实证结果表明，"一带一路"倡议促进了中国城市产业结构层次系数和产业结构高度化的提高，对后者的促进效应具有动态增长趋势，但对产业结构合理化的影响不显著。其次针对中国对“一带一路”共建国家的 OFDI 情况进行了多组实证检验，检验了中国推行“一带一路”倡议前后时间段内 OFDI 的变动情况，发现整体而言，“一带一路”倡议促进了中国 OFDI 的发展，但与传统因素相比，这种作用并不显著，可能的原因是“一带一路”倡议实施时间较短，政策效果的显现一般具有滞后性。因此需要加强倡议的推广，吸纳更多的国家参与进来，以扩大“一带一路”倡议的经济效果。通过建立 VAR 模型，从中国对“一带一路”共建国家的整体 OFDI、分动机 OFDI 的角度检验了 OFDI 与中国整体产业升级和东中西部不同区域产业升级的关系。其中格兰杰因果检验和脉冲响应函数表明，中国对“一带一路”共建国家的 OFDI 显著促进了国内的产业升级，东部地区的升级效果最明显，西部其次，中部则出现了“塌陷”现象，而产业升级并未显著促进中国对“一带一路”共建国家的 OFDI。基于改进的钱纳里模型进行的检验则表明，资源寻求型、市场寻求型、效率寻求型 OFDI 对产业升级的作用最明显，战略资产寻求型 OFDI 暂时并未表现出显著的促进作用，实证检验的结果验证了理论分析的结论。本章最后选取中国企业 OFDI 的成功案例——华为公司和联想集团的对外投资之路进行分析佐证，说明大力推行对“一带一路”共建国家的 OFDI，对产业和企业的转型升级具有不容忽视的积极意义。

第六章　中国对“一带一路”共建国家OFDI风险研究

中国对“一带一路”共建国家直接投资日益增长的同时，也出现了一系列风险问题。由于“一带一路”共建国家复杂多变的投资环境及投资企业对风险认识不足，中国对“一带一路”共建国家直接投资失败案例时有发生。揭示中国对“一带一路”共建国家直接投资流向及产生的原因，不仅对于帮助中国企业和政府部门了解投资环境，采取避险措施意义重大，而且有助于客观认识“一带一路”建设初期中国对共建国家直接投资的风险特征，从而指导企业优化其对“一带一路”共建国家直接投资，助力“一带一路”倡议的高质量发展。

一、中国对“一带一路”共建国家OFDI风险指标体系构建和测度

（一）中国对“一带一路”共建国家OFDI风险分类及指标体系构建

“一带一路”倡议推动了中国企业对外投资的进程，但跨国经营环境的复杂性仍是一项挑战，根据对外直接投资面临的风险，结合中国对“一带一路”共建国家的投资状况进行分析，有助于我国企业在“一带一路”倡议下更顺利地走出去。

1. 中国对外直接投资风险概述

改革开放以来，特别是中国加入WTO之后，中国企业开始把目光

投向海外市场，进行对外投资。虽然中国企业对外投资增长迅速，但是由于对外投资环境的复杂性和中国企业对外投资受到的经济与管理体制的制约，在对外直接投资的过程中不可避免地存在着各类风险。

投资风险是指对未来投资收益的不确定性，在投资中可能会遭受收益损失甚至本金损失的风险。伴随投资风险的便是投资危机，即投资主体的根本目标受到威胁且做出决策的反应时间很有限，其发生也出乎投资主体的意料的一种情况。

而企业对外直接投资风险是指在一定环境和期限内客观存在的，导致境外投资企业在海外市场上生产经营管理等一系列过程中发生损失的不确定性。海外直接投资企业进行投资决策和经营的环境是不确定的，这种不确定使企业等经营主体不能很好地对未来发展做出判断，同样也无法对未来做出正确判断，因此会在决策和经营中对企业收益不断产生不利的影响，从而产生投资风险。投资风险的不确定性和普遍性要求投资者必须客观、系统地对待风险，了解其对企业经营的影响，以制定策略规避和防范。

2. 中国企业对外直接投资风险状况

研究表明，发达国家的企业倾向于投资风险水平低的国家；中国企业作为发展中国家和国际投资领域的后来者，其对外投资主要分布于发展中国家，特别是自然资源丰富的国家，如苏丹、伊朗和委内瑞拉等。根据中国官方的统计数据，截至 2014 年末，约 84.7% 的中国直接投资资本投向发展中国家，仅有 15.3% 的中国资本配置于发达国家[①]。

与发达国家相比，发展中国家在经济基础方面较为薄弱，并且法律制度不够健全，甚至一些国家还经历了长期的政局动荡。这给中国海外投资带来了巨大的不确定性风险。近年来，中国企业海外投资屡次因东道国的政治、社会和经济风险因素而受挫，引发了国内外的强烈关注。例如，利比亚政局剧变和动荡导致中国承建的价值数百亿美元的基建工程损失殆尽，中国被迫大规模撤回在当地工作的侨民。

---

① 数据来源：商务部、国家外汇管理局和国家统计局联合发布的《2014 年度中国对外直接投资统计公报》。

3. 对外直接投资风险产生的原因①

（1）外部原因。

外部原因可分为本国与东道国两个角度，具体包括：本国与东道国国家产业政策、金融政策和税收政策的调整；国际竞争对手的行为；各类投资服务机构的行为；东道国市场环境的变化；国际原材料的价格上涨；消费者需求的变化等。

（2）内部原因。

从企业内部角度看，直接投资风险的产生也包括多方面原因：一是投资决策机制不健全，没有做好充分的投资准备，没有做好项目的投资方向选择，没有选择好项目的运作方式，没有对项目进行充分论证和量化，并形成详细的论证报告。二是盲目选择项目，缺乏风险意识，盲目追求“热门”产业，对项目仅侧重于技术可行性的研究，对经济可行性的论证不够重视。三是项目实施不到位，没有做好投资的过程管理，没有做好投资的后期管理；没有规避和防范投资陷阱、政策风险和合作伙伴分离风险等投资风险；投资团队自身的品质、行为和相关能力的缺失；没有遵守投资的各种游戏规则等。

4. 中国对外直接投资风险的特征

MIGA 调查结果表明②，政治风险是阻碍发展中国家吸引外商直接投资最为重要的因素。尽管在 2013 年的调查中，全球经济不确定性首度超过政治风险成为最大的阻碍因素，但两者的比例非常接近：选择政治风险的受访企业比例为 19%，而选择宏观经济不确定性的企业比例为 21%。然而，如前所述，中国企业有到制度质量较差、国家风险水平较高的国家去投资的偏好，这与发达国家形成了鲜明的对比。

中国对外直接投资主体主要特点包括：多元化是中国对外直接投资者的格局，国企占境内投资者的比重下降，国企境内投资者数量也有所下降；投资主体行业分布中，制造业占投资主体的大部分，其次为批发零售业，其余是商务服务业、建筑业、农林牧渔业等。

从中国企业对外直接投资的动机来看，中国对外直接投资具有明显的市场寻求和资源寻求动机，以及一定程度的战略资产寻求动机③。分国家类型看，中国对发达国家的投资具有明显的市场寻求、资源寻求和

①②③ 刘华杜：《中国企业对外直接投资风险分析及对策》，载于《时代金融》2012 年第 7 期中旬刊。

战略资产寻求动机，对发展中国家的投资除市场寻求动机显著外，资源寻求动机和战略资产寻求动机变得不显著。中国对发展中国家的资源寻求投资动机之所以不明显，可能的原因在于：一是并非所有的发展中东道国都是自然资源丰裕的国家；二是发展中国家的大量资源资产被发达国家跨国公司占有，中国投资的目标资源资产虽位于发展中国家境内，但属于发达国家的资产。

因此，中国企业境外投资一个显著的特点就是：投资的国家风险高。大量投资于高风险的国家，对东道国的政策法律环境不敏感，甚至在国内强烈的能源资源需求的驱动下，遭受了一些投资损失，并隐藏着巨大的风险隐患，如在委内瑞拉、利比亚、苏丹和津巴布韦等国的投资。当然高风险与高收益是并存的，投资风险越高的国家往往投资回报越高。而且，中国企业长期在投资风险较高的国家经营，有可能逐渐培育出应对不同投资风险的经验与能力。

5. 对外直接投资风险类型①

（1）政治风险。

政治风险是指政治环境、政策法规等不稳定因素给投资企业带来经济损失的可能性，通常包括战争、恐怖活动、政府变化、第三国干预、交易控制和投资限制等风险。政治风险具有不确定性，如果发生，将会给中国企业造成巨大的损失。例如，在原利比亚政权被推翻过程中，中资企业大量停工、停产，企业前期投资无法收回，未来经营环境也不明朗，这使中国企业蒙受了巨大的经济损失。

政治风险又包括政治政策风险、经济政策风险、法律风险、东道国或第三国竞争风险以及债务风险。

其中法律风险是很重要的一部分，因为世界各国的政治制度等不同，发展战略和技术政策不同，对待外资的立法也不同。法律风险是指因法制原因给投资者造成损失的风险。主要原因是中国对外直接投资政策体系和法律制度有缺陷，中国海外投资企业无序、盲目竞争，大量资金流出，使亏损较大。且因法律的冲突与差异，我国企业不能判断自己的经济行为是否触犯了东道国的有关法律规定，从而使潜在的投资风险增加。

---

① 刘华柱：《中国企业对外直接投资风险分析及对策》，载于《时代金融》2012 年第 7 期中旬刊。

（2）外汇风险。

外汇风险是指因汇率变动使企业常面临海外投资资金的流动、成本和收益的不确定性。其成因如下：一是世界主要发达国家实行浮动汇率制，各国国际投资行为介入；二是东道国金融稳定性不高，货币易贬值；三是我国企业在从事汇兑时，对全球的金融形势与发展分析与评估不足，造成汇兑损失。外汇风险又包括交易风险、经济风险、会计风险。

其中经济风险是很重要的部分，经济风险是指由于经济前景具有很强的不确定性，各经济实体在从事正常的经济活动时，可能会遭受经济损失，主要表现为国家宏观经济环境、通胀或紧缩状况、金融风险、汇率风险、税务风险等方面。

（3）文化风险。

文化风险是由与东道国之间历史文化、宗教信仰的不同造成的。我国企业对东道国文化差异的风险估计不足，往往会导致投资失败或蒙受巨大损失。因中资企业与东道国传统文化差异而引发的文化摩擦也时有发生，这对中资企业的长期经营和管理造成了许多负面影响。

企业的跨国经营必将面临东道国的制度和文化约束。从目前我国企业跨国投资和并购的经验看，能够规避东道国制度风险和融入当地文化是跨国投资和并购是否成功的关键因素之一。所以，在我国企业大规模“走出去”的背景下，深入了解东道国制度、文化及双边差异与我国企业海外投资风险的关系，有助于我们更加深入理解我国企业跨国经营可能面临的问题，也有助于从理论和实践角度指导我国企业进一步融入国际市场。

（4）经营风险。

经营风险是指因为企业在生产经营中因决策上的失误而造成经济损失的可能。对外直接投资中的经营风险成因是国际市场环境变化的影响和企业内部在投资过程中控制、决策、模式选择等经营策略的运用不当而带来的影响。中国企业对外直接投资的经营风险主要还是体现在中国对外直接投资的区位、模式、产业和主体的选择上。

中国对外投资的重点区域如东南亚、非洲、前苏东地区，在经营环境的稳定性方面与发达国家相比还是有一定的差距。由于对这些地区的经济环境如制度、政策、基础环境等状况的准备不足，中国企业经常陷入意想不到的风险中；在市场进入模式的风险方面，由于中国对外投资以境外加工贸易为主，所以企业以新建为主，因此新建投资本身对市场机会反应较慢、周期较长的缺点对中国对外直接投资企业总体影响较大；在对外直接投资的产业选择上，中国企业集中在资源密集型和劳动密集型产业，企业经营的成本和进展受经营环境的影响较大，因此东道国经济环境的变动引起的风险对企业的损害比较明显；对外直接投资主体的风险则体现在国有企业由于投资和管理体制的不完善带来的经营决策和市场策略的风险。

（5）技术风险。

对外直接投资企业的技术风险主要是企业在海外经营中技术研发、转移和使用过程中所遭遇的各种风险。中国海外投资企业的技术水平与发达国家企业的差距不小。

中国企业在海外市场的技术风险主要表现为：

①中国许多企业在海外投资活动中，面临的行业或特定技术的标准都与东道国会有较大差别。

②发达国家与发展中国家相比对知识产权的保护较完善。因知识产权保护意识落后，不能有效监控可能会损失技术本身的特性也会给企业带来风险。

③技术壁垒对中国境外企业有着不容忽视的影响。2013 年有 7 成的进出口企业受到技术壁垒的限制，技术壁垒风险影响的行业非常广泛，是中国对外直接投资的重要风险之一。

（二）中国对“一带一路”共建国家直接投资风险分析

随着“一带一路”倡议的实施，会有越来越多的中国企业“走出去”开展对外投资，中国在全球资本输出国的地位和份额预计会继续提升。“一带一路”倡议涉及的境外投资的东道国投资环境差异性较大，这也意味着，在对“一带一路”共建国家进行对直接投资的过程中会伴随着各类不同的风险。

1. 中国对“一带一路”共建国家直接投资政治风险

（1）国内战争、族群冲突和区域内冲突的风险。

“一带一路”共建国家和地区众多，有些国家和地区社会冲突异常激烈，政治风险根深蒂固。与世界其他地区相比，作为"一带一路"重要组成部分的中东、北非地区，种族众多，地区强国为争夺地区领导权频繁展开竞争，加深了彼此间的矛盾，严重破坏和平和稳定，大大增加了政治风险。

例如，在 2011 年埃及、利比亚等国的动荡中，我国在当地投资的企业和员工损失惨重，其中，在利比亚动荡中受到影响的有 75 家企业、50 个项目的工程承包，涉及的金额有 188 亿美元。同一年，中国与菲律宾外交关系的恶化造成了中国对菲律宾直接投资流量的剧减。

（2）中国资源型企业面临更高的政治风险。

由于石油、天然气等自然资源本身的属性，争夺控制权会增加冲突和战争的风险，特别是石油，一直被认为是诱发冲突的主要因素，因为油价与宏观经济息息相关，它对政府和国民经济的影响巨大，中国企业在国外资源开发的过程中因此不断遭遇挫折。

例如，近年来叙利亚发现天然气资源较多，出口天然气成为叙利亚外汇主要收入来源之一。在 2011 年之前，中国的油气企业在叙利亚境内进行了一定的勘探，并且投入了一定的资金。但是随着叙利亚内战的爆发，国内局势不稳，中国在叙利亚的油气合作不得不终止。2011 年叙利亚动荡发生后，西方社会宣布制裁叙利亚政府。石油禁运制裁协议包括禁止进口叙利亚原油及石油产品，以及对叙利亚石油出口相关融资和保险进行制裁。欧盟对叙利亚的石油禁运还包括融资和保险制裁。由于运输叙利亚原油的船只需要在英国伦敦船东保险公司保险，在制裁命令发布后，这家公司拒绝向运输叙利亚原油的船只提供保险。制裁使得叙利亚同国际社会的原油交易几乎陷于停滞，也为投资叙利亚增添了不确定因素。

（3）政府违约和投资政策发生变化的风险。

东道国法律、法规、政策的变化也会给投资企业带来风险。长期以来中国与"一带一路"共建国家中的很多国家保持着良好的国际交往，不断给予大量援助及投资。然而，一些国家的内部改革举措和公众的态度使中国企业的对外投资遭遇巨大挑战，甚至处于尴尬的境地，使中国企业遭受巨大的损失。

①一些发展中国家制度政策不透明。例如，缅甸采用双重汇率制，官方公布汇率与实际汇率差别很大，波动性强；泰国、柬埔寨等国的政府行政效率很低，办事手续复杂周期长；斯里兰卡对外资进入的审查很

不透明，限制多、税目多、税率高等都会对直接投资造成损失。

②虽然“一带一路”共建国家中的发达国家数量不多，但是在对发达国家的投资中，我国企业因为对东道国法律了解不够也存在一定风险。例如，美国的反垄断法规定并购应事先申报，如果申报与事实不符就存在法律风险；欧洲等国的劳工保护法律，如果不加以重视会引起劳资纠纷等，也将面临着反垄断调查及其他非预期的法规变化等方面的法律风险。

此外国有企业海外投资规模大，且大多投资于战略性行业，如能源产业，也有很多投资于一些制度落后、公共服务不透明的地区，因此更容易受政治风险的影响。民营企业投资地域分散，本身缺乏防范政治风险的意识和能力，而且常会出现盲目追求利润而不遵守东道国法律法规的情况，同样面临着各种政治风险和政策风险。

2. 中国对“一带一路”共建国家直接投资法律风险

法律风险属于政治风险的一部分，由于在“一带一路”的推进过程中，法律问题尤为突出，这里将法律风险单独拿出分析。

由于“一带一路”共建国家的法律环境而带来的法律风险是企业投身“一带一路”建设所必须高度警惕的陷阱。由于部分“一带一路”共建国家在法律上与国际接轨的程度较低，因此，外国企业经常面临较为陌生的制度环境，并可能引起严重的风险。

从目前来看，我国企业直接投资在所在国的税收缴纳、劳资关系、安全环保、招标程序、并购法律、国家安全审查、投资流程等多方面都面临诸多风险。例如，印度虽然劳动力便宜，对于罢工权却较为保护；哈萨克斯坦近年来加强了对企业的环境保护；蒙古国由于其发展策略的变化，对其吸引海外资本的法律曾经进行过较大改变。

除此之外，一些国家还存在比较严重的法律风险：一方面，这些国家司法机关不独立、腐败严重、政策不透明，属于高危国家；另一方面，一些国家政府公信力较差，经常有对国外企业的征收行为。一些国家还存在当地强权集团利用司法程序掠夺国外企业的现象。

（1）“一带一路”的对外投资法律风险①。

国有资产监督管理委员会发布的《“一带一路”中国企业路线图》

① 刘华柱：《中国企业对外直接投资风险分析及对策》，载于《时代金融》2012 年第 7 期中旬刊。

载明，截至 2014 年底，国资委监管的 110 余家央企中有 80 多家央企已在"一带一路"共建国家设立分支机构。目前，有些国家对外国投资特别是外国国有企业投资设立专门的审查制度，受政治倾向影响，在法律上会做出对中国及其企业歧视的规定。例如澳大利亚利用所谓"竞争中性原则"，加强对外国投资的审查，阻断或妨碍外国企业包括中国企业和产品的进入；很多国家和地区如哈萨克斯坦、土库曼斯坦、伊拉克、黎巴嫩等甚至都不是 WTO 成员，它们的法律、政策根本不受 WTO 约束。

此外，不少国家通过颁布法律对境外投资者的跨国并购设置特别条件和程序予以严格限制，导致我国企业的海外投资风险增加。例如，哈萨克斯坦《建筑法》明文规定，外国投资者可以合资企业形式进入，但外资在建筑合资企业中持股比重不得超过 49%。然而，如果一个 100% 外资控股的哈萨克斯坦本土企业参与合资，则外资持股比重可以超过 49%。

（2）"一带一路"的税收叠加法律风险①。

"一带一路"共建国家中部分国家发展相对落后，税收制度不完善，缺乏国际税收执法经验，税法环境不好，自由裁量权滥用，人才短缺。调研显示，中国企业"走出去"面临的问题大多集中在税收方面，主要税收风险包括重复征税、税收抵免、歧视待遇以及在转让定价和反避税问题上被指控等。近年来，我国企业积极响应政府号召，大幅增加到"一带一路"共建国家投资的规模和速度，然而，由于对外国政府税收法规、国际税收协定条款和申报抵免等缺乏了解，这些"走出去"的企业屡屡受挫。

德勤会计师事务所发布的《借力"一带一路"国企国际化迈进新时代》白皮书中对我国央企高层的问卷调查显示：69% 的企业没有完整的税务风险管理制度和专门税务岗位，与大型国际公司相比差距较大；67% 的企业从未在海外投资中聘请税务顾问对项目所在国的税收环境、征管体系、税务风险进行全面评估。

（3）"一带一路"的知识产权侵权风险②。

在知识经济时代，知识就是财富，企业走向海外，应当重视知识产

①② 刘华柱：《中国企业对外直接投资风险分析及对策》，载于《时代金融》2012 年第 7 期中旬刊。

权的侵权和保护问题。我们应当从辩证的角度看待与分析这几个问题：

发达国家高度重视知识产权的保护问题，一旦侵权，侵权者不仅要承担权利人的实际损失，还要对被侵权者进行巨额惩罚性赔偿。我国企业在“一带一路”建设中遇到的知识产权风险主要表现为商标、专利以及版权等侵权现象。在扩大“一带一路”共建国家范围过程中，我国经常是知识产权的被侵权者。以商标为例，虽然海外商标注册的数量逐年增加，但整体来说，企业对自身品牌的保护力度和意识还不足，涉及海外商标案件的新闻十分常见。中国企业在海外投资，每年都有数以百计的商标遭国外企业抢注，从而失去经营权，致使真正的权利人反而不能在当地使用商标、销售产品，被拦截在对方国门之外，造成每年至少 10 亿元无形资产流失。国内有 15% 的知名品牌在国外被恶意抢注。例如“飞鸽”自行车被印度尼西亚抢注，中华老字号“王致和”“狗不理”“同仁堂”在德国被抢注，联想因“Legend”在很多国家被注册只能改用“Lenovo”。我国企业无论是通过法律维权索回商标权还是被迫开创新名称，都使其成本增加。

（4）“一带一路”的涉外法律适用风险。

我国《涉外民事关系法律适用法》规定，适用于解决民事关系的外国法律应该由人民法院、仲裁机构或者行政机关查明，如果当事人选择适用外国法律的，应提供该国法律。但是现在我国许多企业在这方面存在着困扰。

例如，如果中国企业在中国法院起诉新加坡某公司，为了保障当事人的权益，中国法院本应尽可能依法行使管辖权。但有时候，法院为了避免出现新的矛盾，有可能不行使管辖权。而根据新加坡法律，它的法院也有管辖权，如果由其管辖有可能不利于保障中国企业的合法权益或者造成法律适用的冲突与矛盾。不仅如此，除了法院审判管辖，在选择仲裁裁决的结果适用上，由于许多共建国家既不是 WTO 成员，也非《纽约公约》缔约国，在与这些国家的经济纠纷国际仲裁中，即使裁决中方获胜，在实践中却极有可能因为得不到东道国法院对这些裁决的承认和监督执行，一拖再拖，最终使得仲裁结果成为一纸空文。

问题的症结在于，并非所有的国家都在同一层次相互开放，适用外国法律的风险遍及各地，我们一定要适时、有效地解决国际贸易争端，维护自身合法利益。

3. 中国对"一带一路"共建国家直接投资经济风险

经济风险是外汇风险中的重要组成部分，中国企业对外投资本身应是一种经济活动，各个国家的经营环境各不相同，因此存在着经济风险。由"一带一路"共建国家的经济波动而带来的经济风险，是企业投身"一带一路"建设必须注意的现实风险。

一方面，"一带一路"共建国家中部分国家基础建设落后，产业结构单一，国内经济形势受到国际资源、能源价格波动的严重影响。例如，中亚几个国家近年来经历了严重的经济波动，致使大量中国企业遭受损失。

另一方面，中国目前的资本输出，基本上还是以基础建设、基础工程为主，如铁路、港口、矿山的建设。这种资本输出仍然是建立在中国经济"人力"的因素之上。包括我国的高科技企业如华为、中兴等，其海外扩张事实上仍然是以基础线路、硬件的铺设为主。而在"一带一路"共建国家中的许多国家因为人口稀薄、经济水平相对落后，这种大型基础建设的盈利前景是不明确的，甚至其收益在很长时间内要想弥补经营赤字是很难的。在这里的经济建设实际将面临投入大、风险大、周期长、收益少的情况。只有国有大中型企业可以在国家政策的支持下去实施这些不经济的经济行为，中小民企对于这些国家的进入难以形成真正的规模。

这意味着，中国对这些国家的经济一体化在短期内难以实现，不仅难以取得当地社会的真实认可，而且由于国企的非企业特性，甚至可能引起当地民粹势力的警惕与反弹。"一带一路"倡议的实现不可能脱离民间资本的力量，与以基础建设为主的国有企业相比，私营企业"走出去"这一举措更有可能使中国与所在国的经济联系更加密切，但是长期以来，我国的海外企业尤其是海外民企在信贷、保险等业务领域缺乏支持，抗风险能力非常弱。在多数情况下，中小型私营企业常常成为当地经济波动最直接的受害者。

下面针对通胀风险、利率汇率风险、金融衍生品交易风险、信用风险进行简单分析。

（1）通胀风险。

如果一个国家面临较高的通货膨胀率，那么企业所面临的投资环境就具有较大的不确定性，市场金融系统也更加不发达、不完善，金融监管不到位，从事正常经济活动产生的交易成本较高，容易妨碍市场的公平竞争，导致中国企业的进入门槛较高。“一带一路”的很多共建国家无法为中国企业提供保险，使企业不能有效地抵御投资风险带来的冲击性影响。

（2）利率汇率风险。

对外投资的交易款项主要有借入外汇和买入外汇两种方式，在支付投资的交易款时，合同商定的日期与实际支付日期之间的汇率变动直接导致中国企业投资成本的变动，从而使企业面临支付风险。同时，企业在进行交易收入结算时，未来的收益也会受到汇率变动的影响。对外投资所涉及的大量交易，金额庞大，目标企业的股票和债券价格随着国际利率的波动而波动，中国企业需要支付的用于弥补利率损失的资金就会增加，增加企业的成本负担，也会给企业带来巨大风险。

（3）金融衍生品交易风险。

部分“一带一路”共建国家没有证券期货交易所。① 充分表明各国期货市场发展水平存在着很大的差异性。虽然衍生品市场未来有很大的交易潜力，但是由于这些国家在产品以及交易场所方面还欠缺竞争力，难以满足境外企业的风险管理需求。

（4）信用风险。

在当前世界贸易保护主义势力不断上升、世界经济低迷的经济环境下，部分参与“一带一路”倡议的新兴市场国家和地区由于存在着巨大的经常项目赤字和相对疲弱的经济基础，其内部的产业结构矛盾、出口导向型经济持续萎缩等问题日益突出，尤其是一些新兴市场国家由于长期以来对外部资金具有较强的依赖性，其自身抵御资金外流的能力较弱，可能会面临较大的债务违约风险，这意味着如果我国向这些国家开展投资或创建融资项目，势必会大幅增加投资风险。

4. 文化风险

文化差异是指整个社会文化的差异和民族文化的差异。不同的国家有不同的文化。中国企业在“一带一路”共建国家不能忽视文化差异对对外投资带来的严重影响，这种文化的差异将导致更为严重的文化冲突、高昂的交易成本，整合困难程度也会提高，给中国企业对外直接投

① 资料来源：中国一带一路网。

资带来的现实风险也会增加，直接影响企业的管理实践，构成经营中的文化风险。

此处将文化差异分为经济理念、道德观念、价值观念和宗教信仰进行分析①：

（1）基于传统文化的国际经营理念的差异。

中国强调，商业经营应遵循市场竞争规则，尊重市场机制，重视竞争对手的合理权益及其诉求，多发现对方的长处，学习对方具有优势的地方，强调人类是平等的，各类主体是协调发展、和谐共生的，主张运用奖励机制激励他人，强调各国和地区相互尊重主权、平等互利。西方国家强调，充分竞争，有效竞争，世界各国和地区之间在国际经济社会中追求的仅仅只是各自的利益，没有真正的敌友，只有永恒的利益和利益交易，强调市场竞争是一个优胜劣汰的过程，是一个适者生存、优者生存的过程，处理国际事务和国际商务的基本机制是靠强权经济、强权政治和强权军事力量。

（2）道德观念的差异。

中国强调群体，重视集体利益，中国儒家是从“人之初，性本善”的思想观点出发，强调个体的道德修养。西方国家强调个体，重视个体利益，追求人权、自由，西方的伦理道德是以人性恶为出发点，强调通过教育恢复善良的本性。

（3）价值观念的差异。

中国强调集体主义，认为稳定是一种价值观，使人们安分守己，强调温和、渐进，人们希望社会稳定、和平繁荣、家庭稳定，但保守的思想致使其缺少开拓进取精神，同时中国是一个倡导权威的国家，等级制度森严，人际交往中注重层级之间的关系。西方国家强调个人主义、个性展现和自我发展，强调变化，追求创新，喜欢独树一帜、标新立异，从事商业活动时交易双方的关系是平等的。

（4）宗教信仰。

“一带一路”共建国家绝大多数具有独特的文化和宗教信仰，其中部分国家有很多不为中国企业所了解的文化禁忌，尤其是许多信仰伊斯兰教的国家和地区，由于存在大量伊斯兰教派，其意识形态差异较大，

① 参考：刘华柱：《中国企业对外直接投资风险分析及对策》，载于《时代金融》2012年第7期中旬刊。

在进行对外投资合作的过程中不能一概而论。由于我国企业普遍缺乏宗教敏感性和对当地宗教习俗的了解，使得这些文化冲突直接增大了海外投资企业的经营成本，对其经济效益产生了重大影响。

5. 经营风险

当前我国针对“一带一路”共建国家和地区的投资项目主要是基础设施建设，而这些建设普遍存在投入资金巨大、建设周期长、投资风险高的问题，再加上对外国的商业习惯、人文环境、法律制度等不了解，导致企业在进行投资决策的过程中对投资环境的综合考察并不充分，增加了企业的风险。

例如，印度是“一带一路”倡议的重要共建国家。自 1990 年以来，印度逐渐走上自由市场经济之路，大力推进经济改革目标，以市场化、私有化和全球化为目标。在这种情况下，印度努力吸引外资，希望通过引进外资促进经济增长，提高印度在全球经济中的竞争力。然而，印度国内的投资环境不容乐观。世界银行《2015 年营商环境报告》显示，印度的营商环境 189 个经济体中排名第 142 位。在这样的条件下对印度的投资变得较为复杂。

对于企业本身来说最重要的风险因素主要是投资决策风险、管理风险与财务风险。投资决策风险主要是指在进行境外投资的过程中由于对投资目标地的投资项目、时机等选择不当对企业带来的影响。而境外投资决策的风险主要表现在两个方面，即自决策与决策过程失控。

此外，“一带一路”共建国家的经济环境和市场需求结构相对复杂，在对海外市场和技术调查不够充分的情况下，一些原有的国内营销策略、管理模式的生搬硬套会给企业的经营管理带来巨大风险。

财务风险主要是指由于受到境外投资因素的干扰，企业的财务管理系统容易产生相应的风险问题，进而涉及境外的投资活动。

（三）中国对“一带一路”共建国家 OFDI 风险测度

1. 东道国风险评估指标构建

“一带一路”OFDI 东道国风险因素是指可能造成 OFDI 投资损失的影响因素。根据邓宁国际生产折中理论，区位优势解释了企业通过国外建厂的方式开展对外直接投资而不是在国内设计生产后出口或进行无形资产转让的原因，主要从东道国的政治制度、经济市场及要素禀赋（如自然资源、地理位置）等投资环境角度分析了企业进行对外直接投资的有利因素。区位优势是企业对外直接投资顺利开展的必备条件，反之，这些有利因素的负面变化会对 OFDI 产生不利影响，造成投资损失甚至失败。东道国的政治军事、经济金融、社会文化等投资环境的不利变化都将成为对"一带一路"共建国家 OFDI 的潜在风险。

基于这一理论，结合"一带一路"共建国家的政治军事、经济金融、社会文化环境特点，参考周伟等（2017）、李原和汪红驹（2018）及中国社会科学院中国经济与政治研究所的《中国海外投资国家风险评级（2017）》研究报告，从东道国的因素、中国与东道国之间的因素两个方面出发构建包括政治军事风险、经济金融风险、社会文化风险 3 个一级指标、27 个二级指标的风险评估指标体系，详见表 6－1。

表 6－1　"一带一路"共建国家 OFDI 风险评估指标体系

风险类型	风险来源	风险指标	指标说明	数据来源
政治军事风险	东道国	政治稳定性	政治稳定和不存在暴力/恐怖主义；数据区间为－2.5～2.5，数值越大，政治稳定性越高	世界银行 WGI
		政治民主	公民参与选择政府的权利大小及言论自由、结社自由和媒体自由的程度；数据区间为－2.5～2.5，数值越大，政治民主程度越高	世界银行 WGI
		政府效率	公共服务、行政部门的质量及政策形成和执行质量，数据区间为－2.5～2.5，数值越大，政府有效性越高	世界银行 WGI
		法制完善度	法律制度的完备程度、法律执行力度及司法独立程度，数据区间为－2.5～2.5，数值越大，法制完善程度越高	世界银行 WGI
		外部冲突	外交压力、中止援助、贸易限制、领土争端、制裁等非暴力外部压力和边境战争等暴力外部压力，数据区间为 0～12，数值越大，外部冲突风险越小	ICRG 政治风险指数

续表

风险类型	风险来源	风险指标	指标说明	数据来源
政治军事风险	东道国	内部冲突	国内内战、政变、恐怖主义、政治暴力、民事暴动等引起的冲突，数据区间为 0 ~ 12，数值越大，内部冲突风险越小	ICRG 政治风险指数
		军事控制	军事力量参与政府管理；数据区间为 0 ~ 6，数值越大，军事控制风险越小	ICRG 政治风险指数
	与东道国之间的因素	腐败距离	投资母国和东道国之间的腐败差额的绝对值	参考钱等（Qian et al.，2016）方法计算
经济金融风险	东道国	经济发展水平	人均 GDP 增速	世界银行 WDI
		外债负债率	年末外债余额/当年 GDP	ICRG 的金融风险指数 FRI
		汇率波动	汇率年度变动	ICGR 中金融风险指数
		通货膨胀率	年度变动	世界银行 WDI
		失业情况	失业人口占劳动人口的比率	WEO，CEIC
		贸易自由	贸易自由综合贸易政策环境，得分基于贸易加权平均关税税率和非关税壁垒两个变量，值越大，自由度越高	经济自由指数报告
		投资自由	投资自由度综合各种投资监管限制，数值越大，自由度越高	经济自由指数报告
		银行业不良资产比重	银行不良贷款占总贷款余额的比重	世界银行 WDI
		国内市场规模	数值越大，代表国内市场规模越大	全球竞争力报告 GCR
	与东道国之间的因素	是否签订双边投资协定	1 表示签署双边贸易协定，0 表示没有签署	商务部网站

续表

风险类型	风险来源	风险指标	指标说明	数据来源
社会文化风险	东道国	宗教冲突	数据区间为 0 ~ 6，数值越大，宗教冲突风险越小	ICRG 政治风险指数
		种族冲突	数据区间为 0 ~ 6，数值越大，种族冲突风险越小	ICRG 政治风险指数
		高等教育情况	高等教育注册率	联合国教科文组织 UNESCO
		基础设施质量	数值越大，基础设施质量越好	全球竞争力报告 GCR
		暴力和犯罪成本	暴力和犯罪的商业成本大小	全球竞争力报告 GCR
		资本和人员流动限制	对资本和人员流动的限制，数值区间为 0 ~ 10，数值越大，资本和人员流动越自由	世界经济自由指数 EFW
		劳动力市场管制	劳动力市场管制包括雇佣和解雇规定、最低工资和工作时间规定等，数值区间为 0 ~ 10，数值越大，劳动力市场管制越低	世界经济自由指数 EFW
		商业管制	包括行政和官僚成本、开业难易、营业执照限制等，数值区间为 0 ~ 10，数值越大，商业管制越低	世界经济自由指数 EFW
	与东道国之间的因素	文化距离	利用 Hofstede 六维度指标测算，数值越大，文化距离越大	采用 Hofstede 方法计算

（1）政治军事风险。

由于“一带一路”部分共建国家军事冲突不断，东道国的军事控制是影响投资决策的重要因素，而李原和汪红驹（2018）等构建的风险评估指标体系忽略了军事的影响，本书将军事控制作为重要指标列入风险评估体系中。周伟（2017）采用是否存在领土争端、对华限制、是否签订税收协定作为中国与东道国之间的因素指标，而 ICRG 政治风险指数中提供的外部冲突指标已经包含领土争端和对华限制两项内容，且中国已经与88%的“一带一路”共建国家签订税收协定，是否签订税收协定作为评估变量的意义不大。综合以上两点问题，本书参考钱兴旺和桑多瓦尔—赫尔南德兹（Qian and Sandoval - Hernandez，2016）对腐败距离的衡量，采用腐败距离作为东道国与母国之间的因素指标。

（2）经济金融风险。

参照周伟等（2017）、李原和汪红驹（2018）的风险评估指标体系，采用经济自由指数报告中的数据衡量贸易自由和投资自由两个指标。此外，东道国国内市场规模也是重要的风险影响因素，本书增加国内市场规模这一指标，并采用全球竞争力报告数据进行衡量。

（3）社会文化风险。

“一带一路”部分共建国家具有基础设施落后、文化差异大、宗教氛围浓厚等特点，这些都是影响对外直接投资的重要因素，如韩东和王述芬（2015）指出基础设施与中国对外直接投资呈正相关关系，丁剑平和方琛琳（2017）指出东道国本地宗教对投资产生巨大影响。而已有文献，如胡俊超和王丹丹（2016）、周伟等（2017）、李原和汪红驹（2018）、太平和李姣（2018）等，缺少对基础设施、文化距离、宗教种族、社会治安等重要指标的衡量，本书对以上四个方面进行了补充。

2. 东道国风险测度方法及结果

由于“一带一路”地理跨度大，共建国家政治、经济、文化复杂多样，对外直接投资风险涉及指标变量多、信息量大，东道国风险测度方法选择需慎重。主成分分析法和因子分析法都可将原有多个变量指标进行“降维”，用少数反映原有信息且相互独立的主成分变量代替原有全部变量；与主成分分析相比，因子分析特有的旋转技术使得“降维”后的变量解释性更强，更适合多指标风险测度的问题研究，故本章采用因子分析法对“一带一路”OFDI 东道国风险进行测度。

由于数据限制，本章仅对“一带一路”共建国家中的43个国家进行测度，分别测算这些国家2013～2016年综合风险值及政治军事、经济金融、社会文化分类风险值。风险测度采用的工具为SPSS 21，首先采用点线性趋势法补充缺失值，并对所有指标数据进行标准化处理，确保标准化的变量通过KMO检验和Bartlett球度检验均满足因子分析条件；然后，抽取特征值大于1的公因子，得到因子得分值，最终计算得到综合风险值及政治军事、经济金融、社会文化三类风险值。限于篇幅，政治军事、经济金融、社会文化三类风险值省略，本章仅列出2013～2016年43个样本国家综合风险值及排名（见表6－2），其中综合风险数值越小，对应国家的综合风险越高。

表6－2　2013～2016年"一带一路"43个样本国家综合风险值及排名

序号	国家	2013年综合风险值	国家	2014年综合风险值	国家	2015年综合风险值	国家	2016年综合风险值
1	新加坡	0.714843	新加坡	0.774898	爱沙尼亚	0.606012	新加坡	0.761509
2	斯洛文尼亚	0.609237	斯洛文尼亚	0.514916	斯洛文尼亚	0.590726	爱沙尼亚	0.735943
3	爱沙尼亚	0.568889	爱沙尼亚	0.49063	新加坡	0.562171	拉脱维亚	0.714053
4	立陶宛	0.498004	波兰	0.433343	立陶宛	0.51618	斯洛文尼亚	0.607305
5	匈牙利	0.490073	卡塔尔	0.427597	匈牙利	0.455155	立陶宛	0.593667
6	卡塔尔	0.411385	克罗地亚	0.421726	克罗地亚	0.402025	捷克	0.528744
7	波兰	0.41099	立陶宛	0.41927	拉脱维亚	0.386833	斯洛伐克	0.459791
8	克罗地亚	0.390574	匈牙利	0.410358	卡塔尔	0.375731	匈牙利	0.373103
9	捷克	0.365901	捷克	0.375392	捷克	0.372251	克罗地亚	0.372393
10	亚美尼亚	0.315327	阿曼	0.372035	阿尔巴尼亚	0.365777	波兰	0.342735
11	拉脱维亚	0.273394	阿尔巴尼亚	0.343413	亚美尼亚	0.338415	以色列	0.318664
12	阿曼	0.260445	亚美尼亚	0.290045	乌克兰	0.305658	文莱	0.297521
13	斯洛伐克	0.246045	保加利亚	0.258485	波兰	0.303713	罗马尼亚	0.273304
14	阿尔巴尼亚	0.207345	斯洛伐克	0.248333	斯洛伐克	0.276901	马来西亚	0.267548
15	以色列	0.204144	拉脱维亚	0.24382	摩尔多瓦	0.232998	阿尔巴尼亚	0.205718
16	巴林	0.186322	罗马尼亚	0.184409	马来西亚	0.213059	保加利亚	0.186694
17	乌克兰	0.168077	巴林	0.182125	保加利亚	0.210036	塞尔维亚	0.162364
18	保加利亚	0.160979	科威特	0.136116	罗马尼亚	0.172073	约旦	0.154441
19	沙特阿拉伯	0.154654	文莱	0.134443	阿曼	0.139391	阿曼	0.142637
20	罗马尼亚	0.122216	马来西亚	0.1169	以色列	0.10353	卡塔尔	0.126067
21	马来西亚	0.103486	约旦	0.103613	哈萨克斯坦	0.103492	蒙古国	0.02899

续表

序号	国家	2013 年综合风险值	国家	2014 年综合风险值	国家	2015 年综合风险值	国家	2016 年综合风险值
22	文莱	0.089177	沙特阿拉伯	0.084337	巴林	0.10054	巴林	0.019343
23	哈萨克斯坦	0.061911	以色列	0.069817	蒙古国	0.071113	亚美尼亚	0.016482
24	科威特	0.056705	哈萨克斯坦	0.050094	阿塞拜疆	0.061463	摩尔多瓦	-0.1037
25	约旦	0.049417	阿塞拜疆	0.044029	土耳其	-0.02454	斯里兰卡	-0.13332
26	摩尔多瓦	-0.0497	蒙古国	-0.0131	沙特阿拉伯	-0.08356	科威特	-0.15324
27	土耳其	-0.05428	摩尔多瓦	-0.05594	约旦	-0.08755	土耳其	-0.16478
28	蒙古国	-0.09127	乌克兰	-0.09337	文莱	-0.10041	印度尼西亚	-0.17475
29	阿塞拜疆	-0.10442	土耳其	-0.19733	塞尔维亚	-0.13754	菲律宾	-0.18324
30	俄罗斯联邦	-0.17086	黎巴嫩	-0.22696	俄罗斯联邦	-0.16082	沙特阿拉伯	-0.20347
31	泰国	-0.22642	塞尔维亚	-0.22815	科威特	-0.19309	越南	-0.2364
32	黎巴嫩	-0.28138	俄罗斯联邦	-0.24832	斯里兰卡	-0.19327	泰国	-0.26631
33	塞尔维亚	-0.30591	菲律宾	-0.26271	越南	-0.294	印度	-0.27149
34	菲律宾	-0.33558	泰国	-0.28161	泰国	-0.32308	哈萨克斯坦	-0.33819
35	斯里兰卡	-0.34374	越南	-0.32068	菲律宾	-0.40076	孟加拉国	-0.38636
36	越南	-0.35718	斯里兰卡	-0.37348	埃及	-0.43624	俄罗斯联邦	-0.45752
37	也门	-0.50922	也门	-0.44816	印度尼西亚	-0.44187	乌克兰	-0.48503
38	埃及	-0.52741	埃及	-0.49425	印度	-0.57219	阿塞拜疆	-0.50811
39	印度尼西亚	-0.54878	印度尼西亚	-0.52962	黎巴嫩	-0.57929	黎巴嫩	-0.52457
40	印度	-0.68553	印度	-0.68733	伊朗	-0.65365	伊朗	-0.52614
41	伊朗	-0.71139	孟加拉国	-0.8185	巴基斯坦	-0.7976	巴基斯坦	-0.61225
42	孟加拉国	-0.84818	伊朗	-0.91599	孟加拉国	-0.89032	埃及	-0.75516
43	巴基斯坦	-0.96826	巴基斯坦	-0.93466	也门	-0.89548	也门	-1.20498

注：数据经笔者计算所得；综合风险数值越小，对应国家的综合风险越高。

2013～2016 年 43 个样本国家风险测度结果显示，在不同年份其综合风险值及排名出现一定波动，但总体形势一致。2016～2019 年新加坡及以斯洛文尼亚、爱沙尼亚、立陶宛、匈牙利、捷克等为代表的东欧发达经济体综合风险相对较低；而巴基斯坦、孟加拉国、印度等南亚国家，也门、伊朗、埃及等西亚北非国家综合风险相对较高；风险处于中等水平的是以马来西亚、菲律宾、文莱为代表的东南亚国家，土耳其、沙特阿拉伯等西亚北非国家及哈萨克斯坦等中亚国家。测度得到的国家风险排名与现实情况基本一致。总体来看，排名靠前的是新加坡、斯洛文尼亚、爱沙尼亚、立陶宛等发达经济体，这些国家政局稳定、政治民主法治化程度较高、政府效率较高；经济方面，这些国家经济发展水平较高，贸易、投资自由度高；社会文化方面，这些国家社会环境稳定、基础设施完善、教育水平高、劳动市场自由度高。所以这些国家综合风险较低，与实际情况相符。排在最后的是巴基斯坦、也门、伊朗、埃及、孟加拉国等发展相对落后的国家，其中也门和孟加拉国均被列入世界上最不发达的国家行列，这些国家政局动荡、内战频繁，经济发展相对落后；伊朗受到美国多年制裁，经济发展受限。印度尼西亚和印度是风险排名相对靠后的国家，其原因包括：印度尼西亚国内宗教和种族冲突严重；印度 2013 年通货膨胀率高达 11%，2016 年货币兑换政策的突变引发社会动乱；此外，这两个国家 2013 ~ 2015 年较低的高等教育注册率、社会基础设施落后等都是造成风险排名靠后的重要原因。

3. 东道国风险测度结果检验

为了进一步检验采用因子分析法进行风险测度的准确性，本章采用 Ward 聚类分析对 43 个国家风险进行分类（见表 6 - 3）。聚类分析是根据不同国家风险特征，将 43 个国家分为不同类别，同一类别内国家风险具有相似等级。限于篇幅，本章仅列出 2014 年东道国综合风险值的聚类结果。从图 6 - 1 中可以看出，以聚类距离等于 10 为标准，可将 43 个国家分为三类，具体分类情况见表 6 - 3。第一类为风险较低国家，主要包括新加坡、立陶宛、捷克、斯洛伐克等；第二类为风险适中国家，主要包括沙特阿拉伯、马来西亚、文莱等；第三类为风险较高国家，主要包括也门、埃及、巴基斯坦等。除了第一类中的科威特和阿塞拜疆两个国家和第二类中卡塔尔异常外，其他国家所属风险分类与 2014 年的综合风险排名一致。由此可见，采用因子分析法进行风险测度具有较高的准确性和可信性。

表 6－3 2014 年“一带一路”沿线 43 个国家综合风险分类

分类	国家
第一类	捷克、立陶宛、斯洛伐克、波兰、匈牙利、斯洛文尼亚、克罗地亚、爱沙尼亚、拉脱维亚、新加坡、科威特、阿曼、阿塞拜疆
第二类	沙特阿拉伯、马来西亚、卡塔尔、巴林、以色列、文莱、约旦、塞尔维亚、哈萨克斯坦、蒙古国、摩尔多瓦、保加利亚、罗马尼亚、阿尔巴尼亚、亚美尼亚、俄罗斯、土耳其、乌克兰、伊朗、黎巴嫩
第三类	也门、埃及、印度、印度尼西亚、菲律宾、泰国、斯里兰卡、越南、孟加拉国、巴基斯坦

（四）东道国风险与中国对“一带一路”共建国家直接投资的特征事实

中国对“一带一路”共建国家的直接投资主要流入了哪些国家？这些国家的投资风险情况如何？本章将 2013～2016 年中国对“一带一路”共建国家的直接投资流量排名前 20 位的国家与测度得到的东道国综合风险数据进行匹配，具体见表 6－4。2013 年，除新加坡、卡塔尔、匈牙利外，中国对“一带一路”共建国家的投资主要流向印度尼西亚、俄罗斯、哈萨克斯坦、泰国等风险排名靠后的国家；2014 年，除新加坡、波兰外，中国对“一带一路”共建国家的投资主要流向印度尼西亚、巴基斯坦、泰国、俄罗斯等风险较高的国家；2015 年，除新加坡、卡塔尔、匈牙利外，中国“一带一路”共建国家的投资主要流向俄罗斯、印度尼西亚、印度、土耳其、越南等风险较高的国家；2016 年，除新加坡、匈牙利外，中国对“一带一路”共建国家的投资主要流向印度尼西亚、俄罗斯、越南等风险较高的国家。由此可见，2013～2016 年中国对“一带一路”共建国家直接投资主要流向了位于东南亚、西亚北非等中高风险的国家，而中国对中东欧风险较小国家的直接投资反而较少。

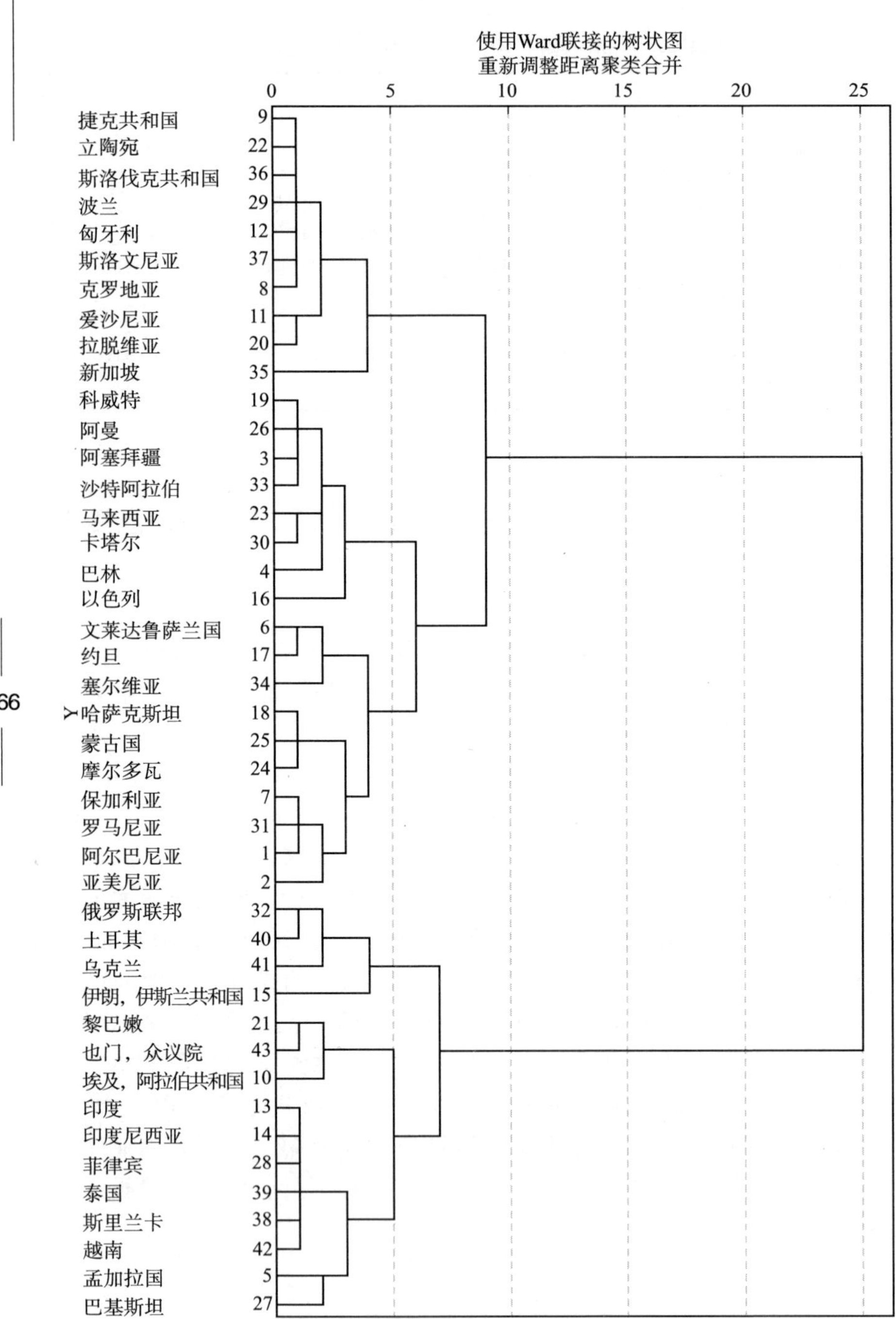

图 6－1　2014 年“一带一路”沿线 43 个国家综合风险聚类树状图

表 6-4　　2013~2016 年中国对“一带一路”共建国家 OFDI 流量排名前 20 的国家风险排名

序号	2013 年 OFDI 流量	2013 年 OFDI 排名	风险排名	2014 年 OFDI 流量	2014 年 OFDI 排名	风险排名	2015 年 OFDI 流量	2015 年 OFDI 排名	风险排名	2016 年 OFDI 流量	2016 年 OFDI 排名	风险排名
1	203267	新加坡	1	281363	新加坡	1	1045248	新加坡	3	317186	新加坡	1
2	156338	印度尼西亚	39	127198	印度尼西亚	39	296086	俄罗斯联邦	30	184130	以色列	11
3	102225	俄罗斯联邦	30	101426	巴基斯坦	43	145057	印度尼西亚	37	182996	马来西亚	14
4	81149	哈萨克斯坦	23	83946	泰国	34	70525	印度	38	146088	印度尼西亚	28
5	75519	泰国	31	63356	俄罗斯联邦	32	62831	土耳其	25	129307	俄罗斯联邦	36
6	74527	伊朗	41	59286	伊朗	42	56017	越南	33	127904	越南	31
7	61638	马来西亚	21	52134	马来西亚	20	48891	马来西亚	16	112169	泰国	32
8	48050	越南	36	50261	蒙古国	26	40724	泰国	34	63294	巴基斯坦	41
9	47882	沙特阿拉伯	19	33289	越南	35	40479	沙特阿拉伯	26	48770	哈萨克斯坦	34
10	38879	蒙古国	28	31718	印度	40	32074	巴基斯坦	41	39037	伊朗	40
11	33125	也门	37	22495	菲律宾	33	22974	以色列	20	14210	文莱	12
12	17855	土耳其	27	18430	沙特阿拉伯	22	14444	科威特	31	11983	埃及	42
13	16357	巴基斯坦	43	16287	埃及	38	14085	卡塔尔	8	9613	卡塔尔	20
14	14857	印度	40	16191	科威特	18	8081	埃及	36	9293	印度	33
15	8747	卡塔尔	6	10497	土耳其	29	6332	罗马尼亚	18	7912	蒙古国	21
16	7177	斯里兰卡	35	8511	斯里兰卡	36	5916	保加利亚	17	5746	匈牙利	8

续表

序号	2013 年 OFDI 流量	2013 年 OFDI 排名	风险排名	2014 年 OFDI 流量	2014 年 OFDI 排名	风险排名	2015 年 OFDI 流量	2015 年 OFDI 排名	风险排名	2016 年 OFDI 流量	2016 年 OFDI 排名	风险排名
17	5440	菲律宾	34	5258	以色列	23	3119	孟加拉国	42	5055	科威特	26
18	4137	孟加拉国	42	4566	斯洛伐克	14	2510	波兰	13	4080	孟加拉国	35
19	2567	匈牙利	5	4417	波兰	4	2320	匈牙利	5	3646	巴林	22
20	2322	埃及	38	4225	罗马尼亚	16	1747	斯里兰卡	32	3221	菲律宾	29

注：OFDI 流量数据来源于历年《中国对外直接投资统计公报》；风险排名数值越大，对应国家综合风险越高。

二、中国对“一带一路”共建国家 OFDI 风险流向的实证分析

（一）中国对“一带一路”共建国家直接投资风险流向的实证检验

1. 模型设定

为了检验东道国风险因素如何影响中国对“一带一路”共建国家直接投资，在参考巴克利等（Buckley et al.，2007）研究思路的基础上，构造如下方程：

$$OFDI_{ct} = \gamma_0 + \gamma_1 OFDI_{ct-1} + \gamma_2 Risk_{ct} + \beta X_{ct} + \varepsilon_{ct} \tag{6-1}$$

其中，$OFDI_{ct}$和 $OFDI_{ct-1}$分别表示第 t 年和 t-1 年中国对 c 国家的直接投资流量；核心解释变量 $Risk_{ct}$表示第 t 年 c 国家的风险测算值；X_{ct}为控制变量，包含资源水平、金融市场规模、技术水平、地理距离、是否共同官方语言五个方面；ε_{ct}为随机误差项。本模型主要关注系数 γ_2 的正负号，如果为负号，表明中国对“一带一路”共建国家直接投资主要流向风险较高的国家。

2. 变量选择与数据说明

（1）被解释变量。

被解释变量 $OFDI_{ct}$表示中国对“一带一路”共建国家的直接投资流量，数据来源于历年《中国对外直接投资统计公报》，部分缺失的流量数据用存量数据计算补充。由于企业对外直接投资行为具有连续性，本期对外直接投资流量很可能受到上一期投资额的影响，所以本章将 $OFDI_{ct}$滞后一期 $OFDI_{ct-1}$作为解释变量加入模型中。

（2）核心解释变量。

$Risk_{ct}$表示第 t 年 c 国家的风险值，数据来源于前面风险测度结果，该变量包括综合风险（Risk）、政治军事风险（poRisk）、经济金融风险（ecRisk）、社会文化风险（soRisk）四类。

(3) 控制变量。

控制变量包含资源水平、金融市场规模、技术水平、地理距离、是否共同官方语言五个方面。资源水平（Energy），用东道国燃料、金属和矿石出口量占商品出口量的百分比衡量，数据来源于 WDI；东道国的资源水平是中国对外直接投资的重要影响因素，张和钱（Cheung and Qian，2009）、蒋冠宏（2012）等研究发现中国对外直接投资具有资源寻求倾向。金融市场规模（FDIinflow），参考赫尔普曼等（Helpman et al.，2004）用东道国的外商直接投资衡量，数据来源于 WDI；王和王（Wang and Wang，2015）指出 FDI 流入可作为东道国金融市场潜力的代理指标，市场潜力越大，流入的 OFDI 越多。技术水平（patent），参考杨娇辉等（2016）用东道国专利申请量（加总居民和非居民）衡量，数据来源于 WDI；巴克利等（Buckley et al.，2007）研究发现中国对发达国家直接投资有技术等战略资产寻求的动机，中国对"一带一路"共建国家直接投资是否存在技术寻求的动机有待进一步检验。地理距离（distcap），参考杨娇辉等（2016）、钱和桑多瓦尔-赫尔南德斯（Qian and Sandoval-Hernandez，2016）用北京到各国首都的球面距离衡量，数据来源于 CEPII；较远的地理距离会增加投资的运输成本和交易成本，也会对投资企业的管理效率产生影响，从而增加投资的不确定性。是否共同官方语言（comlang），企业在有共同官方语言的国家进行投资更容易融入其社会文化环境，数据来源于 CEPII，该变量为虚拟变量，1 表示有共同官方语言，0 则反之。

模型采用 2013～2017 年"一带一路"43 个样本国家的面板数据。为了消除异方差，本模型对所有变量数据取对数，相应的描述性统计见表 6-5。为了检验模型是否存在多重共线性，首先对解释变量相关系数进行检验，结果如表 6-6 所示，解释变量间的相关系数大部分都在 50% 以下，说明解释变量间的相关性较小；采用方差膨胀因子（VIF）进一步检验多重共线性，结果显示，解释变量的平均方差因子为 2.46，远小于 10，两次检验的结果均表明解释变量间的多重共线性不会影响研究结果，本模型设置合理。

表 6－5 各个变量的统计性描述

变量名	平均数	标准差	最小值	最大值	样本量
logOFDI	6.437136	4.31882	0	13.85977	215
logRisk	－0.1270275	0.6243899	－3.450305	0.5737428	214
logpoRisk	－0.0709265	0.6964411	－2.857421	0.8882851	195
logecRisk	－0.0899261	0.6770685	－5.767853	0.8975653	205
logsoRisk	－0.1600973	0.8208621	－4.338556	0.8527949	207
logEnergy	2.642598	1.346068	0	4.581107	215
logFDIinflow	12.58591	1.483619	8.778074	15.8204	201
logdistcap	8.604338	0.3876416	7.06736	8.952041	210
logpatent	6.046109	2.786303	0	10.74899	215
comlang	0.0465116	0.2110818	0	1	215

表 6－6 变量间的相关系数矩阵

	logRisk	logpoRisk	logecRisk	logsoRisk	logEnergy	logFDIinflow	logdistcap	logpatent	comlang
logRisk	1								
logpoRisk	0.6712	1							
logecRisk	0.4714	0.2079	1						
logsoRisk	0.7812	0.4005	0.2554	1					
logEnergy	0.0143	－0.0829	－0.1607	0.1671	1				
logFDIinflow	－0.2307	－0.1265	0.1099	－0.2641	－0.0904	1			
logdistcap	0.4279	0.1522	0.2854	0.3331	－0.1372	－0.1617	1		
logpatent	－0.3419	－0.3025	－0.0947	－0.3553	－0.1952	0.7060	－0.2768	1	
comlang	0.2192	0.2514	－0.0047	0.2191	0.0326	0.3469	－0.1375	0.2500	1

3. 实证结果

影响企业对外直接投资的因素众多，可能存在遗漏变量引起的内生性问题。此外，本模型核心解释变量东道国风险 Risk 与 OFDI 存在一定程度双向因果关系，OFDI 流入东道国会增加两国间的政治沟通、经济来往和文化交流，从而影响东道国风险，如纳尔逊等（Nelson et al.，2016）指出 FDI 流入有助于降低政治风险，促进政治稳定性。为了克服普通面板回归引起的估计偏误，本章采用系统 GMM 方法，选择滞后变量作为相应变量的工具变量进行回归检验。实证结果中 AR（2）的检验结果显示扰动项之间不存在二阶自相关，证明模型符合系统 GMM 方法的使用条件，模型设定有效；Sargan 检验结果均大于 10%，证明所选工具变量是有效的。

表6-7 回归结果显示，核心解释变量东道国综合风险在模型（1）、模型（2）中均通过1%的显著性检验，表明东道国综合风险是影响中国对"一带一路"共建国家 OFDI 的重要因素，回归系数符号为负表明东道国综合风险值与中国对"一带一路"共建国家直接投资负相关，即中国对"一带一路"共建国家直接投资主要流向了高风险的国家。这一结论与表6-4 中匹配数据的结论一致。前面统计分析与实证检验结果均表明研究期内中国对"一带一路"共建国家直接投资流向高风险国家，该结论与主流传统国际投资理论的风险规避性不同，这体现了"一带一路"倡议建设初期中国对外直接投资的"特殊性"。2013~2017年为"一带一路"倡议的推动阶段，中国企业"走出去"背后的政治因素占主导地位，政府推动、国有企业为投资主体等因素使得中国企业在"走出去"的过程中更加"包容"风险。大量中国对"一带一路"共建国家投资项目是通过政府间友好往来签订的，如"一带一路"高峰论坛期间中国与参加论坛的"一带一路"共建国家签订了数十项投资项目，这些投资项目大多是由政府主导签订的，投资目的地主要集中在能源丰富、基础设施相对落后的高风险国家。国有企业对外直接投资的"双重"动机使其在"一带一路"建设初期更加"包容"风险。一是追求经济利润的动机，与其他所有制企业获取短期利润最大化相比，国有企业更加注重长期国民经济利益最大化，不会因为投资目的地的当前高风险问题而减少投资；二是"非市场动机"，国有企业是国家政策的执行者，其投资行为易受政治因素的影响，"一带一路"倡议建设阶段国有企业为响应国家政策号召在投资过程中更加"包容"风险。因此，研究期内中国对"一带一路"共建国家直接投资流向高风险国家具有合理性。随着"一带一路"倡议进入高质量建设阶段，这种情况或将改变，非国有企业的大量加入使得投资主体多样化，同时国有企业最终也将回到市场化轨道。中国企业在"走出去"的过程中会越来越理性，市场利润将成为企业投资行为的最终目标。此外，"一带一路"

共建国家的投资风险是动态变化的，“一带一路”倡议将有助于优化共建国家或地区的投资环境，从而弱化投资风险，如孙焱林和覃飞(2018）研究表明“一带一路”倡议显著降低了企业在“一带一路”共建国家的投资风险。

表6－7　　东道国风险与中国对“一带一路”共建国家直接投资

	(1)	(2)	(3)	(4)	(5)
	基准回归	GMM	GMM	GMM	GMM
logRisk	-1.576*** (-3.42)	-2.988*** (-2.92)			
logpoRisk			-4.135*** (-6.39)		
logecRisk				-0.894 (-0.85)	
logsoRisk					-1.064** (-2.39)
logEnergy		1.182*** (4.47)	1.345*** (5.79)	1.261*** (4.81)	1.404*** (6.57)
logFDIinflow		1.321*** (3.01)	1.940*** (8.62)	1.661*** (6.51)	1.169*** (4.98)
logdistcap		-4.242** (-2.01)	-0.591 (-0.67)	0.120 (0.06)	-1.531 (-1.37)
logpatent		0.086 (0.67)	-0.080 (-0.76)	-0.247*** (-3.20)	-0.136 (-1.46)
comlang		-7.594 (-0.45)	-7.114 (-0.47)	-6.561 (-0.58)	5.611 (0.62)
L. logOFDI		0.274** (2.06)	0.374*** (6.65)	0.403*** (5.22)	0.201*** (2.99)
常数项	6.267*** (21.38)	20.887 (1.03)	-17.466** (-2.03)	-19.420 (-0.95)	-0.059 (-0.01)
样本量	214	157	145	152	152

续表

	(1)	(2)	(3)	(4)	(5)
	基准回归	GMM	GMM	GMM	GMM
R^2	0.048	—	—	—	—
AR(2)	—	0.8161	0.2801	0.6272	0.2223
Sargan	—	0.3485	0.5060	0.4530	0.3532

注：**、*** 分别表示在5%、1%的置信区间上显著；模型（1）中括号内为 t 值，模型（2）~模型（5）中括号内为 z 值。

东道国政治军事、经济金融、社会文化三类风险与中国对"一带一路"共建国家直接投资的相关性检验见表 6-7 模型（3）、模型（4）、模型（5）。回归结果显示，东道国政治军事风险、社会文化风险的回归系数分别在1%、5%的置信水平下显著为负，而经济金融风险的回归系数不显著，这表明东道国政治军事风险和社会文化风险是影响中国对"一带一路"共建国家 OFDI 的主要风险因素，东道国的政治军事风险和社会文化风险没有阻碍中国对其进行直接投资。这一结论与已有研究不谋而合，尤其是政治制度方面的研究，帕尔梅罗等（Palmero et al.，2011）、徐世腾和陈有志（2017）、袁其刚和郜晨（2018）等学者指出中国 OFDI 具有政治风险偏好特性。

控制变量回归系数的显著性和影响方向基本上与经济现实和相关研究一致。表 6-7 模型（2）~模型（5）中，东道国资源水平估计系数在1%的置信水平下显著为正，表明东道国自然资源禀赋对中国在"一带一路"共建国家进行 OFDI 具有吸引作用，即东道国自然资源越丰富，中国对其直接投资流量越大，这一结论与黎绍凯等（2018）、尹美群（2019）等研究一致。这说明中国对"一带一路"共建国家直接投资的目的之一是获取东道国丰富的自然资源。东道国金融市场规模的估计系数在1%的置信水平下显著为正，表明"一带一路"共建国家市场潜力越大，中国对其投资流量越大；此外，对外直接投资往往具有跟随效应，东道国吸引的对外直接投资越多，证明其投资环境越有利于企业生存，中国越倾向于对其进行直接投资。模型（2）中，中国与东道国地理距离的估计系数在5%置信水平下显著为负，表明两国地理距离越大，投资成本越高，中国对其投资越少，而分类风险［模型（3）~模型（5）］检验中，地理距离的估计系数不显著，表明地理距离不是中国对“一带一路”共建国家直接投资的主要考虑因素。东道国技术水平的估计系数大部分不显著，表明东道国技术水平对中国在“一带一路”共建国家对外直接投资的影响不大，这与现实经济情况相符，“一带一路”共建国家中有一些是技术发展水平不高的发展中国家，中国对其投资并不是以技术寻求为主要目的。是否有共同官方语言的估计系数均不显著，表明语言并不是影响中国对“一带一路”共建国家直接投资的重要因素。

4. 稳健性检验

为检验模型设定的稳健性，采用替换变量数据和替换估计方法两种方式分别进行验证。替换变量数据，在表6－8 模型（1）中用东道国居民专利申请数量替换原有技术水平变量数据进行检验；更换估计方法，模型（2）、模型（3）分别采用混合回归、静态面板回归方法进行检验，模型（4）采用 2SLS 方法处理潜在的内生性问题，将东道国风险的滞后一期作为工具变量进行检验。回归结果表明，东道国综合风险的估计系数在 1% 或 5% 的置信水平下显著为负值，与前面研究结果一致，说明模型结果是稳健的。

表 6－8　　　　稳健性检验回归结果

	(1)	(2)	(3)	(4)
	替换变量	混合回归	面板回归	2SLS
logRisk	－1.383** (－2.10)	－1.508*** (－3.55)	－1.344*** (－3.58)	－1.818** (－2.17)
logEnergy	1.073*** (3.34)	0.389 (1.36)	0.494 (1.58)	0.649** (2.44)
logFDIinflow	1.421*** (3.21)	0.881*** (3.90)	0.854*** (3.29)	1.083*** (3.57)
logdistcap	－3.512 (－1.22)	－1.477* (－1.83)	－1.533* (－1.69)	－1.187 (－1.03)
logpatent	0.450 (1.23)	0.309** (2.26)	0.292** (2.43)	0.136 (0.94)

续表

	(1)	(2)	(3)	(4)
	替换变量	混合回归	面板回归	2SLS
comlang	-12.917 (-1.04)	3.394*** (4.60)	3.392*** (4.35)	3.770* (1.84)
常数项	11.714 (0.44)	4.693 (0.61)	5.339 (0.61)	-0.039 (-0.00)
样本量	138	196	196	157
R^2	—	0.388	0.4049	0.3669

注：*、**、*** 分别表示在10%、5%、1%的置信区间上显著；模型（2）中括号内为 t 值，其他模型括号内为 z 值。

（二）中国对“一带一路”共建国家直接投资流入中高风险国家原因的实证检验

1. 投资动机的致因性检验

通过前面实证检验发现，“一带一路”共建国家的资源水平、金融市场规模是影响中国对外其投资的重要因素，这表明中国对“一带一路”共建国家直接投资的动机以资源寻求和市场寻求为主。为了进一步验证东道国丰富的自然资源和市场潜力强化了中国对“一带一路”共建国家直接投资的风险“容忍度”，本章在已有模型基础上，分别加入东道国风险（综合风险、政治军事风险、社会文化风险）与资源水平、金融市场规模两个控制变量的交互项进行验证，构建模型如下：

$$OFDI_{ct} = \eta_0 + \eta_1 OFDI_{ct-1} + \eta_2 Risk_{ct} + \eta_2 Risk_{ct} * Energy_{ct} + \lambda X_{ct} + \varepsilon_{ct} \quad (6-2)$$

$$OFDI_{ct} = \mu_0 + \mu_1 OFDI_{ct-1} + \mu_2 Risk_{ct} + \mu_2 Risk_{ct} * FDIinflow_{ct} + \rho X_{ct} + \varepsilon_{ct} \quad (6-3)$$

回归结果见表6-9。模型（1）、模型（3）、模型（5）中，东道国综合风险、政治军事风险、社会文化风险分别与资源水平的交互项在10%、1%、10%的置信水平下显著为正，表明东道国丰富的自然资源强化了中国对“一带一路”共建国家中高风险国家的直接投资。究其原因主要包括两个方面：其一，资源丰富的国家恰好也是风险较高的国家，罗宾逊等（Robinson et al.，2006）的研究证明了这一点，其指出由于资源开发的巨大租金，资源丰富国家的政治制度环境比较恶劣，如伊朗、巴基斯坦、俄罗斯等国家。其二，"一带一路"共建国家以发展中国家为主，与发达国家相比，中国与这些国家的制度环境更加接近，哈比卜和祖拉维基（Habib and Zurawicki，2002）指出相似的政治制度环境使得交易双方更加了解彼此的交易规则，从而更有利于中国企业"走出去"，所以中国企业基于资源寻求的目的往往忽略东道国的高风险。政治军事风险与资源水平交互项的显著性高于与综合风险、社会文化风险交互项的显著性，说明与东道国综合风险、社会文化风险相比，中国企业在资源寻求型的对外直接投资中更加"容忍"其政治军事风险，这一结论与科尔斯塔德和韦格（Kolstad and Wiig，2012）及阿米基尼（Amighini，2011）的观点一致。模型（2）、模型（4）、模型（6）中，东道国综合风险、政治军事风险、社会文化风险分别与金融市场规模的交叉项均在1%的置信水平下显著为正，这表明东道国的金融市场潜力强化了中国对"一带一路"共建国家进行 OFDI 的风险偏好，即为了寻求东道国市场规模，中国对市场规模较大国家的投资风险有更强的容忍度。总体来说，中国对"一带一路"共建国家进行直接投资以资源寻求和市场寻求为主，从而更加"包容"东道国风险。

表 6-9　　投资动机的致因性检验结果

	综合风险		政治军事风险		社会文化风险	
	(1)	(2)	(3)	(4)	(5)	(6)
L. logOFDI	0.235 * (1.73)	0.292 ** (2.34)	0.394 *** (5.93)	0.288 *** (4.52)	0.236 *** (3.12)	0.218 *** (3.28)
logRisk	-2.063 ** (-2.39)	-3.469 *** (-3.26)				
logpoRisk			-3.641 *** (-5.62)	-5.694 *** (-9.49)		
logsoRisk					-1.328 *** (-2.74)	-1.520 *** (-2.71)
logFDIinflow	1.299 *** (2.99)	0.989 *** (2.60)	1.909 *** (6.72)	1.420 *** (4.67)	1.198 *** (5.12)	1.095 *** (4.55)

续表

	综合风险		政治军事风险		社会文化风险	
	(1)	(2)	(3)	(4)	(5)	(6)
logEnergy	1.268*** (5.09)	1.332*** (5.49)	1.387*** (8.21)	1.477*** (5.57)	1.360*** (6.76)	1.448*** (6.53)
logdistcap	-4.319** (-2.13)	-1.826 (-0.90)	0.413 (0.39)	0.248 (0.21)	-1.228 (-1.13)	-1.739 (-1.57)
logpatent	0.022 (0.18)	0.044 (0.39)	0.076 (0.77)	-0.098 (-0.77)	-0.125 (-1.18)	-0.112 (-1.18)
comlang	-2.740 (-0.17)	1.115 (0.06)	-9.936 (-0.80)	-3.727 (-0.28)	6.827 (0.73)	5.897 (0.66)
Riskenergy	0.741* (1.79)					
RiskFDIinflow		2.328*** (4.73)				
poRiskenergy			1.048*** (3.84)			
poRiskFDIinflow				1.973*** (6.09)		
soRiskenergy					0.265* (1.75)	
soRiskFDIinflow						0.622*** (5.19)
常数项	22.077 (1.12)	3.965 (0.20)	-26.892*** (-3.12)	-17.868* (-1.67)	-3.393 (-0.33)	2.427 (0.23)
样本量	157	157	145	145	152	152
AR(2)	0.9654	0.5784	0.8729	0.2049	0.1934	0.1509
Sargan	0.4469	0.4218	0.3382	0.4873	0.3586	0.4147

注：*、**、***分别表示在10%、5%、1%的置信区间上显著；括号内为z值统计量。

2. 投资主体的致因性检验

"一带一路"倡议提出以来，中国对共建国家直接投资以大型国有企业为主。与民营企业不同，国有企业更加注重追求长期经济效益，不会因东道国当期风险问题而减少投资；同时，国有企业是国家政策的执行者，其“非市场动机”使得国有企业在“一带一路”建设中更加“包容”东道国风险。据统计，2013～2018 年中国对“一带一路”共建国家问题投资金额超过 10 亿美元的案例中，国有企业占 83.3%，中国华信能源、中石油、中石化、中国交通建设等大型国有企业直接投资都流向了俄罗斯、伊朗、巴基斯坦等中高等风险国家。为了验证以上推断，本章将中国对“一带一路”共建国家国有直接投资流量分为国有成分（OFDIS）和非国有成分（OFDIP）两部分，分别进行回归检验。由于目前缺少中国对“一带一路”共建国家国有直接投资或非国有直接投资的具体数据，本章参考历年《中国对外直接投资统计公报》中的中国总体国有直接投资、非国有直接投资占比数据映射到中国对“一带一路”共建国家的直接投资中，用来衡量 OFDIS 和 OFDIP。

回归结果见表 6－10，模型（1）～模型（4）国有 OFDI 检验中综合风险、政治军事风险、社会文化风险均在 1% 的置信水平下显著为负，模型（5）～模型（8）非国有 OFDI 检验中综合风险、政治军事风险、社会文化风险均在 1% 的置信水平下显著为负，这一结果与第三部分的检验结果一致。与非国有 OFDI 相比，国有 OFDI 的东道国综合风险、政治军事风险、社会文化风险的系数绝对值要大，这在一定程度上表明国有 OFDI 更倾向于流入高风险国家。国有企业大多在国家政策支撑或各种投资保险制度的保障下，其对东道国风险的“容忍度”更强，这与蒋冠宏和蒋殿春（2012）的研究一致。由于受到微观企业数据可得性的限制，本章仅从宏观角度进行检验分析，随着数据的不断完善，后续将从微观企业投资行为角度进一步研究。

表 6－10　　投资主体致因性检验结果

	国有 OFDI				非国有 OFDI			
	(1)	(2)	(3)	(4)	(5)	(6)	(7)	(8)
L. logOFDIS/P	0.294** (2.21)	0.369*** (6.40)	0.404*** (5.34)	0.195*** (2.83)	0.293** (2.20)	0.366*** (6.21)	0.408*** (5.37)	0.195*** (2.74)
logRisk	−2.781*** (−3.21)				−2.766*** (−3.30)			

续表

	国有 OFDI				非国有 OFDI			
	(1)	(2)	(3)	(4)	(5)	(6)	(7)	(8)
logpoRisk		-3.794*** (-6.30)				-3.713*** (-6.34)		
logecRisk			-0.731 (-0.75)				-0.737 (-0.78)	
logsoRisk				-1.161*** (-2.76)				-1.222*** (-2.90)
logEnergy	1.099*** (4.52)	1.251*** (5.77)	1.158*** (4.85)	1.334*** (6.68)	1.059*** (4.43)	1.205*** (5.62)	1.113*** (4.75)	1.312*** (6.68)
logFDIinflow	1.243*** (3.14)	1.746*** (8.76)	1.519*** (6.63)	1.057*** (4.93)	1.215*** (3.19)	1.678*** (8.66)	1.492*** (6.79)	1.015*** (4.81)
logdistcap	-3.801* (-1.94)	-0.499 (-0.61)	-0.092 (-0.05)	-1.197 (-1.16)	-3.645* (-1.90)	-0.527 (-0.66)	-0.224 (-0.12)	-1.127 (-1.11)
logpatent	0.093 (0.77)	-0.066 (-0.66)	-0.218*** (-3.30)	-0.119 (-1.35)	0.096 (0.81)	-0.054 (-0.55)	-0.221*** (-3.50)	-0.120 (-1.38)
comlang	-8.078 (-0.55)	-5.921 (-0.46)	-5.046 (-0.51)	6.642 (0.77)	-7.111 (-0.49)	-6.099 (-0.49)	-4.836 (-0.50)	7.542 (0.89)
常数项	17.821 (0.96)	-16.108** (-2.00)	-16.156 (-0.87)	-1.912 (-0.20)	16.788 (0.92)	-15.062* (-1.89)	-14.656 (-0.81)	-2.038 (-0.22)
样本量	157	145	152	152	157	145	152	152
AR(2)	0.8394	0.2878	0.6388	0.2285	0.8261	0.2787	0.6174	0.2224
Sargan	0.3658	0.4424	0.4570	0.3613	0.3498	0.4117	0.4625	0.3508

注：*、**、*** 分别表示在10%、5%、1%的置信区间上显著；括号内为z值统计量。

3. 政府推动的致因性检验

“一带一路”倡议提出以来，中国对“一带一路”共建国家直接投资项目大部分以政府推动为主，我们假设正是由于政府的引导和服务形成了中国企业在“一带一路”高风险国家投资的基本优势。中国政府的引导和服务方式多样，其中组织高峰论坛、实施对外援助是政府推动的两种比较典型的方式。政府通过组织高峰论坛加强中国与“一带一路”共建国家的政治互信与文化交流，通过援助东道国的方式树立良好的国家形象，两种方式都有利于优化中国企业对外直接投资环境。为了验证政府的推动作用，本章在已有模型的基础上，用两种不同方式对东道国进行分组：参考于等（Yu et al.，2019）对东道国是否参加2017年或2019年“一带一路”高峰论坛进行分组验证；根据是否接受过中国援助进行分组验证。回归结果见表6－11。

表6－11　　　　政府推动的致因性检验

	参加过“一带一路”高峰论坛？		接受过中国援助？	
	（1）是	（2）否	（3）是	（4）否
L. logOFDI	0.059 (1.16)	0.550*** (7.36)	0.110 (1.00)	0.426*** (3.62)
logRisk	－2.924*** (－12.85)	0.806 (0.62)	－2.623*** (－4.37)	1.896 (0.48)
logFDIinflow	0.220 (0.80)	2.036*** (3.59)	0.753 (1.44)	2.446*** (4.36)
logEnergy	0.741*** (4.51)	1.161*** (3.19)	0.539*** (2.90)	1.223*** (2.91)
logdistcap	－1.665** (－2.01)	－5.196 (－1.52)	－2.487 (－1.21)	0.972 (0.11)
logpatent	0.419*** (4.14)	－0.144** (－2.07)	0.272** (2.13)	－0.301 (－1.36)
comlang	11.797** (2.23)	—	1.766 (0.14)	—
常数项	11.532 (1.24)	20.663 (0.62)	13.780 (0.76)	－38.658 (－0.48)
样本量	92	65	114	43
AR(2)	0.5549	0.4784	0.2484	0.4170
Sargan	0.5521	0.9506	0.2879	0.9578

注：**、***分别表示在5%、1%的置信区间上显著；括号内为z值统计量。

对比模型（1）和模型（2）的结果发现，参加过“一带一路”高峰论坛分组的综合风险系数在 1% 的水平上显著为负，而没有参加过论坛的综合风险系数正值不显著，这说明企业更能“容忍”参加过“一带一路”高峰论坛国家的投资风险，原因在于论坛期间，很多投资项目是中国政府主导签订的，且中国政府与东道国政府领导人的友好往来可在一定程度降低对外投资的交易成本，中国政府在企业“走出去”过程中起了“保驾护航”的推动作用。通过对比模型（3）与模型（4）发现，接受过中国援助的东道国分组中，综合风险的系数在 1% 的水平上显著为负，而没有接受过中国援助的分组中，综合风险的系数正值不显著，这表明中国企业更倾向于投资那些接受过中国援助的高风险国家。得益于中国的对外援助政策，接受过中国援助的东道国更容易认可中国的国家形象，当地居民更容易接受中国企业的投资，这有利于中国企业在这些高风险国家的新建投资和市场的开拓。

本章小结

已有的研究表明，“一带一路”部分共建国家的投资风险较高，且明显高于平均水平。同时，大宗商品出口国经济形势愈加不容乐观，对中国在当地投资的安全构成了严重的威胁。因此，对中国企业对外投资的风险进行识别、评估和预警，并提出针对性的对策建议，是“一带一路”推进过程中不可或缺的一部分。本章采用因子分析法对 2013 ~ 2017 年“一带一路”43 个样本国家的直接投资综合风险及政治军事风险、经济金融风险、社会文化风险进行了测度，并采用 Ward 聚类法验证了测度的有效性；在风险测度的基础上，通过匹配已发生投资与东道国风险测度数据揭示了中国对“一带一路”共建国家直接投资的风险特征，采用系统 GMM 动态面板模型进一步验证了中国对“一带一路”共建国家直接投资的风险流向并进行了原因分析。主要结论包括：（1）东道国风险测度结果显示，新加坡及斯洛文尼亚、爱沙尼亚等东欧发达经济体风险相对较低，而巴基斯坦等南亚国家、也门等西亚北非国家风险相对较高，风险处于中等水平的是大部分东南亚国家、哈萨克斯坦等中亚国家。（2）匹配东道国综合风险与已发生投资发现，2013 ~ 2017 年中国对“一带一路”共建国家的直接投资主要流向了位于东南亚、西亚北非等中高风险的国家，而对中东欧风险较小国家的直接投资反而较少。（3）基于系统 GMM 动态面板回归检验，东道国综合风险与中国对“一带一路”共建国家直接投资呈负相关，进一步验证了中国对“一带一路”共建国家直接投资流向中高风险国家；在东道国分类风险检验中发现，政治军事风险和社会文化风险是影响中国对“一带一路”共建国家直接投资的重要风险因素。（4）通过实证扩展分析发现，中国对“一带一路”共建国家直接投资流向中高风险国家的原因主要包括三个方面：一是中国对“一带一路”共建国家直接投资基于资源寻求和市场寻求的动机；二是投资主体以国有企业为主，国有企业具有“双重”投资动机；三是政府推动的投资项目更能“容忍”东道国的高风险。

第七章　中国对“一带一路”共建国家 OFDI 与产业升级策略研究

中国经济增长由高速转变为中高速，面临产业优化升级的关键时期和开展 OFDI 的重要机遇期。作为产业升级的重要引擎，OFDI 在新时期不断呈现出新特征，特别是随着“一带一路”倡议的推进，我国对“一带一路”共建国家和地区的 OFDI 进入了一个新时期，对产业结构调整的影响也进入了全新阶段。作为后发型的新兴市场经济体，中国 OFDI“走出去”的时间还很短，特别是对“一带一路”共建国家 OFDI，其产业升级效应还不明显。为用好中国对“一带一路”共建国家 OFDI 的战略机遇期促进本国产业结构的优化和升级，中国必须了解、学习和借鉴其他国家对外直接投资过程中的经验和做法，把握当前 OFDI 出现的新特点并结合中国企业“走出去”的现实状况，在各个层面上对“一带一路”共建国家 OFDI 提出针对性的对策。

一、OFDI 与产业升级的比较与借鉴

中国对外开放 40 多年经济转型发展的经验表明，先行工业化国家、新兴经济体和金砖国家以往的许多对外直接投资经历，都对中国这样的后发型经济体具有重要启示意义。通过对美国、日本、韩国、新加坡、印度以及中国香港、中国台湾地区 OFDI 与产业升级之间关系的考察，就 OFDI 母国产业升级效应寻找某些客观而具有普遍意义的规律和特征，期望为考察中国对“一带一路”共建国家 OFDI 的同类问题及当前的政策设计提供一个重要的参考。

（一）美国 OFDI 与产业升级的特点及经验

1. 美国 OFDI 与产业升级的特点

"二战"以后，美国对外直接投资的规模不断扩大，速度不断加快。除个别年份外，1966～2010 年间美国对外直接投资存量从总体上看是不断上升的，特别是 20 世纪 90 年代以来。1973 年美国的对外直接投资存量突破了 1000 亿美元，1993 年突破 10000 亿美元。截止到 2010 年底，美国对外直接投资存量高达 39082.31 亿美元，稳居世界第一。与此同时，美国三次产业构成中第一、第二产业比重不断下降，第三产业比重则不断上升。从三次产业产值比重来看，1960 年第一产业的比重为 3.78%，第二产业的比重为 33.88%，第三产业的比重为 62.34%，2010 年第一产业的比重下降为 1.05%，第二产业比重则下降为 18.96%，第三产业比重上升为 79.99%。

（1）对外直接投资的行业特征。

美国对外直接投资的六大部门对国内产业升级均起到一定的推动作用，其中作用较强的是制造业、批发和零售业、石油业三大部门。

制造业、批发和零售业是典型的市场寻求型对外直接投资行业。市场寻求型对外直接投资通过转移国内过剩产能和改善出口贸易条件，达到产业结构升级的目的。从关联度排名来看，这两个行业对其国内产业升级的贡献度最大，它们与国内产业结构升级的关联度排名依次为第一、第二。制造业与转移产能有关，批发和零售业与国际贸易相关。这说明产业对外直接投资在很大程度上起到转移过剩产能的作用，而出口贸易是集约式的。

资源获取型对外直接投资仍然是影响国内产业结构调整的重要因素。美国对外投资的石油业与国内产业升级的关联度位居第三。1990 年石油业对外直接投资在美国对外直接投资中约占 12.66%，到 2001 年则下降为 7.39%。虽然美国对外投资石油业在对外直接投资中所占比重不断减少，但其对产业升级的促进作用却并没有降低。20 世纪 90 年代以来，美国的私营公司通过海外并购等形式获得海外自然资源的掌控权和使用权，缓解了美国相关产业发展的资源"瓶颈"，并通过资源配置促进其他产业的发展，从而促进了国内的产业结构优化升级。

技术获取型对外投资通过获取东道国的智力资源、研发机构等技术要素来实现产业结构的升级。美国服务业的对外投资与国内产业升级的关联度位居第五。美国服务业对外投资比例是不断变化的，从1990年的3.07%上升为2001年的6.26%。美国服务业包括信息传输、计算机服务和软件业以及科学研究与技术服务业。这两个部门均属于高新技术产业，美国属于发达国家，技术水平在世界领先，不需要通过大量对外投资来获取先进技术，因此与其他部门相比，美国服务业对外投资额相对较少。尽管当前美国技术获取型对外投资部门在对外直接投资总量中所占比例不高，但是无论在数量上还是比例上都是不断增加的，而且技术的反向溢出对调整国内产业结构的作用较为明显。

（2）对外直接投资的地区特征。

"二战"后美国对外直接投资的地区配置发生明显倾斜，投资的地区重点由以发展中国家为主转向以发达国家为主。1950年，在美国的对外直接投资累计余额中，投向发达国家和发展中国家的直接投资额基本持平，所占比重不相上下。但自此以后，美国对发展中国家和地区的直接投资额占美国整个对外直接投资额的比重不断下降，1960年降至1/3，1970年进一步下降至1/4，1975年继续降至1/5，之后所占比重保持在21.2%~25%。与此相反，美国对发达资本主义国家的直接投资累计额所占比重节节攀升，从1955年的55.1%上升至1965年的65.3%、1975年的73.1%、1985年的74.3%和1990年的74.1%，由此可见，美国对外直接投资转向以发达国家为主，投资地区主要集中在欧洲，其次是拉美、加拿大和亚太地区，最后是非洲和中东地区。1980~2000年，美国OFDI的空间分布格局比较稳定，80%以上的投资集中在欧洲、拉美和加拿大。

（3）对外直接投资的企业特征。

美国对外直接投资以垄断资本为主导，美国微观经济主体的基本行为方式就是充分参与竞争，这与美国企业普遍具有较大竞争优势有关。两次世界大战没有中断反而推进了美国经济发展，和其他国家相比，美国企业的竞争优势十分明显，通过垄断竞争获取超额利润；在具有竞争优势的前提下，美国政府积极鼓励这种垄断竞争，美国的跨国公司发展一直非常迅猛。据美国《财富》杂志的数据，1956年全球100家最大工业跨国公司中，美国有79家；1980年，美国有44家；到1998年，美国有 35 家。根据美国《财富》杂志以销售额为指标对世界 500 强的统计，1996 年美国有 152 家；到 2012 年，美国有 132 家。大型跨国公司国际经营化程度日益提高，反映出其在全球吸纳、整合、配置资源的能力越来越强。

（4）对外直接投资的政策支持。

随着日本、德国等国的崛起，美国在不少方面受到其他国家竞争的威胁。美国采取的基本策略就是紧紧抓住技术支持和市场开拓，激励垄断资本在自我创新技术、改进经营方法、参与竞争过程中生存和发展。20 世纪 80 年代以来，美国将促进高新科技术开发的产业政策作为国家推进产业结构升级的重要手段。和其他国家产业政策不同，美国把这种产业政策作为市场机制配置资源的补充，其内容侧重于为企业提供技术、人力资源储备和国内、国际的市场拓展。美国政府对产业发展的直接介入程度较低，但作用很大、影响非常深远。由此可见，美国在实现产业结构升级过程中，强调垄断资本发挥主导作用；政府主要负责提供技术、制度、人力资源储备等基础支持工作。美国先后颁布《对外援助法》《经济合作法》《肯希卢泊修正案》《冈扎勒斯修正案》以及《海外反腐败法》等，积极与其他国家签订双边或多边投资保护协定或避免双重征税协定，利用国际经济组织提供外交保护和支持，首创海外直接投资保险制度，以海外私人投资公司为保险责任承担者，通过美国进出口银行、海外私人投资公司提供资金支持和援助，实行所得税和关税优待政策，积极提供投资信息服务等。美国海外私人投资公司重视对中小企业提供贷款支持，如给予中长期直接贷款以降低中小企业保险登记费、代小公司垫付保险经纪人代办费等。

2. 美国 OFDI 促进产业升级的经验借鉴

一是重点发展市场寻求型对外直接投资，在加快制造业剩余产能转移的同时，提高对外服务水平。制造业一直是美国对外投资比较稳定的投资目标，有 1/3 以上的投资集中在该行业。美国制造业对外直接投资对其国内产业升级的促进作用也比较大。中国目前制造业属于比较优势产业，但是对外投资的比重并不高，2010 年中国制造业对外投资所占比重仅为 5.61%，远低于美国的水平，因此中国可以将劳动密集型的制造产业转移到具有比较优势的发展中国家，不仅可以绕开贸易壁垒，还可以通过国际产能合作带动国内产业的优化升级。批发和零售业、仓储邮政业以及金融保险业这些服务业绝大多数是为中国进出口服务的。因此中国服务业的对外投资不应该停留在低层次的贸易、旅游、餐饮等传统项目，而应该向附加值高的知识、技术密集型服务业方向发展，在绕开贸易壁垒的同时促进国内相关产业的升级。

二是巩固并进一步推进资源寻求型对外直接投资，鼓励瓶颈产业到海外投资开发资源。当前中国经济发展的一个突出问题是经济规模的不断扩大与人均资源的不断减少。美国对外投资的经验表明，资源寻求型对外投资是其对外直接投资初期的重点，因此鼓励企业通过对外投资的方式获取海外资源也应成为我国现阶段对外投资政策的导向。以资源为动机的对外直接投资在增强企业自身实力的同时，可以保障母国关键性资源的稳定供给，使国内资源瓶颈消失，相关产业得到发展，从而带动产业结构的优化升级。

三是继续加大技术密集型对外直接投资的比例。虽然美国技术获取型对外投资部门在对外直接投资总量中所占比例不高，但是它对产业升级的作用却不容小觑。目前，中国正处于对外直接投资的快速发展阶段，国内企业缺乏核心技术，在许多核心技术和零部件方面还依赖进口。有鉴于此，中国一方面可以通过跨国并购或组建战略技术联盟来打破技术壁垒，获取先进技术，从而减少研发投入、缩短研发期限；另一方面要尽量靠近研发投资集聚地或先进技术溢出源投资设厂，通过模仿、竞争等方式来实现反向技术外溢，及时追踪、获取国外最新技术成果，实现本国的技术进步，从而促进产业结构的优化升级。

（二）日本OFDI与产业升级的特点及经验

1. 日本OFDI和产业升级的发展历程

（1）日本对外直接投资的发展历程。

"二战"后，日本OFDI刚刚发展，1972年之后实现了快速发展，再到1985年政府签署"广场协议"后大范围增长。日本的OFDI发展历程大致可划分为三个发展阶段：1951～1971年的起步阶段、1972～1989年的加速发展阶段、1990年之后的调整优化阶段。

20世纪五六十年代，由于日本经济复苏需要大量的外汇，这一时期政府对企业进行海外投资的管制较为严格，对外直接投资规模较小，

20 世纪 50 年代平均每年的对外直接投资额不超过 5000 万美元。当时海外直接投资主要集中在对自然资源和劳动力要素需求旺盛的劳动密集型产业，投资对象大多为东南亚地区及拉丁美洲的发展中国家。

进入 20 世纪 70 年代后，随着债务国地位的摆脱，日本政府放松了对外直接投资的管制，对外投资规模开始扩张。1972 年日本企业对外直接投资项目数量为 1774 件，总额超过 23 亿美元，到 1981 年时对外直接投资项目数已突破 2563 件，投资额达到 89. 3 亿美元。从投资的产业类别来看，化学工业和金属制品业是该时期制造业对外直接投资的重点产业，电子产业和运输机械业的投资比重持续增加，纺织、食品、木材和纸浆等产业的投资比重显著下降，采矿业和商业是非制造业的重点投资对象。

从 20 世纪 80 年代中期开始，出于促进国内产业升级和规避贸易摩擦的目的，日本对外直接投资规模迅速膨胀。1989 年对外直接投资额达到 675. 4 亿美元，较 1980 年增加了 13 倍之多，投资项目数量增加了 4147 件。其中电子产业对外直接投资规模的扩张速度领先于其他产业，1985 年其投资额为 5. 13 亿美元，到 1990 年已达到 56. 84 亿美元，5 年时间增长了 10 多倍。其他投资占比较大的产业包括化学及相关制品业、运输机械业和一般机械业。非制造业的投资重点为金融保险业、房地产业和服务业，1989 年的对外投资额分别达到 153. 95 亿美元、141. 43 亿美元和 106. 16 亿美元。

伴随着全球经济增速放缓和国内生产疲软，20 世纪 90 年代日本对外直接投资主要以实现国内产业升级和增强国际影响力为主要目标，呈现出波动调整的特征。电子产业、运输机械业和化学及相关制品业是投资比重较大的制造业部门。非制造业部门中，金融保险业投资规模扩大，商业、服务业及房地产业投资比重显著下降。到 2011 年，日本对外直接投资规模又开始以 4% 的年均增长率持续增长。制造业部门以运输机械业、化学及相关制品业、电气机械业的增长最为显著，非制造业部门的投资增长以通信业、金融保险业及批发零售业为主。

（2） 日本产业升级的演变历程。

与对外直接投资发展的阶段化相对应，日本产业升级的进程也具有较为明显的阶段性特征：第一阶段为 20 世纪五六十年代，开启了向资本密集型产业转型之路；第二阶段自 20 世纪 70 年代初期至 80 年代中期，资本密集型产业的比重下降，知识和技术密集型产业开始崛起；从20 世纪 80 年代中后期开始为第三阶段，此时知识和技术密集型产业呈现蓬勃发展态势，制造业内部也呈现出较为鲜明的发展特征，各产业信息化、服务化的发展趋势加强。

20 世纪五六十年代，日本迈上了重点发展以重化工业为代表的资本密集型产业转型之路。经过 10 年的恢复发展，日本从 20 世纪 50 年代中期开始步入现代经济发展史上的快速发展时期。与此同时，日本制造业在这一时期也呈现出高速发展的态势，其中重化工业尤为突出。到 20 世纪 60 年代末，日本纺织工业产值占制造业产值的比重下降到 7.8%，化学工业、一般机械业、电气机械业及运输机械业的比重均超过纺织业。1969 年化学工业人均产值达到 1000 万日元，较 1957 年增长了 263.1%。同一时期，一般机械业、运输机械业、电气机械业、钢铁产业及金属制品业的生产率也出现了大幅度增长，分别提高了 229.2%、207.8%、187.5%、155.1% 及 127.4%。从制造业的构成比例和产值可以看出，日本的国民经济在经过 20 年的快速发展后已经实现了重工业化。

通常而言，1973 年发生的第一次世界性石油危机是日本经济从高速增长转向稳定增长的转折点，也开启了战后日本产业升级的第二阶段。此后，劳动和资源密集型产业的比重开始下降，知识和技术密集型产业开始崛起。由于资源的匮乏和石油危机的冲击，日本开始缩减对能源重化工产业的投资规模，将发展的重心向资源消耗少、附加价值高的知识和技术密集型产业转移。具体到制造业而言，运输机械业中的汽车产业和电气机械业中的半导体产业分别在 20 世纪 70 年代和 80 年代成长为日本国民经济的支柱产业，随着支柱产业由资本密集型向技术密集型过渡，日本的产业结构得以优化。

20 世纪 80 年代中期以后日本进入产业升级的第三阶段，知识和技术密集型产业加速发展，信息产业逐渐成为占 GDP 份额最大的产业。1985 年“广场协议”签订以后，日元的大幅度升值导致日本制造业的成本优势丧失，伴随着泡沫经济崩溃，日本经济于 20 世纪 90 年代进入了漫长的萧条期。这一时期，日本制造业各产业展现出较为鲜明的发展差别。食品业、纺织业、印刷出版业和钢铁业的比重显著下降，一般机械业、运输机械业和精密机械业占制造业的比重于 20 世纪 90 年代初开始下降。而化学业和电气机械业的比重则呈现显著上升趋势，尤其是电气机械业的增长速度引人注目，1985 年其占制造业的比重为 10.17%，到 20 世纪 90 年代末占比突破 28%，产值突破 35.7 万亿日元。步入 21 世纪后产业升级仍在进行中，产业信息化、服务化和技术化的特征愈加明显。2008 年全球经济危机和 2011 年东日本大地震对日本经济造成强烈冲击，日元历史高位及全球经济放缓导致国内生产疲软。在这样的背景下，日本政府于 2013 年宣布实施刺激经济的政策，日本经济开始呈现上升势头。2016 年制造业制成品出货量为 302.2 万亿日元，其中运输机械业出货量为 65.1 万亿日元，占总量的 21.6%，其次是食品业和化学及相关产业，占比分别为 9.4% 和 9.0%。2017 年，制造业共有 757 万从业人员，其中食品业从业人员 113 万，运输机械业和金属制品行业从业人员分别为 106 万和 59 万。

2. 日本对外直接投资带动产业升级的特点

通过对“二战”后日本对外直接投资和产业升级发展历程的回顾，可以发现日本对外直接投资是国内经济的延伸，“二战”后日本历次对外直接投资高潮均与国内产业调整有着密切关系。“二战”后日本对外直接投资的主导产业由劳动密集型产业依次向资本密集型产业、知识和技术密集型产业转换，国内产业发展的重心也经历了由轻工业向重化工业、电子产业、信息产业转变的过程，日本通过对外直接投资提高产业劳动生产率、优化产业结构，实现了国内产业向高级化、合理化和服务化升级。

（1）通过转移边际产业，优化国内产业结构。

根据小岛清的产业转移理论，一国应通过出口贸易保持具有比较优势的产业的国际竞争力，应将已经居于劣势的产业通过对外直接投资进行外向转移。对外直接投资通过转移边缘产业、吸收先进技术和经验反哺关联产业及新兴产业发展等方式，能够带动国内产业结构的合理化升级。随着日本对外直接投资的主导产业依次由第一产业向第二和第三产业过渡，国内产业发展也呈现出相对应的阶段性特征，发展重心由轻工业向重化工业、电子产业、信息产业跨越。

日本对外直接投资一直遵循边际产业转移理论，将国内不再具有比较优势的边缘产业向外转移以延续其生命力，集中国内生产要素推动新兴产业的发展。20 世纪六七十年代，日本国内以发展钢铁、化工、机械等资本密集型产业为重点，将不再具有生产优势的食品、服装、烟草等典型劳动密集型产业向具有更丰富自然资源和劳动力优势的“亚洲四小龙”地区转移；20 世纪 70 年代中期，在石油危机的冲击下，重化工产业逐渐步入“边际产业”行列，钢铁、化学等资本密集型产业成为日本对外转移的重点产业，国内开始着重发展技术密集型产业；进入 80 年代以后，在日本国内经济环境发生转变和日元大幅升值的背景下，日本产业结构开始向高技术、高附加值方向倾斜，电气机械业、汽车产业成为对外直接投资的重点产业。

通过对外直接投资，日本将利润少、增长率低及竞争力较弱的边际产业对外转移，一方面可以释放传统产业占据的大量人力物力资本，集中力量发展本国具有比较优势的产业，提高生产要素的效率，推动国内新兴产业的发展和升级；另一方面，被转移的传统产业通过利用东道国更丰富的资源和更低廉的生产成本，获得投资收益，助力传统产业的改造升级，使产业结构与整个国民经济的发展相适应。

（2）突破资源瓶颈，延续传统产业生命力。

通过对外直接投资和市场内部化，资本、劳动力等生产要素得以在全世界范围内实现通畅流动和自由配置。原本受制于国内贫乏的自然资源和劳动力资源的企业，可以利用自身的资本优势进行对外直接投资。通过设立遍及全球的生产分支机构，跨国公司可以突破在国内发展遇到的资源瓶颈。利用不同区位、不同国家的资源禀赋比较优势进行生产活动可以达到降低生产成本、提高生产效率、增加经济效益的目的。

虽然日本自然资源匮乏，但是通过大规模对外直接投资，充分利用东道国丰富的自然资源和成本低廉的劳动力资源，日本企业将东道国的比较优势内化于自身，提高本国传统产业的生产效率和经济收益。从战后初期到 20 世纪 70 年代末，日本企业的对外直接投资主要以谋求补充性资源和扩大世界市场占有率为战略目标，其中以对自然资源和劳动力要素的开发获取为主要投资目的。战后恢复时期，日本海外投资规模较小，主要以政府引导的以保证原材料供给为目标的资源开发型产业投资为主，这一时期具有代表性的对外投资活动包括对阿拉斯加纸浆和木材的投资、对印度及阿拉伯地区石油资源的投资。从 20 世纪 60 年代开始，日本对外直接投资规模有所扩大，开始以食品、饮料、服装等产业为支点向东南亚地区进行投资，通过寻求丰富的自然资源和低廉的劳动力资源以降低生产成本。进入 20 世纪 70 年代后，随着国内重工业的迅速发展，日本要素资源短缺的问题日益凸显，为了保持重工业发展的全球领先地位，日本开始向中东国家转移对自然资源需求旺盛的钢铁、化学等产业，向东南亚等地区的发展中国家转移对劳动力资源需求旺盛的机械产业。

20 世纪六七十年代，日本企业以获取丰富资源、降低生产成本为目的的对外直接投资主要集中在亚洲、非洲、拉丁美洲及中东地区的发展中国家。日本对发展中国家和地区的直接投资总额超过其对外投资总规模的 50%。借助发展中国家丰富的资源禀赋优势，日本企业提高了资源配置效率、降低了生产成本，实现了国内产业升级。

（3）逆向吸收先进技术，助力国内产业升级。

科技和创新是企业在激烈竞争中存活的秘诀，技术进步和创新是驱动产业优化升级最本质的力量。科技进步可以提高社会分工和专业化水平，助力企业削减生产成本、改良商品质量、降低产品价格，在产业内部实现变革和升级。引进新技术和新成果可以改造传统产业、推动新兴产业发展、增强高技术产业的竞争力，提高本国产业和产品在国际市场上的竞争力，扩大进出口贸易规模。此外，科技进步还能够通过提高资源利用效率、开发新能源等途径，改善资源的供给水平。向发达国家和科技水平较高的地区进行直接投资可以产生逆向技术溢出效应，对东道国的先进技术、设备和管理经验进行学习、扩散和消化吸收，通过产业联动和竞争机制，提高本国产业生产能力和劳动力素质，推动国内技术进步和产业升级。

能够产生逆向技术溢出效应的对外直接投资主要集中在具有较高技术水平、较强创新能力和较丰富管理经验的发达国家和地区，向发达国家和地区进行直接投资是日本企业为培养持续的竞争优势从而获得更多战略资源的有效途径。纵观 20 世纪 80 年代，随着社会经济环境的变化和日元大幅升值，日本对外直接投资的区位选择发生了明显的变化。这一时期，日本向亚洲、非洲及中东地区发展中国家的投资比重明显下降，对外直接投资的阵地由发展中国家和地区转向发达国家和地区，投资重点集中在技术密集型产业，并且投资多以合资为主要形式，目的是获取其先进技术和管理经验。发达国家于 20 世纪 80 年代开展了一轮以微电子、生物工程及新材料产业为主的技术竞争，为了发展高技术产业，日本斥资并购了一批欧美顶尖电气机械企业。此外，日本还在欧美国家扩大了数控机床及组合机床的投资规模，以获取新的商业情报、学习机械行业的先进技术。

日本对北美洲、欧洲和大洋洲的对外直接投资额自 20 世纪 80 年代中期开始扩大，此后对发达国家和地区的投资规模总体上大于对其他地区的投资规模。新的对外投资格局带动了日本国内产业升级，一方面通过逆向技术溢出，学习引进发达国家和地区的先进技术和管理经验，提高了本国产业劳动生产率；另一方面开辟了更为广阔的海外市场，提升了本国产品在国际市场中的竞争力。

3. 日本 OFDI 带动产业升级的经验借鉴

中国 OFDI 与产业结构的发展现状与日本经济崛起时期的状况比较相似。因此，通过研究日本 OFDI 发展与产业结构转型的经验教训，能为中国利用 OFDI 推进产业转型升级提供有益启示。

（1）加强获取资源型 OFDI。

"二战"之后，日本在国内建设资金极度短缺的条件下，依旧开展资源型 OFDI，这与日本是一个生产资源极度缺乏的岛国有一定关系，日本在开展 OFDI 产业选择时第一考虑的是如何确保国内生产资源的稳定供应。中国因人口基数大，故人均自然资源相对贫乏，同时中国国内重工业生产需求大，尤其是对能源和矿产等自然资源的需求量急剧增长，然而这些必要的自然资源属于不可再生资源，所以，相对于大量的需求来看，中国现阶段的生产资源实际上十分短缺。从长期的国家利益看，国内紧缺的资源产品要保证全面自给自足，其成本巨大，短缺的自然资源会限制社会经济的发展。倘若我们一直借助国际市场，通过进口缓解国内短缺的资源，会使中国更容易受到世界市场供求变化与货币汇率波动等外在因素的影响，所需资源的供应量与价格得不到良好保障。另外，过度依赖进口更容易产生贸易摩擦，进而可能牵涉双方的政治关系。因此，中国应加强利用 OFDI 的方式建设能源与原材料供应基地，这样一方面能够解决中国国内面临自然资源供应短缺的状况；另一方面也有利于生产成本的降低，提高本国产品在国际经济市场上的竞争力。

（2）加速中国对发达及新兴市场国家的技术导向型 OFDI。

当前，随着新科技革命和知识革命的兴起，要想推动产业结构升级，便不可忽视技术创新要素在其中的作用。发达国家作为世界高新技术兴起的源头，直接决定着未来经济发展的方向。中国在当前时代背景下，要抓住机遇，不仅要多参与跨国并购，还要注重先进技术以及先进制造业的投资发展。对于中国来说，技术的发展不可忽视，在发展过程中，首先要注重国外高新技术的引进，并在与国内技术融合的过程中形成自身的优势，在加强与研发人员的交流工作中，形成自身独特的竞争效应。

（3）扩大中国对其他发展中国家的优势产业转移。

随着经济全球化进程的加剧，中国的经济也迎来了飞速的增长，但是，一些被忽视的问题也逐渐显现出来。首先，便是人口红利消失的问题，劳动力的成本也在逐渐上涨，这导致了过去以低端产业为核心的生产方式需要调整，产业转型问题更要提上日程。中国可以通过与各国之间的贸易合作，利用当地市场廉价的劳动力和原材料降低自身成本，提高竞争优势。与此同时，通过中国当前实行的“一带一路”政策，发展与发展中国家的交流合作，通过集中优势发展国内高新技术产业来促进生产要素流动，进而推动自身产业结构升级。

（三）韩国 OFDI 与产业升级的特点及经验

1. 韩国对外直接投资的行业特征

1968～1980 年，韩国对外直接投资领域由初始的资源开发业逐步扩展到贸易业、重化工业、建筑业等部门。20 世纪 70 年代末期，韩国对外直接投资的领域已基本定型，即满足国内对自然资源需求的资源开发业（林业、水产业和矿业），转移淘汰产业等。这一阶段，韩国企业在刚刚起步的对外投资中，在企业实力和投资规模都有限的情况下，就把资源开发作为自己投资的重点领域，特别是集中在满足国内造纸、家具、木材业和食品工业需要的林业和水产捕捞业上。同时，对外直接投资行业开始增加，重化工业、建筑业、贸易业的投资项目和金额都有大幅度增加。上述特点的出现，与韩国总体经济发展战略密切相关。投资对象范围的扩大，特别是贸易业投资项目的增加，与出口导向型经济发展战略有直接关系。对产业投资的增加，主要起因于重化工业的发展和国内经济条件的变化。国内经济条件的变化，主要体现在轻纺工业中的某些部门，由于劳动力成本上升和利润率的降低，已经逐渐失去了国际竞争力并使投资者的投资意愿降低。其结果便是许多企业开始把这些逐渐丧失竞争力的产业转移到具有劳动力成本低和资源丰富双重优势的其他发展中国家，特别是韩国的近邻东南亚国家和距离韩国主要市场美国较近的中南美洲国家，以提高这些劳动密集型产品的国际竞争能力和利润率。这是 20 世纪 70 年代末韩国对国外产业投资迅速增加的一个重要原因。同时，韩国从 20 世纪 70 年代上半期开始的重化工业化进程，其最终目的是把重化工业培养成出口产业，而使重化工业成为出口产业所必需的条件，是能够提供可与发达国家重化工业品并驾齐驱的具有国际竞争力的产品。但是，韩国的技术力量落后于发达国家，如果不依赖发达国家的设备、技术和中间材料，韩国的重化工业便难以出现重大飞跃。对于外汇资金十分缺乏的韩国企业来说，通过到国外投资，与国外企业共同开发，然后通过公司内部渠道转移到国内是较为有利的。

1968 ~ 1980 年，资源开发业所占比重高居首位，但其内部结构发生了变化。在资源开发业中，矿业开发占第一位，比例达 38.6%，而林业和水产业的比重则有较大下降，只是林业下降幅度小于水产业，居资源开发的第二位；重化工业比重有较大上升，由原来的 17.6% 递增为 25.3%；贸易业所占比例下降，由原来的首位下跌至第三位；建设业下降幅度最大，占比由原来的 17.2% 跌至 5.5%，地位由原来的第三位降到第五位。

进入 20 世纪 80 年代以后，韩国对外直接投资规模迅速扩大。根据对外直接投资目标的差别，80 年代的韩国对外直接投资也可分为两个时期，即 1981 ~ 1986 年和 1986 年以后两个时期。20 世纪 80 年代初期至 1986 年期间，韩国对外投资目标主要是适应国际经济环境的变化，维持现有的进出口市场，确保原材料的长期稳定供应，并通过第三国的迂回出口突破关税及非关税壁垒；1986 年以后，韩国对外直接投资的主要目标在于适合产业结构调整的需要，实现产业结构的高级化。对外投资行业结构的这些变化，再次证明韩国的对外投资已成为韩国国民经济发展的重要构成部分，对外投资已成为配合经济发展战略顺利实施的重要保障条件。

2. 韩国对外直接投资带动产业升级的特点

自 1985 年以来，韩国对外直接投资扩大促进了国内产业结构的调整。韩国的对外直接投资自 1985 年以来不断扩大，特别是中韩建交以来，对中国的投资增长加大，成为中国较大的外资来源国，在韩国金融危机后，韩国对外直接投资又进入高速发展阶段，是新兴工业化国家中对外直接投资最多的国家，也是比较成功地进行对外直接投资的新兴工业化国家。同时，韩国国内产业结构的总体特征可以概括为产业结构朝着高级化方向发展，即第一、第二产业的比重在降低，第三产业的比重在上升，因此，韩国对外直接投资的扩大促进了国内产业结构的优化。

（1）政府的政策引导发挥重要作用。

韩国政府在政策导向上发挥了积极作用。韩国政府充分抓住国内外经济发展的特点以及经济环境的特点，积极调整海外直接投资政策制定各类措施，调控海外直接投资的产业分布、地区以及投资方式等。在 20 世纪 80 年代之前，韩国经济尚处于转折期，针对当时的国情，政府在海外直接投资方面以资源开发型为主，以发展中国家和地区为主要投资对象，这一时期并不是特别重视制造业的发展，之所以采取这样的策略，其根本原因在于国内成本低，选择国内生产再出口更具优势。

到 20 世纪八九十年代，韩国经济高速发展，对外贸易为顺差，然而国际贸易环境却不容乐观。为了调整产业，适应当时国际经济环境的发展需要，韩国开始以北美地区作为主要海外直接投资对象，这一分布投资产业的方式，一方面有利于保证资源投资；另一方面可逐步增加海外直接投资。1988 年以后，韩国开始重视制造业，并成为最大的投资产业。韩国利用资本输出，扩大对美投资，带动产品输出，这一点在对美制造业的投资中尤为明显。这一时期政府加大对外扩张，通过外交、金融、财政等方式转移传统劳动密集型的产业，加大知识及技术密集型产业的发展。

20 世纪 90 年代后，韩国政府逐步丰富、完善海外直接投资法规、政策。1993 年，韩国正式施行海外直接投资新政策。该政策重点扶植能够获取先进技术、促进进出口贸易的企业进行海外直接投资，鼓励分散投资、多元化投资，并分类指导各型企业的具体投资领域。如鼓励大公司以出口创汇、开发技术、开拓市场为主，其投资方向为欧美日等发达国家和地区，中小企业则以转让技术、开拓市场、开发资源、降低成本等为目标，以中东、东南亚地区以及中国、东欧国家为主，这些策略有利于提升本国产品的优势，强调市场竞争力。韩国通过这些政策进一步合理化行业结构，形成更为紧密的分工体系，协调国内产业、对外产业的发展，充分发挥两者的推力，优化韩国产业结构，营造新的经济增长点。

（2）合理的投资策略和区位布局。

合理的投资策略也是韩国 OFDI 带动产业升级的重要原因。借助海外直接投资，韩国变革了国内的投资及进出口结构，政府逐渐将原本对劳动密集型产业的支持，转移到其他更具竞争优势的领域，促进国内产业升级。事实上，正是因为中国、东南亚等地区劳动力充足且廉价，所以韩国才会积极将其劳动密集型行业转至中国及东南亚地区。这一策略充分体现了国际分工的作用，减少自身成本的投入，有助于国内产业发展。

在转移部分产业的同时，韩国还加大了与发达国家的合作，尤其是科技产业方面的投资，通过与其他国家企业共同研发技术，并以内部渠道的方式将这些技术转移至国内，从而提升自身技术水平，这是韩国科技水平不断提高的一个重要保障。在掌握技术开发信息及新信息的基础上，韩国积极培养技术管理人才，改造传统工业部门。随着产业结构的变化，国内就业环境也发生了相应的变化。在海外直接投资的背景下，一些企业转移或者减少对外投资，而这些人员相应地会朝着相关部门发展，因而形成全新的生产、就业局面。

合理的投资策略还体现在投资区域的分布上。韩国对发展中国家、发达国家“一视同仁”，采取同步增长的投资政策。其中对发达国家主要以尖端产业、重化工业等大型产业为主，之所以采取此策略是为了开拓对外市场，更与规避发达国家的进口限制有关。而针对发展中国家，则以劳动密集型产业投资为主，其主体多为中小企业投资，此外逐渐增加资本密集型产业方面的投资，如电子、化工、汽车、机器等领域。此类投资策略有利于充分发挥发展中国家的各种资源，尤其是廉价的劳动力，扩大市场。

3. 韩国 OFDI 带动产业升级的经验借鉴

（1）政府有效引导海外直接投资，提升国内外产业关联度。

从根本上讲，一国之所以鼓励本国公司参与海外直接投资，目的是推动本国产业与国际主体互动，提升产业经济关联度，从而推动本国产业发展和成熟。在投资国中，如果能够切实实现关联效应，一方面可以获得更多的高质量初级产品或者中间产品，提升本国产业的质量和供应能力，从而扩大产业优势；另一方面，如果本国在初级产品层面具有优势，可以带动本国产品更加顺畅地进入国际市场，从而扩大产业发展空间，并带动国内经济规模积累。总之，在选择产业时，要准确评估关联效应，从产业发展角度出发，利用海外直接投资来增加海外经济活动对本国产业和宏观经济发展的联动效应。一方面，输出本国的夕阳产业，利用国际投资洼地，从而使该产业能够进一步发展，避免产业的整体淘汰对本国经济造成冲击；另一方面，到发达国家投资，创造更多的学习机会，促进最新技术的流入，推动本国研发能力的增强，进一步更新产业理念，并推动产业的转向和升级。

（2）明确区位优势，合理投资布局。

根据邓宁的生产折中理论，如果区域选择不适当，即使具备资本和技术优势，也难以有效发挥应有效果。对中国企业而言，在展开海外直接投资的过程中，需要对目标区域的文化、距离、习惯、历史、宗教习俗以及政治等进行全面分析，明确是否具备区域优势、具备何种优势。只有明确了区位优势，才可以确保企业内部资源和动能得到合理发挥，从而实现投资目标。

第一，区域投资目标。在区域投资战略层面，中国积极扩大在发展中国家和发达国家的影响力，将前者作为基本的投资方向，而发达国家则被作为重点开拓区域，力求形成多元化而全方位的区域布局。中国对发达国家的投资的主要目标是学习国外先进技术和先进管理经验，培养国际化经营人才。中国对发展中国家直接投资的目标是多种多样的，主要表现为资源获取和夕阳产业转移，在降低本国产业成本的同时，提升本国资本积累的稳定性，从而推动本国国际贸易质和量的双侧改善。对两类不同国家的直接投资都是必要的，而且是本国经济发展和升级的必须途径。正是不断向先进国家学习，才能积累起本国的技术和产品优势，从而形成“走出去”的底气和硬实力，使本国的国际市场话语权逐步增大。

第二，区域选择战略。一方面，巩固和扩大对发展中国家的直接投资。自 20 世纪 90 年代以来，中国经济内部格局出现了重大变化，买方市场形成，产能过剩现象在多个产业长期存在，如钢铁、化工以及纺织业等领域的产品积压现象较为突出，不仅影响企业的发展空间，而且对宏观经济发展造成了现实的消极影响。在这种背景下，海外直接投资成为必然而且可行的选项。通过在海外设立营销机构或者代理机构，或者在海外投资建厂从而获得准入资格，国内的产品、设备可以更加顺利地进入所在区域。从自身的产业动能来看，中国可以向大多数发展中国家进行"梯度转移"，利用自身所积累的资本和技术优势，获取这些国家的资源和市场。同时，中国也可以向发达国家输出质优价廉的产品，或者具备局部优势的产业，在获取市场的同时，也获得更多的学习机会。在当前的国际分工中，尽管上游的中国产业较少，然而在诸多产业的供应链中游，中国具备很大的优势。相较于发展中国家，中国在电子制造、医药研发制造、化工以及纺织业等产业中的优势较为显著。如果能够合理利用东道国的贸易政策，这些优势产业就可以通过海外直接投资实现市场扩增。这类梯度转移不仅有助于中国产品、设备和技术的国际市场开拓，而且还可以推动国内的产业调整，从而有助于实现产业升级的宏观经济目标。另一方面，需重点布局对发达国家的直接投资。发展中国家对我国开拓国际市场固然十分重要，但也不可忽视发达国家，甚至要更加重视对该类国家的布局。当前的国家产业分工现状是，发达国家控制产业链上游，不仅严格控制核心技术，而且还获得了产业利润蛋糕的大部分。同时，发达国家的市场消费能力强而且多元化趋势持续存在，加之投资环境优良且不断改善，成为国际投资的高地。因此，中国的海外直接投资政策需要将发达国家作为重点，主要目的集中在市场获取、技术学习这两个方面。尤其需要重视技术学习，通过直接投资，与发达国家的资本成立合资企业或者研发机构，不仅可以接触到高端核心技术，而且还可以更加敏锐地对技术发展潮流和趋势进行跟踪。进一步，这些技术回流到国内，可以推动投资主体及其所在产业的发展升级，从而为本国获得更多的比较优势。

（四）新加坡 OFDI 与产业升级的特点及经验

新加坡经济快速发展的同时伴随着产业结构的不断调整、经济转型以及技术升级换代。从 1965 年开始，在不到 50 年的时间内，新加坡就迅速完成了从劳动密集型产业到资本—技术密集型产业再到高新技术产业、高附加值服务业的转变，几乎是每 10 年就进行一次产业转型升级。

1. 新加坡对外直接投资的行业特点

新加坡对华直接投资的产业分布主要集中在第二产业，其中更是以产业和建筑业为主。其产业分布基本保持着 6∶2∶2 的布局，即产业与建筑业占 60%，房地产开发占 20%，其他领域占 20%。而近年来，新加坡对华直接投资开始涉及第三产业，并不断加大投资力度，主要的投资方向为高科技与环保产业、金融与服务领域、通信设备与交通运输行业等。具体来讲，新加坡对华直接投资主要有三个阶段：

第一阶段为 1990 ~ 1998 年。1990 年，中新建交，双边关系开始了良好的发展，这一阶段的投资主要是两国政府推动的结果，如 1992 年，中国领导人的南方谈话，促使 1993 年新加坡对华直接投资的大比例上升。1993 ~ 1996 年，新加坡政府高层先后来华考察，熟悉中国的投资环境，并确定了大规模投资项目的地点，1993 年，中国政府与新加坡政府合作投资 1000 万美元兴建了中新两国最重要的合作项目——苏州工业园区。迄今为止，苏州工业园仍是中国的科技研发与创新技术的重要基地，推动着我国经济的发展。该阶段的投资主要是由政府政策方面的促进引起的，偏重资源导向型的投资。

第二阶段为 1999 ~ 2008 年。该阶段投资与第一阶段有着明显的不同，第二阶段的投资是由于新加坡经济的自身发展与产业结构的升级，同时中国的经济发展取得了一定的成果而引起的，侧重于市场指向型的投资。新加坡在对中国进行直接投资时，对规模、区域与产业分布等进行了调整。

第三阶段为 2009 年至今。新加坡此次的投资较第二阶段的投资来说又进行了很大的调整。新加坡企业随着对中国市场、产业结构、经济发展模式的深入研究，不断地改变着自己的投资方针、方式与方法，也在不断地加大对中国的投资力度，拓宽投资幅度，加大投资筹码。在这一阶段中，新加坡对华直接投资更趋向于战略指向型与效率指向型的投资，并且风险投资与收购成为重要的投资方式，投资的产业也进一步扩大，转向咨询、科技、金融、环保、旅游、运输等新领域。

2. 新加坡 OFDI 带动产业升级的经验借鉴

新加坡是一个以政府为主要向导的国家，国内很多的大中型企业的经营模式均为国家控股，经营权交予个人。所以新加坡无论是以前还是现在，其对外的投资都是由新加坡政府所决定和引导的。新加坡产业的不断转型升级得益于政府的主导，即重点发展某些有优势的产业，建立工业园区，形成产业集聚，然后逐渐发展为产业集群，通过规模效益获得更快的发展。在新加坡每次产业升级的过程中，如何转移、处理过剩产业成为新加坡政府关注的重点。近年来，由于新加坡中小企业的崛起，对华直接投资的企业主体发生了转变，从而使得新加坡政府对华直接投资的影响力也在慢慢减退。现在的新加坡政府已经成为企业投资的一种导向，即以政府联营企业为领头羊进入中国市场，中小企业紧随其后。同时新加坡政府也仅仅可以影响企业对华投资的行为，而不能决定企业对华投资的规模与方式，更不能保证企业投资的盈利性。但从总体来说，新加坡对华的直接投资仍具有浓厚的政治色彩。

新加坡对外直接投资规模的快速增长源于政府的大力支持，在 20 世纪中后期，新加坡的经济增长明显乏力，原因是国内生产要素制约严重，工资成本上升明显，工业发展的空间严重不足。在这样的大背景下，新加坡政府开始关注对外直接投资，重视利用他国资源，并通过了《对外直接投资法案》，使对外直接投资行为可以得到税收的优惠和财政资金的支持，此外，新加坡政府还成立了对外直接投资促进委员会来促进对外直接投资的发展。

新加坡政府认为对外直接投资可以改善产业结构，有效地促进国际竞争力的发展，促使劳动密集型产业逐渐向周边的发展中国家转移，而资本密集型和技术密集型产业仍然被保留在本国内，政府鼓励新加坡企业到劳动力成本较低的东南亚国家和中国进行投资，尤其是对中国的投资增长较快，之后新加坡政府开始鼓励企业到发达国家进行投资，特别是有政府背景的企业，目的是学习发达国家的先进技术。金融产业逐渐成为新加坡对外直接投资的主导产业，其他服务业对外直接投资增长速度也明显高于制造业。

（五）印度 OFDI 与产业升级的特点与经验

1. 印度 OFDI 与产业升级的特点

作为人口众多的农业大国，印度第一产业比重始终超过 20%，在 2005 ~ 2008 年间甚至接近 30%；印度的第二产业比重从 1980 年开始一路下滑，从原先的 34% 下降到 17%，在印度的工业结构中，金属基础工业虽然是主导，但是发展相对滞后；从 1980 年开始，印度的主导产业就是第三产业，第三产业比重从 1980 年的 40% 一直保持上升态势；到 2012 年，印度的第三产业比重远远超过了国内生产总值的一半，达到 57%。印度发挥国内信息技术方面的优势，大规模进行信息技术方面的投资，将低附加值的环节转移出去，将关键环节留在国内，提升国内相关产业内部的结构层次。

（1）对外直接投资的行业特征。

作为发展中大国，印度的对外直接投资的行业分布颇具特色。20 世纪 90 年代前，印度对外直接投资中产业占 65%，服务业占比大约 33%。从 20 世纪 90 年代后期开始，印度对外直接投资开始更多地投入到高技术和贸易支持的部门。很多印度的信息技术企业在发达国家建立海外办事处以更接近其核心客户。到 20 世纪末，印度对外直接投资中服务业占比 59%，制造业占比 39%。印度对外直接投资流量的经济部门和行业分布如表 7－1 所示。

表 7－1　印度对外直接投资流量的经济部门和行业分布　　单位：10 亿美元

行业	2000～2001 年	2004～2005 年	2000～2005 年累计	2008～2009 年	2009～2010 年	2005～2010 年累计
	1.4	2.8	10.1	22.1	14.3	77.5
制造业	0.4（27%）	2.0（72%）	6.4（63%）	10.4（47%）	6.0（42%）	31.9（41%）
金融服务业	0.0（1%）	0.0（0%）	0.1（0.1%）	0.3（1%）	0.1（0.7%）	0.7（0.9%）
非金融服务业	0.9（63%）	0.6（21%）	2.7（27%）	1.2（6%）	1.5（10.5%）	14.4（19%）
贸易	0.1（7%）	0.1（2%）	0.4（4%）	1.9（9%）	0.8（5.6%）	25.5（33%）
其他	0.0（2%）	0.2（5%）	0.4（4%）	8.3（37%）	5.9（41.3%）	4.8（6%）

资料来源：印度财政部。

进入 21 世纪，制造业的投资又取代了服务业，成为印度进行海外投资的主导部门，同时，第一产业的比重表现出较快的增长，金融服务业 OFDI 占比下降趋势明显，与贸易相关产业的海外投资增长迅速，同时印度最具声望的非金融服务业的对外投资在经历了快速下降之后获得了反弹。2005 年之前，制药、家用电子产品企业和汽车行业在产业 OFDI 中占有很大比重，2005 年后主要集中在金属、能源和自然资源以及消费品、食品行业。近年来，原油提取行业、石油和天然气领域的服务和矿业服务等产业吸引了印度巨额的对外直接投资，随着国内经济发展、资源需求猛增和竞争加剧，印度开始更多地投资于资源获取行业，通过投资，为国内工业的发展提供所需的关键资源。印度煤炭公司为获得国外煤炭资源成立了子公司，并且与其他公司合资成立了印度国际煤炭公司以获得国外的冶金和热煤资源。印度企业大规模集中在采掘垦殖工业的海外投资显示了其支持国内经济发展、工业化和城镇化的重要性。在服务业 OFDI 中，印度主要投资于商业服务、数据处理、金融服务、建筑工程等其他技术咨询服务，其中 IT 行业一直占据主导，其他服务行业的对外直接投资有金融和保险服务、广播电视等。

（2）对外直接投资的地区特征。

周边国家是印度对外直接投资的重要地区。周边国家由于地缘上相近，又享有一定的历史联系，经济、政治、文化各方面共同点较多，便于企业进行投资。拉美地区、中东地区、亚洲等发展中国家，由于拥有丰富的自然资源，也受到印度投资者的喜爱。印度在发展中国家的绿地投资，大部分是基于能源和矿产安全的目的，同时金属和发电行业的企业也通过并购的方式确保在发展中国家的原材料供应。这类基于资源寻求的投资为印度工业的发展提供了资源供应的保证，可以解决国内工业发展的“瓶颈”问题，在工业化不断向成熟阶段发展的同时改善资源利用效率、寻找新能源等，带动产业内部向资源节约型、技术密集型的方向转变，优化产业结构。

印度对外直接投资的目的国呈现多样化。20 世纪 90 年代前，印度大约 86% 的海外投资投向了发展中国家，企业的主要投资目的国是技术竞争力较低的国家。然而与之前的趋势不同，到了 20 世纪末，这个比重下降到了 40% 。其投资目的国改为主要是英国、美国、新加坡等发达国家。近年来印度的海外投资越来越多地流向发达经济体，印度向发达经济体的直接投资占 2002 年以来 OFDI 流出总量的一半以上。

（3）对外直接投资的政策支持。

印度政府通过逐渐放宽某些领域投资对企业性质的限制，以及对工业、金融和软件等产业的投资资金限制，大大鼓励了这些行业投资主体的多元化，对于这些行业的私营企业的海外投资活动具有很大的促进作用。近年来，印度为海外合资企业提供了便利的融资支持和税收上的减免，并为对外直接投资的企业提供信息上的服务。这些政策带来了印度海外投资活动中私营企业的活跃表现。

2. 印度 OFDI 与产业升级的经验总结

印度依托其语言优势和国内人才储备优势，形成了计算机软件、制药等高新技术产业为主导的第三产业的大发展，进而促进了印度产业结构的高度化程度达到发达国家的水平，但由于对第二产业的投入不够而导致的产业基础薄弱对印度经济也产生了一定的影响。印度的成功经验展示了服务产业的发展可以带来产业发展升级。

通过对印度 OFDI 的地区特征、行业区位分布，我们可以看出印度在对外直接投资方面具有自身特色。

（1）从优化对外直接投资的行业结构角度促进产业结构优化。

印度服务业对外直接投资，尤其是信息技术、软件业的 OFDI 的快速发展，海外投资企业实力强劲，带动了本国信息服务相关行业的发展和内部结构升级，给国内产业发展带来积极的影响。

（2）从优化对外直接投资的区域布局方面促进产业结构优化。

进行对外直接投资的区位选择是受投资的目标产业选择和分布决定的。合理的区位选择反过来可以带来投资的成功，进而影响海外投资的母国产业效应。因此要结合不同的投资动因对产业选择的影响，因地制宜地选择投资区域。总的来说是到资源丰裕的国家开发资源，到技术水平、人力资本水平高的发达国家进行高新技术产业的投资，开展国际产能业合作，开拓国际市场。印度的海外投资很好地结合了自身的优势，恰当地选择了投资的区域。在印度 IT 行业还未大发展之前其投资主要集中在亚太的周边地区，随着第三产业发展，并依托自身与英联邦国家的历史关系，印度打开了发达国家的大口，通过海外投资进入发达国家市场，通过学习掌握了战略资源，促进了国内产业的发展。

但是，除了基于不同投资动因决定的不同产业选择外，东道国的制度和非制度因素也是进行海外投资活动区位选择时考虑的重要因素。东道国政局稳定性、法律制度等因素需要在进行投资区位选择时认真考虑，在对东道国投资环境进行正确评估后，选择合适的投资模式进入才能获得投资的成功，进而对母国的经济、产业发展产生积极影响。

（3）从优化对外直接投资的母国政策方面促进产业结构优化。

母国对外直接投资相关政策的改变虽然不会直接带动产业结构的优化升级，但是可以通过影响投资规模、投资主体构成、投资行业导向对母国产业结构产生间接而显著的影响。

首先是政府角色定位的转变，除了在关键的战略型资产的对外直接投资领域进行强力把控以外，在其他产业的海外投资活动中要减少干预，主要为企业进行海外投资时提供信息服务，而非直接介入。多元化投资主体、弱化政府干预行为对于提高投资效率有直接的影响，有助于提升对外投资的经营绩效以便将投资对产业的促进作用顺利传导到母国。

其次，除了政府角色的转变，制定扶持民营企业海外投资的资金政策，为海外投资企业提供经济、法律方面的信息服务，能够有力地支持、引导企业的对外直接投资活动。

（六）中国香港与台湾地区 OFDI 产业升级的借鉴

1. 中国香港 OFDI 与产业升级的特点

（1）香港地区对外直接投资的特点。

自从 20 世纪 80 年代后中国香港一直是发展中国家（地区）中对外直接投资的最主要来源地，1980 年中国香港对外直接投资规模仅为 1.5 亿美元，占东亚新兴经济体对外直接投资总规模的 0.7%，到 1990 年中国香港对外直接投资的年流量达到了 24.5 亿美元，存量达到了 119 亿美元，占东亚新兴经济体对外直接投资总规模的比重已经上升到 20.3%，仅低于中国台湾，排在第二位。从 1993 年开始，中国香港对外直接投资的流量超过了 100 亿美元，进入快速增长阶段，到 2000 年中国香港对外直接投资的流量和存量分别达到 593.5 亿美元和 3883.8 亿美元，对外直接投资规模占东亚新兴经济体总量的 65.4%，超过中国台湾，上升到第一位。进入 21 世纪后，由于遭遇两次金融危机的冲击，中国香港在2001年、2008年和2009年对外直接投资出现下滑的态势，尽管如此，截止到2009年中国香港对外直接投资的存量达到了8340.9亿美元，占东亚新兴经济体总规模的49%。

1985年之前中国香港对外直接投资主要集中在邻近的发展中国家，自从1985年开始中国内地成为香港地区对外直接投资的最主要目的地。到1990年香港地区企业对外直接投资累计存量从1985年的94亿美元增加到140亿美元，增长了48.9%，这是因为不断上升的劳动力成本和稀缺的劳动力资源迫使中国香港企业到境外投资，通过海外投资对劳动密集型产业进行转移，而中国内地因为具有大量成本低廉的劳动力、相近的地理距离和相同的文化，成为香港地区企业对外投资的最主要目的地。

（2）香港地区产业结构的特点。

“二战”后，香港地区产业结构一直是三、二、一的顺序，但产业结构的内涵越来越高度化。1970年服务业产值占本地GDP的比重为60.1%，制造业比重为30.9%；1980年时，比重分别为60.8%和23.8%；1995年则为83.0%和9.3%。香港对内地的产业转移给投资者带来了巨大的经济效益，给第三产业的大发展和产业结构高度化提供了良好的机遇和广阔的发展空间。在制造业比重急剧下降的同时，服务业的比重连连攀升。进一步考察香港地区经济结构变化，2002～2005年，香港地区服务业比重从84.39%上升为87.04%，而第二产业比重进一步从4.11%下降到3.18%，《内地与港澳关于建立更紧密经贸关系的安排》（CEPA）实施以来，香港地区服务业发展势头更好，其城市的服务业功能更加强化。CEPA协议促进服务业内部呈全面发展的格局，其中金融业比重的攀升幅度最大，从1970年的14.9%上升到1995年的24.0%。这一期间，香港地区成为新崛起的国际金融中心。商贸业是服务业中比重最大的行业，1995年约占全港本地GDP比重的1/4。香港地区的房地产业是20世纪70年代发展起来的，以后一直保持较兴旺的势头，它也是香港地区的支柱产业之一。目前，香港地区产业结构中服务业占绝对优势，比重之高已达到世界主要发达国家的水平。总之，服务业在GDP中的优势地位和金融业地位的提高是香港地区经济转型和产业结构高度化的具体表现。

香港地区的产业大部分是劳动密集型产业，劳动成本在总成本中占很大比重，成衣业的劳动成本占总成本的 33.1%，纺织业占 29.9%，钟表业占 31%。因此，节省劳动成本是降低生产总成本的重要环节。20 世纪 80 年代初，香港地区的劳动密集型产业开始大规模向珠江三角洲转移。产业转移给留港的企业带来危机感和紧迫感，而迫使其走转型和升级换代之路，对提高产业自身的产业层次产生了积极作用。

2. 中国台湾 OFDI 与产业升级的特点

中国台湾三大产业结构自 1988 年以来也有了较大幅度的调整。在 1987 年以前台湾地区的工业和服务业大概各占三大产业比重的 45%，但是在 1987 年以后服务业开始大幅度成长，并超过工业，成为台湾地区经济的主导产业，1988 年台湾地区服务业占三大产业的比重首次超过 50%，达 50.1%，1992 年中国台湾地区开始扩大对大陆投资时，服务业比重占台湾地区生产总值的 56.5%，1997 年为 62.4%，至 2001 年服务业已占三大产业比重的 66.3%，工业下降为 31.8%。

1988 年是一个非常关键的转折点，即在外汇管制放宽后，台商将劳动密集型的中小企业大量对外投资，腾出了第三产业的提升空间。从 1993 年起，由于台湾地区资讯电子产业大力投资关键零部件，电子产品结构升级，多数厂商的生产已达到经济规模，因此，资讯电子产业的成长率及对经济增长的贡献率也随之上升。电子资讯产业成为台湾地区经济持续成长的支柱产业，而产业对总体经济的贡献率，有一半来自资讯电子业。电子产业除了本身成长快速之外，与产业整体内部结构的变动也有关系。由于新台币升值、劳动成本上升等因素，导致传统产业迁移至岛外生产，以致传统产业在岛内的产值萎缩。岛内衰退幅度较大的劳动密集型产业正是台湾地区对外投资最多的产业。换言之，台湾地区产业结构的调整变化特征，从其当时的出口产品结构也可以反映出来。1989 年台湾地区高劳动密集度产品的出口占总出口比重的 43.45%，至 2001 年下降为 33.49%；高资本密集度的产品出口比重则由 26.5% 上升到 2001 年的 31.04%；高技术密集产品出口比重更是由 24.25% 提高到 46.20%，这些数据显示，通过将不具备竞争力的产业外移，台湾地区的产业结构有了明显的提高。

（1）对外直接投资的行业特征。

中国台湾地区对外投资的产业与技术形态大致可分为向上垂直型、向下垂直型、水平型和转移型四种。第一，向上垂直型投资。该类型投资主要是为了开发资源及获取生产原料。例如，台湾地区家具企业和板材企业为了确保木材的供应，到木材的生产基地印尼投资设立圆木加工厂便属于这一类型的投资。第二，向下垂直型投资。这类投资是将岛外投资的生产活动作为岛内生产活动的延伸。最典型的例子是生产厂商到海外建立下游生产线，将生产的产品在当地直接销售。如石化原料制造厂到海外投资塑胶产品企业，即属于这类型投资。这一类投资的主要动机在于扩充母公司产品的销路。第三，水平型投资。这一类型的投资指岛外生产活动同岛内生产活动呈现水平分工形态。例如，电子资讯厂商在岛内生产技术层次较高的产品，而将规范化了的装配业务移往岛外。这一类投资的动机主要是发挥小规模生产优势，借助国际分工，降低生产成本，占领当地市场。水平分工的另一类型是岛内外的生产活动完全相同或大致相同。这类投资的主要目的在于将有独占优势的产品推广到一个新的市场，或者为了规避贸易壁垒到东道国直接投资生产。第四，转移型投资。这类投资主要是因为生产环境改变，以及台湾地区产业结构升级，原有的劳动密集型机器设备将被淘汰。作为资本货物的一条出路，厂商不得不将整厂搬迁到岛外生产成本较低的地区继续生产，从而使这些机器设备的利用内部化。这类投资即我们一般所说的劳动密集型“夕阳工业”的岛外投资。台湾当局对企业界以旧机器设备对外投资采取鼓励措施，对这类投资方式审核的标准最为宽松，无任何资本或财务比率的限制。由于这一类型的投资是以结束岛内生产并将机械设备整体外迁为主要特征，因而是转移型的生产替代。

（2）对外直接投资的地区特征。

中国台湾地区防御型投资主要集中在发展中国家和地区，扩张型投资以发达国家为主。对外投资首先选中与其地理相邻、产业发展差距不大的周边发展中国家（地区）进行，即对技术要求不高的劳动密集型产业的投资集中于亚洲，而技术密集程度较高的产业或服务贸易业的投资则集中在美、欧、日等发达国家和地区。台湾地区对外投资地主要是中国大陆，以及东南亚国家和美国。

（3）对外直接投资的主体特征。

自 20 世纪 80 年代中期，中国台湾地区中小企业大量赴海外投资以来，台湾中小企业在岛内经济结构中所担负的角色与地位已开始发生转变，尤其产业更加明显。1988 年外汇管制放宽后，台商将劳动密集型的中小企业大量对外投资，腾出了第三产业的提升空间。根据台湾“中华经济研究院”的调查，2002 年台湾岛内投资金额中大型企业比重最高。投资金额不变或减少的，则以小型企业比率最高。这种因中小企业大量对外投资导致其在岛内经济及出口中所占份额逐渐下降的情况，说明随着中小企业的外移，台湾地区的比较利益已逐渐由劳动密集型产业（中小企业较集中的产业）转移到资本及技术密集产业上来（中、大型企业较集中的产业）。

（4）对外直接投资的政策支持。

台湾当局明晰产业发展各阶段之主角，并有针对性地制定相关政策，最大限度调动这一目标群体的积极性，是产业政策发挥预期效果的根本所在。在准确定位转型升级主角的前提下，有的放矢地给予各种激励措施和支援补助，产业转型升级朝着设想的方向前行。1988 年台湾当局外汇管制放宽后，台湾劳动密集型的中小企业大量对外投资；台湾当局重视产业政策制定出台的时效性及连环效应，法律或政策的制定适应各时期的发展情况，与社会经济发展关系紧密的产业政策更是如此。台湾当局制定产业政策着眼转型升级带来的长远利好。另外，台湾当局发布具有所谓“法律效力”的产业政策，向业界表明当局在经济战略上的转变或转向。这种一环接一环的产业政策出台可为产业发展提供明确的指引，又能够让参与其中的创新主体树立持续发展的信心。在过去的半个世纪中，台湾地区通过“奖投条例”及“促产条例”，以租税减免方式扶植产业发展，对高科技等资本密集产业的发展帮助良多。但在这一过程中，也曾出现了产业结构扭曲及贫富差距扩大等问题，特别是以高科技为主的资本密集产业享有免营利事业所得税或股本投资抵减结合所得税等优惠，而传统产业及中小企业却不能减税的条文，被认为挫伤了中小企业创新发展的积极性，不利于产业总体竞争力的提升。

3. 中国香港地区、台湾地区 OFDI 与产业升级的经验总结

香港和台湾地区利用 OFDI 促进产业升级的过程中积累了一系列富有特色的宝贵经验：首先，对外直接投资的行业和地区具有鲜明的阶段性，在对外直接投资的早期往往是资源开发导向，以满足区域内产业发展和升级的资源需求；随着区域内产业的成熟、产能过剩出现以及企业成本上升、国际比较优势的丧失，将相关产业转移到具有承接条件的周边国家和地区以优化地区内产业结构。其次，对外直接投资主体是从中小企业开始，在对外直接投资的过程中不断积累滚动发展促进本地区企业做大做强，最后形成大中小型企业多元的对外投资格局；再次，与企业对外直接投资的主体特点相一致，在促进本地区对外直接投资的过程中把政府的支持作用发挥得更加淋漓尽致，不但从宏微观层面提供全方位的政策和制度支持促进本地区企业走出去，而且建立了专门的投资促进机构提供专门服务，甚至为企业走出去探索有效的对外直接投资模式比如工业园、生态城、科技园等以实现对外直接投资战略。

二、“一带一路”共建国家 OFDI 与中国产业升级策略分析

在借鉴主要发达国家、发展中国家和地区等对外直接投资促进本国（地区）产业升级的经验的前提下，结合中国的国情和对外直接投资的现状，从五个方面来探讨中国对“一带一路”共建国家 OFDI 与中国产业升级策略。

（一）基于中国对“一带一路”共建国家 OFDI 的模式策略

中国提出的“一带一路”倡议得到众多国家积极响应，已成为兼顾各方利益、反映各方诉求的共同愿望。中国正与“一带一路”共建国家一道，积极规划中蒙俄、新亚欧大陆桥、中国—中亚—西亚、中国—中南半岛、中巴、孟中印缅六大经济走廊建设。六大经济走廊中，中巴经济走廊和孟中印缅经济走廊是优先推进的两个项目，是中国与中亚、南亚、中南亚国家发生紧密联系的大通道。以中巴经济走廊为例，中巴两国政府合作意愿比较强烈，它被称为“一带一路”交响乐中的“第一乐章”，是最为优先推进的项目，也是一个示范项目和先行项目，涉及中巴铁路、公路、港口以及一些工业园区建设，也可为我国对其余经济走廊的对外直接投资提供经验参考。应以六大经济走廊作为中国对外直接投资的主要进军方向，积极探索和推广各类有效投资模式。

1. 经贸合作园区

目前，中国境外经贸合作区主要分布于东南亚、非洲、拉丁美洲等

欠发达地区，但由于对国外政治制度、政策法律、语言文化不熟悉、不适应，同时也面临着基础设施薄弱、产业配套差、水电供应无保障等困难。“一带一路”建设中许多国家处在工业化初期，市场潜力巨大，自然资源丰富，吸引外资与传统产业的意愿强烈，与境外经贸合作区的定位契合。“一带一路”倡议的实施为中国下一步产能合作与产业升级提供了广阔的腹地，也为境外经贸合作区的发展提供了良好的机遇。境外经贸合作区通过与签约国在经济、政治、社会和文化等多领域的合作，加深签约国政府与民众对境外开发区的认同，更有利于企业规避制度因素造成的投资风险（如骚乱、动乱等）。截至 2019 年，中国同“一带一路”共建国家建设了 82 个境外合作园区，每个合作区的签约国都为区内企业投资提供了优惠政策，并为当地创造了将近 30 万个就业岗位。除此之外，企业入驻境外经贸合作区的同时还能享受中国政府的财政支持与政策优惠。合作区内由实力雄厚且国际投资经验丰富的国有企业牵头推动园区建设和招商引资，可以更有效地帮助中小企业一起抱团“走出去”。境外经贸合作区作为促进中国对外直接投资的一种有效途径，已经成为中国企业抱团“走出去”的重要平台。

2. 产业园区

境外园区是两国或多国产业集聚地，表现为同类产业或各类产业投资在同一区域集中落地和运营。以产业园区为对外直接投资的途径，企业能够摒弃单兵作战模式，形成主动的产业链接，实现双方产业投资从环节输出向链条输出的转变，使产业运作的内在关系更为契合与有机，从而放大产业链条效应；园区产业引导与集聚极其容易构建良好的产业配套环境，使核心产业与配套产业、产业主环节与次环节形成快速、密切衔接和低成本运作；园区不断完善的通用性基础设施可为企业提供更多的共享资源，减少重复费用的支出，增强企业发展活力；园区展示的良好政策环境与服务环境有利于减轻产业运行外部成本压力，解除企业诸多后顾之忧。尤其是列入国家级和省级类别的园区，由于具有不同层面政府的沟通和推进优势，可以赢得更大关注面和扶持力度，较之单项产业项目可拥有更为明显的投资制度优势和便利化程度。同时，境外园区作为产业合作新的运作模式和经营平台，是以土地成片开发、产业与企业集中而居为基本特征的，因而有利于形成一体化联系和协同化经营，有效发挥伙伴关系和邻里效应，增强同舟共济、抱团应对的整体作战能力，有利于降低企业风险系数，消除企业投资顾虑。在当前新形势下，要进一步深化对俄蒙、中亚、西亚、南亚、东盟以及中欧国家的经济技术合作，加强在这些国家的园区建设，整合企业实力打包“走出去”，变“指头出击”为“拳头出击”，促进企业在境外开疆扩土，形成更快速、更广泛、更密切的产业合作。

3. 基础设施建设

当前阶段，我国对于共建国家的直接投资大多用于基础设施的建设，“一带一路”倡议的初衷也是为了共同的发展、实现共同繁荣。在“一带一路”倡议中，基础设施互联互通是优先领域和重要着眼点。一方面，共建国家中的发展中国家基础设施较为落后，部分发达国家也存在改进空间，但由于政府财力有限，所以存在巨大的资金缺口。据亚洲开发银行测算，仅东南亚、南亚和大中亚地区每年的基建投资需求就超过 5000 亿美元。另一方面，中国拥有逾 3 万亿美元的外汇储备。我国利用富余的资金帮助“一带一路”共建国家改善交通、电力、通信等基础设施，既能破除当地经济发展的基础设施瓶颈，有效推动亚欧经济一体化，也可以为我国过剩资本和生产能力寻找新的市场，从而实现互利共赢。特别是在当前全球经济增速放缓的背景下，基础设施投资的独特吸引力进一步凸显，对提高国民收入、扩大相关部门就业具有立竿见影的效果。从国际经验看，低收入和中低收入国家每年的新建基础设施投资约占 GDP 的 3.8% ~4.2%，如果加上已有设施的更新改造需求，总的投资规模高达 GDP 的 6.3% ~7.5%。基建投资具有很强的结构式凯恩斯乘数效应，能通过产业链途径拉动煤炭、石油、铁矿石等初级原材料，钢铁、水泥、机器设备等工业制成品，以及金融、研发、销售等生产性服务需求。应充分发挥我国装备产业物美价廉的优势，推进国际产能和装备制造合作，实现我国对“一带一路”共建国家的产品输出、技术输出、标准输出。我国可与发达国家在部分领域开展合作，共同开发“一带一路”市场，整合发达国家先进技术、我国中端装备和当地劳动力和巨大的市场需求，推动共建国家工业化进程。抓住我国交通基础设施与周边互联互通机遇，带动国内铁路机车、轨道交通设备、汽车生产和配套零部件走出去。大力开发和实施“一带一路”区域内电力项目，扩大国产火电、水电、风电、光伏发电设备出口规模。鼓励电信运营企业、互联网企业采取兼并收购、投资建设、设施运营等方式“走出去"，在海外建设运营信息网络、数据中心等基础设施，与通信和网络制造企业合作。加快中资企业"走出去"步伐，加大海外投资力度，构建"一带一路"共建国家和我国西部省份的国际产业分工体系，推动区域经济深度融合。将东部沿海的部分产业转移至西部地区，同时在"一带一路"共建国家投资设立能源、矿石、农产品初加工工厂和部分产业零配件加工工厂，通过将部分初加工产品和零部件运回西部进行深加工的方式，形成西部地区与"一带一路"共建国家的产品内分工，强化区域经济纽带。

4. 国际产能合作项目

跨境产能合作可以将中国失去比较优势的产业转变为优质产业，盘活和带动整体经济发展。目前我国国际产能合作的主要任务是抓好大型项目，如装备产业合作项目，尽快利用对外直接投资实现我国产业结构升级。因此，做好国际产能合作将会有力减轻我国外贸和经济增长下行压力，推动世界经济复苏，也有助于我国经济向智能、绿色发展的转型升级，促进产业迈向中高端水平，更加聚焦国际分工的关键核心业务，打造以中国产业为中心的体系。因此，国际产能合作式国际直接投资能够推动中国产业实现转型升级，通过持续不断的科技、制度与管理创新推动产业迈向中高端水平，大幅度提高劳动生产率，跨越中等收入陷阱。开展国际产能合作的领域既有市场需求又有一定的竞争力，形成了互利共赢、共同成长的发展格局。根据货物贸易统计数据，中国是许多发展中经济体最主要的贸易伙伴，甚至居于前三位。中国产业水平适应这些国家的发展需求，特别是承包工程建设能力、设计能力。中国与广大发展中经济体加强国际产能合作，既体现了当地的市场需求，又具备一定的国际竞争力，同时还能够为双方创造出更多的就业机会。

（二）中国对"一带一路"共建国家 OFDI 的国家策略

母国对外直接投资相关政策的改变虽然不会直接带动产业结构的优化升级，但是可以通过影响投资规模、投资主体构成、投资行业导向对母国产业结构产生间接而显著的影响。中国各级政府具有至关重要的作用，除了在关键的战略型资产的对外直接投资领域进行强力把控以外，在其他产业的海外投资活动中要减少干预，主要给企业在海外投资提供综合的配套支持和服务。所以，从政府角度出发，提出如下建议。

1. 营造良好的对外直接投资环境

一是深化政策沟通，增强互信互利。加强政策沟通是推进“一带一路”贸易投资便利化的重要保障。促进各国对便利化的深入理解，让“一带一路”共建国家明白这是一条合作、共赢、开放、发展、和平之路；建立政府间便利化政策的长效沟通机制，使各国政府和相关管理机构可以就投资便利化的发展战略和关键领域进行交流与对接，共同制定促进投资便利化的规划和措施，协商解决推进便利化面临的问题，为贸易投资便利化提供政策支持。营造公正、公开、稳定、透明的营商环境。加强制度建设，加大对腐败和垄断的打击力度；借鉴国际经验，增强政策法规和行政程序的公开化与透明化；加强监督，使监督及时、有效地发挥作用。制定规则与措施时须保持政策的稳定性、连续性和透明性，促进“一带一路”共建国家稳定发展。

二是中国应加强与共建国家的人文交流和政治互信，构建“共同安全”的理念与模式。“一带一路”共建国家政治与社会安全形势复杂，东南亚、南亚、中东欧等多地区面临着政治局势不稳定，中亚、中东及南亚等地区恐怖主义猖獗，国家合作存在战略互信不足问题。因此，中国应当遵循“互信、互利、共商、共建、共享”的原则，加强人文交流和政治互信，积极倡导“共同安全”理念，为深化中国与共建国家的经贸合作奠定坚实的基础。

三是在“一带一路”倡议的实施过程中，应密切关注共建国家的反应动态及利益诉求，主动进行双边战略发展规划的对接。尤其对于区域内的大国，更应在搁置争议、淡化主导权和互利双赢的基础上充分沟通、加强合作。建立并完善与共建国家的双边联合工作机制，研究推进“一带一路”建设的实施方案、时间表和行动路线图。

2. 加强投资便利化的机制与能力建设

“一带一路”共建国家的投资便利化综合指数差异非常显著，欧洲发达国家投资便利化水平普遍高于亚洲和非洲国家，各地区在时序变化上呈现出逐渐改善趋势，中亚、南亚、东欧和非洲地区是投资便利化有待改善的重点地区；东南亚为投资潜力最大的地区，然后为东亚、西欧、西亚以及中亚等地区。投资便利化改善对欠发达地区投资增长的空间更大，中国与共建国家需要切实加强投资便利化机制与能力建设。

(1) 与“一带一路”共建国家签订双边或多边投资协议。

对外直接投资具有国际性的特点，单靠国内层面的母国投资措施不足以为投资者提供保障。在国际层面上，母国投资措施主要表现为政府与其他国家签订双边或多边协议，使本国企业在东道国获得投资经营的非歧视待遇和投资受保护的权利，以保障本国投资的安全和利益。双边投资保护协定是资本输出国和资本输入国之间就互相保护与鼓励双方私人投资而签订的双边条约，特别是对发展中国家而言，双边投资保护协定不仅有投资促进功能，还具有投资保护功能。签订双边投资保护协定的根本目的是期望通过给予该国的投资者以国际法上的保护来促进外资的流入。现行的多边投资保护协定和其他一些区域性经济与货币安排等也相应建立了有关资本流动的管理规定及新的游戏规则。这些协定至少在地区内部为资本的跨国界流动提供了法律支持。中国应努力推进与“一带一路”共建国家双边、诸边和区域投资便利化规则谈判，协调各方利益诉求，推动各方降低投资准入门槛和改善营商环境，积极参与缔结高水平投资协议。中国可倡议“一带一路”共建国家组建“贸易投资便利化委员会”，统一协调贸易投资便利化措施，落实相关领导人在各项国际会议上达成的有关促进贸易投资便利化的决定，各国相互监督推进投资便利化举措。

(2) 提供利于“一带一路”投资合作持续发展的国际公共品。

随着对外投资规模的迅速增长，中国可以向共建国家提供更多有利于经济合作持续发展的国际公共品，从投资规则的被动执行者逐步转型为规则制定的引领者。利用亚洲基础设施投资银行、金砖国家新开发银行、丝路基金等投融资机制，鼓励基础设施建设、能源资源开发、装备产业等优势产能领域的中国企业优先走向中亚、南亚、东欧和非洲等投资便利化有待改善的重点地区，共同参与和提升“一带一路”共建国家的投资便利化。

(3) 创建服务于企业的咨询平台。

国际投资相较于国内投资具有更大的不稳定性和复杂性，信息的不对称也是制约大量企业不能大胆走出国门的一个重要因素。所以，我国政府应该建立一个信息共享的咨询平台，企业在平台中不仅能够及时了解到政府的帮扶政策，东道国的投资环境、法律制度等，而且还能促进企业之间的合作，有效地进行一些风险评估。应做好信息共享的服务工作，帮助企业及时抓住对外直接投资的商机。

3. 加强对“一带一路”共建国家直接投资的各类支持

（1）金融支持。

对于“一带一路”共建国家中大部分正处于经济上升期的发展中国家来说，无论是其国内面临的工业化、城镇化发展规划，还是“一带一路”构想下大型基础设施、产业和产能合作等建设任务，都涉及一大批具有重要经济社会效益的项目。这些项目资金投入大、运作周期长，单纯依靠其财政投入难以满足巨大的资金缺口。商业金融机构因其逐利的天然属性，往往缺乏主动介入的意愿和能力。企业因顾虑项目风险高、回报慢，若无有效融资保障和风险分担机制，也可能止步不前。因此，推动中国参与投资建设金融机构合作平台，需要充分发挥金融的核心引领作用，以金融支持道路互联互通为切入点、以贸易投资畅通为着力点，以货币流通促进区域合作为突破点，促进共建国家的投融资便利化；也需要有相应的财政税收政策、金融政策、信贷保险政策和机制安排，支持中国企业将参与“一带一路”投资的行动付诸实现。

（2）信息支持。

经贸信息担负着为对外直接投资决策提供有效资讯的功能。信息畅通、有效是“一带一路”国际合作的基石；信息全面、及时是我国各区域协调发展的基础；信息的精准性、权威性是企业参与并获利的前提。在对“一带一路”开拓直接投资新局面过程中，无论是基于其他参与国家的视角，还是基于中国各省级政府的视角，信息平台的作用都至关重要。首先，可以搭建基于信息个性化需求的“一带一路”信息服务子平台群，针对不同参与主体的个性化信息需求，提供不同的子平台，如国际合作信息服务平台、政务信息服务平台、企业商务信息服务平台、融资信息服务和融资平台，以及旅游及文化信息服务平台。子平台的信息既体现分工，又要体现合作，通过平台群的形式全面、系统地满足使用者的需求，促进“一带一路”投资的快速、可持续发展。其次，需要加强“一带一路”信息服务平台建设和应用宣传。我国现在信息平台繁多，但建设程度和应用效果参差不齐，因此“一带一路”信息服务平台应重内涵建设。与此同时，面向国内相关市场主体进行广泛的宣传。在产业细分上，尤其针对中国钢铁、水泥、平板玻璃、电解铝、船舶、煤炭、炼油、轮胎、化工等产业领域，进行更具针对性的信息服务内容建设及更大力度的宣传等。最后，平台建设要进行整体规划，确定信息发布功能的阶段性，明确针对的区域重点，对具体区域使用“特定语言＋英语”的呈现方式，确保信息传播的效果。同时，进一步凝聚法律服务合作共识，拓展法律服务合作领域，扩大法律服务业开放，完善法律服务合作机制，为“一带一路”投资稳步推进、促进区域和平稳定与经济繁荣发展做出贡献。

4. 引导多种所有制企业参与其中

在对“一带一路”共建国家进行直接投资的企业中，国有企业一直是主力军，受制于国际投资复杂性和目前对共建国家主要的投资行业，民营企业的参与度一直不高。随着“一带一路”倡议的不断发展，共建各国的投资环境会越来越好，相较于国有企业，民营企业更加灵活，更能对东道国的市场变化做出快速应对。尤其是当前我国的一些民营公司在技术上拥有一定的优势，应利用自身的特点，更好地融入“一带一路”建设中来。随着“一带一路”建设的深入，民营企业一定会成为对外直接投资的生力军，使我国低端技术产业及高端技术产业实现升级。

5. 实行差异化的直接投资策略

“一带一路”共建国家众多，在国家性质、宗教信仰、发达程度、要素禀赋等方面都不尽相同，因此企业在直接投资中要因地制宜采取不同的投资策略。中西亚地区自然资源比较丰富，我国可以通过与当地政府展开合作，协助东道国进行资源的开发，进行一些资源导向性的投资；东南亚地区人力成本较低，我国可以与其进行产能合作；在个别科学技术较为发达的国家（如俄罗斯、以色列），我国可以投资一些高新技术产业，通过一定的技术回流，来带动我国产业的升级。

6. 坚持创新驱动发展战略，打造“国进民进”新模式

政府可以从以下几个方面着手来助推企业的创新：将创新理念融入产业和企业的发展战略之中，并在加大研发投入和创新人才培养的同时树立国际化创新思维，改变过去以量取胜的发展战略，整体性地提高中国产业的自主创新水平，为产业内的企业升级持续输送动力；辅以行之有效的政策干预以充分调动国有企业研发创新的积极性，利用国有企业拥有的资源优势对技术难题进行攻关，夯实并强化国有企业的国际竞争力，让国有企业以“领头羊”的身份带动中国企业快速高效地“走出去”；进一步消除对民营企业的歧视，支持民营企业扩大投资，缓解民营企业在国际化发展中的资金约束，并积极促使民营企业和国有企业之间构建“利益相关、功能互补”的协同合作关系，充分利用民营企业与市场衔接紧密的优势吸收并转移国有企业创新成果以构建产业链协同合作体系，最终整体带动中国产业升级。

（三）中国对“一带一路”共建国家 OFDI 的企业策略

中国国有企业是中国对外直接投资的主导力量，促进和扩大中国国有企业对外直接投资是中国有效利用两个资源、两个市场，改善国内产业结构，带动经济发展的重要手段。在中国非金融类对外直接投资存量中，中国国有企业处于主导地位，随着其经济技术实力和国际化经营水平的提高，未来在中国对外直接投资中仍会占据主导地位。当前我国对外直接投资仍以国企为主要力量，但国有企业由于产权不明晰、制度安排低效率，与西方主流国家存在的潜在体制冲突，导致其对外直接投资的亏损惊人。民营企业具有明晰的产权、明确的利益约束和激励机制，对外直接投资的逐利动机较强，因此应加大民营企业对外直接投资的规模和力度，使其成为中国对外直接投资的新兴力量和重要力量。

不论是国有企业还是民营企业，在对外直接投资的过程中，一定要加强投资风险的管控，避免投资失败。在对“一带一路”共建国家的直接投资中有不少投资失败的惨痛教训。所以，企业在进行对外直接投资之前，一定要了解清楚东道国的法律制度、人文环境、劳工政策等，做到知己知彼，才能在风险发生之时，做出最及时、最正确的应对。

1. 提高自主创新能力，增强核心竞争力

企业之间的商品竞争本质上是科技创新能力的竞争，创新能力才是企业生存发展所依靠的硬核实力。研发创新是“一带一路”倡议助推中国企业升级的重要路径，同时研究发现，“一带一路”倡议可以同时助推国有企业和民营企业升级。这一方面体现了研发创新对中国企业发展的重要性，另一方面也意味着国有企业和民营企业在“一带一路”倡议下形成了协同发展的新格局。因此，在“一带一路”倡议持续推进的过程中，应坚持创新驱动发展战略，并积极打造中国企业对外投资主体多元化的经济发展新模式，形成国有企业带动民营企业、民营企业补充国有企业的发展新格局。中国企业参与“一带一路”投资合作，一方面要根据国家宏观政策导向，结合“一带一路”发展和建设规划，做好基础设施项目，发挥产能优势，扩大国家影响力；另一方面要积极适应不同国家政治、社会、文化、市场环境的显著差异和国际竞争环境，要有一套行之有效的组织机构和管理制度，实现规范化管理和运营，形成并维护自身的竞争优势，构筑企业的核心竞争力，进而打造具有较强适应能力的跨国企业。

2. 企业“抱团走出去”

在参与“一带一路”经济合作的初期，中国企业应学会“抱团出海”形成合力，推动国内产业集聚区整体走出去，既能增强企业海外发展的竞争力和生存能力，也可化解单打独斗所带来的风险。首先是以国企带动民企。中国企业“走出去”最好国企先行，民企随后跟进以减少投资风险。例如，以国企的大型基建项目为先导，民企的产业项目随后跟进，从而形成“国企搭台、民企唱戏”的共进格局。其次是以大企业带动中小企业的模式。大型企业“走出去”，其他服务、配套企业相应跟进，形成产业集聚区或创建产业园区。

虽然当前世界经济仍呈和平与发展的基本态势，但是由于地缘政治、意识形态及维护国家自身安全等原因，各国在推动国际经贸发展与合作方面的理念及政策尚存在着或大或小的差别，局部冲突在所难免，所以企业抱团“走出去”有助于防范风险。

3. 具备风险防范意识，提高风险管理能力

“一带一路”建设的安全保障，要靠企业自身能力建设和国际合作来落实。强化企业安全风险意识。中国企业需尽快补足跨国经营中安全保障的“短板”，借鉴国内外跨国公司经验，设立负责安全保障的主管职位，充实企业内部相关机制和资源投入，建立跨国安保、风险管理方面的“标准操作规程”；中国企业不仅要深入评估安全风险，还要善于和影响安全风险的各类行为主体打交道，包括增强与本地和跨国非政府组织的沟通能力；中国企业在当地应重视建立“信息获取网络”和“政策影响力网络”，挖掘有助于提升自身安全保障的本地资源，有意识地锻造抗风险能力和安全危机后的再生能力；中国企业还要积极支持民间组织在“一带一路”共建国家的活动，在民间组织和企业之间建立“小旋转门”制度，培养和储备相关人才，培育具有海外行动能力的中国民事安保力量；同时，在“一带一路”建设中，中国企业与美欧等国家和地区企业开展联合投资项目，从而促使各方共担安全风险。一方面，“一带一路”共建国家从国内社会、政治、民生等因素出发，在环保、属地化经营、市场准入等方面对外国投资项目和企业的要求与限制日益增多；另一方面，“一带一路”共建国家由于国情和经济发展层次的不同，市场、政策、民俗、宗教等方面的差异化较大，投资风险尤为严峻。这就要求中国企业不断提高本土适应能力，推进“一带一路”建设，以多种方式加强与东道国合作，中国企业需要深入调研“一带一路”共建国家，既了解其国情、民情、文化，还要分析其营商环境、商业机会、投资风险、融资成本、社会等问题，保障经济性、社会性，创造互利共赢、共同成长的发展格局。

4. 增强社会责任感

在深耕“一带一路”大市场中，从践行社会责任出发，传承和弘扬丝绸之路友好合作精神，助力民心相通。中国企业应该积极承担起相应的社会责任：坚持共建原则，把企业自身的经济利益与当地国家经济社会发展目标融为一体；企业在兼顾实现经济利益、依法依规经营和履行社会责任的同时，应优先践行社会责任；把社会责任的理念渗透至“一带一路”建设的每个项目，使各项经营活动都体现社会责任理念和精神；编制社会责任报告，定期或不定期向利益相关方展示自身社会责任理念、活动、绩效，加强与利益相关方的沟通，塑造良好的国际形象；打造“一带一路”社会责任同盟，将“走出去”的企业打造成为分享海外履责经验、推广先进成熟的实践操作方法的区域企业社会责任体系建设标杆，带动“一带一路”共建国家和地区共同推进企业社会责任建设。

（四）中国对“一带一路”OFDI 的智库支撑体系策略

1. 建设“一带一路”中国智库体系

（1）中国智库的类型和特点。

第一，党政研究机构处在工作一线，需要处理大量应急性事务，讲究短平快，既没有大量时间从事细致研究，也缺乏独立性。第二，社会科学院系统是为中央地方党委和政府公共决策提供服务的“思想库”，围绕经济社会发展的重大问题加强应用对策研究，为政府的决策提供科学依据，为公共政策的制定提供多种选择方案；社会科学院系统与党政部门和社会实际联系较为密切，可以借助长期以来的专业研究，对国家和本地经济社会发展中的突出和重大问题进行系统深入的前瞻性思考，在理论和实践的结合上提出有分量、有见解的政策建议；在研究方法上，社科院系统的研究人员最经常使用、最擅长的是传统的定性研究。第三，高校不仅在基础理论研究中取得了丰硕成果，而且在应用对策研究中也取得了显著成绩，许多成果被党和政府采用，产生了重大经济效益和社会效益。高校要发挥智囊咨政、服务社会的作用，不能忽视应用对策研究，要把应用对策研究和建言献策摆到应有的地位和高度；高校智库应用对策研究的一个突出特点，就是注重实际问题的分析，用事实和数据说话，擅长社会统计学和定量分析，精通现代研究方法，能计算、会建模型，研究更加科学和严谨，这正是目前许多社会科学院系统研究人员的短板。第四，民间智库远离权力中心，而接近社会，理解社会现实，它们更能为权力中心提供有效治理社会的方案。或者说，较之体制内智库，民间智库具有较高程度的自主性和自治性，它们可以“独立”地以自己的专业知识来完成政策研究，而这种“独立性”使民间智库具有优于体制内智库的优势。

（2）完善中国智库体系的对内决策咨询作用。

中国智库体系要分层次确立研究重点，发挥自身特点，聚焦专业优势，打造品牌，彰显特色，做到有所为有所不为。一方面，中国各类智库要打破以往各自为战的研究格局，在“一带一路”项目研究上开展合作研究，发挥社会科学院系统的定性研究优势、高校定量研究的优势，以及民间智库独立、贴近实际的研究优势，形成论证严格，反映实际需求，且具有系统性、前瞻性的重大研究成果；或者各类智库围绕“一带一路”经贸投资合作主题，根据自身的优势进行国别地区研究甚至是产业专项研究，创造出高水平的研究成果。另一方面，中国智库体系不但要面向各级政府提供各类有价值的决策建议，还可以利用自身的优势为中国企业参与“一带一路”投资活动提供各类实际的解决方案和咨询服务。

（3）中国智库在“一带一路”投资合作中的对外交流功能。

跨国智库间的合作已成为影响世界政治、经济、文化和社会进步的重要因素。中国各类智库不但要发现问题并探索解决问题的办法，还要宣传并开展公共外交，应当走出去做调查研究特别是田野调查；通过与

“一带一路”共建国家对应的智库间的合作，促进中国与“一带一路”共建国家的交流，让“一带一路”共建国家了解中国，让中国的投资界了解“一带一路”共建国家。要充分发挥智库的专业研究能力及对政府和公众的影响力，促进各国政策沟通、民心相通，为共建“一带一路”奠定坚实的民意基础。中国需要与各国对应层次的智库通过合作研究、学术交流等多种形式，促进各国对共建“一带一路”的内涵、目标、任务等方面的进一步理解和认同；凝聚各国智库力量，开展政策性、前瞻性研究，为各国政府建言献策，增进国家间政策沟通，推动各方将共商、共建、共享原则落到实处；需要加强与各国对应智库的交流，相互了解各自国家的发展意图和愿望，准确把握各方利益的结合点，共同寻找投资合作互利共赢的途径；需要以智库交往带动人文交流，增进彼此互信，凝聚广泛共识。

2. 发挥中国智库体系作用的保障措施

一是发挥政府的统筹与扶持作用。各级政府要在整体规划、资金来源、政策优惠、信息资源共享等诸多方面对各级智库体系建设进行统筹、指导与扶持。可以利用国际智库网络平台，组织举办年度“一带一路”国际发展高层论坛，介绍和分享中国以及相关国家的发展理念和经验，就“一带一路”建设和相关国际问题进行深入研讨，力争打造成为共建国家政产学研各界进行综合研讨的高端平台。

二是明确和规范智库的建立、入市、行为和责任，建立竞争机制和退市机制，规范政府采纳咨询意见的行为，建立咨询效果终身责任追究制。在约束中规范，在激励中发展，将推动智库体系真正实现优化和强化，为“一带一路”建设过程中的经贸合作提供高质量的咨询参考。

三是着力打造高水平智库人才队伍。人才是智库生存与发展的核心要素，要从人才培养、人才流动等多方面形成有效机制，聚集人才，充实智库实力。同时可以通过合作研究、论坛展会、人员培训、交流访问等形式，积极推动与国内外智库机构交流合作，消除知识和信息壁垒，促进政策沟通，提高合作交流水平。

四是切实推进智库研究成果转化。智库不应把过多时间浪费在宏大的不切实际的构想中，而是要脚踏实地，与已经开展或者将要开展的项目结合起来，与企业的投资需求结合起来，多进行实地考察，以问题为导向进行考察，多研究具体问题，智库的研究成果才能得到有效转化，使之直接服务于地方党委和政府的重大决策，服务于区域经济社会的发展。

（五）中国对"一带一路"共建国家 OFDI 产业布局的风险防范

当前，"一带一路"倡议和国际产能合作深入推进、大宗商品价格大幅下跌导致依赖资源出口的新兴经济体的经济急剧衰退，使"走出去"对外投资的国内企业面临较大的风险隐患。毋庸置疑，"一带一路"倡议为中国拓展对外经贸合作的领域和空间、提升对外开放的水平与质量提供了巨大的契机。但"一带一路"共建国家的政治经济社会发展水平参差不齐，部分国家经济基础总体薄弱，政策法律环境不稳定，对在当地投资的中国企业的风险管理能力构成了严峻挑战。

1. 中国对"一带一路"共建国家直接投资风险——整体防范措施①

（1）尽快制定统一的"对外投资法"。

建议立法部门尽快推出"对外投资法"和相对应的法律，整理与合并国家各部委出台的规定、条例等，以便让我国在海外投资方面形成统一规范的法律体系。

（2）建立国家级的海外投资智库。

由国务院主管部门指导成立国家级海外投资智库，智库成员应当包括具有丰富海外投资实践经验的企业家、律师、经济学家、学者等各种专家智囊团。智库可以定期发布海外投资指南、程序以及各个投资目的国的法律法规、风险提示、注意事项等供海外企业参考；指导并协助企业开展对外投资经营管理培训交流，就成功或失败的海外投资案例进行沟通、研究、总结，以做到一致对外、协调发展；开展境外法律培训，做好境外投资的法律方面的准备。

（3）规范海外投资决策程序。

央企或者地方国企进行海外投资时，应当先由智库提出相应的外部意见，企业决策层再根据智库意见以及相关法律规定进行论证。社会资本进行海外投资时，可以自行委托智库进行评估分析。智库的相应费用

① 资料来源：《建立并完善"一带一路"战略引领下对外投资风险防控体系》，民进中央网站，http：//www. zytzb. gov. cn/tzb2010/jcjyxd/201505/907854b53a584a28a2cd0905007d9b56. shtml。

可以先由政府提前支付一小部分、企业支付另一小部分，剩下的可由企业日后逐年支付。

（4）制定统一规范的海外投资法律文件并尽量推广。

要把“一带一路”倡议规划放在主导地位，政府部门应当大力推广由我国制定的统一法律文件，并在国际磋商期间列入谈判讨论的话题和必须具备的条件，逐渐扭转我国企业在法律文本方面的不利地位。政府部门应鼓励我国法律服务机构到投资国设办事处。

（5）鼓励使用当地人才策略。

企业进行海外投资必须有当地人才来协助管理才能满足发展需求，建议企业建立和完善聘用外国人管理的相关理念和制度，利用当地人力资源优势帮助企业发展。

2. 中国对“一带一路”共建国家直接投资风险——不同类别防范措施

（1）政治风险的防范与管理。

政治风险被认为是中国企业对外直接投资最重要的限制因素，中国企业政治风险处理方式的不同将会加深或减小政治风险带来的损失。要减少甚至消除政治风险，首先，中国企业应该做好政治风险的评估工作，评估可能导致投资损失的政治因素；其次，建立监控和预警系统，跟踪“一带一路”共建国家的政治形势变化，及时反馈，有效的监控系统能够使中国企业在政治风险到来之前采取措施，有效规避风险；最后，中国应建立境外投资保险制度，使企业相信损失出现之后可得到补偿金。

此外，针对政治风险中很重要的法律风险的防范，企业应熟悉投资目的地的法律规范。“一带一路”共建国家的法律体系特点各异，企业在每个国家实施项目时，须遵守当地的法律规定。

（2）经济风险的防范与管理。

中国政府应深化国内金融和资本市场改革，积极改善双边经贸关系，帮助我国企业抵御在“一带一路”共建国家的经济风险。中国企业应该设计灵活多样的支付方式，企业应该综合考虑本身的实际情况，选择各种各样的支付方式，降低投资成本、减轻财务负担。同时为了保证能够有效及时地进行风险规避，企业应该根据各国的经济发展形势对经济风险进行不断的观察和研究。

（3）文化风险的防范与管理。

中国企业“走出去”时必须考量其他国家与中国之间的文化差异，

对其文化环境进行深刻广泛的研究，可选择与我国文化差异小的国家合作。同时应综合考虑本企业的产品与当地的民族文化和地区文化是否存在冲突，培养识别和处理文化风险的专业能力，及时规避因文化因素导致的风险。

（4）经营风险的防范与管理。

做好经营风险的防范要注意以下几点：

一是关注投资领域风险动态。对于在全球投资领域出现的新情况新问题，需加强关注和监测，深入研究与投资风险紧密相关的问题。通过驻各国大使馆及年度经济报告可以了解一些投资领域的风险动态。

二是针对投资过程中发生的争议问题，要及时提出解决方案。仲裁作为国际商事争议常见的解决方式，具有方便省时的优点，在仲裁机构的选择、仲裁员选定、不公开审理等方面更能体现当事人的意愿，符合商业活动注重高效和保护商业秘密的需求。

三是设置灵活的退出机制。海外投资项目在获利的同时也意味着增加了企业的投资成本，特别是以 PPP 模式开展的项目，其项目期限可能长达几十年，设立灵活合理的退出机制能够帮助企业减少时间因素带来的投资成本，有效地转移风险。

（六）中国对“一带一路”共建国家 OFDI 促进产业升级需注意的问题

首先，我国通过对外直接投资促进产业升级要与整体经济环境保持一致。对于现阶段的中国来说，一方面要积极参与国际分工，获得比较利益；另一方面要在积极促进产业结构优化升级、提高我国分工地位的同时，防止世界各国对外投资过程中出现的产业空心化问题，并且注重以信息产业为主导的高技术产业的发展。其次，中国产业结构升级要实现经济管制与市场机制的协调。我国政府要转变职能方式，放松管制，引进市场机制，让民营资本进入，提高国企的竞争力，通过这种方式增强中国企业的整体实力和对外直接投资的国际竞争力，推动产业结构的调整和升级。再次，中国产业结构升级中要保持主导产业和支柱产业协调发展，主导产业是经济增长的带动力量，必须加以明确并且保证其发展，产业结构升级必须建立在产业充分发展的基础之上，所以不能忽视本国产业的发展。最后，注重自主创新和技术引进相结合，克服技术约束。中国在引进国外先进技术的同时，要培养自主创新能力，加大对基础科学技术的研究，为我国经济持续增长提供不竭的动力。

本章小结

本章主要探讨了OFDI与产业升级的国际经验和中国对“一带一路”共建国家OFDI与中国产业升级策略两部分内容。在OFDI与产业升级的国际（地区）经验部分，我们以美国、日本、韩国、新加坡、印度以及中国香港、中国台湾地区为例进行分析，从投资国（地区）的对外直接投资的特点等方面来阐释对外直接投资对本国（地区）产业升级的作用。研究发现：从对外直接投资的动机来看，各国对外直接投资都与本国（地区）产业升级有密切关联，既有通过对外资源开发促进本区域内产业发展和升级的，也有通过开展国际产能合作促进国（地区）内产业结构优化升级的。从对外直接投资的行业来看，行业的选择与投资动机有直接的关系，既有资源能源行业也有第二产业和第三产业；从对外直接投资地区特征看，一方面投资地区与地理位置、文化相近性有关，体现出由近及远的特点，另一方面也侧重发挥对外投资的产业比较优势等；从投资主体来看，既有竞争力强的大型企业和企业集团，也有中小企业；从政府支持来看，各国政府在对外直接投资促进本国产业升级的过程中都发挥了重要的政策引导和相关配套支持作用。这些都为中国对外直接投资促进本国产业升级提供了宝贵的经验和借鉴。在中国对“一带一路”共建国家OFDI与中国产业升级策略部分，我们在借鉴各类经济体对外直接投资促进本地区产业升级经验教训的基础上，结合中国对外直接投资的实践经验和中国的国情，从中国对“一带一路”共建国家OFDI的途径策略、中国对“一带一路”共建国家OFDI的国家支持策略、中国对“一带一路”共建国家OFDI的企业策略、中国参与“一带一路”OFDI的智库支撑体系、中国“一带一路”对外直接投资促进产业升级需注意的问题、中国对“一带一路”共建国家OFDI产业布局的风险防范六个方面提出了对“一带一路”共建国家OFDI促进中国产业升级的政策建议。

参考文献

[1] [德] 阿尔弗雷德·韦伯:《工业区位论》，李刚剑、陈志人、张英保译，商务出版社2009年版。

[2] 白远:《中国企业对外投资的动机演变——宏观与微观层面的分析》，载于《国际经济合作》2009年第4期。

[3] 包明齐:《中蒙区域经济合作研究》，吉林大学学位论文，2016年。

[4] 毕燕茹:《中国与中亚国家产业合作研究》，新疆大学学位论文，2010年。

[5] 曹迎莹:《促进浙江境外经贸合作区融入"一带一路"发展的措施建议》，载于《对外经贸》2015年第6期。

[6] 陈偲:《我国对外直接投资发展及其影响因素分析》，载于《行政事业资产与财务》2013年第14期。

[7] 陈琛:《韩国对外直接投资及对中国的启示》，外交学院学位论文，2006年。

[8] 陈菲琼、钟芳芳:《中国海外直接投资政治风险预警系统研究》，载于《浙江大学学报(人文社会科学版)》2012年第1期。

[9] 陈惠雄、鲍海君:《经济增长、生态足迹与可持续发展能力:基于浙江省的实证研究》，载于《中国工业经济》2008年第5期。

[10] 陈继勇、刘跃斌:《德国对外投资的发展与对华直接投资》，载于《欧洲》1998年第3期。

[11] 陈黎思:《欧盟对华直接投资动因及影响分析》，复旦大学学位论文，2013年。

[12] 陈鹭:《台湾对外直接投资的动机与行为研究》，厦门大学学位论文，2003年。

[13] 陈淑梅:《"一带一路"上的企业社会责任》，载于《社会科

学报》2015 年第 11 期。

[14] 陈文玲:《携手推进“一带一路”共同迎接更加美好的新未来》，载于《全球化》2015 年第 6 期。

[15] 陈学娇、孙虎:《云南国际旅游客源市场结构演变及优化》，载于《热带地理》2011 年第 11 期。

[16] 陈岩、郭文博:《制度风险与跨国并购成败大国外交和经济“软实力”的调节作用》，载于《世界经济研究》2018 年第 5 期。

[17] 陈颐:《台湾对大陆投资的区位选择分析——基于交易效率的视角》，载于《河北科技大学学报（社会科学版)》2012 年第 9 期。

[18] 陈羽:《印度产业升级的路径依赖和路径创新——基于新制度经济学视角的探讨》，载于《南亚研究》2013 年第 4 期。

[19] 陈重庆:《台湾制造业产业结构升级研究》，厦门大学学位论文，2007 年。

[20] 陈准:《优化结构与及时占领市场相结合的产业政策》，载于《经济研究参考》1996 年第 ZC 期。

[21] 程仕英:《我国过剩产能投资“一带一路”的经济效应分析》，山西财经大学学位论文，2016 年。

[22] 程永明:《“一带一路”与中国企业走出去——日本企业海外发展的启示》，载于《东北亚学刊》2015 年第 7 期。

[23] 池建宇、方英:《中国对外直接投资区位选择的制度约束》，载于《国际经贸探索》2014 年第 1 期。

[24] 崔日明、黄英婉:《“一带一路”沿线国家贸易投资便利化评价指标体系研究》，载于《国际贸易问题》2016 年第 9 期。

[25] 崔岩、臧新:《日本对外直接投资与产业结构关系的实证分析》，载于《南京财经大学学报》2006 年第 2 期。

[26] [美] 道格拉斯·诺思:《经济史中的结构与变迁》，陈郁、罗华平译，上海三联书店 1981 年版。

[27] 丁剑平、方琛琳:《“一带一路”中的宗教风险研究》，载于《财经研究》2017 年第 9 期。

[28] 丁婉玲:《中国产业企业对外直接投资的动机与进入模式研究》，浙江大学博士论文，2011 年 5 月。

[29] 董广畅:《中国不同动机对外直接投资的母国产业结构升级

效应研究》，山东大学学位论文，2016年。

[30] 董蓉蓉、臧新：《韩国对外直接投资与产业结构调整的实证分析》，载于《商业研究》2006年第19期。

[31] 董彦岭：《区域经济视角下的"一带一路"战略——兼论山东的融入对策》，载于《经济与管理评论》2015年第5期。

[32] 窦勇：《发挥华人华侨在"一带一路"中的作用》，载于《国际经济分析与展望（2015-2016）》2016年第3期。

[33] 杜德斌、马亚华：《中国崛起的国际地缘战略》，载于《世界地理研究》2012年第1期。

[34] 杜德斌、马亚华：《"一带一路"：中华民族复兴的地缘大战略》，载于《地理研究》2015年第6期。

[35] 发挥高校优势为建设中国特色新型智库贡献力量，载于《光明日报》2013年5月31日。

[36] 范馨月：《中国在"一带一路"战略中OFDI区位选择研究》，南京理工大学学位论文，2016年。

[37] 方旖旎：《"一带一路"战略下中国企业对海外直接投资国的风险评估》，载于《现代经济探究》2016年第1期。

[38] 冯春晓：《我国对外直接投资与产业结构优化的实证研究——以产业为例》，载于《国际贸易问题》2009年第8期。

[39] 冯华：《制度因素与中国企业对外直接投资研究》，山东大学，2016年。

[40] 冯亚萍：《一带一路战略下山东省对外直接投资与产业升级的研究》，山东财经大学硕士论文，2016年。

[41] 冯宗宪、李刚：《"一带一路"建设与周边区域经济合作推进路径》，载于《西安交通大学学报（社会科学版）》2015年第11期。

[42] 福蒙蒙：《十年间亚洲基础设施投资需8万亿美元"亚太梦"下的中国机遇》，载于《华夏时报》2014年第11期。

[43] 高丽峰等：《美国对外直接投资与产业升级的关系研究》，载于《经济经纬》2013年第6期。

[44] 葛和平：《香港产业转移对两地经济的影响及合作策略》，河海大学学位论文，2005年。

[45] 耿增涛：《"一带一路"沿线国家基础设施建设及投资研究》，

外交学院学位论文，2016 年。

［46］宫伟：《日本大规模对外直接投资产业选择研究》，山东师范大学学位论文，2012 年。

［47］龚雪：《产业转移的动力机制与福利效应研究》，法律出版社 2009 年版。

［48］关下稔、李公绰：《跨国公司经济学——现代资本主义的世界经济模型序论》，世界经济译丛出版社 1990 年版。

［49］管清友、张媛、伍艳艳、田铭：《中亚—西亚经济走廊投资风险评价：阿联酋风险最低，伊朗风险最高》，载于《中国经济周刊》2015 年第 23 期。

［50］郭思琪：《日本产业结构转换与对外直接投资变化初探》，载于《现代日本经济》2000 年第 1 期。

［51］郭烨、徐陈生：《双边高层会晤与中国在“一带一路”沿线国家的直接投资》，载于《国际贸易问题》2016 年第 2 期。

［52］中国对外工程承包市场监测及投资前景研究报告，博思数据研究中心（2012－2016）。

［53］哈艳秋、焉晨：《略论古“丝绸之路”的华夏文明传播》，载于《国际新闻界》2001 年 5 月。

［54］韩国高、曹白杨：《外部需求冲击与我国工业产能利用水平波动——基于 VAR 模型的实证分析》，载于《数学的实践与认识》2015 年第 22 期。

［55］韩民春、江聪聪：《政治风险、文化距离和双边关系对中国对外直接投资的影响》，载于《贵州财经大学学报》2017 年第 2 期。

［56］郝连儒、李桂荣：《充分发挥民间智库优势作用》，载于《长春理工大学学报（社会科学版）》2015 年第 3 期。

［57］何芬兰：《走进西亚北非，“一带一路”御险任重》，载于《国际商报》2015 年第 9 期。

［58］何茂春：《“一带一路”战略面临的障碍与对策》，载于《新疆师范大学学报（哲学社会科学版）》2015 年第 3 期。

［59］洪冬星：《中蒙跨境经济合作区建设和对接问题研究》，载于《财经理论研究》2015 年第 6 期。

［60］胡鞍钢：《建设中国特色新型智库》，载于《清华大学教育研

究》2013 年第 10 期。

[61] 胡俊超、王丹丹：《“一带一路”沿线国家国别风险研究》，载于《经济问题》2016 年第 5 期。

[62] 胡立君、薛福根、王宇：《后工业化阶段的产业空心化机理及治理——以日本和美国为例》，载于《中国工业经济》2013 年第 8 期。

[63] 胡德胜、欧俊：《中企直接投资于“一带一路”其他国家的环境责任问题》，载于《西安交通大学学报（社会科学版)》2016 年第 7 期。

[64] 胡伟、孙浩凯：《“一带一路”视角下我国企业对外直接投资的风险及防范对策分析》，载于《湖北经济学院学报（人文社会科学版)》2016 年第 3 期。

[65] 胡志军、温丽琴：《中国民营企业对外直接投资新特点与新问题研究》，载于《国际贸易》2014 年第 6 期。

[66] 黄付生、魏凤春：《日本经济结构转型与产业升级路径研究》，载于《现代日本经济》2010 年第 2 期。

[67] 冀相豹：《中国对外直接投资影响因素分析——基于制度的视角》，载于《国际贸易问题》2014 年第 9 期。

[68] 贾明乐：《日本 ODI 对产业结构升级的促进作用研究》，复旦大学学位论文，2014 年。

[69] 江荣全：《香港对外投资发展的特点和原因》，载于《亚太经济》1985 年第 10 期。

[70] 江小涓：《产业结构优化升级：新阶段和新任务》，载于《财贸经济》2005 年第 4 期。

[71] 江小涓等：《全球化中的科技资源重组与中国产业技术竞争力提升》，中国社会科学出版社 2004 年版。

[72] 江小涓、杜玲：《对外投资理论及其对中国的借鉴意义》，载于《经济研究参考》2002 年。

[73] 姜虹、范纯增：《韩国对外直接投资的区域特征及成因》，载《于东北亚论坛》2002 年第 2 期。

[74] 姜华欣：《中国国有企业对外直接投资研究》，吉林大学学位论文，2013 年。

[75] 姜建刚、王柳娟：《经济制度与 OFDI 的关系研究》，载于

《世界经济研究》2014 年第 1 期。

［76］姜艳艳:《新常态下中国外贸转型升级路径探析》，载于《价格月刊》2016 年第 8 期。

［77］蒋冠宏、蒋殿春:《中国对发展中国家的投资——东道国制度重要吗》，载于《管理世界》2012 年第 11 期。

［78］金草绿（KIM CHOROK）:《韩国对外直接投资动机及对出口影响的实证研究》，山东大学学位论文，2014 年。

［79］金铃:《论对外直接投资中母国政府的作用》，载于《黑龙江对外经贸》2008 年第 2 期。

［80］金明玉:《韩国对外直接投资的发展轨迹及其绩效研究》，辽宁大学学位论文，2008 年。

［81］金明玉、王大超:《韩国对外直接投资与产业结构优化研究》，载于《东北亚论坛》2009 年第 5 期。

［82］金志衡:《韩资企业的中国投资动机变化及其启示》，载于《生产力研究》2010 年第 1 期。

［83］赖忻:《日本对外直接投资区位选择的决定因素及其对我国的借鉴意义》，浙江大学学位论文，2015 年。

［84］兰丽娟:《美国对外直接投资演变及其对中国的启示》，东北财经大学学位论文，2007 年。

［85］雷文妮、张山、赵晓军:《贸易保护与产业结构——基于跨国面板数据的研究》，载于《世界经济文汇》2015 年第 1 期。

［86］黎绍凯、张广来、张杨勋:《东道国投资风险、国家距离与我国“一带一路”沿线国家的经验证据》，载于《商业研究》2018 年第 12 期。

［87］李春梅、李翼宏:《“一带一路”沿线直接投资产业的升级战略》，载于《人民论坛》2016 年第 6 期。

［88］李国平:《日本对外直接投资动机的区域差异研究》，载于《世界经济》2000 年第 2 期。

［89］李国平、田边裕:《日本的对外直接投资动机及其变化研究》，载于《北京大学学报（哲学社会科学版）》2003 年第 3 期。

［90］李国学:《制度约束与对外直接投资模式》，载于《国际经济评论》2013 年第 1 期。

[91] 李浩:《德国与日本对外投资比较分析及对中国的启示》,河南大学学位论文,2012 年。

[92] 李宏英:《中国产业企业跨国投资模式研究》,天津大学学位论文,2013 年。

[93] 李惠娟:《中国第三产业内部结构的产业关联分析》,载于《改革》2003 年第 1 期。

[94] 李嘉楠、龙小宁、张相伟:《中国经贸合作新方式——境外经贸合作区》,载于《中国经济问题》2011 年第 11 期。

[95] 李江帆:《产业结构高级化与第三产业现代化》,载于《中山大学学报(社会科学版)》2005 年第 4 期。

[96] 李平、徐登峰:《中国企业对外直接投资进入方式的实证分析》,载于《国际经济合作》2010 年第 5 期。

[97] 李思思:《中国境外经贸合作区发展历程》,南京大学学位论文,2014 年。

[98] 李文芳:《美国对外直接投资.与产业升级的关系研究》,沈阳工业大学学位论文,2011 年。

[99] 李晓敏、李春梅:《东道国制度质量对中国对外直接投资的影响》,载于《东南学术》2017 年第 2 期。

[100] 李玉楠、李廷:《环境规制、要素禀赋与出口贸易的动态关系——基于我国污染密集产业的动态面板数据》,载于《国际经贸探索》2012 年第 1 期。

[101] 李原、汪红驹:《"一带一路"沿线国家投资风险研究》,载于《河北经贸大学学报》2018 年第 7 期。

[102] 李媛、张烨、刘爽:《我国企业对外直接投资方式的二元选择模型分析》,载于《商业时代》2008 年第 7 期。

[103] 厉以宁、林毅夫、郑永年:《读懂"一带一路"》,中信出版集团 2016 年版。

[104] 厉以宁:《"入世"后企业怎样提高竞争力》,载于《经济学家》2000 年第 4 期。

[105] 廖进球、吴昌南:《关于生态产业发展的几点思考》,载于《当代财经》2010 年第 12 期。

[106] [俄] 列宁:《帝国主义是资本主义的最高阶段》,刘长军

译，人民出版社2001年版。

[107] 林进成：《七十年代以来联邦德国对外直接投资的动向》，载于《世界经济文汇》1986年第3期。

[108] 林文生：《福建建设21世纪海上丝绸之路核心区的研究报告》，载于《发展研究》2015年第6期。

[109] 林铮凌：《新加坡对外直接投资战略研究》，云南财经大学学位论文，2014年。

[110] 刘赐贵：《发展海洋合作伙伴关系推进21世纪海上丝绸之路建设的若干思考》，载于《国际经济研究》2014年第4期。

[111] 刘海云、毛海欧：《产业OFDI对出口增加值的影响》，载于《中国工业经济》2016年第7期。

[112] 刘海云、聂飞：《中国OFDI动机及其双向技术溢出——基于二元边际的实证研究》，载于《世界经济研究》2015年第6期。

[113] 刘海云、聂飞：《金砖体系下中国双边出口效率及其影响因素分析——基于随机前沿引力模型的实证研究》，载于《国际经贸探索》2015年第1期。

[114] 刘劼、江宇娟：《美联储暂不加息因经济形势不明》，载于《新华网》2015年9月18日。

[115] 刘力、林志玲：《粤港区域产业转移及产业升级路径—CEPA协议效应与泛珠区域合作影响分析》，载于《国际贸易问题》2008年第7期。

[116] 刘启强、何静：《台湾地区产业转型升级中的产业政策演变及启示——以"《奖例投资条例》"等三大"条例"为例》，载于《科技管理研究》2013年第15期。

[117] 刘瑞翔、姜彩楼：《经济全球化背景下我国产业关联特征分析——基于1997—2007可比价非竞争型投入产出表的研究》，载于《产业经济研究》2010年第5期。

[118] 刘世锦：《中国经济三年实现增速转换》，载于《金融经济》2014年第21期。

[119] 刘世锦、王晓明、袁东明等：《我国产业结构升级面临的风险和对策》，载于《经济研究参考》2010年第13期。

[120] 刘卫东：《"一带一路"战略的科学内涵与科学问题》，载于

《地理科学进展》2015 年第 5 期。

[121] 刘晓丹:《辽宁省也应高度重视,积极参与"一带一路"发展战略——思考与建议》,载于《辽宁经济》2014 年第 12 期。

[122] 刘兴亚等:《资产专用性、文化差异与外资进入模式选择——基于交易成本框架的分析》,载于《金融研究》2009 年第 3 期。

[123] 刘永焕:《德国产业结构调整及其经验借鉴》,载于《对外经贸实务》2014 年第 1 期。

[124] 刘志彪:《全球化背景——中国产业升级的路径与品牌战略》,载于《财经问题研究》2005 年第 5 期。

[125] 柳思思:《中国—西亚共建"丝绸之路经济带"的战略构想》,载于《当代世界》2014 年第 4 期。

[126] 卢平:《对外直接投资母国效应及对中国的启示》,载于《商场现代化》2009 年第 14 期。

[127] 陆娟:《"一带一路"战略下复合型外语人才培养对策研究》,载于《陕西理工学院学报(社会科学版)》2016 年第 5 期。

[128] [美] 罗斯托:《经济增长的阶段:非共产党宣言》,郭熙保、王松茂译,中国社会科学出版社 2001 年版。

[129] 马光远:《什么是中国经济"新常态"》,载于《中外管理》2014 年第 6 期。

[130] 马莉莉:《战后主要发达国家产业结构升级的路径比较》,载于《中共济南市委党校学报》2006 年第 2 期。

[131] 马丽蓉:《"一带一路"框架下中国与北非阿拉伯国家的合作反恐》,北京大学北京论坛办公室会议论文集。

[132] 孟凡臣,蒋凡:《中国对外直接投资政治风险量化评价研究》,载于《国际商务研究》2014 年第 9 期。

[133] 孟祺:《德国产业产业升级对中国的启示》,载于《国际经济合作》2013 年第 3 期。

[134] 孟庆强:《中国对"一带一路"沿线国家直接投资动机的实证研究》,载于《工业经济论坛》2016 年第 2 期。

[135] 潘素昆,代丽:《政治风险对我国企业对外直接投资的影响研究》,载于《北方工业大学学报》2014 年第 4 期。

[136] 潘素昆、袁然:《不同投资动机 OFDI 促进产业升级的理论

与实证研究》，载于《经济学家》2014 年第 9 期。

［137］潘素昆、袁然：《不同投资动机 OFDI 促进产业升级的理论与市政研究》，载于《经济学家》2014 年第 9 期。

［138］潘颖、刘辉煌：《中国对外直接投资与产业结构升级关系的实证研究》，载于《统计与决策》2010 年第 2 期。

［139］潘悦：《在全球化产业链条中加速升级换代——我国加工贸易的产业升级状况分析析》，载于《中国工业经济》2002 年第 2 期。

［140］邱斌、周勤、刘修研等：《“‘一带一路’背景下的国际产能合作：理论创新与政策研究”学术研讨会综述》，载于《经济研究》2016 年第 5 期。

［141］全英实：《韩国对外投资对我国的启示》，延边大学学位论文，2010 年。

［142］任平：《发展中国特色新型智库体系建设世界一流智库强国》，载于《南京社会科学》2015 年第 11 期。

［143］任志成、张二震：《价值链攀升与软件服务外包产业升级：印度的经验与启示》，载于《南京邮电大学学报（社会科学版）》2012 年第 6 期。

［144］任宗哲：《共享“一带一路”机遇　加强陕西省与东盟的合作》，载于《东南亚纵横》2015 年第 10 期。

［145］山东社会科学院课题组：《论地方社科院向新型智库的转型》，载于《社会科学管理与评论》2011 年第 1 期。

［146］邵宇：《“一带一路”开启全球化 4.0 时代》，载于《上海证券报》2015 年 4 月 1 日。

［147］申现杰、肖金成：《国际区域经济合作新形势与我国“一带一路”合作战略》，载于《宏观经济研究》2014 年第 11 期。

［148］申义怀：《德国对外直接投资》，载于《国际资料信息》1994 年第 6 期。

［149］沈军、包小玲：《中国对非洲直接投资的影响因素——基于金融发展与国家风险因素的实证研究》，载于《国际金融研究》2013 年第 9 期。

［150］沈君彬：《民间智库的演进阶段与核心价值评估》，载于《重庆社会科学》2013 年第 4 期。

［151］盛斌、陈帅：《全球价值链如何改变了贸易政策：对产业升级的影响和启示》，载于《国际经济评论》2015 年第 1 期。

［152］盛斌、黎峰：《“一带一路”倡议的国际政治经济分析》，载于《南开学报（哲学社会科学版）》2016 年第 1 期。

［153］石天戈、张小雷、杜宏茹、时卉：《中亚产业发展的空间差异与结构特征》，载于《干旱区地理》2013 年第 7 期。

［154］宋利芳、武睆：《东道国风险、自然资源与国有企业对外直接投资》，载于《国际贸易问题》2018 年第 3 期。

［155］宋维佳、梁金跃：《“一带一路”沿线国家风险评价》载于《财经问题研究》2018 年第 10 期。

［156］宋维佳、张军徽：《ODI 对母国产业产业升级影响机理分析》，载于《宏观经济研究》2012 年第 11 期。

［157］苏鑫：《中国对“一带一路”沿线国家直接投资的风险研究》，吉林大学硕士毕业论文，2017 年。

［158］隋月红：《“二元”对外直接投资与贸易结构：机理与来自我国的证据》，载于《国际商务（对外经济贸易大学学报）》2010 年第 6 期。

［159］隋月红、赵振华：《我国 OFDI 对贸易结构影响的机理与实证——兼论我国 OFDI 动机的拓展》，载于《财贸经济》2012 年第 4 期。

［160］孙海泳：《美国“再工业化”的动力、影响与启示》，载于《国际融资》2013 年第 6 期。

［161］孙淼：《德国对外直接投资与利用外资的现状和特点》，载于《国际经济合作》2001 年第 6 期。

［162］孙晓华、王昀：《对外贸易结构带动了产业结构升级吗？——基于半对数模型和结构效应的实证检验》，载于《世界经济研究》2013 年第 1 期。

［163］孙亚轩：《日本产业对外直接投资与出口贸易技术结构升级》，载于《亚太经济》2013 年第 6 期。

［164］孙焱林、覃飞：《“一带一路”倡议降低了企业对外直接投资风险吗》，载于《国际贸易问题》2018 年第 8 期。

［165］太平、李姣：《中国企业对东盟国家直接投资风险评估》，载于《国际商务——对外经济贸易大学学报》2018 年第 1 期。

［166］谭璐璐:《产业结构调整视角下的德国崛起》，载于《特区经济》2016 年第 7 期。

［167］汤建中、宋韬:《香港对大陆的直接投资及其效益探析》，载于《世界地理研究》1997 年第 12 期。

［168］汤婧、于立新:《我国对外直接投资与产业结构调整的关联分析》，载于《国际贸易问题》2012 年第 11 期。

［169］唐晓云:《产业升级研究综述》，载于《科技进步与对策》2012 年第 4 期。

［170］王镝、杨娟:《“一带一路”沿线国家风险评级研究》，载于《北京工商大学学报（社会科学版)》2018 年第 4 期。

［171］王钢:《中国民营企业对外直接投资研究—以温州民营企业为例》，华东师范大学学位论文，2013 年。

［172］王海军、齐兰:《国家经济风险与 FDI——基于中国的经验研究》，载于《财经研究》2011 年第 10 期。

［173］王海涛、薛波:《如何把握区域经济协调发展的科学内涵》，载于《光明日报》2010 年 12 月 23 日。

［174］王灏、孙谦:《海外政治不确定性如何影响我国对外直接投资?》，载于《上海经济研究》2018 年第 6 期。

［175］王继源、陈璋、龙少波:《“一带一路”基础设施投资对我国经济拉动作用的实证分析——基于多部门投入产出视角》，载于《江西财经大学学报》2016 年第 2 期。

［176］王乐平:《赤松要及其经济理论》，载于《日本问题》1990 年第 3 期。

［177］王丽华:《中国企业对外直接投资模式选择的研究》，江南大学硕士论文，2009 年。

［178］王丽:《“一带一路”背景下的英语 + 小语种的复合应用型人才培养》，载于《高教学刊》2016 年第 15 期。

［179］王屏:《21 世纪中国与中东欧国家经贸合作》，载于《俄罗斯中亚东欧研究》2007 年第 2 期。

［180］王勤:《东南亚国家产业结构的演进及其特征》，载于《南洋问题研究》2014 年第 3 期。

［181］王恕立、向姣姣:《对外直接投资逆向技术溢出与全要素生

产率：基于不同投资动机的经验分析》，载于《国际贸易问题》2014 年第 9 期。

[182] 王兴化、王小敏：《香港产业结构调整的目标方式与障碍》，载于《当代亚太》2001 年第 5 期。

[183] 王一鸣：《研发产业的国际比较及意义》，载于《科技导报》2013 年。

[184] 王永中、李曦晨：《中国对一带一路沿线国家投资风险评估》，载于《开放导报》2015 年第 4 期。

[185] 王永钦、杜巨澜、王凯：《中国对外直接投资区位选择的决定因素：制度、税负和资源禀赋》，载于《经济研究》2014 年第 12 期。

[186] [美] 威廉·配第：《政治算术》，陈冬野译，商务印书馆出版社 1978 年版。

[187] 韦军亮，陈漓高：《政治风险对中国对外直接投资的影响——基于动态面板模型的实证研究》，载于《经济评论》2009 年第 4 期。

[188] 温小杰：《技术缺口引致技术寻求型对外直接投资——以机床产业为例》，载于《国际经济合作》2009 年第 7 期。

[189] 吴彬、耿新：《以产业升级为目标扩大对外直接投资》，载于《人民日报》2010 年 3 月 15 日。

[190] 吴凡：《全球化背景下外商直接投资与中国产业结构优化研究》，西南财经大学出版社 2008 年版。

[191] 吴德进：《产业集群的组织性质：属性与内涵》，载于《中国工业经济》2004 年第 7 期。

[192] 吴思科：《“一带一路”框架下的中国与海合会战略合作》，载于《阿拉伯世界研究》2015 年第 2 期。

[193] 武芳：《深化中国与西亚非洲地区经贸合作的路径》，载于《国际经济合作》2015 年第 8 期。

[194] 夏金彪：《用技术创新驱动产业升级》，载于《中国经济时报》2014 年 3 月 20 日。

[195] 新玉言、李克：《崛起大战：“一带一路”战略全剖析》，台海出版社 2016 年版。

[196] 徐敏燕、左和平：《集聚效应下环境规制与产业竞争力关系

研究——基于“波特假说”的再检验》，载于《中国工业经济》2013年第3期。

［197］徐世腾、陈有志：《政治风险、自由贸易环境与我国企业OFDI地理布局》，载于《华东师范大学学报（哲学社会科学版）》2017年第2期。

［198］许小平、陆靖、李江：《签订双边投资协定对中国OFDI的影响基于“一带一路”沿线国家的实证研究》，载于《工业技术经济》2016年第5期。

［199］荀克宁：《“一带一路”时代背景下境外园区发展新契机》，载于《理论学刊》2015年第10期。

［200］闫雪凌、林建浩：《领导人访问与中国对外直接投资》，载于《世界经济》2019年第2期。

［201］阎大颖：《国际直接投资模式选择的最新理论及发展方向》，载于《国际经贸探索》2008年第9期。

［202］［中］杨丹辉：《全球化：服务外包与中国的政策选择》，经济管理出版社2010年版。

［203］杨丹辉：《全球化、服务外包与后起国家产业升级路径的变化：印度的经验及其启示》，载于《经济社会体制比较（双月刊）》2010年第4期。

［204］杨娇辉、王伟、谭娜：《破解中国对外直接投资区位分布的“制度风险偏好”之谜》，载于《世界经济》2016年第11期。

［205］杨娇辉、王伟、王曦：《我国对外直接投资区位分布的风险偏好：悖论还是假象》，载于《国际贸易问题》2015年第5期。

［206］杨英、刘彩霞：《“一带一路”背景下对外直接投资与中国产业升级的关系》，载于《华南师范大学学报》2015年第5期。

［207］杨振、孟庆强：《投资动机异质性、双边投资协定和中国对外直接投资——基于GMM分析法的实证检验》，载于《湖北经济学院学报》2016年第5期。

［208］杨治：《论产业政策》，载于《计划经济研究》1987年第8期。

［209］姚凯、张萍：《中国企业对外投资的政治风险及量化评估模型》，载于《经济理论与经济管理》2012年第5期。

［210］姚铃：《“一带一路”战略下的中国国与中东欧经贸合作》，

载于《国际商务财会》2015 年第 2 期。

[211] 殷舒:《浙江中小企业“抱团走出去”战略研究》，浙江工业大学学位论文，2014 年。

[212] 尹建军:《美国对外直接投资的分析及对我国的启示》，对外经济贸易大学学位论文，2003 年。

[213] 尹美群、盛磊、吴博:《“一带一路”东道国要素禀赋、制度环境对中国对外经贸合作方式及区位选择的影响》，载于《世界经济研究》2019 年第 1 期。

[214]《中印对外直接投资对产业升级影响的比较研究》，南京大学，2014 年。

[215] 余官胜:《东道国金融发展和我国企业对外直接投资——基于动机异质性视角的实证研究》，载于《国际贸易问题》2015 年第 3 期。

[216] 余官胜:《东道国经济风险与我国企业对外直接投资二元增长区位选择——基于面板数据门槛效应模型的研究》，载于《中央财经大学学报》2017 年第 6 期。

[217] 袁其刚、郜晨:《企业对东盟直接投资的政治风险分析》，载于《国际商务——对外经济贸易大学学报》2018 年第 3 期。

[218] 袁新涛:《“一带一路”建设的国家战略分析》，《载于理论月刊》2014 年第 11 期。

[219] [美] 约翰·冯·杜能:《孤立国同农业和国民经济的关系》，商务印书馆 2009 年版。

[220] 臧新、崔岩、董蓉蓉:《日韩对外直接投资及其与产业结构调整关系的实证比较》，载于《世界经济研究》2006 年第 9 期。

[221] 张阿兰、德吉央宗、贡秋扎西:《西藏入境旅游市场竞争态分析》，载于《西藏研究》2010 年第 2 期。

[222] 张碧琼、卢钰、邢智晟，刘斌:《中国对一带一路沿线投资的风险和导向》，载于《开放导报》2018 年第 2 期。

[223] 张海波:《东亚新兴经济体对外直接投资对母国经济效应研究》，辽宁大学学位论文，2011 年。

[224] 张会、牛金涛:《日本产业结构调整对我国产业结构升级的启示》，载于《福建商业高等专科学校学报》2013 年第 8 期。

［225］张建平、樊子嫣：《“一带一路”国家贸易投资便利化状况及相关措施需求》，载于《国家行政学院学报》2016 年第 1 期。

［226］张明月：《新加坡对华直接投资的动因与贸易效应研究》，东北财经大学学位论文，2011 年。

［227］张其仔：《中国能否成功地实现雁阵式产业升级》，载于《中国工业经济》2014 年第 6 期。

［228］张炜、李淑霞、张兴：《我国对外直接投资宏观影响因素的实证研究——基于母国视角》，载于《特区经济》2009 年第 3 期。

［229］张晓平：《美国对外直接投资的区域和行业分布变化》，载于《世界地理研究》2001 年第 9 期。

［230］张秀生、王鹏：《经济发展新常态与产业结构优化》，载于《经济问题》2015 年第 4 期。

［231］张亚斌：《“一带一路”投资便利化与中国对外直接投资选择—基于跨国面板数据及投资引力模型的实证研究》，载于《国际贸易问题》2016 年第 9 期。

［232］张雨、戴翔：《政治风险影响了我国企业“走出去”吗》，载于《国际经贸探索》2013 年第 5 期。

［233］张展：《“一带一路”信息服务平台建设探析》，载于《辽宁经济》2015 年第 7 期。

［234］张宗斌、郝静：《基于 FDI 视角的中国产业结构升级研究》，载于《山东社会科学》2011 年第 5 期。

［235］赵丽芬：《美国和日本产业转型升级的经验与启示》，载于《产业经济评论》2015 年。

［236］赵萌：《韩国对外直接投资特点探析》，外交学院，2011 年。

［237］赵明昊：《“一带一路”建设的安全保障问题刍议》，载于《国际论坛》2016 年第 3 期。

［238］赵明亮、杨蕙馨：《“一带一路”战略下中国钢铁业过剩产能化解：贸易基础、投资机会与实现机制》，载于《东师范大学学报》2015 年第 7 期。

［239］赵青，张华容：《政治风险对中国企业对外直接投资的影响研究》，载于《山西财经大学学报》2016 年第 7 期。

［240］赵伟、古广东、何元庆：《外向 FDI 与中国技术进步：机理

分析与尝试性实证》，载于《管理世界》2006年第7期。

［241］赵伟、江东：《ODI与中国产业升级：机理分析与尝试性实证》，载于《浙江大学学报（人文社会科学版）》2010年第1期。

［242］郑乐平：《西藏入境旅游现状研究》，载于《西南民族大学学报（人文社会科学版）》2012年第10期。

［243］郑磊：《对外直接投资与产业结构升级——基于中国对东盟直接投资的行业数据分析》，载于《经济问题》2012年第2期。

［244］郑蕾、刘志高：《中国对"一带一路"沿线直接投资空间格局》，载于《地理科学进展》2015年第5期。

［245］郑新立：《加强经济增长、结构调整与物价稳定的统一协调》，载于《求是》2011年第9期。

［246］钟茂初、李梦洁、杜威剑：《环境规制能否倒逼产业结构调整——基于中国省际面板数据的实证检验》，载于《中国人口·资源与环境》2015年第8期。

［247］周烈、肖凌：《国别与区域聚焦：黎巴嫩当下与未来》，载于《阿拉伯研究论丛》2015年第2期。

［248］周伟、陈昭、吴先明：《中国在"一带一路"OFDI的国家风险研究：基于39个沿线东道国的量化评价》，载于《世界经济研究》2017年第8期。

［249］周振华：《我国经济发展面临产业空洞化的挑战：机理分析与应对思路》，载于《经济研究》1998年第6期。

［250］朱：《华基于区位拉动因素的中国企业OFDI动机的实证研究》，载于《科研管理》2014年第1期。

［251］朱明春：《产业结构·机制·政策》，中国人民大学出版社1990年版。

［252］邹嘉龄、刘春腊、尹国庆、唐志鹏：《中国与"一带一路"沿线国家贸易格局及其经济贡献》，载于《地理科学进展》2015年第5期。

［253］邹巍、郭辰：《我国地方新型智库体系建设的策略探究》，载于《辽宁师范大学学报（社会科学版）》2016年第1期。

［254］Al. varez. I，Marin. R，FDI Entry Modes And The Relevance of Host Country Differences，GLOBELICS 2009，The 7th International Conference. *Georgia Institute of Technology*, 2009, pp. 1 –39.

[255] Amighini A, Rabellotti R, Sanfilippo M. China's outward FDI: An industry-level analysis of host-country determinants [J]. Frontiers of Economics in China, 2013, 8 (3): 309 –336.

[256] Anderson. T. Etal, Entry Modes For Direct Investment Determined By The Composition of Firm – Specific Skills. *Scandinavian Journal of Economics*, Vol. 96, No. 4, 1994, pp. 551 –560.

[257] Bhagwatiand Panagariya Arvind, The Muddles of Outsourcing, *Journal Of Economic Perspectives*, 2004.

[258] Blundell R, Bond S. GMM estimation with persistent panel data: An application to production functions [J]. Econometric Reviews, 2007, 19 (3): 321 –340.

[259] Buckley P J, Clegg L J, Cross A R, et al. The determinants of Chinese outward foreign direct investment [J]. Journal of International Business Studies, 2007, 38 (4): 499 –518.

[260] Buckley P J and Casson M, *The Future of The Multinational Enterprise.* London: Macmillan, 1976.

[261] Busse M, Hefeker C. Political risk, institutions and foreign direct investment [J]. European Journal of Political Economy, 2007, 23 (2): 397 –415.

[262] Cantwell J and Tolentino P E E, T*echnological Accumulation And Third World Multinationals.* Reading: University of Reading, Department of Economics, 1990.

[263] Caves R E, International Corporations: The Industrial Economics of Foreign Investment. *Economica*, Vol. 38, No149, 1971, pp. 1 –27.

[264] Cheung Y W, Qian X W. Empirics of China's outward direct investment [J]. Pacific Economic Review, 2009, 3 (14): 312 –341.

[265] Child J and Rodrigues S B, The Internationalization of Chinese Firms: A Case For Theoretical Extension? . *Management And Organization Review*, Vol. 1, No3, 2005, pp. 381 –410.

[266] Coase R H, The Nature of The Firm. *Economica*, Vol. 4, No. 16, 1937, pp. 386 –405.

[267] Contreras O F and Carrillo J and Alonso J. Local Entrepreneurship Within Global Value Chains: A Case Study In The Mexican Automotive Industry, *World Development*, Vol. 40, No. 5, 2012, pp. 1013 – 1023.

[268] Corbeet & Michael. Dispelling The Myth About Outsourcing, *Fortune*, 2004, May.

[269] Cowling K and Tomlinson P R, The Japanese Crisis—A Case of Strategic Failure? . *The Economic Journal*, Vol. 110, No. 464, 2000, pp. 358 – 381.

[270] Debaere P and Lee H and Lee J, It Matters Where You Go: Outward Foreign Direct Investment And Multinational Employment Growth At Home. *Journal of Development Economics*, Vol. 91, No. 2, pp. 301 – 309.

[271] Demirbag, M. Etal, Factors Affecting Perceptions of The Choice Between Acquisition and Green Field Entry: The Case of Western FDI In An Emerging Market, *Management International Review*, Vol. 48, No. 1, 2008, pp. 5 – 30.

[272] Deng P, Investing For Strategic Resources And Its Rationale: The Case of Outward FDI From Chinese Companies, *Business Horizons*, Vol. 50, No. 1, 2007, pp. 71 – 81.

[273] Deyo F C and Doner R F and Hershberg E, *Economic Governance and The Challenge of Flexibility In East Asia*, London: Rowman & Littlefield, 2001.

[274] Dunning J H and Pearce R D. *The World's Largest Industrial Enterprises*. Farnham: Gower Publishing Company, Limited, 1981.

[275] Dunning J H, Location and The Multinational Enterprise: A Neglected Factor? . *Journal of International Business Studies*, Vol. 29, No. 1, 1998, pp. 45 – 66.

[276] Elango. B, The Influence of Plant Characteristics On The Entry Mode Choice of Overseas Firms. *Journal of Operations Management*, Vol. 23, 2005, pp. 65 – 79.

[277] Ernst D, Catching – Up Crisis And Industrial Upgrading: Evolutionary Aspects of Technological Learning In Korea's Electronics Industry, *Asia Pacific Journal of Management*, Vol. 15, No. 2, 1998, pp. 247 – 283.

[278] Gaffney J P, Should Investment Treaty Tribunals Be Permitted To Request Preliminary Rulings From The Court of Justice of The European Union?, *Transnational Dispute Management* (*TDM*), Vol. 10, No. 2, 2013.

[279] Gebreeyesus M and Sonobe T, Global Value Chains And Market Formation Process In Emerging Export Activity: Evidence From Ethiopian Flower Industry, *Journal of Development Studies*, Vol. 48, No. 3, 2012, pp. 335 – 348.

[280] Gereffi G, International Trade And Industrial Upgrading In The Apparel Commodity Chains. *Journal of International Economics*, Vol. 48, No. 1, 1999, pp. 37 – 70.

[281] Giambona E, Graham J R, Harvey C R. The management of political risk [J]. Journal of International Business Studies, 2017, 48 (4): 523 – 533.

[282] Gugler K and Rammerstorfer M, Schmitt S. Ownership Unbundling And Investment In Electricity Markets—A Cross Country Study. *Energy Economics*, Vol. 40, 2013, pp. 702 – 713.

[283] Habib M, Zurawicki L. Corruption and foreign direct investment [J]. Journal of International Business Studies, 2002, 33 (2): 291 – 307.

[284] Helpman E, Melitz M J, Yeaple S R. Export versus FDI with heterogeneous firms [J]. American Economic Review, 2004, 94 (1): 300 – 316.

[285] Huang Y and Wang B, Chinese Outward Direct Investment: Is There A China Model?, *China & World Economy*, Vol. 19, No. 4, 2011, pp. 1 – 21.

[286] Hymer S. *The International Operations of National Firms: A Study of Direct Foreign Investment.* Cambridge, MA: MIT Press, 1976.

[287] Ivan Deseatnicov And Hiroya Akiba, Reconsideration of The Effects of Political Factors On FDI: Evidence From Japanese Outward FDI. *Review of Economics And Finance*, *Better Advances Press*, March 2013, pp. 35 – 48.

[288] Johnson T, Returns From Investment In Human Capital, *The*

American Economic Review, Vol. 60. No. 4, 1970, pp. 546 -560.

[289] Kindleberger C P, *American Business Abroad: Six Lectures On Direct Investment*, New Haven: Yale University Press, 1969.

[290] Knickerbocker F T, Oligopolistic Reaction And Multinational Enterprise. *The International Executive*, Vol. 15, No2, 1973, pp. 7 -9.

[291] Kogut B and Chang S J, Technological Capabilities And Japanese Foreign Direct Investment In The United States. *The Review of Economics And Statistics*, 1991, pp. 401 -413.

[292] Kojima K, *Direct Foreign Investment: A Japanese Model of Multinational Business Operation*, London: Croom Helm, 1978.

[293] Kolstad I, Wiig A. What Determines Chinese Outward FDI?, *Journal of World Business*, Vol. 47, No. 1, 2012, pp. 26 -34.

[294] Kolstad I, Wiig A. What determines Chinese outward FDI [J]. Journal of World Business, 2012, 47 (1): 26 -34.

[295] Kuemmerle W, The Drivers of Foreign Direct Investment Into Research And Development: An Empirical Investigation. *Journal of International Business Studies*, Vol. 30, No. 1, 1999, pp. 1 -24.

[296] Lall S and Weiss J, The Sophistication of Exports: A New Trade Measure. *World Development*, Vol. 34, No. 7, 2006, pp. 22 -37.

[297] Larimo, J, The Foreign Direct Investment Decision Process: An Empirical Study of The Foreign Direct Investment Decision Behaviors of Finnish Firm, *Proceedings of The University of Vaasa Research Papers*, july1987, pp. 124 -360.

[298] Lecraw D J, Outward Direct Investment By Indonesian Firms: Motivation And Effects. , *Journal of International Business Studies*, Vol. 24, No. 3, 1993, pp. 589 -600.

[299] Levinsohn J and Petrin A, Estimating Production Function Using Inputs To Control For Unobservable, *Review of Economics Studies*, Vol. 70, No. 2, 2003, pp. 317 -341.

[300] Lynn & Shostack, Breaking Free From Product Marketing, *Journal of Marketing*, April 1997, April.

[301] Magnus Blomstrom& Ari Kokko, FDI And Human Capital: A

Research Agenda, Www. Oecd. Org/Dev/Technics, 2002.

[302] Markusen J R and Maskus K E, *A Unified Approach To Intra – Industry Trade And Foreign Direct Investment*, Frontiers of Research In Intra – Industry Trade. Palgrave Macmillan UK, 2002: 199 –219.

[303] Markusen J R. Multinationals, Multi – Plant Economies, And The Gains From Trade. *Journal of International Economics*, Vol. 16, No. 3, 1984, pp. 205 –226.

[304] Mathews J A and Dragon Multinationals, *A New Model of Global Growth*, New York: Oxford University P ess, 2002.

[305] Morck R, Yeung B, and Zhao M. Perspectives on China's outward foreign direct investment [J]. Journal of International Business Studies, 2008, 39 (3): 337 –350.

[306] Nelson M M, Sooreea R, Gokcek G. The FDI – political risk nexus: some new insights [J]. Journal of Business & Retail Management Research, 2016, 7 (5): 33 –42.

[307] Ozawa T, Foreign Direct Investment And Economic Development. *Transnational Corporations*, Vol. 1, No. 1, 1992, pp. 27 –54.

[308] Palmero A J, Herrera J J D. Foreign direct investment, political risk and corporate social responsibility. Opportunities for a proactive risk-managing strategy [J]. Journal of Current Issues in Globalization, 2011, 4 (3/4): 309 –332.

[309] Patrie P. The Regional Clustering of Foreign Direct Investment and Trade, Transnational Corporation, Trade And Foreign Direct Investment [J]. 1997.

[310] PavlÍNek P and Ženka J. , Upgrading In The Automotive Industry: Firm – Level Evidence From Central Europe. *Journal of Economic Geography*, 2010.

[311] Poon T S C, Beyond The Global Production Networks: A Case of Further Upgrading of Taiwan's Information Technology Industry, *International Journal of Technology And Globalization*, Vol. 1, No. 1, 2004, pp. 130 –144.

[312] Qian X W, Sandoval – Hernandez J. Corruption distance and for-

eign direct investment [J]. Emerging Markets Finance and Trade, 2016, 52 (2): 400 - 419.

[313] Ramos M A, Ashby N J. Heterogeneous firm response to organized crime: Evidence from FDI in Mexico [J]. Journal of International Management, 2013, 19 (2): 176 - 194.

[314] Rasiah R and Kong X X, Vinanchiarachi J. Moving Up In The Global Value Chain In Button Manufacturing In China, *Asia Pacific Business Review*, Vol. 17, No. 2, 2011, pp. 161 - 174.

[315] Robinson J A, Torvik R, Verdier T. Political foundations of the resource curse [J]. Journal of Development Economics, 2006, 79 (2): 447 - 468.

[316] Saliola F and Zanfei A, Multinational Firms, Global Value Chains And The Organization of Knowledge Transfer, *Research Policy*, Vol. 38, No. 2, 2009, pp. 369 - 381.

[317] Shapiro D and Globerman S, The International Activities And Impacts of State - Owned Enterprises, *Sovereign Investment: Concerns And Policy Reactions*, 2012, pp. 98 - 144.

[318] Svetličič M and Rojec M, Trtnik A. The Restructuring Role of Outward Foreign Direct Investment By Central European Firms: The Case of Slovenia. *Advances In International Marketing*, Vol. 10, 2000, pp. 53 - 88.

[319] Thomas, M. Analyzing Modes of Foreign Entry, Discussion Papers In Economics, University of Munich, *Department of Economics*, 13, 2001.

[320] Tuan C, Ng L F Y. FDI And Industrial Restructuring In Post - WTO Greater PRD: Implications On Regional Growth In China [J], *The World Economy*, Vol. 27, No. 10, 2004, pp. 1609 - 1630.

[321] Vernon R, International Investment And International Trade In The Produce Cycle. Quarterly *Journal of Economics*, Vol. 80, No. 6, 1966, pp. 190 - 207.

[322] Wang J, Wang X. Benefits of foreign ownership: Evidence from foreign direct investment in China [J]. Journal of International Economics, 2015, 97 (2): 325 - 338.

［323］ Wei W X, Alon I, Chinese Outward Direct Investment: A Study On Macroeconomic Determinants, *International Journal Of Business And Emerging Markets*, Vol. 2, No. 4, 2010, pp. 352 – 369.

［324］ Wells Jr L T, *The Internationalization of Firms From Developing Countries*, Cambridge: MIT Press, 1977.

［325］ Yamawaki H, Location Decisions of Japanese Multinational Firms In European Manufacturing Industries, *European Competitiveness*, 1993, pp. 11 – 28.

［326］ Yang J H, Wang W, Wang K L, et al. Capital intensity, natural resources, and institutional risk preferences in Chinese outward foreign direct investment ［J］. International Review of Economics & Finance, 2018, 55: 259 – 272.

［327］ Yeung H W, Liu W D. Globalizing China: The rise of mainland firms in the global economy ［J］. Eurasian Geography & Economics, 2008, 49 (1): 57 – 86.

［328］ Yip G and Mckern B, Innovation In Emerging Markets – The Case of China, *International Journal of Emerging Markets*, Vol. 9, No. 1, 2014, pp. 2 – 10.

［329］ Yu S, Qian X W, Liu T X. Belt and road initiative and Chinese firms'outward foreign direct investment. Emerging Markets Review, 2019.